KB216485

북한연구학회 연구총서 02

김정은시대의
경제와
사회

국가와 시장의 새로운 관계

북한연구학회 기획 | 양문수 편저

The Economy and Society in Kim Jong-Un Era:
New Relationship between the State and Market

한울
아카데미

이 도서의 국립중앙도서관 출판예정도서목록(CIP)은 서지정보유통지원시스템 홈페이지(http://seoji.nl.go.kr)와 국가자료공동목록시스템(http://www.nl.go.kr/kolisnet)에서 이용하실 수 있습니다. (CIP제어번호 : CIP2014035328)

차례

발간사 | 박종철 ·· 9

서문
북한 경제·사회 연구의 성과와 과제 | 양문수·이우영 ·········· 13

제1부 김정은시대의 북한 경제

제1장 김정은시대의 경제정책: 경제·핵 병진노선과 특구 전략 | 조동호 ············ 27

  1. 머리말   27

  2. '경제·핵 병진노선'의 내용과 배경   29

  3. '경제·핵 병진노선'의 경제적 의미   37

  4. 북한 경제정책 전망   42

  5. 맺음말   49

제2장 김정은시대의 경제개혁과 시장화 | 양문수 ············ 55

  1. 머리말   55

  2. 전제적 논의   57

  3. 김정은시대 '우리식 경제 관리방법'의 추진 과정과 평가   60

  4. 김정은시대의 시장화 실태와 평가   72

  5. 맺음말   80

제3장 김정은시대의 경제특구와 대외개방: 평가와 전망 | 배종렬 ·················· 85

1. 머리말   85
2. 경제특구제도의 변천사와 그 개방 특성   87
3. 김정은시대 경제특구에 대한 평가   102
4. 맺음말   114

제4장 김정은시대의 북한 식량 수급: 현황과 전망 | 권태진 ·················· 120

1. 머리말   120
2. 김정은 정권 출범 이후 북한의 식량 수급 동향   123
3. 김정은시대의 농업정책   134
4. 북한의 식량 수급 전망   145
5. 맺음말   149

제2부 북한 경제의 성장 실적 및 부문별 이슈

제5장 북한의 장기 경제성장 실적 재평가 | 김석진 ·················· 155

1. 머리말   155
2. 전통적 사회주의 시기의 경제성장 실적   157
3. 경제위기 이후의 경제성장 실적   163
4. 맺음말   178

제6장 북·중무역의 결정요인 분석 | 이석 ·· 183

1. 머리말 183
2. 예비적 논의: 관찰 185
3. 분석모형과 이용 데이터 187
4. 분석결과와 해석 192
5. 맺음말 198

제7장 2000년대 북한의 산업 및 기업 실태 | 이석기 ···························· 203

1. 머리말 203
2. 2000년대 북한 산업: 부분적 회복과 그 한계 204
3. 기업 관련 기사를 통해 본 2000년대 북한의 산업 210
4. 2000년대 북한 기업: 현황과 작동방식 213
5. 맺음말 222

제8장 북한의 시장가격 및 인플레이션 관련 주요 쟁점 | 이영훈 ············· 225

1. 머리말 225
2. 시장가격 및 환율의 변동 현황 227
3. 시장가격과 환율의 결정 및 영향력 230
4. 인플레이션의 원인 236
5. 맺음말 256

제3부 북한의 경제위기 이후 사회 변화

제9장 김정은시대 북한 사회의 과제와 변화 전망 | 이우영 ················· 267

  1. 머리말   267

  2. '고난의 행군' 이후 북한 사회 변화의 특성과 원인   269

  3. 김정은체제와 북한 사회   279

  4. 맺음말   291

제10장 북한의 시장화와 젠더 | 조영주 ················· 298

  1. 머리말   298

  2. 시장의 출현, 젠더화된 시장   301

  3. 시장화와 국가의 대응: 통제의 강화와 젠더의 재구성   308

  4. 시장화와 새로운 여성 주체의 등장   314

  5. 맺음말   321

제11장 북한의 시장화와 계층구조의 변화 | 김병로 ················· 325

  1. 머리말   325

  2. 북한 사회계층에 대한 논의의 재검토   327

  3. 시장화의 진전과 북한 계층구조의 분화   333

  4. 계급갈등 양상과 구조적 변화   342

  5. 맺음말   349

제12장 북한 사회복지의 개입 주체 변화 | 이철수·김연정 ································· 356

　1. 머리말　　　　　　　　　　　　　　　　　　　　　　　356
　2. 국가 개입의 책임 축소　　　　　　　　　　　　　　　　358
　3. 지역 개입의 제도 분리　　　　　　　　　　　　　　　　363
　4. 공식 개입의 선언과 비공식 개입의 범위 확대　　　　　　368
　5. 맺음말　　　　　　　　　　　　　　　　　　　　　　　377

발간사

　북한 연구는 자료의 제약, 접근의 제약, 방법론의 제약 등 여러 가지 어려움을 안고 있습니다. 이러한 어려움 속에서도 연구자들의 노력에 힘입어 그동안 북한 연구는 양적으로 확대되고 질적으로 발전했습니다. 이제 북한 연구는 하나의 지역학이자 여러 학문이 학제적으로 연결된 융합 학문을 지향해야 할 때입니다. 이러한 노력의 일환으로 북한 연구의 성과를 되짚어 보고, 향후 연구 방향을 모색하기 위해 '북한연구학회 연구총서'를 발간하게 되었습니다.

　그동안 북한연구학회 차원에서 북한 연구의 성과를 집대성하고, 연구 방향과 방법론을 모색하기 위해 여러 시도를 했습니다. 『분단반세기 북한 연구사』(1999)는 분단 이후 북한 연구의 분야별 업적을 종합적으로 검토했다는 점에서 의미가 있습니다. 또한 2006년 총 10권으로 발행된 총서 '북한의 새인식'은 북한의 정치, 경제, 군사, 사회, 외교 등 10개 분야에 걸쳐 북한의 진면목을 종합적으로 정리했다는 점에서 주목을 받았습니다.

　북한연구학회 차원에서 추진된 이러한 업적을 바탕으로 김정은시대의 북한체제를 종합적으로 분석하기 위한 총서를 발간하게 되었습니다. 이것은 김정은체제가 공식적으로 출범한 지 3년이 가까워진 시점에 북한연구학회 차원에서 김정은시대를 조망할 수 있는 객관적 프리즘을 제시할 필요성이 있다는 점을 고려한 것이기도 합니다.

이번 '북한연구학회 연구총서'의 대주제는 '김정은체제: 유산과 도전, 새로운 국가전략의 모색'이라고 할 수 있습니다. 김정은체제는 이념과 권력구조, 경제사회시스템 등 유산의 제약 속에서 새로운 방향을 모색하기 위해 노력하고 있는 것으로 보입니다. 또한 국가와 경제·사회관계의 변화, 주민의식의 변화, 국제환경의 변화 등의 도전에 직면해 있습니다. 이러한 상황에서 김정은체제는 '경제·핵 병진노선'을 국가전략으로 채택하고, 공세적 대외·대남전략을 추진하고 있습니다. 김정은체제의 이러한 국가전략에는 근본적 한계와 함께 여러 가지 장애 요인이 있습니다. 이러한 김정은체제의 모습과 딜레마를 객관적이고 다양한 시각을 통해 조망하는 것은 학문적으로, 그리고 정책적 측면에서 의미 있는 작업이라고 생각합니다.

이번 총서는 총 다섯 권으로 구성되어 있습니다. 김정은시대를 조망하기 위한 총서 1~3권은 각각 ① 정치·외교·안보, ② 경제·사회, ③ 문화·예술·과학기술·도시환경을 다루고 있습니다. 이 세 권은 김정은시대에 초점을 맞추되 배경의 이해가 필요할 경우 시기적으로 김정은시대를 거슬러 올라가는 내용을 포함했습니다. 아울러 김정은시대를 이해하기 위한 핵심 쟁점을 다각적으로 분석했습니다. 또한 총서 4권은 북한 연구의 방법론에 대한 것입니다. 특히 지난 10여 년 동안 북한의 시장화, 계층화, 사회화, 도시화 등의 새로운 양상을 포착하기 위해 적용한 여러 연구 방법을 소개했습니다. 마지막으로 총서 5권에는 통일담론 및 통일정책과 관련된 12개의 질문에 대한 글을 담았습니다.

이번 기획은 시간적 제약, 예산의 제약, 집필진 확보의 어려움 등 여러 가지 현실적 여건을 감안해 기존 발표 논문을 재수록하거나 수정본, 새로 작성된 논문을 같이 포함하는 절충 방식으로 추진되었습니다. 이러한 여러 가지 현실적 어려움과 총서 권수의 제약 등으로 제한된 연구자들의 연구 성과만

이 소개된 점을 매우 안타깝게 생각합니다. 앞으로 여건이 허락된다면 기획목적에 충실한 새로운 논문들로 구성된 총서가 발간되어 더 많은 연구자들의 업적이 소개되는 기회가 있기를 바랍니다.

이번 총서를 기획하는 데 많은 분이 수고를 해주셨습니다. 특히 총서 발간위원회 위원장이라는 부담스럽고 수고스러운 직책을 흔쾌히 맡아 애써주신 박순성 교수님에게 진심으로 감사드립니다. 아울러 분야별로 기획과 편집을 맡아 수고한 우승지 교수님, 양문수 교수님, 전미영 교수님, 조영주 교수님의 노고에도 깊은 감사를 드립니다. 이분들의 학문에 대한 열정과 북한연구학회에 대한 애정이 없었다면 이번 총서는 햇빛을 보지 못했을 것입니다. 끝으로 출판업계의 어려움 속에서도 총서를 발간해준 도서출판 한울의 김종수 사장님과 편집을 맡아 수고한 신유미 씨에게도 감사드립니다.

2014년 12월
한 해가 저물어가는 겨울 언저리에서
북한연구학회장 박종철

북한 경제·사회 연구의 성과와 과제

오늘날의 북한 경제와 사회를 제대로 이해하려면 70년에 가까운 북한의 역사를 살펴보아야 한다는 것은 상식 중의 상식이다. 북한의 역사를 고찰하기 위해서는 시기를 몇 개로 나누어 관찰해야 한다. 이 경우 흔히 생각할 수 있는 것이 최고지도자를 중심으로 구분하는 것이다. 즉, 김일성시대, 김정일시대, 김정은시대로 나누어 살펴보는 것이다. 특히 현재는 김정은시대이고, 김정은 정권이 출범한지 채 3년이 되지 않았기 때문에 이러한 구분을 기준으로 연구를 진행하는 것은 분명 의미 있는 일이며, 실제로 그러한 연구가 많이 이루어지고 있다.

70년에 가까운 북한 경제·사회의 역사에서 여러 개의 역사적 분기점이 있었지만 굳이 하나를 꼽으라고 한다면 1990년대 초 발생한 경제위기라 할 것이다. 즉, 북한 경제·사회의 역사는 경제위기 전과 후로 구분할 수 있고, 이러한 접근법이 북한을 체계적으로 이해할 수 있는 지름길이 될 것이다.

1990년대 초 사회주의권의 붕괴를 계기로 발생한 북한의 경제위기는 상상을 초월하는 파괴력을 가지고 있었다. 대규모 아사와 '고난의 행군'으로 대변되는 1994~1997년은 북한 경제가 나락으로 떨어진 시기로 기록된다. 한국은행 추정에 따르면 북한은 1990~1998년까지 실질경제성장률 기준 9년 연속 마이너스 성장을 나타냈다. 이 기간 북한의 국내총생산(GDP)은 무려

30.0%나 감소했다. 게다가 북한의 국가 예산은 사실상 반토막이 났다. 이러한 경제위기 때문에 거의 모든 산업에서 생산이 극단적인 수준으로 감소했다. 북한 경제위기의 또 다른 표현인 식량난, 에너지난, 외화난 등 3대난에서 알 수 있듯이 경제의 모든 분야에서 부족은 심각한 수준에 달했다. 식량 배급을 비롯한 생필품 공급체계가 거의 마비되는 등 북한의 계획경제체계는 와해되었다고 해도 과언이 아니었다.

이른바 '경제 문제'는 김정일 정권에 이어 새롭게 출범한 김정은 정권에서도 핵심 과제로 남아 있다. 북한 정부는 1998년 김정일시대의 공식 개막과 함께 새로운 국가 비전으로 '강성대국 건설'을 내세웠다. 북한 정부는 사상의 강국, 군사의 강국은 이미 달성했으니 남은 것은 경제 분야뿐이라고 설명했다. 경제강국만 건설하면 강성대국은 완성되는 셈이었다. 그로부터 14년이 지난 2012년 김정은시대가 공식 개막한 시점에도 북한 정부는 여전히 경제 강국 건설을 '당면과제'로 내세웠다.

김정은 제1위원장은 2012년 4월 15일, 김일성 탄생 100주년 경축 열병식에서 첫 공개연설을 통해 "어젯날의 약소국이 오늘은 당당한 정치군사 강국으로 전변되었다"라고 평가하면서도, 앞으로 "경제강국을 전면적으로 건설하는 길에 들어서야 할 것"이라고 밝혔다. 즉, 김정일시대에 십수 년 동안 경제강국 건설을 소리 높여 외쳐왔지만 뚜렷한 성과를 거두지 못했음을 사실상 인정한 것이다. 따라서 경제강국은 '(달성된) 성과'가 아니라 '(달성되어야 할) 과제'로서 새로운 지도부에 넘겨진 것이다.

1990년대 초 발생한 북한의 경제위기는 20여 년이 지난 지금까지도 해소되지 않은 채 장기화되고 있다. 위기의 만성화라고 해도 과언이 아니다.

다만 좀 더 자세히 들여다보면 지난 20여 년 동안 아무런 변화가 없었던 것은 아님을 발견할 수 있다. 예컨대 2000년대 북한 경제의 양상은 극단적으로 추락하기만 하던 1990년대와는 조금 다르다. 2000년대 북한 경제는 여전히 위기 상황이지만 최소한 더 나빠지지는 않았으며, 오히려 상대적이기는 하지만 부분적으로 회복하는 모습을 보이고 있다. 에너지와 산업 생산, 식량 수급도 최악의 상태에서 벗어난 것으로 보인다. 비록 빈부격차가 점점 더 확대되고 있긴 하지만 주민들의 평균 생활수준은 '고난의 행군' 시기보다는 개선된 것으로 파악된다. 2010년 한국의 5·24 조치를 비롯해 국제사회의 혹독한 대북 제재조치가 취해졌는데도 북한은 2011년부터 3년 연속 플러스 성장을 기록했다.

그 이유는 무엇일까. 북한 경제는 1990년대 초 발생한 경제위기로 여러 면에서 크고 작은 변화가 불가피했다. 나아가 경제위기의 장기화는 북한 경제변화의 성격을 우연적·일시적인 것이 아니라 필연적·구조적인 것으로 바꾸어놓았다.

대표적인 것이 시장이다. 북한에서 시장의 성장세는 놀라울 정도다. 계획의 공백을 자연스럽게 시장이 메워가면서 시장은 자기 확장에 박차를 가했다. 이제 시장 없는 북한 경제는 상상조차 할 수 없다. 국가는 다양한 형태로 시장에 의존하고, 주민의 생활에서 시장은 핵심적인 생계수단으로 자리 잡았다. 북한에서는 경제위기도 장기화되었지만 시장화도 장기화되고 있다. 북한 정부는 '반사회주의의 온상'인 시장을 없애기 위해 부단히 노력했지만 이제는 포기하고 시장의 존재를 인정하며, 나아가 시장과의 공존 방식을 고민하는 것 같다.

시장화의 진전은 주민생활, 나아가 국민경제성장에는 도움을 주었지만, 한편으로는 새로운 정책적 과제를 낳았다. 북한에서 시장의 발달은 주로 생산의 증가보다는 유통의 증가에 기인하고, 시장 발달의 물적 토대는 주로 급속한 대외무역의 증가, 특히 중국과의 무역 급증에 있다. 하지만 대외무역에서 중국이라는 특정 국가에 대한 과도한 편중·의존 현상은 국민경제의 관점에서, 나아가 정치적 관점에서도 바람직하지 않다. 또한 이러한 형태의 시장화의 진전은 지속적인 인플레이션을 초래해 경제 안정성을 크게 훼손하고, 더욱이 자국 화폐보다 달러나 위안을 선호하는 달러화(dollarization), 위안화(yuanization) 현상을 심화시켜 정책 당국의 고민을 키운다.

이렇듯 북한 경제를 구성하는 각 주체의 움직임이 활발해지고, 북한 경제의 구조가 점점 복잡해짐에 따라 현실의 변화를 추적, 정리하기 위한 연구자들의 발걸음도 빨라졌다. 다행히 연구자들이 활용할 수 있는 정보·자료의 여건이 상당히 개선되었다.

1980년대 말 민주화 이후 북한 관련 정보 공개 요구가 분출했고, 1988년 7·7 선언 이후 남북교류가 공식 개시된 데다, 1980년대 말~1990년대 초 사회주의권의 붕괴 등을 계기로 한국 정부는 북한 정보에 대한 공개의 폭을 확대했다.

또한 1990년대 중후반 '고난의 행군' 시기를 지나면서 탈북자들이 크게 늘었고, 이들의 증언을 통해 연구자들은 북한의 내부 사정을 파악할 수 있었다. 물론 탈북자들의 증언이 대표성, 신뢰성 면에서 한계가 있다는 것은 부정하기 어렵지만, 연구자들의 노력 여하에 따라 북한 정부가 공식 발표하는 자료보다 양적·질적으로 우위에 있는 자료를 획득, 창출하는 것이 불가능하지는 않다.

또한 1992년 북한이 유엔(UN)에 가입함으로써 북한 스스로 국제기구에 제공하는 정보의 폭을 확대했다. 물론 이러한 정보 또한 신뢰성 면에서 의문의 여지가 없는 것은 아니지만, 1990년대 중후반 이후 국제기구의 공개 및 비공개 자료에 대한 접근 가능성이 높아진 것은 의미 있는 일이다. 아울러 과학기술의 발달로 북한에 대한 인공위성 영상자료가 양적으로나 질적으로나 크게 발전했다.

또한 대한무역투자진흥공사(KOTRA)는 1990년부터 매년 북한의 무역통계를, 한국은행은 북한의 경제총량[국민총생산(GNP), 국내총생산(GDP), 국민총소득(GNI)]을 추정, 발표하는데, 이러한 작업이 25년의 역사를 가지게 됨으로써 데이터 축적이 가능해졌다.

이러한 자료·정보 측면에서의 여건 개선으로 북한 경제 연구는 방법론적 진화를 이루었다.

우선 KOTRA의 수집 통계, 국제기구의 통계, 한국 정부의 추정치 등 활용 가능한 통계가 늘어남에 따라 통계를 질적으로 개선하려는 노력도 늘어났다. 이와 함께 데이터의 축적이 가능해지면서 계량경제학적 기법을 활용한 연구도 늘었다. 동시에 탈북자 조사의 경우에도 면접 조사를 토대로 한 질적 분석에서 한 걸음 더 나아가 설문조사를 토대로 한 양적 분석이 상당 정도 시도되었다.

아울러 탈북자의 증언 등에 토대를 둔 미시적 연구도 증가했다. 이에 따라 국민경제를 대상으로 하는 거시적 연구와, 기업, 개인 등 개별 경제주체에 대한 미시적 연구가 시너지 효과를 일으키면서 북한 경제 연구의 질적 수준이 향상했다.

특히 2000년대, 2010년대에 종전에 비해 실증적 연구가 상당히 진전된 것은 중요한 성과로 지적될 수 있다. 또한 북한 경제를 둘러싼 연구자 간 토론, 논쟁도 종전보다 활기를 띠게 되었다.

물론 여전히 한계는 많다. 많이 개선되긴 했지만 정보, 자료, 통계가 여전히 절대적으로 부족하다는 것이 최대의 제약요인이다. 여기에다 한국 정부의 이념적 성향, 대북정책 기조의 영향으로부터 완전히 자유롭지 못하다는 점도 지적할 수 있다.

북한 사회와 관련된 연구도 북한에 대한 기존 편견과 밀접하게 연관되어 있다. 사실 인류가 사회생활을 시작한 이래 어떤 사회체제도 변화하지 않은 경우는 없었다. 북한의 경우도 예외는 아니다. 그런데도 남한에서는 북한의 변화 가능성 여부에만 관심이 있었다. 북한체제는 '공산독재체제'이며 따라서 붕괴할 수밖에 없다는 선입견이 작용했기 때문이다. 다시 말해 남한에서 '북한이 변화했는가'라는 질문은 곧 '북한 공산독재는 망하기 시작했는가'의 다른 표현이었다고 볼 수 있다. 마찬가지로 '김정일 사후 북한 사회는 어떻게 될 것인가'라는 질문은 실제로 '북한에서 민중봉기가 일어날 것인가' 하는 질문과 같은 맥락에서 이해되는 경우가 대부분이다. 북한체제(좁은 의미에서)의 붕괴 여부도 중요한 학문적 관심사가 될 수 있고, 사회주의의 체제 전환도 논의의 대상이 될 수 있다. 그러나 그 바탕은 북한체제에 대한 객관적 분석과 올바른 이해에 있어야 한다. 이를 위해서는 이념적 당위론이나 목적론적인 접근을 배제하는 동시에 정치체제를 곧 북한의 모든 것으로 보는 태도도 극복해야 한다. 이 말은 북한의 사회체제는 유일지배체제라는 정치체제와 무관하지 않지만, 지도자의 교체로 사회체제가 갑자기 변하지는 않는다는 것을 의미한다. 따라서 북한 사회가 변화해온 과정을 이해하고 이를 토대로 절대 권력자의 교체가 어떤 영향을 미칠 것인지를 살펴보는 것이 올바른 접근 방식이라고 할 수 있다.

최근 북한 사회가 겪고 있는 적지 않은 변화는 근본적으로 앞에서 설명한 경제체제의 전환, 즉 시장화와 밀접하게 연결되어 있다. 시장화의 다른 한편은 배급제의 붕괴이고, 이는 사회 이동의 증가와 정보유통의 증가로 이어진다. 이것은 기존 북한의 사회관계망이 변하고 있다는 것을 의미하는 동시에 신분중심적인 계층구조에 변화가 나타나고 있다는 것을 뜻하기도 한다. 또한 제도적인 차원과 달리 일상 영역에서 가부장적인 특성을 유지하던 북한에서 여성이 시장화의 중심에 진출함으로써 가족관계에서 남녀관계도 변하고 있다. 이러한 상황에서 북한 사회의 연구에도 변화가 적지 않다. 지금까지 언급한 것과 같은 시장화의 사회적 결과에 주목하는 연구들이 본격화되는 동시에 체제중심적인 거대담론을 벗어난 일상에 대한 미시적인 사회 연구가 활성화되고 있다는 것이다. 이러한 연구는 기존의 북한 연구 패러다임

문제에 대한 성찰을 바탕으로 새로운 연구가 필요하다는 연구자들의 자각에서 비롯되었지만, 탈북자 증가와 북한을 방문하는 내외국인의 증가 등으로 관련 연구를 가능하게 하는 정보가 증가한 현실과도 무관하지 않다.

이 책은 북한의 경제와 사회에 관한 최근의 연구 성과를 정리하는 차원에서 총 3부 12장으로 구성되어 있다. 이 가운데 북한 경제에 관한 글이 제1, 2부 제1~8장이고, 북한 사회에 관한 글이 제3부 제9~12장이다. 독자의 이해를 돕기 위해 이 책의 구성과 각 장의 요지를 간단히 소개하면 다음과 같다.

제1부 제1~4장은 김정은시대 북한 경제를 여러 측면에서 분석한 것이다.

제1장 「김정은시대의 경제정책: 경제·핵 병진노선과 특구 전략」에서 조동호는 김정은시대의 경제정책에 포괄적으로 접근한다. 그는 2013년 3월 조선로동당 중앙위원회에서 제시된 '경제·핵 병진노선'을 김정은시대의 '국가경영 독트린'이며, 향후 북한의 대내외 경제정책 방향을 규정할 핵심 지침으로 평가한다. 아울러 이 노선은 종전보다 경제를 중시하기 시작했다는 점에서는 긍정적이지만, 사회주의 계획경제체제 자체의 개혁이 수반되지 않은 데다가 '핵'이 여전히 남아 있는 한 북한이 의도하는 만큼의 성과를 기대하기는 곤란하다고 평가한다.

제2장 「김정은시대의 경제개혁과 시장화」에서 양문수는 김정은시대의 경제개혁과 시장화에 초점을 맞추고 있다. 2년 넘게 추진 중인 '우리식 경제 관리방법(6.28 방침)'에 대해 '연구'와 '실험'이 장기화되고 있다고 평가한다. 또 '우리식 경제 관리방법'의 성과에는 직접적 효과뿐 아니라 시장화를 매개로 한 간접적 효과도 포함시켜야 한다고 주장한다. 북한 정부는 현재 '우리식 경제 관리방법'을 시장에 대한 유화적 정책과 동시에 추진하고 있으며, 이에 따라 북한의 시장화는 또 한 차례 탄력을 받고 있는 것으로 보인다. 이는 비록 낮은 수준의 성장이지만 북한 경제가 플러스 성장을 지속하는 데 기여할 가능성이 있다고 본다.

제3장 「김정은시대의 경제특구와 대외개방: 평가와 전망」에서 배종렬은 김정은시대의 경제특구와 대외개방에 대한 평가와 전망을 제시한다. 그는 경제개발구를 중심으로 한 김정은시대의 경제특구 정책은 개혁보다는 개방 지향적 변화를 선호하고, 정책의 안정성이 부족하며, 체제보위 우선호형이라고 평가한다. 다만 김정은시대 대외개방정책의 가장 큰 변화는 특수경제지대의 일반화라고 지적한다. 또한 김정은체제의 대외경제사업 방향은 일단 '당 통제·내각 중심의 대외경제사업 진행'으로 가닥이 잡혔지만, 향후 당·군의 대외경제사업 이권 장악 시도에서 김정은이 얼마나 효율적으로 균형을 잡느냐가 경제특구의 안정적 건설에 중요한 변수가 될 것으로 전망한다.

제4장 「김정은시대의 북한 식량 수급: 현황과 전망」에서 권태진은 김정은 시대의 북한 식량 수급에 대해 논한다. 그는 김정은 정권 첫 2년의 식량 수급은 그 이전 시기에 비해 안정적이었고, 시장의 곡물가격도 안정적이었으며, 주민의 식생활도 개선되었다고 평가한다. 하지만 정상적인 식량 소요량만큼 공급되지는 않고 있으며, 식생활의 질은 여전히 열악한 상황이라고 본다. 향후 북한의 식량 수급은 서서히 개선될 것으로 예상되기는 하지만, 남북 농업 협력을 포함한 국제사회와의 협력을 강화하고, 외부 자본을 유치하는 개혁 조치가 따르지 않고서는 농업 부문의 상황을 회복시키기 어렵다고 전망한다.

제2부 제5~8장은 북한 경제의 성장 실적과 부문별 이슈를 다룬다.

제5장 「북한의 장기 경제성장 실적 재평가」에서 김석진은 각종 자료와 정보를 재검토해 북한의 장기 경제성장 실적에 대한 두 가지 기존 통념을 비판한다. 매우 참신하고 도전적인 글이다. 즉, 북한이 초기 20년에는 고도성장을 기록해 중진 산업국의 위치를 확보했고, 1990년대 이후에는 심각한 경제 위기로 세계 최빈국과 비슷하거나 그보다 못한 상태에 놓였다고 본 기존의 통념은 초기 실적은 크게 과대평가한 반면, 최근 실적은 다소 과소평가한 것이라는 주장이다. 또한 2000년대 북한 경제의 상대적 회복에 대한 기존의 통

넘은 대외적 요인, 즉 원조와 경협만 강조하지만 대내적 요인, 즉 시장화 또는 비공식 경제의 활성화도 중요한 요인이라고 지적한다.

제6장 「북·중무역의 결정요인 분석」에서 이석은 1998~2012년을 대상으로 기존의 북·중무역 통계를 좀 더 세심하고 합리적인 방식으로 정련해서 새로운 통계 데이터베이스를 구축하고, 이를 토대로 좀 더 정밀한 계량경제학적 기법을 활용해 북·중무역의 추세와 구조를 분석한다. 특히 1990년대 후반 이후 북·중무역의 결정요인은 다음의 네 가지로 집약해볼 수 있다고 주장한다. 우선 북한과 중국의 수요·공급 요인은 북한의 대중국 수출입 모두에 정(+)의 영향을 미치고, 수출입가격은 북한의 대중국 수출입금액을 증대시키는 반면 수출입 물량을 감소시키며, 중국의 제도적·정책적 배려와 한국의 5·24 조치는 북·중무역 규모를 증대시킨다는 것이다.

제7장 「2000년대 북한의 산업 및 기업 실태」에서 이석기는 2000년대 북한 경제의 부분적인 회복은 계획화체계의 약화 및 시장화의 진전과 함께 진행된다는 인식하에 북한 경제의 말단을 이루는 국영기업, 그리고 국영기업으로 구성된 각 산업에서 발생한 변화를 추적, 정리한다. 2000년대 북한 산업의 회복은 매우 불균등하게 이루어졌는데, 에너지 부문이 가장 먼저 회복했으며, 건재 산업도 회복이 빨랐지만 금속공업과 화학공업의 회복은 더딘 편이다. 또한 기업 경영에서는 화폐화가 광범위하게 진행되고 있으며, 공식 경제와 비공식 경제의 연계가 확대되고, 시장에서의 경쟁상황이 기업 경영의 중요한 변수로 작용한다는 것이다.

제8장 「북한의 시장가격 및 인플레이션 관련 주요 쟁점」에서 이영훈은 북한의 인플레이션 관련 주요 쟁점을 다룬다. 그동안 북한의 인플레이션이 연구의 중요성에도 불구하고 정보의 제약 등으로 인해 본격적으로 연구되지 않았던 사실에 비추어 본다면, 독창적이고 선구적인 글이라고 평가할 수 있다. 특히 북한 인플레이션의 주된 원인과 부차적 원인을 구분하고, 기간별로

세부적인 원인을 통화 공급 및 실물 수급, 기대심리 등의 측면에서 분석한다. 이영훈은 장기적 물가상승의 원인으로 통화 공급 증대를, 일시적 물가상승 요인으로 실물 공급 부족, 외화 부족, 인플레이션 기대심리 등을 꼽았다.

제3부 제9~12장은 최근의 북한 사회 변화를 다룬다.

제9장 「김정은시대 북한 사회의 과제와 변화 전망」에서 이우영은 북한 사회체제의 최근 변화 양상을 검토한다. 그는 고난의 행군 이후 북한 사회 변화를 시장화와 관련해 설명하면서, 외부문화의 유입, 새 세대의 부각, 사회 계층의 재구조화에 주목한다. 사회 변화에 대응하는 북한 당국의 정책을 검토한 후 김정은체제 성립 이후의 사회 변화를 촉진하는 요인과 억제하는 요인이 모두 존재한다는 점을 강조하면서, 북한 사회체제가 구조적인 변화의 흐름에 들어섰지만 그 수준은 북한체제 전반의 변혁을 추동할 정도는 아니라고 평가한다.

제10장 「북한의 시장화와 젠더」에서 조영주는 시장화 과정에서 나타난 북한 여성의 지위 변화를 젠더적 관점에서 분석한다. 초기 북한의 시장화에서 여성의 진출이 두드러졌지만, 시장에 국가가 개입하면서 남성 중심의 젠더 위계가 다시 강화되고 있다는 설명이다. 특히 국가의 시장 통제가 여성 통제로 이어지는 현실을 지적하면서, 동시에 제한적이나마 여성 스스로 시장을 해방의 공간으로 만드는 노력이 이루어지는 경향성에 주목함으로써 여성 주체의 변화 가능성도 전망한다.

제11장 「북한의 시장화와 계층구조의 변화」에서 김병로는 변화하는 북한의 계층구조를 최근 탈북자 대상 조사를 중심으로 분석한다. 사적 경제활동 증가는 기존의 성분 중심 북한 계층구조의 변화를 초래했는데, 특히 장사를 전업으로 하는 상인계급의 출현에 주목한다. 이들 가운데 일부는 신흥자본가로 성장했는데, 이 과정에서 국가 관료집단이 여전히 기득권을 유지하는 동시에 관료집단 내에서 갈등도 야기되고 있다고 본다. 계층구조의 변화와

더불어 의식의 변화도 언급하면서 계층구조의 변화는 앞으로도 가속화될 것이라고 전망한다.

제12장 「북한 사회복지의 개입 주체 변화」에서 이철수·김연정은 사회주의국가인 북한의 최근 변화하는 사회환경에서 사회복지 제공 주체가 어떻게 변화하고 있는가를 살펴본다. 2000년대 이후 북한의 사회복지체제는 일련의 변화과정을 겪고 있는데, 이는 1990년대 이후 지속된 경제난의 불가피한 결과라고 본다. 이철수·김연정은 북한에서 지역 개입의 제도는 분리되고 비공식 개입의 범위는 확대되고 있다고 본다. 또한 외형적으로는 사회복지체계의 구조를 유지하지만, 내용적으로는 탈사회주의적인 요소가 확산될 가능성이 있고, 경제 개선을 통한 복지개혁을 유도하면서 복지체계의 리세팅을 추진할 것으로 전망한다.

이 책은 북한의 경제와 사회에 관한 모든 연구 성과를 망라하지는 못하지만 북한 경제 연구의 현주소를 파악하고, 북한 경제의 핵심 이슈와 김정은시대의 북한 경제를 이해하는 동시에 최근의 북한 사회체제의 변화 현상을 포괄적으로 이해하는 데 좋은 길잡이가 될 수 있을 것이다.

2014년 12월
양문수·이우영

제1부
김정은시대의 북한 경제

제1장

김정은시대의 경제정책*

_ 경제·핵 병진노선과 특구 전략

조동호 | 이화여자대학교 북한학과 교수

1. 머리말

최근 북한 경제는 플러스 성장을 기록하면서 경제상황이 호전되는 양상을 보이고 있으나 내면적으로는 경제적 취약성이 강화되고 있다. 플러스 성장은 농업 생산의 증가, 북·중 무역의 확대 등에도 기인하지만, 그 핵심은 시장 확대에 있다. 2003년 시장의 허용은 계획 부문 활성화를 위한 보조적·과도적 역할을 기대한 것이었지만, 이후 시장은 오히려 계획 부문을 잠식해왔으며 이제는 계획 부문조차 시장에 의존하는 정도가 커지고 있다. 공장·기업소의 경우 시장이 없으면 기능을 하지 못할 정도이며, 국영기업의 시장 활동

---

* 이 글은 조동호, 「경제·핵 병진노선의 의미와 김정은시대의 경제정책 전망」, ≪국가전략≫, 제19권 4호(2013), 33~56쪽의 내용을 부분적으로 보완한 것이다.

참여가 시장의 활성화에 큰 기여를 하고 있다.[1] 심지어 소규모 개인 서비스업이 활성화되는 가운데 공장, 무역회사, 상점, 식당 등 계획 부문에도 개인 자본 투입이 확대되고 있다.[2] 그뿐 아니라 계획 부문의 축소와 시장 활동의 증가로 계층 간 양극화가 심화되어 일부 계층은 부를 축적하지만 한계 계층은 생존을 위협받는 상황이며,[3] 평양의 뒷골목에서도 '메뚜기 시장'이 등장하고 암거래가 진행될 정도다.[4] 결국 시장의 확대로 경제상황은 개선되고 있지만 사회주의 계획경제체제의 정상적인 작동은 어려워지고 있는 것이다.

이러한 상황에서 2011년 12월 17일 김정일이 사망하고, 김정은이 북한의 최고지도자가 되었다. 김정일이 20년 이상의 후계자 수업을 받고도 김일성 사망 이후 4년이 지나서야 공식적인 최고지도자 자리에 오른 것을 감안하면 김정은은 매우 빠른 속도로 당과 군의 최고지도자직을 차지했다. 정치적으로도 권력 공백 상태를 방치할 수 없었겠지만, 경제적으로도 현재와 같이 사회주의 계획경제체제가 무너지는 가운데 경제적·사회적 어려움이 가중되는 상황을 방관할 수 없었을 것이다. 2012년 4월 15일 김정은이 최초의 공개연설에서 다시는 북한 주민이 허리띠를 조이지 않게 하겠다고 약속한 것도 바로 이 때문일 것이다. 그만큼 주민의 일상생활을 중심으로 한 경제 문제가 심각하다고 인식한 것이다. 2013년 신년사에서 김정은이 "경제강국 건설은 오늘 사회주의강성국가 건설위업수행에서 전면에 나서는 가장 중요한 과업"

---

1) 임강택, 「북한 시장 활성화의 숨은 그림, 국영기업의 역할」, ≪KDI 북한경제리뷰≫, 6월호(2014), 26쪽.
2) 양문수, 「북한의 시장화: 추세와 구조 변화」, ≪KDI 북한경제리뷰≫, 6월호(2013), 61쪽.
3) 산업연구원, 「2012년 북한 경제 종합평가 및 2013년 전망」, 통일부 용역보고서(2012), 142쪽; 조한범, 「북한사회, 양극화와 수탈경제에 뿌리 흔들려」, ≪통일한국≫, 353호(2013), 22쪽.
4) "평양 한복판까지 메뚜기시장, 생필품 대놓고 암거래", ≪중앙일보≫, 2013년 10월 10일 자.

이라고 하면서 "인민생활 향상에서 결정적전환을 일으켜야" 한다고 주문한 것도 이러한 맥락이다. 그렇다면 2013년 3월 31일 북한 조선로동당 중앙위원회 전원회의에서 제시된 '경제 건설과 핵무력 건설을 병진시킬 데 대한 새로운 전략적로선(경제·핵 병진노선)'은 예견된 것이었다고 할 수 있다. 현재의 북한이 직면한 가장 커다란 과제는 체제 안정을 위한 경제상황의 개선이기 때문이다.

결국 '경제·핵 병진노선'은 김정은시대의 '국가경영 독트린'인 셈이며, 향후 북한의 대내외 경제정책 방향을 규정할 핵심적인 지침이다. 따라서 이 글은 '경제·핵 병진노선'의 경제적 의미를 파악하고, 향후 북한 경제정책의 방향을 분석하는 것을 목적으로 한다. 이를 위해 제2절에서는 '경제·핵 병진노선'의 내용과 배경을 살펴보고, 제3절에서는 '경제·핵 병진노선'의 경제적 의미에 대해 논의한다. 제4절에서는 '경제·핵 병진노선'에 따른 북한 경제정책의 방향을 살펴본 후, 제5절에서는 미래 전망에 대해 논의할 것이다.

2. '경제·핵 병진노선'의 내용과 배경

1) 내용

2013년 3월 31일 전원회의 보고에서 김정은은 이번 전원회의는 "현 정세와 혁명 발전의 요구에 맞게 백두에서 개척된 주체혁명위업의 승리를 앞당기기 위한 중대한 전략적로선을 토의결정"하기 위해 개최되었다고 규정했다. 즉, "현 정세와 혁명 발전의 요구로부터 당중앙은 경제 건설과 핵무력 건설을 병진시킬 데 대한 새로운 전략적로선을 제시"하게 되었다는 것이다. 결국 '경제·핵 병진노선'은 '현재의 정세' 및 '혁명 발전'의 요구에 부응한다는 주장이다. 실제로 북한은 '경제·핵 병진노선'이 '조성된 정세의 필수적 요구'이자 '혁명 발전의 합법칙적 요구'라고 설명한다.

'현재의 정세' 및 '혁명 발전'의 핵심적인 내용은 경제와 안보, 즉 경제성장과 체제 수호다. 전원회의에서의 김정은의 보고에 따르면 현재는 "이제는 인민이 더는 허리띠를 조이지 않고 사회주의 부귀영화를 누릴 수 있도록 경제건설에 힘을 집중"해야 하며, "전체 인민이 남부럽지 않게 잘사는 천하제일강국, 인민의 락원을 기어이 일떠세워야" 하는 시기라는 것이다. 그런데 "미국이 세계지배를 위한 전략적 중심을 아시아·태평양 지역으로 돌리고 우리를 1차적인 공격목표"로 설정한 상황에서 "핵무기 보유국만은 군사적 침략을 당하지 않았"으므로 "경제를 발전시키고 인민생활을 높이기 위한 투쟁은 강력한 군사력, 핵무력에 의해 담보되어야 성과적으로 진행"될 수 있다는 논리다. 그렇기 때문에 "강위력한 핵무력우에 평화도 있고 부강번영도 있으며 인민들의 행복한 삶도 있으며", "경제 건설과 핵무력 건설을 병진시킬 데 대한 새로운 전략적로선은 우리의 실정에 맞게 나라의 경제발전과 국방력 강화에서 최대의 효과를 낼 수 있게 하는 현실적인 로선"이라는 주장이다. 다시 말해 '경제·핵 병진노선'은 "주체적인 원자력공업에 의거하여 핵무력을 강화하는 동시에 긴장한 전력문제도 풀어나갈 수 있게 하는 합리적인 로선이며 조성된 정세에 주동적으로 대처해나가면서도 인민들이 근심걱정을 모르고 행복하게 살게 하려는 우리 당의 구상과 의도를 원만히 실현할 수 있게 하는 정당한 로선"이라는 것이다.

그런데 '경제·핵 병진노선'의 성공을 위해 북한이 제시하는 과제는 그동안 강조해오던 내용과 크게 다르지 않다. 예를 들어 "무엇보다도 인민경제 선행부문과 기초공업 부문을 어떻게 추켜세우는가"가 중요하고, "경제강국 건설의 주타격 방향인 농업과 경공업 발전에서 새로운 전환을 일으켜야" 하며, "새 세기 산업혁명의 불길을 세차게 일으켜 인민경제의 주체화, 현대화 수준을 더욱 높이며 나라의 경제를 지식경제로 확고히 전환시켜야" 한다는 것이다. 또한 "경제지도와 관리를 개선"해야 하고, "대외무역을 다각화·다양화"해야 한다는 것이다. 이는 북한이 지난 수십 년간 신년사 등을 통해 강조해 오던 과제와 동일하다.

다만 전원회의 보고에서 제시된 경제 분야 과업 중 과거와 차별적인 특징을 보이는 부분은 세 가지다. 첫째, "현실 발전의 요구에 맞게 우리식의 경제 관리방법을 연구완성하여야" 한다는 부분이다. 지금까지 북한은 대개 경제지도와 관리 방법을 개선해야 한다는 표현을 사용했다. 예를 들어 2013년 및 2014년 신년사에서도 북한은 "경제지도와 관리를 개선"해야 한다고 했을 뿐이고, 1995년 이후의 모든 신년 공동사설에서도 '연구'라는 표현은 등장하지 않았다. 따라서 이번 전원회의 보고에서 "경제지도와 관리를 개선"해야 한다고 한 후 "경제 관리방법을 연구완성"해야 한다고 한 것은 새로운 경제 관리 개선조치를 준비하고 있음을 시사하는 것으로 해석된다.[5]

둘째, "원산지구와 칠보산지구를 비롯한 나라의 여러 곳에 관광지구를 잘 꾸리고 관광을 활발히 벌리"라는 부분이다. 1995년 이후 북한의 신년 공동사설을 보면 관광지구를 설치하라는 주문은 찾아볼 수 없다. 더욱이 원산과 칠보산이라는 특정 지역을 지정한 것도 매우 이례적이다. 이는 향후 북한이 외국인을 대상으로 하는 관광특구를 설치할 가능성이 있음을 시사한다. 실제로 2014년 6월 12일 조선중앙통신은 최고인민회의 상임위원회가 '원산·금강산 국제관광지대'를 설치했다고 보도했다.[6]

셋째, "각 도들에 자체의 실정에 맞는 경제개발구들을 내오고 특색 있게

---

5) 실제로 2014년 4월 4일 자 ≪조선신보≫는 북한에서 "우리식 경제 관리방법을 연구 완성하는 사업이 추진되고 있다"라고 보도했다.
6) "북, 원산·금강산 일대에 '국제관광특구' 설치". 연합뉴스, 2014. 6. 12.

발전시켜야" 한다는 부분이다. 이에 따라 2013년 5월 29일 최고인민회의 상임위원회 정령으로 「경제개발구법」이 제정되었다. 이 법은 "경제개발구는 국가가 특별히 정한 법규에 따라 경제활동에 특혜가 보장되는 특수경제지대"이며, "국가는 경제개발구를 관리 소속에 따라 지방급 경제개발구와 중앙급 경제개발구로 구분하여 관리하도록 한다"라고 밝히고 있다. 또한 "다른 나라의 법인, 개인과 경제조직, 해외동포는 경제개발구에 투자할 수 있으며 기업, 지사, 사무소 같은 것을 설립하고 경제활동을 자유롭게 할 수 있다"라고 규정하는데, 여기에서 주목할 부분은 외국 기업도 투자할 수 있다는 부분이다. 즉, 기존의 경제특구 외에도 각 도마다 소규모 경제특구를 만들 뿐 아니라 북한 내륙지역에 대한 외국인 투자도 받아들일 의사가 있음을 시사하는 것이다.

2) 배경

이처럼 김정은시대의 첫 번째 국가전략으로 '경제·핵 병진노선'이 제시된 것은 그만큼 경제 문제가 가장 중요한 과제로 대두되었음을 의미한다. 사실 현재의 북한 상황에서 우리가 기대하는 수준의 개방·개혁을 기대하기는 어렵다.

경제학적으로 볼 때 개방·개혁이란 단순히 외부의 투자를 받고 기존의 잘못된 정책과 제도를 고치는 것을 의미하는 것이 아니다. 개방이란 국제적 규범(international standard)을 받아들이고 국제 분업의 이익을 얻기 위해 국내 경제제도·정책의 수준을 업그레이드하는 것이며, 개혁이란 기존 사회주의경제체제 내에서의 개선(improvement within the system)이 아니라 사유화 및 자유화로 대표되는 시장경제체제를 향한 개혁(market-oriented reform)을 의미한다. 따라서 개방·개혁이란 하나의 사건보다는 과정으로 파악되며, 그만큼 장기적인 시간을 두고 관찰되는 것이다. 이렇게 본다면 아직 북한이 개방·개혁을 본격적·적극적으로 추진할 것으로 기대하기는 어렵다.

실제로 북한은 여전히 기존 체제의 고수를 주장한다. 2012년 8월 13일 자 ≪로동신문≫은 "남조선의 보수패당은 우리 공화국의 약동하는 현실을 저들의 가치관과 사고방식으로 대하면서 왜곡하고, 그 무슨 '변화'설 따위를 내돌리고 있다"라고 하면서, 이는 "공화국의 현실을 모르는 정치문맹자들의 가소로운 추태"이며 "그 무슨 '개혁'이니, '전 방위적인 교류협력'이니 하는 나름대로의 수작"이라고 일축했다. 2012년 7월 29일 조국평화통일위원회 대변인도 "우리에게서 정책 변화나 개혁개방을 기대하는 것은 해가 서쪽에서 뜨기를 바라는 것과 같은 어리석은 개꿈"이라고 주장했다. 2013년 5월 5일 자 ≪로동신문≫ 역시 "사회주의는 인류의 미래이며 주체의 우리식 사회주의가 반드시 승리한다는 것은 력사의 필연"이라고 주장했으며, 2014년 6월 17일 자 ≪로동신문≫은 "주체성을 고수하며 승승장구하는 우리식 사회주의"라는 제목의 논설을 싣기도 했다.

상황이 이렇긴 해도 북한은 조만간 개방 확대로 나설 수밖에 없을 것으로 보인다. 경제 문제의 해결을 위해서는 외부 자본의 확보가 가장 중요한 전제조건이기 때문이다. 즉, 외부 자본의 확보 없이 '경제·핵 병진노선'의 성과를 기대하기란 어렵다. 물론 개방을 선택한다 해도 전면적·급진적 개방은 아니며, 우선은 경제특구를 중심으로 한 점진적·단계적 개방일 것이다. 한편, 진정한 의미에서의 개혁은 아직 먼 일이다. 세습의 명분을 유지해야 하고, 아직은 사회주의 포기를 선언할 수 없으며, 체제 불안요인으로 작용할 수 있는 체제 자체의 개혁을 시도하기는 무리이기 때문이다.

김정은체제에서 북한이 점진적 개방의 길을 모색할 수밖에 없을 것이라는 전망의 근거로 세 가지를 들 수 있다. 첫째, 김정은시대는 경제의 시대일 수밖에 없다. 경제강국을 통한 강성대국 달성이라는 유업을 관철해야 하기 때문이다. 실제로 2013년 3월 31일 전원회의에서 김정은은 "사랑하는 조국땅에 경제강국을 일떠세워 우리 인민들을 세상에 부러운 것 없이 잘살게 하려는 것은 위대한 장군님의 한생의 념원이였습니다. 우리는 장군님께서 바라시던 대로 경제강국 건설을 다그쳐 인민생활을 빨리 높여야 합니다"라고 강조했다. 사실 '쌀밥에 고깃국'으로 상징되는 경제난 해결은 김일성 시절부터의 유업이기도 하다. 결국 경제를 살려야 3대 세습의 정치적 명분이 보장되는 상황이다. 일반 주민들로부터의 지지 획득을 위해서도 경제에 초점을 맞춰야 한다. 비록 후계자로 지명되었고, 이를 권력 심층부가 동의했다고 해도, 일반 주민에게는 능력이 의문시되는 '애송이'일 뿐이다. 따라서 주민이 체감할 수 있는 변화, 결국 먹고사는 문제의 진전을 보여주는 것만이 최고지도자로서의 자질을 인정받는 방법이다. 민생 챙기기가 그의 시대를 안정적으로 만드는 핵심 전제다. 경제 살리기, 민생 챙기기는 개방으로 시작할 수밖에 없다. 자립경제라지만 자립의 기반은 무너졌고, 계획경제라면서 계획도 세우지 못하는 실정이기 때문이다.

둘째, 북한 시장과 주민의 요구다. 이미 상당수의 북한 주민은 시장을 떠나서는 생계를 유지하기 어려운 상황이다. 실제로 1996~2003년 북한 주민의 총소득 중 비공식 소득이 차지하는 비중이 70~80%인 것으로 분석한 연구도 있으며,[7] 비공식 수입이 있다고 밝힌 사람들이 2008년 31.1%, 2009년 30.2%에서 2011년에는 60.5%로 늘어났다는 탈북자 설문조사 결과도 있다.[8] 또한 2005~2009년 회령시 466가구를 대상으로 조사한 결과, 북한 주민들의 가계

---

7) 김병연, 「북한 경제의 시장화: 비공식화 가설 평가를 중심으로」, 윤영관·양운철 엮음, 『7·1경제 관리개선조치 이후 북한 경제와 사회: 계획에서 시장으로』(한울, 2009), 75~79쪽.

8) 김병로, 「탈북자 면접 조사를 통해 본 북한사회의 변화: 2008~2011」, ≪현대북한연구≫, 제15권 1호(2012), 52쪽.

소득에서 비공식 부문의 비중이 82~84%를 차지한다는 연구도 있다.[9] 또한 북한 당국이 계획 부문 정상화를 위해 노력한다고 해도 가까운 시일 내에 실현하기란 불가능하다. 설령 6자회담이나 북·미대화를 통해 핵 문제가 해결되고 국제사회의 지원이 결정된다고 하더라도 실제 자본 유입까지는 상당 시일이 소요된다. 결국 김정은체제에서도 당분간은 시장을 묵인할 수밖에 없다. 그런데 이미 시장의 효율성을 경험한 주민들은 시간이 지날수록 시장의 확대를 요구할 것으로 전망된다. 시장은 그 자체의 동력으로 점차 커지며, 이는 과거 동유럽 사회주의국가에서도 일반적으로 발생한 현상이다. 그런데 시장의 존재와 확대는 현재 북한의 경제 상황으로 볼 때 필연적으로 개방과 맞물려 있다. 즉, 북한 경제 자체적으로 시장에서 판매되는 물자를 조달하지 못하는 상황이므로 시장의 판매 물품은 상당 부분 무역과 연계될 수밖에 없으며, 이는 개방으로 이어진다. 게다가 '성장'을 추진해야 하는 김정은체제의 입장에서는 개방을 통해 시장의 작동을 '안정적으로 관리'하는 수준 정도로 타협할 가능성이 크다.

셋째, 중국의 개방 지원과 요구다. 중국은 외교적 이익 차원에서 안정된 한반도 정세를 희망하며, 동북3성 개발을 촉진하기 위한 수단으로 북·중경협을 활용한다. 이를 위해 중국은 북한의 개방을 강력하게 요구한다. 예를 들어 2010년 8월 중국 후진타오(胡錦濤) 주석은 중국을 방문한 김정일과의 회담에서, 경제발전을 위해 자력갱생도 중요하지만 대외협력은 시대적 조류에 따르는 것이자 경제발전 촉진에 반드시 필요한 과제라고 언급함으로써 북한의 개방을 촉구했다. 2011년 5월 중국 원자바오(溫家寶) 총리는 한중 정상회담에서 북한의 개방을 강조하기도 했다. 2012년 8월 방중한 장성택에게

---

9) 곽인옥, 「북한 회령시장의 공간적 구조와 기능 변화에 관한 연구」, 북한연구학회 2013년 추계학술회의 발표문(2013년 9월 27일), 27쪽.

원자바오 총리는 "양국이 라진·선봉과 황금평·위화도의 공동 개발을 적극적으로 추진하기 위해서는 다섯 가지 원칙을 확립해야 한다"라고 하면서, "중국 기업이 투자하기 위해서는 북한에서 그들이 겪는 실질적 문제와 어려움을 해결해야 한다"라고 말했다. 원자바오 총리가 제시한 다섯 가지 원칙은 ① 공공개발을 위한 법률과 법규 정비, ② 지방정부 간 긴밀한 협조관계 마련, ③ 토지와 세금 등에서 시장 시스템 마련, ④ 투자기업의 어려움 해결, ⑤ 통관업무와 품질검사 개선 등으로, 개방의 폭을 더욱 확대하라는 주문이자 부분적으로는 시장경제 원리를 도입하라는 요구라고 볼 수 있다. 이러한 중국의 개방 요구는 시진핑(習近平)체제에서 더욱 강화될 것이다. 즉, 시진핑의 중국은 북한의 개방을 유도할 것이며,[10] 김정은체제의 등장은 북한 경제의 개방을 본격적으로 견인할 수 있는 기회라고 볼 수 있다.[11] 2013년 10월 7일 아시아·태평양 경제협력체(APEC) 정상회의 연설에서 시진핑은 개방형 경제 체제의 필요성을 역설하기도 했다. 결국 중국의 정치적·경제적 지원을 필요로 하는 김정은의 입장에서는 중국의 요구를 어느 정도 수용할 수밖에 없을 것이다. 2013년 6월 박근혜 대통령의 국빈 방중과 2014년 7월 시진핑 주석의 국빈 방한이 이루어지는 동안 북·중 정상회담이 한 차례도 열리지 않았다는 점도 북한에게는 압력으로 작용할 것이다.

---

10) 전병곤, 「18차 당 대회 이후 북·중관계」, ≪성균 차이나브리프≫, 1호(2013), 164쪽.

11) 차상훈, 「중국의 대한반도정책: 책임대국과 시진핑의 대북정책 딜레마」, ≪한국과 국제정치≫, 29권 1호(2013), 82쪽.

3. '경제·핵 병진노선'의 경제적 의미

실제로 김정은체제에서 경제 문제가 최우선 과제로 등장했음은 여러 사례를 통해 확인할 수 있다. 이미 언급한 바와 같이 김정은은 2012년 4월 15일 북한 주민이 다시는 허리띠를 조이지 않게 하겠다고 약속했고, 2013년 신년사에서는 경제 문제의 해결이 현시점의 가장 중요한 과업이라고 강조했다. 2013년 3월 19일에는 10년 만에 경공업대회를 개최했고, 김정은이 참석해 북한 주민 생활에 직접적인 영향을 주는 경공업 발전에 역량을 집중할 것을 약속했다. 2013년 4월 1일에는 2002년 '7·1경제 관리개선조치(7·1조치)'의 실무 책임자로 알려져 있는 경제통 박봉주를 내각 총리로 임명했다. 2013년 6월 4일 군대와 인민에게 보내는 "'마식령속도'를 창조하여 사회주의 건설의 모든 전선에서 새로운 전성기를 열어나가자"라는 제목의 '력사적 호소문'을 통해 김정은은 "전체 인민들이 당의 경제 건설과 핵무력 건설의 병진로선을 틀어쥐고 나라의 전반적 경제를 더욱 활성화하고 인민경제계획 수행에 적극 이바지할 데 대해 호소"했다. 2014년 신년사에서는 '일대 번영기'를 열어나가야 한다고 독려했다.

물론 2013년 2월 북한의 3차 핵실험은 과연 김정은의 북한이 경제 문제 해결을 최우선 과제로 설정했는가에 의구심을 갖게 한다. 그러나 북한의 공식적인 발언을 보면 과거의 핵실험에 비해 이번 핵실험의 배경에 변화가 있음을 감지할 수 있다. 2006년 1차 핵실험에 대해서는 "자위적 전쟁 억제력을 강화하는 새로운 조치",[12] 2009년의 2차 핵실험에 대해서는 "부득불 추가적인 자위적 조치"[13]라고 하면서 자위권·주도권 차원에서 핵실험의 배경을 설

---

12) 2006년 10월 3일 북한 외무성 성명.
13) 2009년 4월 29일 북한 외무성 성명.

명했다. 북한은 2013년 핵실험에 대해서도 자위권·주도권을 언급하지만, 그와 동시에 "이제는 우리가 제국주의자들과의 대결에서 주도권을 더욱 확고히 틀어쥐게 되었으며 경제강국 건설과 인민생활에서 전환을 일으키게 되는 것은 시간문제"[14]이며, "자위적 핵 억제력에 의거하여 경제 건설과 인민생활 향상에 힘을 집중하려던 것이 우리의 목표였다"[15]라고 하면서 경제발전을 강조했다. 조총련 기관지인 ≪조선신보≫ 역시 2013년 1월 2일 "2012년 위성 발사, 그다음 단계의 목표는 이미 예고돼 있다"라고 하면서, "인민들이 생활 속에서 실감할 수 있는 경제부흥 구상의 결실을 맺는 것"이라고 주장한 바 있다. 즉, 아직은 핵을 포기할 만큼 안보에 자신이 없으므로 여전히 핵 건설을 주장하지만, 경제 건설이 핵 건설만큼이나 중요하다는 그동안의 인식 변화가 반영되어 있는 것이다.

흔히 이번의 '경제·핵 병진노선'을 1960년대 김일성이 제시한 경제·국방 병진노선의 재판이라고 평가한다. 예를 들어 '경제·핵 병진노선'은 김일성의 병진노선을 상기시켜 "김일성에 대한 북한 주민의 기억과 향수를 최대한 활용"[16]하기 위한 것이며, "김일성시대의 기본 인식을 수용"[17]하고 있다는 것이다. 2013년 전원회의에서 김정은 역시 '경제·핵 병진노선'은 "위대한 수령님께서 제시하시고 위대한 장군님께서 철저히 구현하여오신 경제와 국방 병진로선의 계승이며 심화발전"이라고 주장한다. 1960년대 북한의 경제·국방 병진노선은 1962년 12월 조선로동당 중앙위원회 제4기 제5차 전원회의에서 처음 제기된 후 1966년 10월 당대표자회에서 "경제 건설과 국방건설을 병진

---

14) 2013년 1월 29일 김정은 제4차 당세포비서대회 연설.
15) 2013년 2월 12일 북한 외무성 대변인 담화.
16) 정성장, 「북한 노동당 중앙위원회 2013년 3월 전원회의 평가」, ≪세종논평≫, 265호 (2013).
17) 성채기, 「북한의 경제-핵 병진노선, 어디로 갈 것인가」, ≪북한≫, 제498호(2013), 66쪽.

시킬 데 대하여"라는 이름으로 공식화되었다.

명칭은 동일하게 '병진'이지만 내용 면에서 상당한 차이가 있는 것으로 판단된다. 우선 1960년대 김일성의 경제·국방 병진노선은 한국전쟁 이후 급속한 경제성장을 성공적으로 추진하던 상황에서 한미일 삼각 안보체제의 출범과 중소분쟁의 격화로 북한이 자주적 국방력을 갖춰야 하는 상황에서 제기되었다.[18] 또한 북한은 1960년대 초반 미국 존 F. 케네디(John F. Kennedy) 행정부의 '유연대응 전략'을 제한된 지역 혹은 국가에 정규군을 동원한 침략전쟁으로 해석했으며, 1961년 박정희 대통령이 미국을 방문하자 남한이 미국이 요구하는 방향으로 움직인다고 간주한 측면도 있다.[19] 즉, 말로는 병진이었지만 실은 국방에 방점이 있었던 것으로 해석된다.[20]

하지만 이번에는 경제에 방점이 있을 가능성이 크다. 아버지로부터 물려받은 핵은 외부로부터 체제를 지키는 힘이지만, 내부를 단단히 결속시키는 동력은 경제발전에서 나와야 하기 때문이다. 게다가 김정은의 치적은 수십 년간 '쌀밥에 고깃국'으로 상징되어온 숙제의 해결에서 찾을 수밖에 없는 상황이다. 따라서 이번의 병진노선은 나름대로 정치군사적 안정성은 확보했다는 판단하에 본격적으로 경제사회적 안정성을 추진하겠다는 의미로 해석하는 것이 타당하다.

---

18) 김한길, 『현대조선역사』(일송정, 1988); 함택영, 「경제·국방건설 병진노선의 문제점」, 『북한사회주의건설의 정치경제』(경남대학교 극동문제연구소, 1993).

19) 한모니까, 「1960년대 북한의 경제·국방 병진노선의 채택과 대남정책」, ≪역사와 현실≫, 제50호(2003), 142쪽.

20) 1966년 10월 5일 당대표자회에서 김일성이 "전쟁이 일어나면 다 파괴될 것이라 하여 국방건설에만 치우치고 경제 건설을 제대로 진행하지 않는 것도 잘못이며 평화적 기분에 사로잡혀 경제 건설에만 치우치고 국방력을 충분히 강화하지 않는 것도 잘못입니다"라고 연설한 것도 당시의 상황이 경제보다는 국방이 더 중요하다는 인식에 기초한 것으로 해석할 수 있다.

2013년 3월 전원회의에서 김정은은 '경제·핵 병진노선'을 "핵무력을 강화 발전시켜 나라의 방위력을 철벽으로 다지면서 경제 건설에 더 큰 힘을 넣어 우리 인민들이 사회주의 부귀영화를 마음껏 누리는 강성국가를 건설하기 위한 전략적로선"이라고 정의했다. 이와 동시에 "새로운 병진로선은 국방비를 늘이지 않고도 적은 비용으로 나라의 방위력을 더욱 강화하면서 경제 건설과 인민생활 향상에 큰 힘을 돌릴 수 있게 합니다"라고 주장함으로써 이 정책이 경제를 우선시한다는 것을 시사했다. 또한 김정은은 이제는 "경제 건설과 인민생활 향상을 위한 투쟁에 자금과 로력을 총집중할 수 있는 유리한 조건이 마련"되었으므로 "모든 력량을 총집중하여 경제강국 건설에서 결정적 전환을 이룩"하여야 한다고 주장했다. 나아가 김정은은 "지금 적들은 우리의 위성과 핵도 두려워하지만 우리나라에서 경제강국 건설의 동음이 세차게 울리고 인민들의 생활수준이 높아져 그들의 심장 속에서 로동당 만세소리가 높이 울려나오는 것을 더 무서워하고 있습니다"라고 하면서 핵보다 경제 건설을 더욱 강조했다.[21]

그만큼 현재 김정은의 북한은 경제발전이 절실한 상황이다. 열악한 재정 상태 때문에 국가계획조차 제대로 작동되지 않는 실정이며, 사회주의라면서 오히려 자본주의적 시장이 나날이 확장되는 실정이다. 경제발전 없이는 사회주의 낙원은커녕 자신의 권력기반 자체가 무너질 수 있으므로 김정은은 2013년 3월 전원회의 보고에서 "경제강국 건설을 다그치고 인민생활을 획기

---

21) 2013년 6월 2일 자 《로동신문》이 "강력한 자위적핵억제력이 갖추어진 조건에서 조선인민은 보다 안정된 환경에서 경제강국 건설을 마음먹은대로 다그쳐나갈수 있게 되었다"라고 주장한 것이나, 10월 1일 박길연 북한 외무성 부상이 유엔총회에서 "경제강국을 건설하고 인민생활을 증진하기 위한 평화적 환경보다 귀중한 것은 어떤 것도 없다"라고 연설한 것도 북한이 경제 건설을 우선적인 과제로 설정하고 있음을 시사한다.

〈표 1-1〉 김정은의 분야별 공개 활동

단위: 회(%)

연도	군	경제	사회문화	정치	기타	합계
2013	62 (29.7)	71 (34.0)	48 (23.0)	24 (11.5)	4 (1.8)	209 (100.0)
2012	49 (32.5)	37 (24.5)	33 (21.8)	29 (19.2)	3 (2.0)	151 (100.0)

자료: "김정은 공개활동 현황", 연합뉴스, 2014. 1. 14.을 참고하여 필자 작성.

적으로 높이는 것은 현 시기 우리 당 앞에 나서는 가장 중요하고 절박한 과업입니다"라고 규정한 것이다.

물론 경제 건설에 대한 북한의 강조가 정치적 수사일 가능성도 있지만, 김정은시대의 첫 국가전략으로 병진노선을 제기하면서 경제를 전면에 내세운 것은 북한 지도부가 경제 문제 해결을 시급한 국가적 과제로 인식하고 있음을 의미한다. 자력갱생하겠다는 김일성의 주체, 군대가 우선이라는 김정일의 선군과 비교해도, 비록 병진이기는 하지만 경제에 대한 강조는 분명 진일보한 것으로 해석된다. 비유해보면 현재 북한의 '경제·핵 병진노선'은 과거 박정희 대통령 시절의 '싸우며 일하자'라는 구호와 유사하다. 당시 안보와 경제가 충돌하는 경우 '싸우자'가 우선일 수밖에 없었지만, 그 구호의 핵심은 경제 건설의 시급함을 상기시키며 경제 건설을 독려하기 위한 것이었다.

실제로 집권 직후인 2012년과 '경제·핵 병진노선'이 제시된 2013년 김정은의 공개활동을 비교하면 경제 분야로 초점이 이동하고 있음을 알 수 있는데, 2012년의 경우 군 분야가 전체의 32.5%로 가장 많은 비중을 차지했으나, 2013년에는 경제 분야가 34.0%로, 24.5%인 군 분야를 크게 능가했다. 더욱이 2013년 경제 분야를 중심으로 한 지방 방문이 크게 증가한 것도 각 도마다 경제개발구를 만들겠다는 '경제·핵 병진노선' 실행 차원에서 주목된다.[22]

4. 북한 경제정책 전망

이상에서 논의한 바와 같이 김정은시대의 북한은 '경제·핵 병진노선'을 통해 경제성장을 추진하고 있음이 분명해 보인다. 그렇다면 향후 북한의 경제정책은 어떤 방향으로 전개될 것인가. 시기와 정도의 문제일 뿐 향후 북한이 선택할 수 있는 경제정책 방향은 분명하다. 내부적으로는 효율성을 제고하기 위해 경제 관리 개선에 나서는 것이고, 외부적으로는 외부 자본을 유치하기 위한 개방의 확대에 나서는 것이다.

사회주의 계획경제체제이든 자본주의 시장경제체제이든 경제성장을 위해서는 효율의 증가가 있거나 자본이나 노동 같은 생산요소의 투입 증가가 있어야 한다. 그런데 북한과 같은 저개발경제에서는 상대적으로 노동은 풍부하기 때문에 경제성장을 위해서는 효율의 증가 및 자본의 증가가 필수 조건이다.

북한의 경우 비록 생산현장에서 전력 및 원자재가 부족해 노동을 충분하게 하지는 못하지만, 공식적으로는 실업이 존재하지 않으므로 노동 투입의 실질적 증가는 거의 불가능하다. 결국 이미 활용 가능한 노동은 모두 동원한 상태이므로 효율 증가를 위한 경제 관리 개선과 함께 개방 확대를 통한 자본 확보가 핵심 과제인 것이다.

---

22) 2012년 평양 외 지역 방문은 22회로 전체의 14.6%였으나2013년 9월까지는 47회, 즉 전체의 30.5%로 크게 확대되었다. 특히 분야를 살펴보면 2012년의 경우 경제 분야는 9.1%에 불과했으나, 2013년에는 경제 분야가 51.1%로 획기적으로 증가했다. 통일부, 「김정은 공개활동('12.1~'13.9) 현황」(2013), 2쪽.

1) 동유럽 사회주의국가의 시사점

이와 관련해 과거 동유럽 사회주의국가의 경험은 유용한 시사점을 준다. 사실 사회주의는 카를 마르크스(Karl Marx)의 예견과 달리 경제가 발전한 국가에서가 아니라 경제개발이 뒤처진 국가에서 실현되었다. 따라서 북한뿐 아니라 사회주의국가의 지도자들은 빠른 경제성장을 목표로 제시함으로써 국민의 지지를 받을 수 있었으며, 경제가 발전한 자본주의 국가들을 조속히 따라잡는 것이 사회주의체제의 우월성을 입증하는 것임과 동시에 권력과 체제의 정당성을 유지할 수 있는 방편이었다. 실제로 1947년 이오시프 스탈린(Iosif Stalin)은 10년 이내에 서방세계의 경제수준을 따라잡을 것이라고 주장했고, 10년 후 니키타 흐루쇼프(Nikita Khrushchyov) 역시 10년 이내에 소련 경제는 미국 경제를 능가할 것이라고 선언했으며, 중국의 경우에도 1957년 마오쩌둥(毛澤東)은 중국 경제가 15년 이내에 미국의 경제수준에 도달할 것이라고 천명했다.[23]

그러나 현실 경제는 이와는 반대로 돌아갔다. 생산요소의 양적 동원에 초점을 둔 외연적 경제성장전략(extensive economic growth strategy)으로 동유럽 국가의 경제는 초기에는 비교적 성공적인 성과를 거두었으나 ─ 국가마다 구체적 시기는 다르지만 ─ 노동 투입이 한계 상황에 이른 1960년대 중후반부터는 경제성장이 둔화되기 시작했다. 게다가 비효율로 상징되는 사회주의 계획경제체제의 구조적인 문제점도 점차 노정되었다. 결국 1960~1970년대 동유럽 국가 역시 현재의 북한 경제가 처한 어려움과 유사한 문제에 직면했으며, 이에 따라 경제성장을 추동하기 위한 노력을 기울였다.

---

23) Daniel Gros and Alfred Steinherr, *Winds of Change: Economic Transition inn Central and Eastern Europe*(New York: Longman Publishing, 1995), pp. 56~57.

우선 1960~1970년대 동유럽 국가들이 효율 증가를 위해 추진한 경제 관리 개선 노력을 살펴보자. 1955년 소련 서기장에 취임한 흐루쇼프는 5월 베오그라드(Beograd) 선언을 통해 기존의 소련식 모델과는 다른 사회주의 형태의 가능성을 인정했고, 1956년 2월 소련공산당 제20차 대회에서는 과거의 스탈린 개인숭배를 비판함으로써 새로운 변화를 시도할 수 있는 정치적 공간을 제공했다. 경제적으로도 1960년대 소련과 동유럽 국가에서 경제성장 속도가 감소했는데, 1930년대에 형성된 소련식 계획경제체제로는 산업구조 고도화 시대에 대응할 수 없었기 때문이었다. 이에 따라 소련에서는 1962년 9월 계획경제체제의 효율성 향상 수단으로 이윤 개념의 이용을 제창한 에브세이 리베르만(Evsey Liberman)의 논문 「계획, 이윤 및 프리미엄(plan, benefit and prisms)」이 공산당 기관지 ≪프라우다(Pravda)≫에 게재되었으며, 이후 소련과 동유럽 국가에서 경제개혁에 관한 논의가 활발해지기 시작했다.

그 결과 동유럽 국가에서는 다양한 경제 관리 개선조치가 발표되었다. 1963년 동독의 "국민경제의 계획과 조정에 관한 새로운 체제(New System of Planning and Coordination of the National Economy)", 1966년 알바니아의 "관리제도의 재조직(Reorganization of the Management System)", 1967년 체코슬로바키아의 "신경제모형(New Economic Model)", 1968년 헝가리의 "신경제계획(New Economic Mechanism)", 1972년 폴란드의 "계획 및 경영제도의 개선방안(Process of Improvement of the System of Planning and Management)", 1973년 루마니아의 "국민경제 관리 및 계획상의 개선(Improving the Management and Planning of the National Economy)" 등이 대표적이다.[24]

이와 같은 조치의 내용은 인센티브제도 도입, 가격제도의 다양화, 기업 관

---

24) 이 조치들의 구체적인 내용과 평가에 대해서는 조동호, 「북한 경제정책의 변화 전망과 남북경협의 역할」(한국개발연구원, 2003)을 참조.

리의 분권화로 요약된다. 사회주의의 핵심인 소유권의 국유화, 계획경제의 핵심인 중앙당국의 계획을 철폐할 수 없는 상황에서는 체제 자체의 개혁(reform of the system)이 아니라 체제 내에서의 개선만이 유일한 대안이었기 때문이다. 즉, 사회주의를 유지하는 한 개인 소유권을 인정할 수 없으므로 인센티브제도를 도입해 미약하나마 노동 의욕을 부추기려는 것이었고, 계획경제체제에서 시장 기능을 인정할 수는 없으므로 유일한 국정가격 대신 다양한 가격제도를 만들고, 기업 관리에서도 부분적으로나마 자율권을 부여한 것이다. 이러한 동유럽 국가들의 조치가 본질적인 개혁이 아니라 부분적인 개선에 머물렀음은 '조정', '재조직', '개선' 등과 같은 명칭에서도 드러난다.

결국 이들 조치는 모두 실패했다. 근본적인 개혁이 아니었기 때문이다. 사회주의 계획경제체제의 문제점은 바로 그 체제 자체에 있기 때문에 일부 개선조치만으로는 문제 해결이 불가능했던 것이다. 그 결과 동유럽 국가는 1970년대 이후 지속적인 경제 하락세를 경험하게 되었다.

2) 특구 전략 추진

북한도 기본적으로는 과거 동유럽 국가와 흡사한 상황에 놓여 있다. 북한역시 '우리식 사회주의의 완성'을 내세우며 3대 세습을 시작한 상황에서 아직 본격적인 체제 개혁을 추진할 수는 없는 상황이다. 결국 향후 북한의 대내적인 경제정책은 과거 동유럽 국가들이 보여준 개선조치와 유사한 방향으로 전개될 수밖에 없다. 다만 과거 2002년의 '7·1조치'보다는 좀 더 범위와 폭이 진전된 형태로 진행될 것이며, 관련 분야의 재편과도 연결될 것으로 예상된다. 즉, 시간과 정도의 문제일 뿐 북한은 경제의 효율을 제고하기 위해 새로운 경제 관리 개선조치를 추진할 수밖에 없다. 실제로 북한이 이 방향으로 움직이는 것으로 관측된다. 예를 들어 2012년부터 시범적으로 시행된 것으로 알려진 '우리식 경제 관리방법(6·28방침)'은 "경영권한을 현장에 부여"[25]했다는 점에서 분권화 조치이며, 협동농장의 분조(分組) 축소는 인센티브제도의 강화인 셈이다. 실제로 2014년 4월 4일 자 《조선신보》는 "작년 3월부터는 전국의 모든 생산단위들이 경영활동을 독자적으로 벌여나가도록 하는 조치가 취해졌다"라고 보도하면서, 이는 "국가계획을 벗어난 생산을 자체의 결심으로 조직하고 판매하며 종업원들의 보수, 복리후생 등도 자체의 실정에 맞게 실시하도록 하는 내용"이라고 설명했다.

물론 자율권 강화와 인센티브 확대에는 생산의욕을 강화시키는 효과가 있다. 예를 들어 최근의 농업 생산 증가 요인으로 "'포전(圃田)담당책임제'의 시범 운영과 협동농장의 '작업분조' 규모 축소에 따른 생산동기 유발효과도 배제할 수 없다"[26]라는 것이다.

그러나 이것만으로는 충분하지 않다. 아무리 자율권을 강화하고 인센티브를 확대한다고 하더라도 생산현장에서 원자재, 전력 등이 부족하면 실제 생산으로 연결되기에는 한계가 있기 때문이다. 그래서 김정은이 2014년 신년사에서 "내부 예비를 남김없이 동원하여 생산을 늘이"라고 주문하면서, "절약은 곧 생산이며 애국심의 발현"이라고 강조했지만 내부 축적이나 절약할 자재가 거의 없는 실정에서 생산 증가 효과는 미미할 수밖에 없다.

결국 자본의 확보가 가장 중요한 문제로 대두된다. 이와 관련해 동유럽 국가의 경우 자본 문제는 상대적으로 덜 중요했던 것으로 분석된다. 동유럽 국가는 상당 부분 개방되어 있었으며 투자도 상당 수준에 이르렀던 것으로 파악되기 때문이다. 예를 들어 수출이 국내총생산(GDP)에서 차지하는 비율은

---

25) 《조선신보》, 2013년 5월 10일 자.

26) 김영훈, 「2014년 상반기 북한의 농업 및 식량 수급 동향과 전망」, 《KDI 북한경제리뷰》, 7월호(2014), 40쪽.

〈표 1-2〉 체제 전환 이전 동유럽 국가의 경제 현황(1989년)

단위: 달러, %

	폴란드	헝가리	체코	루마니아	불가리아	평균	OECD
1인당 GDP	1,807	2,750	3,214	2,311	2,261	2,469	17,390
투자	29	25	26	30	27	27	20
수출	19	33	35	21	31	28	18
외채	408	206	79	5	102	160	183

주 1: 투자와 수출은 GDP 대비 비율(%).
주 2: 외채는 억 달러 기준.
자료: 조동호, 「북한 경제정책의 변화 전망과 남북경협의 역할」.

28%로 OECD 평균 18%보다 훨씬 높은데, 이처럼 높은 수출의 비율은 개방 정도가 상당 수준에 이르렀음을 시사한다. 또한 GDP 대비 투자 비율은 27%로 OECD 평균 20%보다 높은 수준이다. 더욱이 외채 규모는 동유럽 국가마다 차이가 있으나 폴란드, 헝가리, 체코, 루마니아 등 5개국의 평균 외채는 약 160억 달러에 달하는데, 이는 그만큼 외부로부터 자본 차입이 많았음을 의미한다(〈표 1-2〉 참조).

그러나 북한의 경우 자본 부족 문제가 매우 심각하다. 그동안 지속된 북한의 경제난으로 볼 때 내부적으로 축적된 자본이 거의 없으며, 라선경제무역지대의 실패, 황금평·위화도경제지대의 정체, 국제사회의 경제 제재 등 때문에 외부로부터의 자본 유입도 많지 않았다. 결국 북한은 향후 외부 자본 확보에 과거보다 더욱 적극적으로 나설 수밖에 없는 상황이다.

이런 측면에서 볼 때 2013년 6월 4일 김정은이 이례적인 '호소문'을 통해 제시한 '마식령속도'는 시사하는 바가 큰 것으로 판단된다. 북한에서 각종 '속도'가 이례적인 것은 아니다. 북한은 속도전을 "집단의 전성원들이 혁명적 열정을 높이고 일을 짜고들어 자기의 모든 예비와 가능성을 집중적으로 동원하며 일단 시작한 일은 저격전·섬멸전으로 전개, 속도를 높이는 가장 우월한 혁명적 전투원칙"이라고 설명한다.[27] 즉, 최단 기간에 질적·양적으로 최상의 성과를 이룩하는 사업방식이라는 것이다. 이에 따라 지금까지 북한에서는 많은 '속도'가 만들어졌으며, 김일성과 김정일시대의 '속도' 중에서 가장 대표적인 것은 각각 '천리마속도'와 '희천속도'라고 할 수 있다. '천리마'는 하루에 천 리를 간다는 말의 이름에서 따온 것이고, '희천'은 김정일이 강성대국 진입을 선포한 2012년 이전 완공을 독촉했던 희천발전소에서 유래한 것이다. '천리마'는 빠른 속도의 일반적인 명사이며, '희천'은 발전소라는 인프라의 고유 명사다.

김정은시대 최초의 '속도'인 '마식령'은 대규모 스키장 이름이다. 북한에서 스키를 탈 수 있는 계층이 많지 않을 것임을 감안하면, 마식령 스키장은 외국 관광객을 겨냥한 것으로 볼 수밖에 없다. 결국 마식령 스키장과 원산 지역을 엮어서 대규모의 관광특구를 조성하려는 계획인 것이다. 즉, 제조업을 중심으로 하던 기존의 경제특구들이 북한의 열악한 인프라 때문에 별다른 성과를 거두지 못하는 상황에서 상대적으로 손쉬운 관광특구를 조성해 외부 자본을 획득하려는 전략이다. 실제로 2014년 6월 북한이 발표한 '원산·금강산 국제관광지대'는 인근의 마식령과 연계한 것으로 보인다. 이처럼 북한은 '마식령속도'라는 단어를 만들어내고, 관광특구를 여러 지역에 계획할 정도로 외부 자본 확보에 과거보다 훨씬 더 적극적인 자세를 보이는 것으로 해석된다. 심지어 남한 자본의 유치도 환영한다는 입장이다.[28]

실제로 북한은 2014년 6월 외부 자본 유치를 위해 기존의 무역성, 합영투

---

27) ≪로동신문≫, 1974년 2월 18일 자.

28) 원산·금강산지구에 대한 투자 유치를 총괄하는 북한 대외경제성 산하 원산지구개발총회사 오응길 총사장은 2014년 9월 20일 오후 중국 다롄에서 조선족 기업인 등 세계 각지의 한인 경제인 200여 명을 대상으로 투자설명회를 개최한 자리에서 원산·금강산 국제관광지대 개발에 남한의 참여를 언제든 수용하겠다는 입장을 보였다. ≪매일경제≫, 2014년 9월 21일 자.

자위원회, 국가경제개발위원회를 통합·개편한 내각 산하 기구로 대외경제성을 출범시켰다. 또한 2013년 11월 중앙급 경제개발구로 기존의 라선경제무역지대, 황금평·위화도경제지대, 개성공업지구, 금강산국제관광특구 등 4개의 특수경제지대 외에 추가로 개성첨단기술개발구를 포함한 신의주, 평성, 남포, 강령, 해주, 온성 등 경제특구 7개와 원산, 칠보산, 백두산 등 관광특구 3개를 지정했으며, 모두 13개의 지방급 경제개발구를 지정했다. 2014년 7월에는 평양시 은정구역과 황해남도 강령군 등 6개 지역을 경제개발구로 추가 지정했다. 결국 이는 특구 전략을 통해 '경제·핵 병진노선'에 따른 경제성장을 도모하겠다는 계획으로 해석된다.

5. 맺음말

김정은의 북한이 추진하는 '경제·핵 병진노선'은 일단 긍정적으로 평가할 수 있다. 기존의 국방공업 및 핵 건설 우선정책에서 경제를 강조하기 시작한 것이기 때문이다. 그러나 이처럼 북한 지도부의 인식이 경제를 중시하는 방향으로 변화했다고 해서 '경제·핵 병진노선'이 성공할 것이라는 보장은 없다. 오히려 현재의 상황은 실패의 가능성을 높이고 있다.

우선 대내 정책인 경제 관리 개선조치를 살펴보자. 이미 언급한 바와 같이 경제 관리 개선은 경제의 효율성을 제고하기 위해 필수적으로 요구되는 조치다. 그런데 아직 북한은 사회주의 계획경제체제 자체를 변화시킬 의도는 없을 것이다. 따라서 향후 예상되는 경제 관리 개선조치의 핵심 내용은 인센티브제도의 강화, 기업 및 공장의 의사 결정에서 제한적 분권화, 가격 결정의 부분적 자율화 등이라고 할 수 있다.

그러나 앞에서 지적한 바와 같이 부분적인 경제 관리 개선만으로는 한계가 있을 수밖에 없으며, 가시적인 성과를 거두기도 어렵다. 예를 들어 기업에 생산량 결정의 분권화를 허용한다고 가정해보자. 즉, 기존에는 운동화를 한 달에 1,000개 생산했는데, 분권화로 1,500개를 생산하기로 결정했다고 가정하자. 그런데 운동화 생산에 필수인 전력의 공급은 여전히 국가의 중앙계획으로 결정된다. 기업 입장에서는 전력을 돈을 주고 살 수 없으며, 중앙계획 당국의 입장에서는 국가계획에 따른 우선순위에 입각해 전력을 공급한다. 따라서 기업의 생산량 계획은 무용지물이 된다. 결국 표면적으로는 기업에 생산량 결정의 분권화를 허용했다고 해도 실제적으로는 국가가 전력 공급으로 생산량을 통제하는 것이다. 인센티브제도의 경우도 마찬가지다. 새로운 경제 관리 개선조치를 통해 추가 생산에 대한 물질적 인센티브를 강화한다고 해도 전력을 우선적으로 공급받는 기업만이 생산 목표를 달성할 수 있다. 즉, 생산 계획의 달성 여부는 기업이 열심히 작업했느냐보다는 국가로부터 전력을 우선적으로 공급받았느냐에 따라 결정된다. 따라서 생산 계획을 충족하지 못해 인센티브를 받지 못한 기업은 그들의 잘못이 없음을 주장할 것이며, 그 결과 국가는 기업에 생산량을 기준으로 인센티브를 차등 지급하기 어려울 것이다.

따라서 새로운 조치의 도입으로 일시적인 생산 증가 효과를 나타낼 수는 있지만, 사회주의 계획경제체제 자체의 근본적인 개혁을 수반하지 않은 부분적인 경제 관리 개선조치만으로는 장기적인 성과를 거둘 수 없다. 물론 북한 지도부는 1960~1970년대 동유럽 국가의 경험, 중국 및 베트남의 경험, 북한의 경제 실태 등을 충분히 감안해 경제 관리 개선조치를 '제대로' 작성하면 성공할 것이라고 판단하겠지만, 이는 오판일 가능성이 크다. 따라서 북한의 새로운 경제 관리 개선조치가 한계에 직면하는 상황은 시간문제다.

북한이 강력하게 추진할 것으로 전망되는 외부 자본의 확보도 성공 가능성이 높지 않다. 그 이유는 대략 네 가지로 정리할 수 있다. 첫째, 핵 개발 문제다. 이미 오래전부터 국제사회는 북한의 핵 개발을 저지하기 위해 다양한 경제 제재를 실시해왔다. 유엔(UN) 안전보장이사회의 결의만 보더라도 "재래식 무기, 대량살상무기, 사치품 등의 판매 금지, 북한 출입 화물 검색, 제재 대상의 금융 동결 및 출입국 규제(1718호, 2006. 10. 14.)", "북한 선박과 화물 검색 강화, 대량살상무기, 미사일 개발에 유용 가능한 금융 거래 및 투자 금지, 무상원조, 차관 등 신규 제공 금지(인도적 및 개발 목적 제외)(1874호, 2009. 6. 12.)", "대량 현금을 이용한 북한의 불법 거래 감시 강화, 캐치올(catch-all)을 통해 제재 품목 외에 군사적 전용 우려가 있는 품목의 수출 통제(2087호, 2013. 1. 22.)" 등이 시행 중이며, 미국, 일본 등은 독자적인 경제 제재를 지속하고 있다. 이러한 상황에서 북한의 경제성장에 획기적 기여를 할 수 있을 정도의 외부 자본을 유치하기란 불가능하다.

둘째, 주체 이데올로기의 문제다. 경제에서의 주체는 자립경제, 자력갱생으로 나타난다. 즉, 외부의 도움 없이 자립하겠다는 것이 주체 이데올로기의 핵심이다. 이에 따라 북한은 지난 수십 년간 국제 분업의 이익을 도외시해왔다. 그런데 김정은의 북한이 적극적으로 외부 자본을 유치하려고 노력하는 경우 이는 주체 이데올로기와 상충하게 된다. 따라서 '경제·핵 병진노선'에 따른 외부 자본의 유치 노력과 전통적인 주체 이데올로기의 상충 문제를 어떻게 설명할 것이냐가 향후 김정은의 북한이 처할 딜레마다.

셋째, 열악한 투자환경이다. 설령 국제사회의 경제 제재가 완전히 철폐되고, 주체 이데올로기와의 상충 문제를 효과적으로 해결한다고 하더라도 현실의 북한 경제는 외부 자본을 유치할 만한 환경을 갖추지 못했다. 전력, 도로, 용수, 항만, 설비 등이 크게 부족하고 열악할 뿐 아니라 내수시장도 없고, 원자재 조달시장도 없다. 노동시장도 존재하지 않는다. 아무리 북한이 완화 조치를 취한다고 해도 외국 기업이 만족할 만한 수준의 통신과 통행도 기대하기 어렵다. 이런 상황에서 북한이 필요로 하는 만큼의 외부 자본을 확보하기란 불가능하다.

넷째, 신뢰의 문제다. 그동안 북한은 정치관계에서뿐 아니라 경제관계에서도 약속과 계약의 준수보다는 파기를 더 많이 해왔다. 예를 들어 1970년대 서방세계로부터 도입한 차관의 원리금을 상환하지 않아 북한은 아직도 채무 불이행 국가로 남아 있다. 샘물 사업을 추진하던 우리 기업에는 계약서상 샘물 1톤에 3.5달러를 지급하기로 했는데도, 공장이 완공되고 생산이 본격화되자 갑자기 100달러를 요구한 적도 있다. 경수로 사업의 경우 북한 노동자 임금을 월 110달러로 합의했으나 갑자기 600달러를 요구했고, 이러한 요구가 받아들여지지 않자 북한 노동자를 철수시키기도 했다. 이러한 경험으로 비추어 볼 때 북한이 투자 보장을 약속한다고 해도 외국 투자가들은 불안감을 느낄 수밖에 없다.

북한의 '경제·핵 병진노선'은 경제를 강조하기 시작했다는 점에서는 긍정적이다. 아직 본격적이지는 않지만 김정일시대의 선군(先軍)이 김정은시대의 선경(先經)으로 나아가는 첫걸음일 수 있기 때문이다. 그러나 사회주의 계획경제체제 자체의 개혁이 수반되지 않고, '경제·핵 병진노선'에서 '핵'이 여전히 남아 있는 한 북한이 의도한 만큼의 성과를 기대하기는 어렵다.

참고문헌

1. 국내 문헌

곽인옥. 2013. 9. 27. 「북한 회령시장의 공간적 구조와 기능 변화에 관한 연구」. 북한
　　연구학회 추계학술회의 발표문.

김병로. 2012. 「탈북자 면접 조사를 통해 본 북한사회의 변화: 2008~2011」. ≪현대북
　　한연구≫, 제15권 제1호.

김병연. 2009. 「북한 경제의 시장화: 비공식화 가설 평가를 중심으로」. 윤영관·양운
　　철 엮음. 『7·1경제 관리개선조치 이후 북한 경제와 사회: 계획에서 시장으로?』.
　　한울.

김영훈. 2014. 「2014년 상반기 북한의 농업 및 식량 수급 동향과 전망」. ≪KDI 북한
　　경제리뷰≫, 2014년 7월호.

김한길. 1998. 『현대조선역사』. 일송정.

산업연구원. 2012. 「2012년 북한 경제 종합평가 및 2013년 전망」. 통일부 용역보고서.

성채기. 2013. 「북한의 경제-핵 병진노선, 어디로 갈 것인가」. ≪북한≫, 제498호.

양문수. 2013. 「북한의 시장화: 추세와 구조 변화」. ≪KDI 북한경제리뷰≫, 2013년 6
　　월호. 한국개발연구원.

임강택. 2014. 「북한 시장 활성화의 숨은 그림, 국영기업의 역할」. ≪KDI 북한경제리
　　뷰≫, 2014년 6월호.

전병곤. 2013. 「18차 당 대회 이후 북·중관계」. ≪성균 차이나브리프≫, 제1권.

정성장. 2013. 「북한 노동당 중앙위원회 2013년 3월 전원회의 평가」. ≪세종논평≫,
　　제265호. 세종연구소.

조동호. 2003. 「북한 경제정책의 변화 전망과 남북경협의 역할」. 한국개발연구원.

_____. 2013. 「경제·핵 병진노선의 의미와 김정은시대의 경제정책 전망」. ≪국가전

략≫, 제19권 4호.

조한범. 2013. 「북한사회, 양극화와 수탈경제에 뿌리 흔들려」. ≪통일한국≫, 제353호.

차상훈. 2013. 「중국의 대한반도정책: 책임대국과 시진핑의 대북정책 딜레마」. ≪한
　　국과 국제정치≫, 제29권 제1호.

통일부. 2013. 「김정은 공개활동('12.1~'13.9) 현황」.

한모니까. 2003. 「1960년대 북한의 경제·국방 병진노선의 채택과 대남정책」. ≪역사
　　와 현실≫, 제50호.

함택영. 1993. 「경제·국방건설 병진노선의 문제점」. 『북한사회주의건설의 정치경제』.
　　경남대학교 극동문제연구소.

≪중앙일보≫. 2013년 10월 10일 자.

≪매일경제≫. 2014년 9월 21일 자.

연합뉴스. 2014. 6. 12.

2. 북한 문헌

≪로동신문≫. 1974년 2월 18일 자; 2013년 6월 2일 자.

북한 외무성 성명. 2006년 10월 3일; 2009년 4월 29일.

김정은 제4차 당세포비서대회 연설. 2013년 1월 29일.

북한 외무성 대변인 담화. 2013년 2월 12일.

3. 외국 문헌

≪조선신보≫. 2013년 5월 10일 자; 2014년 4월 4일 자.

Gros, D and A. Steinherr. 1995. *Winds of Change: Economic Transition inn Central
　　and Eastern Europe.* New York: Longman Publishing.

제2장

김정은시대의 경제개혁과 시장화[*]

양문수 | 북한대학원대학교 교수

1. 머리말

외부 세계의 입장에서 북한 경제를 관찰할 때 최대 관심사 중 하나는 개혁·개방 문제일 것이다. 사실 북한의 심각한 경제난 해소를 위한 근원적인 방안은 포괄적으로 보아 본격적인 개혁·개방일 수밖에 없지만, 북한 정부는 오랜 기간 소극적인 태도를 보였다. 지난 2012년 공식 출범한 김정은체제가 그동안 누차 경제 문제 해결을 약속한 바 있기 때문에 새로운 북한 지도부가 본격적인 개혁·개방에 어떠한 입장을 보일지 관심이 쏠리지 않을 수 없다.

사실 '경제 문제'의 근원적 해결을 위해서는 본격적인 개혁·개방 문제를 피

---

[*] 이 글은 양문수, 「김정은시대 경제관리 개선조치의 실태와 평가: 2012-2014년」, ≪북한연구학회보≫, 제18권 제2호(2014)를 대폭 수정·보완한 것이다.

해 갈 수 없다는 점을 새로운 북한 지도부도 잘 인식하고 있을 것이다. 다만 본질적인 해결을 추구하더라도 시간이 지나면서 제반 여건의 제약이 만만치 않음을 절실하게 느낄 것으로 보인다. 따라서 개혁·개방을 진전시키는 방향으로 그 범위와 심도, 시기와 방법에 대한 정책적 고민을 할 가능성이 있다.

여기서 핵심은 제2의 '7·1경제 관리개선조치(7·1조치)'라고 할 수 있다.[1] 물론 종전의 7·1조치 수준이 될지 그 확대·발전 버전이 될지는 명확하지 않다. 이는 한국에서는 '우리식 경제 관리방법(6·28방침)'이라 불렸으며, 북한에서는 '우리식의 새로운 경제 관리체계'로 불리다가 언제부터인지 '우리식 경제 관리방법'으로 그 표현이 바뀌었다.[2]

이 글은 김정은 집권 이후 나타난 '우리식 경제 관리방법'의 추진에 초점을 맞춰 김정은시대 북한의 '경제개혁' 관련 실태를 정리, 평가하는 것을 목표로 한다. 또한 북한의 경제개혁은 이른바 '시장화'[3] 현상과 밀접한 관계가 있기

---

1) 이 글에서는 지면의 제약 등으로 경제개혁의 문제만 주로 다루고 경제개방의 문제는 최소한의 언급에 그치기로 한다.

2) 이 글에서는 6·28방침이라는 표현 대신 '우리식 경제 관리방법'이라는 표현을 사용하기로 한다. 국내에서는 일부 대북소식지가 2012년 6월 28일 북한 정부가 새로운 방침을 내놓았다고 보도하면서 '6·28방침'이라는 표현이 자주 사용되었으나, 아직까지 2012년 6월 28일에 북한 정부가 이러한 지시를 내렸는지 여부는 확인되지 않았다. 따라서 여기서는 북한 정부가 공식적으로 사용하는 용어인 '우리식 경제 관리방법'을 쓰기로 한다.

3) 이 글에서의 시장에 대해 간단히 개념 정의를 해둘 필요가 있다. 우리는 대개 시장이라고 하면 백화점이나 재래시장과 같이 장소·공간으로서의 시장을 떠올리고, 북한의 시장이라 하면 대개 장마당으로 불리는 소비재시장을 연상하는데, 이는 시장의 극히 일부에 불과하다. 이 글에서 말하는 시장은 그 범위가 훨씬 포괄적이다. 시장은 장소로서의 측면도 있지만 시스템, 메커니즘이라는 측면이 더 중요하다. 이 경우 시장 메커니즘은 수요와 공급의 상호작용으로 가격이 결정되고, 이 가격이 발신하는 정보의 시그널에 의해 가계, 기업 등 상이한 의사결정 단위의 경제적 행동, 나아가 거시경제 전체의 자원 배분이 조정되는 것으로 파악할 수 있다. 좀 더 자세한 내용은 양문수, 『북한 경

때문에 북한 시장화[4] 실태에 대한 정리 및 평가도 포함한다.

아쉬운 점은 이 주제와 관련해서 입수할 수 있는 정보와 자료가 매우 제한적이라는 것이다. 북한 공식매체의 보도도 거의 없으며, 조총련에서 발행하는 기관지인 ≪조선신보≫의 보도 또한 극히 일부만 존재한다. 국내의 몇몇 대북소식지[5]가 일부 관련 사항을 보도하긴 하나 대부분 확인되지 않은 사항이다. 탈북자 면접 내용도 활용했지만, 대표성과 신뢰성 차원에서 한계가 있음은 부정하기 어렵다. 따라서 이 글의 논의는 매우 제한적으로 해석되어야 함을 미리 밝혀둔다.

2. 전제적 논의

1) 경제개혁의 정의

오늘날의 북한 경제를 '개혁'이라는 잣대로 어떻게 평가할 수 있을까. 개혁이 진행 중이라고 평가할 수 있을 것인가, 개혁이 진행되고 있지 않다고

제의 시장화: 양태, 성격, 메커니즘, 함의』(한울, 2010), 222~225쪽 참조.

4) 이 글에서는 시장화와 비공식 경제를 거의 유사한 개념으로 사용한다. 물론 양자를 엄밀히 구분해서 개념 정의하는 연구자도 많다. 비공식 경제의 개념 정의에 대해서는 김석진, 「최근 북한 경제 실적 관련 주요 쟁점」, 이석기 외 지음, 『북한 경제 쟁점분석』(산업연구원, 2013b), 65~67쪽 참조.

5) 대북소식지란 북한 내부의 소식통 또는 중국을 일시 방문한 북한 주민을 주된 취재원으로 해서 북한 관련 뉴스를 전문적으로 다루는 국내외 언론을 가리킨다. 데일리NK, 자유아시아방송 등이 대표적이다. 물론 이들 대북소식지가 제공하는 정보는 탈북자 증언과 마찬가지로 대표성과 신뢰성의 면에서 한계가 있다는 점을 사전적으로 충분히 인지해야 한다.

평가할 것인가. 중국, 베트남 등 사회주의국가들이 경험했던 경제개혁의 기준에서 보면 개혁이 아니라고 평가할 수도 있는데, 실제로 이러한 평가가 주를 이룬다. 오늘날 북한의 '경제개혁' 수준이 중국, 베트남의 경험에 크게 뒤떨어지는 것은 부인할 수 없는 사실이다. 하지만 수십 년 전 경제위기 이전의 이른바 고전적 사회주의경제 시기와 비교하면 어떨까. 오늘날 북한 경제의 성격을 전통적인 계획경제라고 규정하는 사람은 거의 없다.

따라서 경제개혁을 어떻게 정의할 것인가 하는 문제에서부터 출발해야 한다. 물론 경제개혁에 대해서는 매우 다양한 정의와 정식화가 가능하다. 사회주의경제 이론의 대가라고 할 수 있는 야노스 코르나이(Janos Kornai)의 정의에 따르면[6] 개혁은 첫째, 공식적 지배 이데올로기 또는 공산당 지배에 의한 권력구조, 국가 소유권, (관료적) 조정 메커니즘 등의 세 가지 요소 가운데 한 개 이상의 요소에 변화가 발생하고, 둘째, 그 변화가 적어도 '적당히 급진적(moderately radical)'이어야 한다. 좀 더 단순화하면 경제개혁은 사회주의경제제도를 대폭 변경하는 것으로, 그 변경의 핵심 요소는 시장 메커니즘의 이용, 혹은 시장경제적 요소의 대폭적인 도입이다. 따라서 경제개혁에서는 방향(시장지향성)과 수준(범위와 정도), 차원(공식제도)이 동시에 중요하다.

무엇보다 '시장'이라는 요소가 핵심적이다. 물론 여기에서의 시장은 '장소(place)'로서의 시장이 아니라 시스템으로서의 시장을 말한다. 먼저, 오늘날의 북한에서 시장이 어떤 존재인지 생각해볼 필요가 있다. 오늘날 북한에서 시장은 20여 년의 역사를 갖는다. 경제위기도 장기화되었지만 시장화 역시 '장기화'되었다. 시장은 이제 북한 경제 내에 깊숙이 편입되었으며, 시장 없는 북한 경제는 상상조차 할 수 없게 되었다.

---

6) J. Kornai, *The Socialist System: The Political Economy of Communism*(Princeton: Princeton University Press, 1992), p. 388.

이러한 보편성이 있긴 하지만 북한의 경험에는 중국, 베트남 등 다른 사회주의국가와 구별되는 특징이 있다. 이러한 특징은 오늘날의 북한 경제를 '개혁'으로 규정할 수 있느냐 없느냐 하는 논쟁을 불러일으키는 요인이기도 하다. 따라서 잠정적으로 '북한식 경제개혁'이라고 명명하기로 한다.

2) '북한식 경제개혁'의 특징

'북한식 경제개혁'은 북한의 시장화와 밀접한 관계가 있다. 북한식 경제개혁은 시장화에 대한 북한 정부의 긍정적인 정책을 포함한다. 즉, 시장화에 대해 소극적으로는 묵인을 하고, 적극적으로는 촉진·활용하려는 정책인 것이다. 그리고 시장화에 대한 대대적인 단속·통제는 개혁의 후퇴와 맥을 같이한다. 이러한 '북한식 경제개혁'의 특징을 간단히 정리하면 다음과 같다.

첫째, 경제개혁의 제한적 공식화·제도화를 지적할 수 있다. 즉, 공식적인 제도만 놓고 보면 경제개혁의 진전도는 매우 낮은 수준이다. 시장과 관련된 공식제도도 그러하지만 소유와 관련된 공식제도는 더욱 그러하다. 하지만 현실의 세계에서는 이른바 시장화·분권화가 크게 진전되고 있으며, 더욱이 사유화도 부분적으로나마 진전되고 있다. 따라서 공식제도와 현실의 괴리는 매우 크다. 더욱이 7·1조치로 양자의 간극을 어느 정도 메우긴 했으나, 이후 시장화가 국가가 허용한 수준 이상으로 진행되면서 공식제도와 현실의 괴리 폭은 다시 확대되는 추세다.

둘째, 경제개혁의 대내외 정치적 조건의 미성숙이다. 무엇보다 국내의 정치 리더십과 과거의 단절이 어렵다는 점과 대외관계의 미개선, 특히 미국과의 관계가 개선되지 않았다는 점이 중요하게 작용한다. 이와 같은 요인이 북한식 경제개혁에 한계성을 부여한다.

셋째, 경제개혁의 점진성 및 지그재그성이다. 경제개혁은 점진적으로 진행되어왔으며, 공식제도의 영역에서 전진과 후퇴를 반복하는 갈지(之)자형을 보였다. 이는 개혁에 대한 경제적 압력과 정치적 부담의 관계, 즉 타협 혹은 충돌이 주된 요인이다. 다만 큰 흐름으로 볼 때 경제개혁은 서서히 진전되어왔다고 할 수 있다.

3. 김정은시대 '우리식 경제 관리방법'의 추진 과정과 평가

1) '우리식 경제 관리방법'의 경과[7] [8]

2012년 6월부터 국내 대북소식지들이 '우리식 경제 관리방법'과 관련된 소식을 잇달아 전하면서 논의가 촉발되었다. 대북소식지는 북한 정부가 "우리식의 새로운 경제 관리체계를 확립할데 대하여"라는 제목의 방침을 내부적으로 공표했다고 전했다. 한국 정부는 이 방침이 실제로 존재하는지는 확인할 수 없고, 다만 이 방침이 부분적·시범적으로 운영될 가능성은 있다고 밝힌 바 있다.

2013년 들어 김정은 제1위원장이 3월 조선로동당 중앙위원회 전원회의에

---

7) 이 글의 1절부터 3절까지 서술한 내용의 상당 부분은 양문수, 「김정은체제 출범 이후 '우리식 경제 관리방법'의 모색: 현황과 평가」, ≪KDI 북한경제리뷰≫, 3월호(2014b); 양문수, 「2014년 상반기 북한의 시장동향과 평가」, ≪KDI 북한경제리뷰≫, 7월호(2014a)에 기초한 것이다.

8) '우리식 경제 관리방법'의 주요 내용, 의미, 경과 등에 대해서는 이석기, 「김정은체제 이후 북한 경제정책과 변화 가능성」, ≪KDI 북한경제리뷰≫, 10월호(2013); 박형중, 「북한의 '새로운 경제 관리체계(6·28방침)'의 내용과 실행 실태」, ≪KDI 북한경제리뷰≫, 10월호(2013); 김석진, 「북한의 '경제 관리방법' 개혁 동향과 전망」, ≪통일경제≫, 겨울호(2013a) 등도 참조할 만하다.

서 "현실 요구에 맞게 우리식의 경제 관리방법을 연구 완성할 것"을 지시했다는 북한의 공식 보도9)가 나오면서 그 실체가 확인되었다. 이어 ≪조선신보≫가 2013년 4월부터 몇 차례에 걸쳐 관련 소식을 전하면서 우리식 경제 관리방법이 조금씩 베일을 벗었다.

2013년 5월 15일 자 ≪조선신보≫는 " '우리식의 경제 관리방법'을 연구 완성하는 사업이 적극 추진되고 있다"라고 하면서 "작년부터 일부 공장, 기업소, 협동농장들이 내각의 지도 밑에 독자적으로, 창발적으로 경영관리를 하는 새로운 조치들이 시범적으로 시행되고 있다"라고 밝혔다. 아울러 이러한 시도가 김정은의 지시로 이루어졌고, 김정일의 뜻을 구현하는 것이기도 하며, 7·1조치의 연장선상에 있다고 밝혀 눈길을 끌었다.

그런데 2014년 4월부터 ≪조선신보≫의 보도 태도에 상당한 변화가 나타났다. 우선 ≪조선신보≫ 2014년 4월 4일 자는 "우리식 경제 관리방법을 연구 완성하는 사업이 추진되고 있다"라고 하면서 "작년 3월부터는 전국의 모든 생산단위들이 경영활동을 독자적으로 벌여나가도록 하는 조치가 취해졌다"라고 보도했다. 더욱이 ≪조선신보≫는 이 기사에 "경제 관리 개선조치 1년"이라는 제목을 달아 주목을 받았다.

이러한 독자 경영체제의 도입은 "국가 계획을 벗어난 생산을 자체의 결심으로 조직하고 판매하며 종업원들의 보수, 복리후생 등도 자체의 실정에 맞게 실시하도록 하는 내용"이라고 설명했다. 독자 경영체제 도입의 구체적인 내용은 알려져 있지 않지만 '작년 3월'부터, 그리고 '전국의 모든 생산단위'에 실시하는 것이 확인된 것은 이번이 처음이었다. 이로부터 한 달 뒤 ≪조선신보≫는 북한의 농업 현장에서 일어나는 혁신 사례를 잇달아 소개하면서 "작년 경제 관리 개선을 위한 조치가 전국에서 일제히 취해"졌다며 지난해부터

---

9) ≪로동신문≫, 2013년 4월 2일 자.

의 전국적 시행을 다시 한 번 확인시켜주었다.

그런데 2014년의 이러한 보도는 지난해 5월부터의 보도와 상충되는 것이다. 무엇보다도 ≪조선신보≫는 2013년 5월 기준, '우리식 경제 관리방법'이 시범 운영 단계에 있다고 밝힌 바 있다. 이후 2014년 1월까지 '우리식 경제 관리방법'의 시행 상황을 보도하면서 '시범 운영 단계'에 있음을 더욱 명확하게 밝혔다. 이처럼 ≪조선신보≫가 '우리식 경제 관리방법'에 대한 보도 태도를 바꾼 이유는 알려져 있지 않다.

2) 농업 분야에서의 '우리식 경제 관리방법'의 주요 내용

2013년 4월 19일 자 ≪조선신보≫는 삼지강 협동농장의 사례를 들어 농업 부문에서의 새로운 경제 관리방법 전반을 포괄적으로 설명한 바 있다. 이 조치로 협동농장은 국가 생산계획을 달성해 국가에서 분여해준 토지, 보장받은 관개, 영농물자, 비료 등의 대금에 상응하는 몫만 바치면 남은 농작물은 모두 농장 스스로 처분할 수 있게 되었다. 또한 농사에 필요한 자재, 농장에서 요구되는 시설, 설비도 농장의 독자적인 판단으로 해결하게 되었다. 영농물자를 농장 스스로 해결하면 국가에 바치는 몫은 그만큼 적어지고 농장이 자율적으로 처분하고 농장원에게 분배하는 몫은 증가한다. 국가가 요구하는 생산계획을 충족시키면 다른 농작물도 생산할 수 있다.

2014년 1월 27일 자 ≪조선신보≫는 다시 한 번 삼지강 협동농장의 사례를 통해 '분조관리제 안에서의 포전(圃田)담당제'를 설명한다. 협동농장은 여러 개의 작업반으로 구성되고, 이 작업반은 다시 여러 개의 분조로 이루어져 있다. 분조는 통상 10~25명으로 구성되는데, 2013년부터는 이 분조 내에서 3~5명 단위로 새롭게 조를 짜서, 즉 생산단위를 축소해서 일정 규모의 포전을 담당하게 했다. 포전마다 씨뿌리기부터 수확에 이르는 모든 농사과정을 책임지고 진행하며, 그 결과에 따라 분조 단위의 공동노동도 함께 고려하면서 농민들에게 분배한다. 이처럼 농사의 기본 단위를 3~5명 규모로 축소한다는 것은 대체로 가족 혹은 친척만으로 최소 생산단위를 구성할 수 있다는 의미다. 개인농은 아니라고 해도 가족농에 근접한 형태가 되는 것이고, 기존의 집단농업체제가 상당히 완화되었다는 의미다.

농사의 기본 단위를 축소하면 이에 따른 생산성 증대가 가능하다. 2014년 1월 27일 자 ≪조선신보≫는 삼지강 협동농장에서는 '분조관리제 안에서의 포전담당제'의 실시로 농민들의 '일 욕심'이 달라졌다고 전했다.[10]

이와 관련해 삼지강 협동농장의 관리위원장은 "분조관리제 안의 포전담당제는 우리처럼 규모가 큰 농장보다 산골의 자그마한 농장에서 그 생활력이 보다 뚜렷하게 나타난다"라고 밝혀 눈길을 끌었다. 한편 2014년 2월 6~7일 평양에서 개최된 '전국 농업 부문 분조장대회'에 김정은 제1위원장은 서한을 보내 "최근에 농장원들의 생산열의를 높이기 위하여 분조관리제 안에서 포전담당책임제를 실시하도록 하였는데 협동농장들에서 자체 실정에 맞게 옳게 적용하여 농업 생산에서 은(효과)[11]이 나게 하여야 합니다"라고 밝혀 눈길을 끌었다.

김정은의 서한과 삼지강 협동농장 관리위원장의 발언은 일맥상통한다고 볼 수 있다. 개별 협동농장이 처해 있는 여건에 따라 '독자 경영'의 실시 여부 및 '독자 경영'의 내용, 범위, 수준이 상이해질 수 있다는 것이다.

한편 ≪조선신보≫는 농장의 분배 상황에 대해서도 일부 정보를 제공한

---

10) 새로운 조치로 기대되는 생산 증대 가능성은 일부 대북소식지도 제시한다. 어느 대북소식지는 황해남도에서 거주하다 잠시 중국에 나온 북한 주민의 말을 인용해 현물 분배에는 다소 문제가 있었지만 새로운 조치로 곡물 생산이 다소 증대했다고 전했다. 자유아시아방송, 2014. 2. 24.
11) 필자 추가.

다. 즉, "농장에서 수확된 농산물은 국가 납부 몫을 제외한 나머지를 현물로 분배받는데, 이 경우 농민들이 자기 소비 몫 외의 농산물은 자기 의사에 따라 처분할 수 있고, 특히 시장(종합시장)에 가지고 나가 팔 수 있게 되었다"[12]라고 밝혔다. 그런데 농장원들은 시장이 아니라 '량곡(양곡)[13]판매소'를 찾는다. 이는 2013년 국가가 설립한 것으로 여기서는 농민들의 여유 곡물을 시장과 비슷한 가격으로 수매한다고 한다.

이에 앞서 2013년 4월 19일 자 ≪조선신보≫는 분배와 관련해 농민들이 현물 분배 받은 식량 가운데 일부를 자발적으로 국가와 군대에 보내고 있다고 전했다. 특히 2014년 1월 27일 자 ≪조선신보≫는 삼지강 협동농장에서는 농장원들이 너도나도 자발적으로 국가에 '애국미'를 바치겠다는 운동이 일어났다고 밝혔다.

한편 이 조치의 성과를 좌우하는 요인으로 다음의 몇 가지를 지적할 수 있다. 첫째, 북한 정부가 당초 계획량을 어느 수준으로 책정했느냐가 관건이다. 현실을 무시한 채 계획량을 높게 책정한다면 계획 초과분 자체가 발생하지 않을 것이고, 더욱이 계획 목표조차 달성하지 못한다면 농장원에게 30%도 분배되지 않을 가능성이 있다. 둘째, 군량미나 수도미 명목으로 30% 분배 약속을 지키지 않을 가능성이다.[14] 셋째, 분조관리제 안의 포전담당제를 포함하는 새로운 경제 관리방법의 실시로 기득권, 나아가 일자리를 잃어버릴

---

12) 즉, 종전 공식제도상으로는 협동농장에 현물 분배와 현금 분배를 모두 실시하도록 되어 있었으나 실제로는 군량미, 수도미 등의 명목으로 국가가 강제 수매해 농민에게는 배급 수준의 현물 분배만 하고 주로 현금 분배만 실시했던 것이다.

13) 필자 추가.

14) 대북소식지들은 농업 분야에서 '우리식 경제 관리방법'의 핵심 요소 중 하나는 국가가 제시한 계획생산량(목표생산량)에 대해서는 국가와 협농농장(특히 분조)이 7:3의 비율로 나누어 가지고, 목표량을 초과하는 분량에 대해서는 전량을 분조가 가져가 자유롭게 처분할 수 있게 한 것이라고 보도한 바 있다.

우려가 있는 협동농장 간부 등의 저항이다.[15]

실제로 대북소식지들은 상기의 두 번째 및 세 번째 우려가 현실로 나타날 가능성을 보도한다. 특히 '애국미'에 관한 《조선신보》의 보도도 당초 약속한 현물 분배가 원활하게 이루어지지 않을 가능성을 시사한다. 한편 첫 번째 우려에 대해서는 거의 알려지지 않았다.[16]

3) 공업 분야에서의 '우리식 경제 관리방법'의 주요 내용

《조선신보》는 2013년과 2014년 여러 차례에 걸쳐 평양시에 있는 3·26 전선공장의 사례를 들어 공업 분야에서의 '우리식 경제 관리방법'의 시범 운영 상황을 소개했다. 2013년 4월 24일 자 《조선신보》는 새로운 조치의 핵심이 한마디로 "경영권한을 현장에 부여한 것"이라고 명확하게 밝혔다. 즉, 계획 수립에서부터 생산 그리고 제품 및 수익의 처분에 대해 기업의 권한을 대폭 확대하는 방향으로 시범사업이 추진되고 있는 것이다. 또한 계획을 수행해 벌어들인 수입의 일부를 국가에 납부한 뒤 나머지 기업 분배 몫에 대해서는 설비 투자, 생활비 인상, 후방시설 확장 등 그 용도를 기업이 결정할 수 있게 했다. 게다가 확대 재생산 계획과 수출에 관한 업무도 기업 스스로 결정할 수 있게 되었다는 점도 눈에 띄는 대목이다.

---

15) 분조의 규모 축소 및 권한 확대는 기득권 상실, 나아가 일자리를 잃어버릴 우려가 있는 기존의 협동농장 간부들의 저항에 부딪히고 있다고 한다. 이들은 농민에 대한 국가 통제 약화를 명분으로 내세워 분조관리제의 실시에 반대한다는 것이다. 자유아시아방송, 2013. 1. 16.; 2013. 4. 22.

16) 다만 평북 대관군 출신의 탈북자는 대관군의 협동농장에서 지난해부터 포전관리제를 실시했는데, 국가가 그동안 정보당 옥수수 3톤이 수확되었던 밭의 계획목표를 5톤으로 대폭 상향 조정함에 따라 농장원들의 호응을 얻지 못하고 포전관리제가 유야무야되었다고 전했다(2014년 8월 필자와의 면접).

원론적으로 보면 기업 이윤의 처분 권한이 확대된다는 것은 기업의 경영 상 자율성 및 인센티브의 확대를 뜻한다. 더욱이 기업이 자율적으로 노동보 수의 몫을 늘릴 수 있고, 임금의 개인당 상한도 규제하지 않는다면 노동자들 에 대한 인센티브는 종전과는 차원이 달라질 수 있다. 한편 2013년 4월 24일 자 ≪조선신보≫는 3·26 전선공장의 경우 2012년 8월부터 임금을 단계적으 로 인상해 2013년 4월 기준 종전보다 20~30배 수준에 달한다고 밝혀 눈길을 끌었다.

또한 이른바 국가지표라고 해서, 국가계획의 지시를 받은 품목 외의 새로 운 제품, 품종에 대해서는 생산, 판매를 기업 스스로 결정할 수 있게 되었다. 나아가 기업이 "자체적으로 원천을 찾아내어" 생산한 제품, 품종에 대해서는 생산자와 수요자가 합의해서 가격을 정하도록 했다. 이 '합의가격'이라는 것 은 시장가격과 다름없는 것이다.

또 하나 주목할 만한 것은 수출 권한의 확대다. 북한과 같이 내수시장이 제약되어 있는 상황에서 기업의 수출권을 확대해준다는 것은 적지 않은 의 미가 있으며, 외화 획득에 대한 접근 가능성을 높여준다는 것 또한 기업에는 실질적인 인센티브로 작용할 수 있다.

공장의 자율성 확대가 어느 정도까지인지를 보여주는 또 다른 사례는 공 장 내 상점(직매점) 설립과 공장의 독자적인 주택 건설이다. 3·26 전선공장의 경우 공장부지 내에 상점을 내놓고 노동자들이 요구하는 식품이나 일용품을 공장이 책임지고 구해오는 조치를 취했다고 밝혔다. 게다가 3·26 전선공장 에서는 "자체의 수익에 기초하여 살림집도 건설하여 종업원들의 주택문제를 해결하고 있다"라고 밝혔다.

우선 공장 내 상점에서 적용되는 가격은 시장가격에 가까울 것이다. 그리 고 이 공장 내 상점이 공장 종업원만을 대상으로 하는 순수 복지사업인지 아 니면 일반인들까지 대상으로 하는 공장 수익사업인지가 명확하지 않다. 살림집 건설의 경우도 유사하다. 살림집 건설의 원가가 결코 만만하지 않을 텐데 이 살림집에 입주하는 종업원들은 대체 돈을 얼마나 지불하는 것일까. 아울러 이 살림집이 공장 종업원들만을 위한 복지사업인지, 일반인 대상의 수익사업인지도 명확하지 않다. 어찌 되었든 3·26 전선공장의 사례는 공장의 자율성 및 시장경제활동의 허용 범위가 외부세계의 예상 수준을 뛰어넘었을 가능성을 시사한다.

4) '우리식 경제 관리방법'의 미완결성: 미시경제적 조치와 거시경제적 여건의 연관성

지금까지 알려진 정책적 조치들이 아직도 구상 단계에 불과할 가능성이 크다는 것은 국내에 입수된 정보의 양이 적다는 사실에만 기인하는 것은 아니다. 새로운 조치를 찬찬히 뜯어보면 아직도 논리적·현실적으로 비어 있는 공간이 많다는 사실을 발견하게 된다. 즉, 현재까지 알려진 조치들은 정책 패키지로서의 완결성이 부족하다는 것이다.

농장, 공장 등 개별 생산단위의 자율성을 확대하고 농민, 노동자의 인센티브를 확대하는 것이 당국의 의도인데, 이러한 조치들이 좀 더 확실한 성과를 거두고 국민 경제 전체에 미치는 부작용을 최소화하기 위해서는 임금, 가격, 재정, 금융 등 거시경제 전반에 걸친 정책적 변화가 동시에 이루어져야 한다. 게다가 배급제의 전반적인 재편까지 필요할지도 모른다. 사회주의체제의 근간을 흔들 수도 있는 거대한 변혁은 정책 당국으로서는 여전히 부담스러운 상황이다.

먼저 재정적자의 문제를 꼽을 수 있다. 전부든, 일부든 협동농장, 공장·기업소에 시장가격을 적용하는 것은 현재의 국정가격과 시장가격의 엄청난 격차를 감안할 때 국가의 재정적 부담이 대폭 증가한다는 것을 의미한다.

임금 인상 문제도 연계되어 있다. 국가가 시장가격과 비슷한 수준으로 농민에게서 사들인 식량을 도시 노동자 등에게 공급할 때 가격을 어떻게 할지를 결정해야 한다. 공급가격을 시장가격 수준으로 대폭 인상할 수도 있고, 현재의 국정가격 수준을 유지할 수도 있다. 그런데 국정가격 수준으로 공급한다면 당국은 엄청난 재정적자를 각오해야 한다. 시장가격 수준으로 공급한다면 이는 노동자들의 임금이 대폭 인상되지 않는 이상 노동자들의 부담이 크게 늘어날 뿐 아니라 국가로부터 식량을 구입하기가 매우 어려워진다. 일부 보도에 따르면 국가기관, 교육의료 분야 직원을 제외하고 향후 배급제를 폐지한다는 소식도 전해졌는데, 이는 상기의 재정 문제와 밀접한 관계가 있다.

그런데 노동자들의 임금이 대폭 인상된다면 이는 7·1조치 때와 마찬가지로 경제 내 공급능력이 확충되지 않은 상태에서 통화량이 크게 늘어나고, 이에 따라 심각한 인플레이션을 야기할 가능성이 농후하다. 따라서 임금 인상의 대상 범위, 인상 여부 및 그 수준이 중요한 변수로 대두된다.

한편 ≪조선신보≫는 '우리식 경제 관리방법'의 모색과 관련해 북한 정부도 인플레이션을 크게 의식하고 있음을 내비친 바 있다. 2014년 1월 24일 자 ≪조선신보≫는 경제학자들이 이번에 시도된 새로운 경영방식과 그 변화를 긍정적으로 평가한다고 보도했다. 예컨대 일반적으로 생활비(임금) 인상이 인플레이션의 한 요인이 될 수 있지만 현재로서는 그러한 경향이 나타나지 않는다는 것이다. ≪조선신보≫는 학자들이 이러한 현상을 노동자들의 일 욕심이 늘어난 결과 생산 확대, 상품 공급량 증대라는 가격 인하 요인이 동시에 작용했기 때문이라고 평가한다고 전했다.[17]

---

17) 지난 2013년 4월 이후 북한의 시장물가는 매우 이례적으로 하향 안정세를 보이고 있다. 그 원인은 정확하게 파악되지 않았지만 북한 정부가 2013년 비축미를 대량 방출

5) '우리식 경제 관리방법'의 성과

'우리식 경제 관리방법'의 시범 운영 성과는 정확하게 파악되지 않는다. 원론적으로 보면 극심한 에너지난, 원자재난, 자금난의 제약이 성과의 걸림돌로 작용한다는 것은 부정하기 어렵다. 또한 '우리식 경제 관리방법'이 제도적으로 어느 정도 개혁의 요소를 담고 있는지는 알 수 없지만 당장 큰 성과를 거두기는 어려울 것이다.[18) 하지만 성과의 경우 직접적인 효과뿐 아니라 시장화/비공식 경제를 매개로 한 간접적인 효과도 포함시켜야 한다.

'우리식 경제 관리방법'의 기본 방향은 현실과 공식 제도의 간극을 어느 정도 메워주는 것이라고 평가할 수 있다. 공식적으로는 ≪조선신보≫의 표현대로 "경영권한을 현장에 부여하는 것", 그리고 "노동자·농민의 일욕심을 돋구는 것"으로 생산단위의 자율성 및 인센티브를 확대하는 것이다. 또한 ≪조선신보≫는 북한이 "국가지표 이외의 생산", "국가계획을 벗어난 생산"의 경우 기업에 거의 모든 자율성을 부여하는 '독자 경영체제'를 도입하기로 했다고 전했다. 이는 7·1조치 때 기업에 시장 활동을 일부 용인한 '계획 외 생산'을 연상시킨다.

따라서 '우리식 경제 관리방법'은 내용적으로는 농장 및 공장 운영에서 시장과 관련된 모든 불법적 또는 반합법적 활동의 상당 부분을 합법화하고, 이

하고 통화 증발을 억제하는 등 물가를 안정시키기 위해 나름의 노력을 하지 않았을까 하는 추론이 가능하다. 만약 그렇다면 물가를 안정시키기 위한 북한 정부의 노력은 '우리식 경제 관리방법'의 본격적 시행을 위한 토대 구축의 일환으로 볼 수 있다는 해석도 가능하다.

18) 북한의 새로운 지도부에게는 새로운 경제개혁 조치들이 성과를 내는 것이 무엇보다 중요하고, 이들은 이를 위해 대외관계 개선, 대외개방 확대 및 이에 따른 외부로부터의 자원 유입이 매우 중요하다는 것을 잘 인식하고 있다. 실제로 북한이 2013년부터 경제개발구라는 새로운 형태의 대외개방을 적극 모색하는 것도 바로 이 때문이다.

를 통해 '시장'을 좀 더 적극적으로 활용하고자 하는 것이다. 북한 정부 입장에서 보면 '우리식 경제 관리방법'은 7·1조치와 마찬가지로 이미 어쩔 수 없게 된 현실을 사후적으로 승인하고, 이를 긍정적으로 활용해보고자 하는 시도라 할 수 있다.

더욱이 지난 2012년 6월부터 2년 넘게 시범 운영 중이라면 이 또한 '시장 친화적' 상황이다. 북한 정부로서는 시범 운영의 성과에 민감할 수밖에 없기 때문에 시장에 대한 강력한 단속 같은 반시장화 조치는 '우리식 경제 관리방법' 시범 운영 성과에 악영향을 미치고, '우리식 경제 관리방법'의 '연구 완성'에 저해요인으로 작용할 가능성이 농후하다. 우리식 경제 관리방법과 시장화의 관계는 시장을 일정 정도 합법화한 7·1조치가 북한의 시장화에 미친 영향을 생각해보면 쉽게 짐작할 수 있다. 7·1조치는 북한의 시장화가 북한 경제에 사실상 '정착'하게 된 결정적인 계기로 작용했다. 사실 개별 경제주체의 입장에서 보면 7·1조치의 가장 큰 의미는 국가계획을 수행하기 위해 불가피한 각종 불법 및 반합법적 경제행위에 대한 사회적 분위기가 매우 유화적으로 바뀌었다는 점이다. 게다가 기업은 7·1조치를 통해 자력갱생을 새로운 신념체계로 받아들였으며, 기업의 시장경제활동은 일정 수준 정당화되었다. 더욱이 7·1조치를 계기로 북한에서 시장화가 크게 진전되면서 이른바 공식/계획경제와 비공식/시장경제의 연계성이 확대되었으며, 특히 공식/계획경제의 비공식/시장경제에 대한 의존성이 심화되었다.[19]

---

19) 김석진도 이와 유사한 견해를 피력했다. 그는 새로운 경제 관리방법을 제한적이지만 의미 있는 개혁이라고 평가하면서 이러한 움직임이 사회적 통제의 이완으로 이어져 사경제·사기업을 활성화하는 간접 효과를 발휘할 가능성이 있으며, 나아가 국영기업의 비공식활동이 더 늘어나고 국영기업과 사경제·사기업 간 거래가 활성화되어 경제 회복에 도움을 줄 수 있다고 주장했다. 또한 이로 인해 북한이 낮은 수준의 플러스 성장을 이어갈 가능성이 있다고 주장했다. 좀 더 자세한 것은 김석진, 「북한의 '경제 관

게다가 오늘날 북한 정부는 시장을 묵인하는 단계를 넘어서 시장을 다시 한 번 적극 활용하는 방안을 고민하는 단계에 와 있으며, 이는 전반적인 사회 분위기에도 상당한 영향을 미친다. 사실 북한 정부는 2010년 5월 이후 지금까지 4년 넘게 시장에 관용적인 정책기조를 유지하고 있다. 결국 시장화는 더할 나위 없이 좋은 환경을 제공받으면서 더욱 탄력을 받고 있는 것이다. 이는 북한의 경제성장에 일정 수준 긍정적인 영향을 미칠 가능성이 충분하다.

'우리식 경제 관리방법'의 내용이 7·1조치 수준에 불과한지, 아니면 그 이상인지가 관건이라는 주장도 있을 수 있다. 하지만 설령 7·1조치 수준에 불과하다고 해도 기업 활동에 미치는 영향은 7·1조치 이상일 가능성이 있다. 무엇보다 시장화의 진전 정도와 수준에서 보면 2002년과 2012~2014년은 비교가 되지 않는다. 게다가 오늘날에는 대외무역 규모, 민간이 보유한 외화 규모가 크게 늘어나고, 물가 또한 안정되었다. 이러한 상황에서 북한 정부가 아주 조심스럽게, 아울러 매우 조용히 현재의 과정을 진행하고 있다는 점을 지적할 필요가 있다

물론 그렇다고 해서 '우리식 경제 관리방법'으로 북한 경제가 큰 폭의 플러스 성장을 달성할 만큼 눈부신 성과를 거둔다는 것은 결코 아니다. 심각한 에너지난, 원자재난, 외화난이라는 물리적·재정적 한계는 여전히 부정하기 어렵다.

리방법' 개혁 동향과 전망」 참조.

4. 김정은시대의 시장화 실태와 평가[20)]

1) 북한 시장화의 추동력[21)]

북한에서 시장화의 추동력은 무엇인가. 이는 북한 시장화의 성격과도 밀접하게 연관되어 있다. 하나의 견해는 이른바 아래로부터의 시장화론, 혹은 자생적 시장화론이다. 또 다른 견해는 시장세력론 혹은 시장의 위계적 구조론이다.

'아래로부터의 시장화론' 혹은 '자생적 시장화론'의 골자는 다음과 같다.[22)] 우선 시장화는 주민에 의해 자연발생적으로, 그리고 기업, 가계 등 말단 경제주체들의 자력갱생 차원에서 추진되었다는 점을 강조한다. 흔히 말하는 '위로부터의 시장화', 즉 국가 주도 시장화와 대비되는 개념이다. 즉, 7·1조치가 위로부터의 시장개혁이라면 1990년대 고난의 행군 시기를 중심으로 전개된 시장화는 '아래로부터의 자생적 시장화'다.

이 주장과는 다소 상이한 접근을 취하는 것이 이른바 시장세력론[23)]이다.

---

20) 이 글에서는 지면의 제약으로 북한 시장화의 모든 영역과 쟁점을 다루지는 않는다. 이 글은 주로 경제성장론적 관점에서 시장화를 다루기 때문에 경제체제론적 관점에서의 북한 시장화에 대해서는 양문수, 「북한의 시장화 관련 주요 쟁점」, 이석기 외 지음, 『북한 경제 쟁점분석』(산업연구원, 2013), 제2장을 참조하라. 또한 이 글은 북한 시장화에 대한 정성적 접근에 초점을 맞추기 때문에 정량적 접근에 대해서는 위의 글 제4장을 참조하라.
21) 72~74쪽 내용의 일부는 양문수, 「북한의 시장화 관련 주요 쟁점」, 149~158쪽을 토대로 한다.
22) '아래로부터의 시장화론' 혹은 '자생적 시장화론'을 주장하는 연구로는 이영훈, 「북한의 '자생적 시장화'와 경제개혁의 전개」, ≪통일문제연구≫, 통권44호(2005); 임수호, 『계획과 시장의 공존: 북한의 경제개혁과 체제변화 전망』(삼성경제연구소, 2008); 양문수, 『북한 경제의 시장화: 양태, 성격, 메커니즘, 함의』(한울, 2010) 등이 있다.

북한에서 시장화를 추동하는 주된 힘은 중앙당 38호실, 39호실과 주요 부서, 제2경제, 중앙당의 특수 부서, 호위사령부, 인민무력부의 국 단위 조직, 국가보위부, 인민보안부 등 '특수 단위'에 의한 외화벌이 사업의 전 방위적 전개에서 나온다는 것이다. 따라서 북한에서 좀 더 유의미한 시장 활성화의 주체는 생계유지를 위해 시장에 참가하는 대다수 중하층 가구보다는 특권적 국가기관의 외화벌이에 연루된 사람들이라고 할 수 있다.

시장세력론은 시장의 위계적 구조론과 맥을 같이한다. 시장의 상품 유통 피라미드를 보면 맨 꼭대기에 국가기관의 외화벌이 관련 부서가 있고, 그 밑에는 큰 '돈주(錢主)'들이 있고, 그 아래 중간 단계에 도당, 시·군당, 보안서 등 지역 권력기관과 현장 일꾼, 중간상인들이 있고, 맨 밑에 소매상인(장사)과 수출 원천 생산자들이 있다는 것이다.

그렇다면 자생적 시장화론과 시장의 위계적 구조론의 관계는 어떠한가. 자생적 시장화론은 주로 장마당에 초점을 맞추고, 시장의 위계적 구조론은 대외무역에 무게중심을 두면서 장마당을 포괄한다. 따라서 시장의 위계적 구조론의 범위가 훨씬 넓다. 양자는 모순적 관계보다 보완적 관계로 봐야 한다. 또한 일반 주민 주도의 시장화와 권력층(외화벌이) 주도의 시장화로 대별해 볼 때, 이 두 가지 흐름은 단계적으로 진행된 것인가, 동시병행적으로 진행된 것인가? 아니면 초기에는 별개로 진행되었다가 언제부터인가 하나로 합쳐진 것인가? 이에 대해 향후 본격적인 연구가 필요하지만, 현재 이 두 가지 흐름은 합쳐져 있는 상태라고 할 수 있다.

---

23) 시장세력론 혹은 시장의 위계적 구조론을 주장하는 대표적 연구들로는 최봉대, 「북한의 시장 활성화와 시정세력 형성 문제를 어떻게 보아야 하나」, 《한반도포커스》, 7·8월호(2011); 박형중, 「북한에서 1990년대 정권기관의 상업적 활동과 시장 확대」, 《통일정책연구》, 제20권 1호(2011); 홍민, 「북한 경제 연구에 대한 위상학적 검토: 수령경제와 시장세력을 중심으로」, 《KDI 북한경제리뷰》, 1월호(2012) 등이 있다.

한편 시장화의 또 다른 추동력으로 빼놓을 수 없는 것이 국민경제에서 생산 및 유통의 기본 단위인 기업(무역회사, 공장·기업소, 협동단체, 협동농장을 포함)의 시장 활동이다. 특히 생계나 사적 이익을 위해서가 아니라 공적인 목적, 즉 국가계획 수행을 위해 수행하는 시장 활동이다.

기업은 생산물의 시장 판매를 통해 현금 수입을 획득하거나 돈주로부터의 대부 또는 투자를 통해 현금을 확보하기도 한다. 타 기업 또는 생산재시장을 통해 원자재를 구매하거나 임가공을 의뢰한 돈주로부터 원자재를 제공받기도 한다. 또한 자신이 생산한 제품을 종합시장 등을 통해 판매하거나 임가공을 의뢰한 돈주에게 인도하기도 한다.

물론 북한 정부가 공식적으로 이러한 기업의 시장 활동을 허용한 '수준'이 어느 정도인지는 명확하지 않다. 하지만 국가는 기업의 계획 수행에 필요한 현금과 원자재를 제대로 보장해주지 못하면서 계획 목표 달성을 요구하고, 나아가 종업원의 임금, 식량 문제까지 일부 해결하라고 강요한다. 이는 김정은시대라고 해서 예외가 아니다. 오히려 '우리식 경제 관리방법'에 이런 성격이 강하게 배어 있다. 이런 상황에서 전개되는 기업의 시장 활동이 북한 시장화의 주요 추동력 중 하나다.

2) 시장에 대한 북한 정부의 정책

시장화에 대한 북한 정부의 입장을 설명하는 대표적인 개념이 이른바 딜레마론이었다. 경제에 숨통을 틔우기 위해서는 시장을 활용하지 않을 수 없지만, 시장의 확대는 체제 불안 요인의 증대를 의미하기 때문에 북한 정부는 딜레마 상황에 놓여 있다는 것이다.

그런데 최근 북한의 시장화 연구에서 국가와 정권을 분리해서 사고해야 한다는 주장[24]이 명시적인 형태로 등장했다. 이 주장은 아울러 시장에 대한 경제학적 접근과 정치학적 접근을 구분하면서 시장 확대와 정권안보가 반드시 상충하는 것만은 아니라고 강조했다. 물론 시장 확대는 정권에 어려운 도전을 제기하기도 하지만, 전체적으로 볼 때 시장 확대는 정권안보에 기여하는 차원에서 활용된다는 것이다. 최근 힘을 얻고 있는 시장의 위계적 구조론, 시장세력론도 비슷한 맥락에서 해석할 수 있다.

이렇듯 시장에 대한 정치학적 접근의 주장이 아니라고 해도 시장에 대한 북한 정부의 딜레마론이 지금도 유효한지 점검해볼 필요는 있다. 이른바 시장세력의 존재, 특히 현재 북한 시장화의 최대 수혜자는 권력층이 될 수도 있다는 점을 고려하면 더욱 그러하다.

아울러 시장화의 장기화 또는 정착이 시장에 대한 북한 정부의 태도, 나아가 북한의 전반적인 경제정책에 영향을 미칠 가능성은 없을까 하는 의문도 제기할 수 있다. 실제로 시장에 대한 김정은 정권의 정책은 당국의 시장에 대한 태도에 미묘한 변화가 발생한 것이 아닌가 하는 추측을 낳게 한다. 예컨대 정부는 시장경제방식으로 운영되는 대형 백화점 같은 현대적 유통망을 대도시에 설립, 그들의 직접적인 통제하에 둬 소비재 시장을 공식 부문으로 흡수하려고 시도한다. 아울러 휴대전화의 경우 이집트 통신회사 오라스콤 (Orascom)과 함께 북한 정부가 사실상 독점 공급자로 등장하면서 잉여를 수취하고 시장의 발전을 추동한다. 또한 2000년대 들어 북한 정부가 '살림집 건설 확대'라는 명분하에 성장하고 있는 신규주택 건설에 사실상 가세함으로써 부동산 시장의 성장을 촉진하고 있다.

---

24) 대표적으로 박형중, 「북한 시장에 대한 정치학적 분석」, ≪한국정치학회보≫, 제46집 제5호(2012)가 있다.

3) 시장화와 경제성장

북한의 시장화는 경제성장에 기여하는가. 기여한다면 얼마나, 또 어떤 방식으로 기여하는가. 이는 매우 중요한 이슈지만 아직 본격적인 연구는 이루어지지 않았다. 다만 일부 선행연구가 초보적인 수준에서나마 이 문제를 다루었다.

조동호는 북한 경제가 2000년대 중후반 플러스 성장을 지속하고 있다고 평가하면서 이에 대한 가장 큰 원인으로 시장의 존재를 들었다. 즉, 시장의 허용·확산과 이를 통한 주민·기업의 시장에서의 자구적 경제활동 기회의 확대, 즉 시장에서 장사뿐 아니라 짐꾼, 짐 보관, 음식 좌판, 자전거 수리 등 다양한 형태의 경제활동 기회가 창출되었으며, 이것이 북한 경제의 성장을 추동한다고 본 것이다.[25]

김석진은 북한에서 비공식 경제의 성장이 최근 북한 경제의 회복세를 가져온 주된 요인이었을 가능성이 있다고 지적하고, 그 원인을 다음과 같이 제시한다. 우선 북한의 비공식 경제는 대체로 생존전략 차원의 영세한 생계형 활동으로 구성되어 있지만, 점차 사실상의 사유화가 진행되면서 더 수준 높은 기업형 활동도 나타났다. 또한 공식 부문에 속하는 국영기업과 국가기관도 비공식 경제에 의존하거나 스스로 비공식적인 활동을 하는 현상이 나타났다. 그 결과 북한의 비공식 경제에서는 사경제 및 시장경제의 본래적 활력이 어느 정도 발휘되었을 가능성이 없지 않다는 것이다.[26]

---

25) 조동호, 「북한 경제의 현황 평가와 미래 전망」, ≪KREI 북한농업동향≫, 제13권 제1호(2011), 8~9쪽 참조.
26) 김석진, 「최근 북한 경제 실적 관련 주요 쟁점」, 이석기 외 지음, 『북한 경제 쟁점분석』(산업연구원, 2013b), 72~73쪽, 87~89쪽 참조.

미무라(2014)도 이와 유사한 견해를 피력한다. 그는 북한을 방문해서 북한 경제의 변화 혹은 '성장'의 많은 부분이 비국영 부문, 그리고 국영 부문과 비국영 부문의 연계에 따른 것임을 느꼈다고 강조했다.[27]

이제 이 선행연구들을 참고해 북한의 시장화가 경제성장에 기여하는 주된 요소를 추출하고 이를 간단히 평가해보기로 한다.

첫째, 교통·통신의 발달이다. 북한에서는 전력 부족, 기관차와 철로의 노후화 등 때문에 기차 운행이 오랫동안 차질을 빚자 1990년대 들어 일명 '서비차'가 각광을 받았다. 이는 각 기관·기업소에 소속된 트럭 등의 차량으로 비공식적으로 영업용 차량 역할을 수행하는 것이다. 2000년대 들어서는 북한의 대도시를 중심으로 시외버스 회사가 등장, 중장거리 수송을 담당하기 시작했으며 노선과 차량 수가 계속 증가하고 있다. 표면적으로는 각 도 또는 시의 인민위원회 운수과 소속이지만, 대부분 민간사업자인 돈주가 사적자본을 투자해 일반인을 대상으로 영업하는 것이다. 또 하나 중요한 역할을 하는 것이 전화, 즉 통신의 발달이다. 대체로 2000년 초반부터 대도시 중심으로 일반인도 돈만 있으면 가정용 전화를 설치할 수 있게 되었다고 한다. 또한 2008년 오라스콤이 북한의 체신성과 함께 휴대전화 사업을 시작하면서 가입자 수가 폭발적으로 늘어 2013년 5월 200만 명을 돌파했다. 이렇듯 교통·통신의 발달이 상품 유통을 촉진하고 경제 전반의 효율성을 제고하는 것은 매우 당연한 일이다.

둘째, 사금융의 확대다. 북한에서는 시장화의 진전으로 비공식적 금융시장이 확대되고 있다. 공식 금융은 경제난에 따른 국고의 고갈, 인플레이션

---

27) 미무라 미쯔히코, 「김정은 정권의 경제정책: 전반적 경제개혁의 가능성」, 경남대 극동문제연구소·와세다대학 한국학 연구소 공동주최 세미나 '김정은체제의 북한'(2014년 6월 17일).

등으로 점점 기능을 상실하고, 그 대신 사적 부문(민간 부문)에서 시장화의 진전으로 화폐자본을 축적한 돈주가 성장해 이들이 비공식 금융시장에서 자금의 주된 공급자로 등장했다. 북한의 비공식적 금융시장에서의 금융의 성격은 기본적으로 소비 금융이 아니라 생산 금융이다. 즉, 소비 목적의 금융은 거의 없고 대부분 생산 목적의 금융이다. 자금 수요자는 개인과 기업으로 대별된다.

셋째, 실질적 사유화의 진전이다. 북한에서는 법적으로는 생산수단의 사유화가 인정되지 않지만, 시장화의 진전으로 실질적인 생산수단의 사유화가 진행되었다. 사적자본이 국영기업에 대부 투자를 하고 나중에 자신이 투자한 몫에 대한 수익금을 회수하거나 임가공을 의뢰하는 형태도 있고, 사적자본이 국영기업으로부터 명의를 대여받고 자산을 임차해서 자신의 자금을 투자하고 종업원을 고용하는 등 자신의 주도하에 일체의 경영활동을 수행하는 형태도 있다. 사유화는 서비스업뿐 아니라 농업, 수산업, 광업, 나아가 제조업의 영역에서도 이루어지면서 확산되었다.[28] 아울러 초기에는 소규모 지방 공업에만 사적자본이 투입되었다면, 이제는 대규모 중앙 공업에도 사적자본이 투입되고 있다는 증언[29]도 있다.[30]

---

[28] 사적자본 투입으로 제조업 분야 국영기업이 운영되는 실태에 대한 좀 더 자세한 내용은 이석기 외, 『2000년대 북한의 산업과 기업: 회복 실태와 작동 방식』(산업연구원, 2010), 202~229쪽 참조.

[29] 평양 출신 탈북자는 "공장 입장에서는 국가가 원자재를 공급해주는 것, 기업이 자체적으로 조달하는 것, 돈주가 현물이나 현금으로 공급해주는 것 이렇게 세 가지가 있는데, 그중에서 세 번째가 제일 많다 …… . 과거에는 큰 공장에 개인자본이 들어가지 않았다. 그런데 이제는 방직공장, 신발공장, 비누공장, 맥주공장 등과 같은 큰 공장에도 사적자본이 들어가기 시작했다"라고 말했다(2010년 8월 필자 면접).

[30] 북한에서의 사유화 실태에 대해서는 윤인주, 「북한의 사유화 현상 및 동학에 관한 연구」(고려대 북한학과 박사학위논문, 2013)가 가장 많은 정보를 제공한다.

넷째, 시장으로부터의 각종 조세 및 준조세 수입의 증가다. 시장화의 진전으로 시장에 대한 국가의 의존도가 매우 높아졌다. 국가는 당, 군, 내각 등 모든 부문이 재정 부족을 메우기 위해 다양한 형태로 시장으로부터의 잉여에 의존한다. 여기서는 7·1조치 이후 개편 및 신설된 각종 국가 납부금 및 사용료 제도가 핵심 역할을 수행한다.

이와 별도로 혁명자금, 각종 세외부담 등 비공식적인 조세 및 준조세도 중요한 역할을 수행한다. 특히 혁명자금이 중요하다. 이는 당자금으로도 불리는데, 각 기관·기업소 소속의 무역회사들이 계획과제와는 별도로 충성의 표시로 최고지도자에게 상납하는 외화자금이다. 그런데 시간이 지날수록 각급 조직 및 기관 입장에서는 국가계획 수행보다 혁명자금 납부가 더 중요해졌다. 이는 최고지도자가 직접 자원 배분권을 행사하는 비공식적 국가 재정자금으로 변했다. 이러한 혁명자금을 투입해 공식 경제를 활성화하고자 한 시도들이 종종 목격되었다. 최근의 대표적인 사례가 희천발전소 건설[31]이다.

그런데 혁명자금은 기본적으로 당·군·정 기관 소속 무역회사들이 상납한 것이고, 이의 상당 부분은 시장/비공식 경제에서 온 것이다. 즉, 개별 경제주체들이 시장/비공식 경제활동으로 획득한 외화 수입을 국가가 다양한 경로를 통해 흡수해 이를 계획/공식 경제에 투입하는 구조가 형성된 것이다.

북한의 시장화가 경제성장에 기여하는지 여부에 대해서는 관련 자료가 부족하기 때문에 단정적으로 말하기 어렵다. 하지만 앞에서 보았듯이 교통·통신의 발달, 사금융의 확대, 실질적 사유화의 진전, 시장으로부터의 각종 조세 및 준조세 수입 증가 등의 매개 변수를 고려한다면, 북한의 시장화는 경

---

31) 비공식적 국가 재정자금으로서의 혁명자금에 대한 좀 더 자세한 설명은 임강택 외, 『통일 비용·편익 추계를 위한 북한 공식 경제부문의 실태 연구』(통일연구원, 2011) 제4장을 참조.

제성장에 긍정적인 영향을 끼친다고 봐도 무방할 것이다. 물론 제약 요인은 존재한다. 북한에서 시장은 여전히 법률적·제도적 뒷받침이 부족한 데 따른 여러 가지 한계성을 내포한다. 따라서 시장화가 이러한 매개변수들을 통해 경제성장에 미치는 긍정적 영향의 정도는 그다지 크지 않을 수도 있다. 김석진도 적절히 지적했듯이 북한의 시장화로 북한 경제가 고도성장을 달성할 정도는 아니고, 낮은 수준의 플러스 성장을 기록하는 데 그쳤을 가능성이 크다.[32] 다만 북한 경제의 제반 여건에 비추어 본다면 낮은 수준의 플러스 성장도 상당한 성과임은 부정하기 어렵다.

5. 맺음말

일부 연구자는 '우리식 경제 관리방법'이 사실상 무효화되고 파산의 과정을 밟고 있다고 주장하지만 이 문제는 좀 더 많은 토론이 필요하다.[33] '우리식 경제 관리방법'은 여전히 '연구'와 '실험' 단계에 있는 것으로 보인다. 다만 이러한 '연구'와 '실험'이 단순 반복인지 아니면 서서히 확대되는지는 판단하기 어렵다. 큰 흐름으로 보아 북한 정부는 7·1조치의 교훈을 의식해서인지 최근 매우 조심스럽고 신중하게 '우리식 경제 관리방법'을 추진하는 것으로 보인다. 그런 면에서 본다면 김정일시대의 '북한식 경제개혁'과 김정은시대의 '북한식 경제개혁'의 추진에 상당한 차이가 발견된다.

현재의 구상 및 실험은 아직 정책패키지로서의 완결성이 높지 않다. 개별

---

32) 김석진, 「북한의 '경제 관리방법' 개혁 동향과 전망」.
33) 박형중, 「북한의 '새로운 경제 관리체계(6·28방침)의 내용과 실행 실태」, ≪KDI 북한 경제리뷰≫, 10월호(2013).

경제주체의 자율성 및 인센티브 확대와 같은 미시적 차원의 사안은 재정 문제, 배급제 문제, 국정가격 문제, 임금 문제, 금융개혁 문제 등 거시적 차원의 핵심 이슈와 밀접하게 연관되어 있기 때문에 경제 전반에 걸친 개편이 불가피하고, 이는 파장이 작지 않을 것이다.[34] 또한 농업의 사례에서 보듯이 실험 과정에서 중간 관료 등 일부 기득권층과의 충돌, 행정력 부족 문제와의 충돌이 발생하면서 혼선이 빚어지고, 시행착오도 적지 않은 것으로 보인다.

그 때문에 실험과 연구가 장기화되면서 '우리식 경제 관리방법'의 태스크 포스(task force)는 '묘안' 찾기에 머리를 싸매고 있을 가능성이 크다. 이와 관련해 김정은이 서두르지 말고 시간을 두고 충분히 검토하라고 지시를 내렸을 가능성도 있다.

이러한 실험과 연구의 장기화에 대해서는 두 가지 측면의 평가가 가능하다. 하나는 새로운 경제 관리방법의 본격적인 시행이 계속 미루어진다는 것, 따라서 경제개혁 조치를 확대하고 본격화하기에는 현실의 벽이 만만치 않다는 것이 감지된다는 점이다. 또 하나는 비록 실험과 연구 차원이라고 해도 개혁적 조치의 확대방안 모색 움직임이 흐지부지되지 않고 유지된다는 것이다. 특히 이러한 실험과 연구가 2년 넘게 지속되는 것은 매우 이례적인 일이며, 따라서 개혁적 조치 확대에 대한 북한 지도부의 의지 또한 상당하다는 점이다.

'우리식 경제 관리방법'의 성과의 경우 직접적 효과뿐 아니라 시장화/비공식 경제를 매개로 한 간접적 효과도 있다. 오히려 현 단계에서는 직접적 효과보다는 간접적 효과가 더 클 수도 있다. '우리식 경제 관리방법'은 그 자체

---

34) 북한의 경제관료들이 지난 2013년 5월 15일 자 ≪조선신보≫와의 인터뷰에서 새로운 경제 관리 조치가 일부 취해지고 있지만 "생산계획, 가격조정, 화폐 유통 등 여러 가지 문제들이 동시에 진행되어야 한다. 그러자면 거기에 맞게 법, 규칙 등을 전반적으로 세워야 한다"라고 밝힌 것도 그러한 맥락이다.

로 시장 친화적인 성격을 갖지만 북한 정부가 현재 '우리식 경제 관리방법'을 시장에 대한 유화정책과 동시에 추진한다는 점에 주목해야 한다. 따라서 북한의 시장은 현재 매우 우호적인 환경을 제공받고, 따라서 시장화는 더욱 탄력을 받을 것으로 보인다. 이는 비록 낮은 수준의 성장이지만 북한 경제가 플러스 성장을 지속하는 데 크게 기여할 가능성이 있다.

참고문헌

1. 국내 문헌

박형중. 2013. 「북한의 '새로운 경제 관리체계(6·28방침)의 내용과 실행 실태」. ≪KDI 북한경제리뷰≫, 2013년 10월호.

김석진. 2013a. 「북한의 '경제 관리방법' 개혁 동향과 전망」. ≪통일경제≫, 2013년 겨울호.

_____. 2013b. 「최근 북한 경제 실적 관련 주요 쟁점」. 이석기 외 지음. 『북한 경제 쟁점분석』. 산업연구원.

미무라 미쯔히코. 2014. 「김정은 정권의 경제정책: 전반적 경제개혁의 가능성」. 경남대 극동문제연구소·와세다대학 한국학 연구소 공동주최 세미나 자료집 『김정은 체제의 북한』(2014년 6월 17일).

박형중. 2011. 「북한에서 1990년대 정권기관의 상업적 활동과 시장 확대」. ≪통일정책연구≫, 제20권 1호.

_____. 2012. 「북한 시장에 대한 정치학적 분석」. ≪한국정치학회보≫, 제46집 5호.

양문수. 2010. 『북한 경제의 시장화: 양태, 성격, 메커니즘, 함의』. 한울.

_____. 2013. 「북한의 시장화 관련 주요 쟁점」. 이석기 외 지음. 『북한 경제 쟁점분석』. 산업연구원.

_____. 2014a. 「2014년 상반기 북한의 시장동향과 평가」. ≪KDI 북한경제리뷰≫, 2014년 7월호.

_____. 2014b. 「김정은체제 출범 이후 '우리식 경제 관리방법'의 모색: 현황과 평가」. ≪KDI 북한경제리뷰≫, 2014년 3월호

윤인주. 2013. 「북한의 사유화 현상 및 동학에 관한 연구」. 고려대학교 북한학과 박사학위논문.

이석기. 2013. 「김정은체제 이후 북한 경제정책과 변화 가능성」. ≪KDI 북한경제리뷰≫, 2013년 10월호.

이석기·김석진·김계환·양문수. 2010. 『2000년대 북한의 산업과 기업: 회복 실태와 작동 방식』. 산업연구원.

임강택·양문수·이석기. 2011. 『통일 비용·편익 추계를 위한 북한 공식 경제부문의 실태 연구』. 통일연구원.

임수호. 2008. 『계획과 시장의 공존: 북한의 경제개혁과 체제변화 전망』. 삼성경제연구소.

조동호. 2011. 「북한 경제의 현황 평가와 미래 전망」. ≪KREI 북한농업동향≫, 제13권 제1호.

최봉대. 2011. 「북한의 시장 활성화와 시장세력 형성 문제를 어떻게 봐야 하나」. ≪한반도포커스≫, 제14호(2011년 7/8월).

홍민. 2012. 「북한 경제 연구에 대한 위상학적 검토: 수령경제와 시장세력을 중심으로」. ≪KDI 북한경제리뷰≫, 2012년 1월호.

2. 외국 문헌

≪조선신보≫.

Kornai, J. 1992. *The Socialist System: The Political Economy of Communism*. Princeton: Princeton University Press.

제3장

김정은시대의 경제특구와 대외개방*
_ 평가와 전망

배종렬 | 한국수출입은행 수석연구위원

1. 머리말

　조총련 기관지인 ≪조선신보≫는 2014년 7월 23일 최고인민회의 상임위원회 정령에 따라 은정첨단기술개발구(평양시), 강령국제록색시범구(황해남도), 진도수출가공구(남포시), 청남공업개발구(평안남도), 숙천농업개발구(평안남도), 청수관광개발구(평안북도) 등 6개 경제개발구가 북한의 특수경제지대에 추가되고, 평안북도 신의주의 일부 지역에 조성하는 특수경제지대를 신의주 국제경제지대로 결정했다고 밝혔다.[1]

---

* 이 글은 배종렬, 「김정은시대의 경제특구와 대외개방: 평가와 전망」, ≪북한연구학회보≫, 제18권 제2호(2014)를 수정·보완한 것이다.
1) "평양시 등지에 경제개발구들을 내오기로", ≪조선신보≫, 2014년 7월 30일 자.

주지하다시피 북한은 2013년 11월 21일 최고인민회의 상임위원회 정령을 통해 14개의 특수경제지대(13개의 지방급 경제개발구와 신의주 특수경제지대)를 이미 지정한 바 있다.[2] 지방급 경제개발구 확대에 이어 평양시 일부를 개방 지역에 포함시킨 것이 특히 주목된다. 이는 2013년 3월 31일 당중앙위원회에서 채택한 '경제 건설과 핵무력 건설을 병진시킬 데 대한 새로운 전략적 로선(경제·핵 병진노선)'을 분수령으로 해 김정은식 개방정책의 일단이 가시화된 것으로 해석할 수 있기 때문이다. 또한 "무역성에 합영투자위원회, 국가경제개발위원회를 통합하고 무역성을 대외경제성으로 변경"[3]해 내각에 힘을 실어준 것도 이를 뒷받침하는 조처였다.

이와 같은 흐름과 관련해 이 글에서는 경제특구를 분석함으로써 김정은의 대외개방정책을 평가하고 그 전망을 논하고자 한다. 따라서 이 글의 주제는 다음 두 가지에 집중되어 있다. 첫째, 북한 경제특구의 변천사로 김일성, 김정일시대 경제특구와 대비되는 김정은 경제특구의 특성이다. 둘째, 김정은 경제특구정책에 대한 평가와 전망으로 북한의 경제노선, 대외경제정책 등과 관련된 그 구조적 측면 분석에 초점을 맞추었다.

---

2) "신의주시에 특수경제지대, 도들에 13개 경제개발구", ≪조선신보≫, 2013년 11월 27일 자.

3) 조선중앙통신, 2014. 6. 18.; 통일부, ≪월간 북한동향≫, 6월호(2014), 17쪽에서 재인용, http://nkinfo.unikorea.go.kr/nkp/argument/viewArgument.do

2. 경제특구제도의 변천사와 그 개방 특성

1) 김일성시대의 대외개방정책과 경제특구

북한의 대외개방정책에서 변화의 흐름은 1984년 1월 26일 최고인민회의 결정 "남남협조와 대외경제 사업을 강화하며 무역사업을 더욱 발전시킬데 대하여"의 채택에서 시작되었다.[4] 이 결정에 따라 1984년 9월 4일 「합영법」 (최고인민회의 상설회의결정 제10호)이 제정되고, 1985년 3월 25일 합영법 시행세칙(정무원결정 제14호), 1985년 5월 17일 합영회사 소득세법 시행세칙(정무원결정 제22호)이 승인되면서[5] 처음으로 외국인 투자 유치의 법적 기초가 마련되었다.

그러나 경제특구정책이 도입된 것은 그로부터 7년이 흐른 1991년 12월 28일이었다. 소련과 동구시장, 즉 사회주의시장의 붕괴라는 급격한 대외환경의 변화에서 김일성의 연설이 기폭제가 되었다. 그 후속 작업의 일환으로 북한 정무원은 라진·선봉 지역을 자유경제무역지대로, 지대 안에 있는 라진항·선봉항과 함께 인접 지역에 있는 청진항을 자유무역항으로 선포했다.

> 지난날 사회주의시장이 있을 때에는 우리가 대외무역에서 사회주의시
> 장을 기본으로 하고 자본주의시장을 보조적으로 리용하였습니다. 그러나
> 지금은 사회주의시장이 없어지고 모든 나라들이 대외무역을 자본주의적

---

4) 김일성, 「남남협조와 대외경제 사업을 강화하며 무역사업을 더욱 발전시킬데 대하여」 (조선민주주의인민공화국 최고인민회의 결정, 1984년 1월 26일), 『사회주의경제 관리 문제에 대해서』, 제6편(평양: 조선로동당출판사, 1996), 303~320쪽.

5) 조선민주주의인민공화국, 「라진-선봉자유경제무역지대 투자환경」[대외경제협력추진위원회·(홍콩)위택국제유한공사, 1995], 36쪽.

방법으로 하고 있는 조건에서 무역을 사회주의적 방법으로 할 수 없게 되었습니다. 사회주의시장이 아니라 자본주의시장을 대상하여 무역을 하여야 하는 것만큼 우리도 무역방법을 그에 맞게 고치지 않으면 안 됩니다. 변화된 환경은 우리로 하여금 세계 자본주의시장에 대담하게 진출하며 대외무역에서 전환을 일으킬 것을 요구하고 있습니다.[6]

이에 따라 북한은 합영·합작의 근거 규정인 헌법 제37조를 신설(1992. 4. 9.)하고 1992년 10월 5일 외국투자관계법의 모법인 「외국인투자법」(최고인민회의 상설회의결정 제17호)을 비롯한 여러 관계법을 제정했는데,[7] 1993년 1월 13일 최고인민회의 상설회의 결정 제28호로 제정된 「자유경제무역지대법」의 골자는 다음 세 가지였다.

첫째, 시행정경제위원회가 지대 당국의 역할을 맡은 지대 관리기구체제였다. 자유경제무역지대는 정권기관과 분리해 독자적인 기관으로 관리·운영되는 것이 일반적이다. 그런데 북한의 논리는 "만약 시행정경제위원회 밖의 독자적인 관리 운영기관을 지대 당국으로 만들어놓는다면 결국 이 지대의 주인이 둘이 될 것이다. 이렇게 되면 개발 운영 사업에 지장을 주게 된다"[8]라는 것이었다.

둘째, 라진·선봉 지역을 세계 굴지의 중계무역 중심으로 육성하기 위해

<hr />

6) 김일성, 「변화된 환경에 맞게 대외무역을 발전시킬데 대하여」(당, 국가, 경제 지도일군협의회에서 한 연설, 1991년 11월 23일; 26일), 『사회주의경제 관리문제에 대해서』, 제7편(평양: 조선로동당출판사, 1997), 424~425쪽.

7) 이 시기 채택된 주요 외국투자관계법은 ① 「합작법과 외국인기업법」(1992. 10. 5.), ② 「외국투자기업 및 외국인세금법과 외화관리법」(1993. 1. 31.), ③ 「토지임대법」(1993. 10. 27.), ④ 「외국투자은행법」(1993. 11. 24.) 등이었다.

8) 조선민주주의인민공화국, 「라진-선봉자유경제무역지대 투자환경」, 13쪽.

관세를 면제했으나, 완전한 무관세지역은 아니었다. 전체 생산액의 40%를 넘지 못하는 선에서 역외가공제도를 도입했으며, 자유경제지대에 팔거나 지대 밖의 '공화국령역'에 팔기 위해 들여오는 상품에는 관세를 부과했다. 그런데 북한이 중계무역 중심에 관심을 기울이게 된 계기는 당시 유엔개발계획 (UNDP)을 중심으로 남한과 북한, 중국, 러시아, 몽골 등 동북아 5개국이 추진한 두만강 지역 개발이었다. 1990년 7월 중국 장춘(長春)에서 개최된 '동북아경제발전을 위한 국제협력방안'이라는 국제 세미나에서 중국이 "두만 지역을 통한 내륙수송 루트 개발"과 "중국, 러시아, 북한 3국 접경 지역에서의 경제특구 건설방안"을 제시했는데, 그 다음 해 7월 몽골 울란바토르에서 열린 UNDP의 동북아 소지역 계획회의(Northeast Asia Sub-regional Program Meeting)에서 북한은 라진·선봉을 경제무역지대로 하고 청진, 라진, 선봉항을 동북아의 교통중심지로 개발하는 계획을 제시했다.9)

셋째, 남한 기업 투자 제한이었다. 북한 당국은 ① 단독, 합영, 합작, 지사, 대리점, 출장소의 형태로 북한 기관·기업소·단체의 지대에 대한 참여를 허용하고, ② 자유경제무역지대에만 외국 투자가에게 100% 단독 투자를 허용하는 등 투자형식의 규제를 철폐했지만, ③ 「외국투자관계법」에 규정된 '공화국령역 밖에 거주하는 조선동포들'이라는 표현을 명확하게 법제화하지는 못했다.10)

---

9) 배종렬, 「두만강지역개발 사업 및 한반도에너지개발기구」, 안충영·이창재 엮음, 『동북아경제협력: 통합의 첫걸음』(박영사, 2003), 174쪽. 그런데 조선 사회과학원 경제연구소 김상학에 따르면 "1989년에 라선지구를 경제무역지대로 꾸리기 위해 총계획도가 작성되었다"라고 한다. 김상학, 「동북아시아지역 내 경제협력과 라선경제무역시대의 개발」, '2010 두만강 학술포럼'(연변대학, 2010. 11. 1.), 11쪽.

10) 북한의 대외경제협력추진위원회는 『라진·선봉자유경제무역지대문답집』(1996. 6.)에 "공화국령역 밖에 거주하고 있는 조선동포들은 행정적·법률적 관할권밖에 거주하고 있는 조선동포들로서 해외동포와 남한동포들이 포함된다"라고 토지임차자격을 설

2) 김정일시대의 대외개방정책과 경제특구

김정일시대의 경제특구는 3단계, 즉 ① 라진·선봉 경제특구의 적극적 추진과 위상 조정, ② 남북경제협력의 제도화와 남방특구의 개막, ③ 김정은 후계체제의 구축과 북방특구 추진으로 나누어 그 특성을 고찰해볼 수 있다.

(1) 라진·선봉 경제특구의 적극적 추진과 위상 조정

첫 번째 단계는 김일성 사망(1994. 7. 8.)에서 2002년 '7·1경제 관리개선조치(7·1조치)'가 시행될 무렵까지다. 김일성은 사망하기 1개월 전, 그리고 김영삼 대통령과 남북정상회담을 준비하면서 두 가지 중요한 연설을 했다. 하나는 '라진·선봉 자유경제무역지대 개발과 발전소 건설 관계 부문 일군협의회(1994. 6. 14.)에서 한 연설'이었다. 김일성은 ① "일본 사람을 비롯하여 세계의 여러 나라 사람들이 이 지대를 꾸리는 데 투자를 하겠다고 하고 남조선 기업가들도 이 지대를 꾸리는 데 투자를 하겠다고 하고 있습니다", ② "지대 개발 사업을 주인인 우리가 적극적으로 내밀지 않기 때문에 다른 나라 사람들도 잘 달라붙지 않고 있습니다", ③ "지대의 인구가 한 15만 명 정도 되게 꾸리려고 안을 세웠는데 그렇게 쬐쬐하게 꾸려서는 안 됩니다. 지대는 인구가 적어도 한 100만 명 되게 큰 규모로 꾸려야 합니다", ④ "지대를 꾸리자면 투자를 하여야 합니다. 돈을 아끼지 말고 대담하게 뚝 떼주어야 하겠습니다" 와 같은 발언을 통해 지대 개발의 방향을 세세하게 교시했다.[11] 다른 하나는

명하는 문장 속에 공화국 영역 밖에 거주하는 조선동포들에 대한 정의를 삽입했다. 배종렬, 「북한의 외국자본유치실태에 대한 평가 및 전망」, 배종렬·박유환 편, 『남북한 경제협력: 발전전략과 정책과제』(한국수출입은행, 2000), 299쪽.

11) 김일성, 「라진-선봉자유경제무역지대 개발과 수력발전소건설을 다그칠데 대하여」 (라진-선봉자유경제무역지대 개발과 발전소건설 관계부문 일군협의회에서 한 연설,

죽기 이틀 전에 열렸던 경제 부문 책임일군협의회에서 한 결론(1994. 7. 6.)이었는데, "나는 앞으로 어느 나라든지 우리나라와 경제합작 같은 것을 하자고 하면 하려고합니다"[12]라고 언급하면서 미국 전 대통령 지미 카터(Jimmy Carter)와의 만남을 설명했다.

이후 라선경제무역지대 건설은 김일성의 유훈이 되면서,[13] 그리고 1994년 10월 제네바합의를 통해 북한 핵문제가 타결되면서, 새로운 전기를 맞는다. 북한은 ① 인프라 건설에 북한 국내 자금을 동원하고,[14] ② 법령 정비를 가속화해 누적 기준 16개의 법과 41개의 규정을 공포했으며,[15] ③ 지대 개발은 싱가포르모델을 지향하고,[16] ④ 변동환율제의 실시(1997. 6. 1.), 자영업

1994년 6월 14일), 『사회주의경제 관리문제에 대해서』, 제7편, 542~546쪽.

12) 김일성, 「사회주의경제 건설에서 새로운 혁명적 전환을 일으킬데 대하여」(경제부문 책임일군협의회에서 한 결론, 1994년 7월 6일), 『사회주의경제 관리문제에 대해서』, 제7편, 562쪽.

13) 1996년 10월 31일 자 ≪조선신보≫는 "김일성은 묘향산담화(1990. 12. 18.~19.)에서 5명의 관계성원에게 지대 개발을 언급한 이후 관계당국이 작성한 지대 개발 총계획 초안을 직접 검토(1993. 3. 12.)하였으며, 지대 개발과 발전소건설 관계부문 일군협의회(1994. 6. 14.)에서 지대 개발에 관한 구체적 교시를 하고 사망하기 이틀 전에 열린 경제부문 책임일군협의회(1994. 7. 6.)에서 라선지대 개발과 관련된 교시를 하달했다"라고 밝혔다.

14) 북한 대외경제협력추진위원회의 림태덕은 1996년 9월 라진에서 개최된 국제투자설명회에서 "라진·선봉 지역의 인프라 건설을 위해 과거 1년간 1억 5,000만 원(약 7,000만 달러)에 해당되는 국내 자금이 동원되었다"라고 밝혔다. Rim Tae Dok, "Rajin-Sonbong: Present Status and Its Masterplan For Development", The DPR Korea Rajin-Sonbong Zone International Investment and Business Forum Organized by the CPEEC, UNIDO & UNDP(Rajin-Sonbong, 13~15 September 1996), p. 1.

15) 이 시기 북한은 11개의 외자 도입 관련 시행규정, 21개의 자유경제무역지대 시행규정 제정 등의 법 제정을 가속화했다. 배종렬, 「북한의 외국자본유치실태에 대한 평가 및 전망」, 343~344쪽 참조.

16) 1996년 8월 대외경제협력추진위원회 김정우 위원장은 ≪인터내셔널 헤럴드 트리뷴

허용(가내편의봉사업), 국영기업 및 지방기관 소유 기업의 독립채산제 전환 가능 등 자본주의 실험을 강화하는 여러 조치를[17] 단행했다. 그러나 1997년 중반 불어닥친 동아시아 금융위기 여파로 라진·선봉 경제특구 건설은 새로운 국면을 맞이했고, 이에 세 가지 조치가 단행되었다.

첫째, 외국투자관계법제의 변화였다. 3년상을 마치고 자신의 시대를 공식화한 김정일은 1998년 9월 5일 헌법 개정을 통해 제37조에 '특수경제지대에서의 여러 가지 기업 창설 운영'이라는 규정을 삽입했다. 또한 1999년 2월 26일 「외국인투자법」을 개정했는데, 제2조에 '외국투자관계의 기본법'이라는 표현을 첨가하고, 제5조의 '공화국령역 밖에 거주하는 조선동포들'이라는 규정을 '해외조선동포'로 바꿨다. 이는 남한이 「외국인투자법」의 적용 대상이 아님을 명확히 하면서도 새로운 개방조치의 가능성을 열어놓은 조처였다.

둘째, 라진·선봉 경제특구의 위상 조정이었다. 1999년 2월 26일 법 개정에서 라진·선봉자유경제무역지대는 라선경제무역지대로 격하되고, 지대 개발과 관리 운영의 주체는 대외경제기관에서 중앙무역기도기관으로 변경되었다. 그런데 이러한 변화의 조짐은 1998년 9월부터 이미 감지되기 시작했다. 예를 들어 ① 라진·선봉 투자설명회(1998. 9. 24.~26.) 당시 북한의 대외경제협력추진위원회 리경일 부위원장은 라진·선봉 경제특구를 '라선경제무역지대'로 명명했고, 자유경제무역지대 광고 규정(1996. 4. 30.)에 따라 지대에 설치되었던 태국 록슬리(Loxley), 일본 코니카(Konica)와 샤프(Sharp), 핀란드 노키아(Nokia) 등의 대형 광고판을 철거한 것, ② 1998년 9월 연변과학기술

(International Herald Tribune)≫지와의 인터뷰에서 "라진·선봉 지대의 모델은 굳이 말한다면 싱가포르이며, 세계 각국의 자유무역지대들에 대한 연구검토 결과 싱가포르형이 우리에게 가장 유용하다고 판단했다"라고 밝혔다. 김삼식, 「싱가포르모델을 지향하는 라진-선봉」, ≪북한뉴스레터≫(대한무역투자진흥공사, 1997), 1쪽.

17) 배종렬, 「북한의 외국자본유치실태에 대한 평가 및 전망」, 347~349쪽.

대 김진경 총장이 억류되고 남한 기업인의 지대 접근이 통제되기 시작한 것, ③ 1998년 9월 당시 김정우 대외경제협력추진위원회 위원장의 대외적 공석이 장기화[18])되면서 대외경제위원회의 조직 개편[19])이 발생한 것, ④ 결정적으로 정주영 현대그룹 회장의 대북사업이 시작되면서 북한의 개방에서 라진·선봉의 위상이 상대적으로 약화된 것 등이 이에 해당한다.

(2) 남북경제협력의 제도화와 남방특구의 개막

두 번째 단계는 2002년 '7·1조치'에서 김정일 와병(2008. 8.)까지의 시기다. 이 시기 가장 큰 특징은 경제특구 설치의 중점 대상이 외국에서 남한으로 이동한 것이다. 여기에는 두 가지 환경 변화가 심대한 영향을 미쳤다.

첫째, 북한의 신의주 특구 개발정책과 관련된 북·중 간 불협화음이었다. '7·1조치' 직후 북한은 신의주특별행정구 설립을 위한 정령 발표(2002. 9. 19.), 「신의주특별행정구기본법」 채택 발표(2002. 9. 20.) 등 신의주에 북한판 홍콩을 건설하겠다는 구상을 가시화했다. 그러나 중국 당국이 신의주특별행정구 초대 행정장관으로 임명된 양빈(楊斌)을 가택연금(2002. 10. 8.)하면서 상황은 급반전되었다.

둘째, 김정일과 고이즈미 준이치로(小泉純一郎) 간 북·일정상회담(2002. 9. 17.) 이후 납치 문제에 대한 일본 여론의 악화였다. 신의주특구 건설 당시 유력한 투자 후보국이었던 일본이 납치 문제로 발목이 잡힌 것이 결정적이었

---

18) 1998년 9월 기준 대외경제협력추진위원회 부위원장이었던 림태덕이 대외경제협력추진위원회 위원장대리를 맡았으나 적극적인 활동은 없는 상태였다. ≪조선상공신문≫, 1998년 9월 22일 자.

19) 대외경제위원회 산하의 대외건설총국과 남남합작회사는 무역성의 대외건설관리국으로, 경제합작국과 합영지도국은 무역성의 경제합작관리국으로 통합신설된 것으로 알려졌다. 대한무역투자진흥공사, ≪북한뉴스레터≫(1999. 2.), 8쪽.

다. 중국의 비협조에 이어서 독자적인 대북 경제 제재 실시를 요구하는 일본 내부의 목소리가 강해진 형국이라 신의주특구는 사실상 그 추진동력을 상실했다.[20]

이에 따라 북한은 금강산과 개성 등 남방특구 건설에 박차를 가하기 시작했다. 「금강산관광지구법」(2002. 11. 13.), 「개성공업지구법」(2002. 11. 20.) 등의 특구법에 이어, 「북남경제협력법」(2005. 7. 6.)이 마련되고, "공화국령역 밖에 거주하고 있는 조선동포"도 "남측 및 해외동포"[21]와 "북측과 경제협력을 하는 남측의 법인, 개인"[22]으로 명확해짐에 따라 북한의 투자 유치 법제는 「헌법」 37조 → 「외국인투자법」 → 부문법으로 연결되는 외국투자관계법제와 「헌법」 9조 → 「북남경제협력법」 → 부문법으로 연결되는 남북투자관계법제로 이원화되었다.[23]

그런데 북한의 남방특구 건설은 경제특구와 관련된 각종 시행규정, 준칙, 지침, 기준 등의 내부 법제가 마련되어 남북경제 교류가 제도화·공식화되고, 특구 개발과 관리 운영의 주체가 북한 당국에서 개발업자와 관리위원회로 이관되어 특구의 국제경쟁력이 강화되었다는 점에서 진일보된 조처라고 할 수 있다. 반면, 북한 기관·기업소·단체의 참여가 배제된 점, 특구와 특구 외의 지역 간 연계체제가 부족한 점 등[24]은 향후 해결해야 할 숙제다.

---

20) 남북 특수경제지대에 해당하는 「개성공업지구법」과 「금강산관광지구법」은 2004년 6월 출간된 북한의 대중용 법전에 수록되었지만, 홍콩·마카오식 특수경제지대를 지향했던 「신의주특별행정구법」은 수록되지 못했다. 법률출판사, 『조선민주주의인민공화국 법전: 대중용』(2004).

21) 「개성공업지구법」, 제3조; 「금강산관광지구법」, 제2조.

22) 「북남경제협력법」, 제3조.

23) 배종렬, 「김정일 시대 북한 개방법제의 특성에 관한 일고찰」, ≪통일과 법률≫, 제8호 (법무부, 2011), 18~54쪽; 배종렬, 「최근 개정된 북방특구법제의 개혁·개방성」, ≪수은 북한경제≫, 봄호(한국수출입은행, 2012), 69~72쪽 참조.

(3) 김정은 후계체제의 구축과 북방특구의 추진

세 번째 단계는 김정일 와병(2008. 8.)에서 김정일 사망(2011. 12. 17.)까지의 시기다. 이 시기의 특징은 북한의 중요활동이 모두 김정은 후계체제 구축 지원에 초점이 맞춰졌으며, 경제특구 설치의 중점 대상이 남한에서 중국으로 이동한 것이었다.

첫째, 선군사상의 법제화였다. 2009년 4월 9일 헌법 개정에서 주체사상에 이어 선군사상이 북한 정권의 지배이데올로기로 등장했다.[25] 선군사상의 강화는 2008년 후반기부터 이미 감지되기 시작했다. 금강산관광객 박왕자 총격 사망사건(2008. 7. 11.)이 남북 당국 간 이견으로 표류한 가운데, 2008년 12월에는 대부분 군수품으로 추정된 4억 3,000만 달러라는 이례적 월 수입액이 중국 해관(海關) 통계에 포착된 것[26]이 바로 그것이었다.

둘째, 특구 건설에서의 북·중 경제협력 강화였다. 김정일이 2009년 9월 원자바오(溫家寶) 총리의 방북에 대해 천안함사건 발생(2010. 3.) 이후 세 차례 방중(2010. 5., 2010. 8., 2011. 5.)으로 화답한 것이 바로 그것이었다. 이러한 흐름에서 ① 라진·선봉 직할시가 특별시로 승격(2010. 1. 4.)되고, ② 북한과 중국 간 접경지대 공동 개발 논의는 "조선민주주의인민공화국 정부와 중화인민공화국 정부 사이의 라선경제무역지대와 황금평·위화도경제지대 공동 개발 및 공동관리에 관한 협정" 체결(2010. 12.)과 두 경제지대 공동 개발 및

---

24) 배종렬, 「북한의 특수경제지대 추가지정과 남북경제협력」, ≪수은북한경제≫, 겨울호(한국수출입은행, 2013b), 16쪽.

25) 2009년 4월 9일의 「헌법」 개정에서 제3조 규정은 선군사상을 추가해 "조선민주주의인민공화국은 사람 중심의 세계관이며 인민대중의 자주성을 실현하기 위한 혁명사상인 주체사상, 선군사상을 자기활동의 지도적 지침을 삼는다"로 바뀌었다.

26) 배종렬, 「국제금융위기와 북한 경제의 진로」, ≪국제문제연구≫, 제34호(국가안보전략연구소, 2009년 여름), 215~219쪽.

공동관리를 위한 조중공동지도위원회 계획분과위원회가 작성한 "조중 라선 경제무역지대와 황금평경제지대 공동 개발 총계획요강" 발표(2011. 5. 23.)[27] 로 이어졌다. 또한 ③「외국인투자법」 재정비(2011. 11. 29.)에서 특수경제지 대의 운영이 명문화되고, ④「황금평위화도경제지대법」의 신규 제정(2011. 12. 3.)과 「라선경제무역지대법」의 대폭 수정(2011. 12. 3.)이 이루어졌다. 그 골자는 북·중 공동 개발 운영이라는 기조하에 개성특구형의 관리위원회제도 를 도입하고, 중국 기업에 특혜적인 경영활동 조건을 보장하는 것이었다.

셋째, 남방특구인 「금강산관광지구법」의 폐지였다. 2011년 4월 8일 조선 아시아태평양 평화위원회는 대변인 담화(2011. 4. 8.)[28]를 통해 북한은 "금강 산관광에서 현대 측에 준 독점권에 관한 조항의 효력을 취소한다"라고 발표 했다. 그리고 최고인민회의 상임위원회 정령 제3373호 '금강산지구를 내옴 에 대하여'(2002. 10. 23.)의 효력을 없애는 최고인민회의 상임위원회 정령 제 1618호 '금강산국제관광특구를 내옴에 대하여'(2011. 4. 29.)를 공포했다.[29] 이로써 2002년 11월 13일 최고인민회의 상임위원회 정령 제3413호로 채택 되고, 2003년 4월 24일 정령 제3715호로 수정 보충된 「금강산관광지구법」과 하위 10개 규정은 2011년 4월 29일부로 효력을 상실했다.

3) 김정은시대의 대외개방정책과 경제특구

2014년 9월까지 가시화된 김정은의 경제특구정책은 ① 금강산특구의 성

---

27) 북한법연구회·한국법제연구원, 「북한법령자료」, 북한의 최근 경제법제의 동향과 평 가: 2012 북한법제동향 특별학술세미나자료집(2012년 4월 27일), 217~221쪽 참조.

28) "현대 측에 준 독점권에 관한 조항의 효력을 취소하고 북측지역을 통한 금강산관광은 북측이 맡아하되 해외 사업자에게 위임할 수 있다"라는 것이 그 골자였다.

29) ≪로동신문≫, 2011년 4월 30일 자.

격 조정과 개방 후퇴, ② 경제특구의 양적 확대와 다양화, ③ 평양 지역의 개방이라는 세 가지 특성을 보여주었다.

(1) 금강산특구의 성격 조정과 개방 후퇴

2012년 5월 31일 최고인민회의 상임위원회는 정령 제1673호로 김정은시대 최초의 특구법을 제정했다. 그런데 새로 제정된 「금강산국제관광특구법」의 경우 금강산특구는 ① 특수경제지대이기는 하나 라선경제무역지대와 같은 헌법상 특구의 위상은 아니었으며, ② 특구의 운영 주체가 개발업자 주도에서 북한 당국으로, ③ 투자 유치 방식이 관광 관리기관인 민간 개발업자 주도에서 북한 당국으로 바뀌었으며, ④ 중요 남북관계 관련 규정이 삭제 혹은 수정되었다. 이러한 개방 후퇴조짐은 시행규정에도 반영되었는데, 예를 들어 ① 기업 창설운영 규정의 경우 등록 자본의 상향 조정 등 금융 통제 강화, 존속 기간 도입 등 기업의 해산·청산에서 당국의 간섭 증대, ② 출입·체류·거주 규정의 경우 관광대상의 확대, 남한 인원의 편의 보호와 관련된 조항 삭제, ③ 세관 규정의 경우 관세 면제대상의 축소, 세관통제 강화, ④ 보험 규정의 경우 의무보험대상의 변경, 의무불이행 시 법적 효과에 관한 규정 강화 등이 눈에 띄었다.[30] 또한 북한은 2012년 출간된 법전과 2012년 출간된 법전 및 대외경제부문 법규집에서 금강산특구의 법과 시행규정을 남북협력법제가 아닌 외국인투자법제 혹은 대외경제법제로 분류했다.

(2) 경제특구의 양적 확대와 다양화

북한은 2013년 3월 31일 당중앙위원회 전원회의에서 '경제·핵 병진노선'

---

30) 배종렬, 「금강산국제관광특구법제의 특성과 그 시사점」, ≪수은북한경제≫, 여름호 (한국수출입은행, 2013a), 1~20쪽 참조.

을 천명했다. 그리고 최고인민회의 제12기 제7차 회의(2013. 4. 1.)에서 ① 사회주의 헌법 수정 보충, ②「금수산태양궁전법」채택, ③ 자위적 핵보유국의 지위를 공고히 할 데 대한 법 채택, ④「우주개발법」채택, ⑤ 국가우주개발국 신설 등을 단행했는데, 이는 선군사상(핵, 미사일 등 대량살상무기 중시정책)에 따른 경제적 자원 배분을 계속 유지할 것임을 시사했다. 당시 김정은은 다음과 같이 연설했다.

> 원산지구와 칠보산지구를 비롯한 나라의 여러 곳에 관광지구를 잘 꾸리고 관광을 활발히 벌리며 각 도들에 자체의 실정에 맞는 경제개발구들을 내오고 특색 있게 발전시켜야 합니다.[31]

이에 따라 북한은 2013년 5월 29일「경제개발구법」을 채택하고, 2013년 10월에는 국가경제개발총국을 국가경제개발위원회로 개편했으며, 민간급 단체인 조선경제개발협회를 조직했다.[32] 2013년 11월 21일 북한의 조선중앙통신은 14개 특수경제지대(13개의 지방급 경제개발구와 신의주 특수경제지대) 추가 설치 결정이 당일 최고인민회의 상임위원회 정령으로 공포되었다고 밝혔다.[33] 여기서 주목할 것은 13개의 지방급 경제개발구였다(〈표 3-1〉 참조). 13개 지방급 경제개발구의 경우 ① 그 연계대상은 국가경제개발위원회의 도

---

31) 강정남,「경제개발구법제도에 대한 리해에서 제기되는 기초적인 문제」, ≪정치법률 연구≫, 제43호(2013년 제3호), 52쪽.
32) 그런데 국가경제개발위원회는 "내각직속의 중앙기관으로 특수경제지대 개발과 관련한 국가적인 전략을 작성하고 각 도 경제개발구들을 내오기 위한 대상선정, 국가심의를 위한 준비사업, 법과 규정들에 대한 수정보충 등 개발계획의 작성, 집행을 위한 국가적인 사업들을 진행하는 기관으로 알려졌다. ≪조선신보≫, 2013년 12월 4일 자.
33) "신의주시에 특수경제지대, 도들에 13개 경제개발구", ≪조선신보≫, 2013년 11월 27일 자.

인민위원회 경제지대 개발국으로, ② 협력기간은 50년, ③ 북한 측의 출자는 토지이용권과 개발권, ④ 적극적인 장려대상, 특수경제지대에 준하는 특혜 (기업소득세 14%, 특혜관세 등) 등의 정부 우대조치를 부여한다는 공통적 기준이 적용되었는데,[34] 그 핵심은 북한의 지방정부가 특수경제지대의 관리 운영과 관련된 세칙을 제정할 권한을 중앙정부로부터 위임받은 것이었다.

문제는 개방에 역행하는 조치의 등장이었다. 즉, 경제특구를 확대하면서 북·중 경제협력의 상징이었던 장성택을 숙청한 것이 바로 그것이었다. 주지하다시피 북한은 2009년 김정은 후계체제 구축 과정에서 국방위원회 산하 국가개발투자은행의 투자 유치창구로 '조선대풍국제투자그룹'을 설립했다.[35] 이에 별다른 성과가 없자 북한은 2010년 7월 외자 유치와 합영·합작을 지도하는 국가중앙지도기관으로 합영투자위원회를 설립하고, 2013년에는 경제특구업무를 총괄 지도하는 국가경제개발위원회를 설립했는데, 이들 기관이 형식적으로는 내각 소속이었지만 모두 장성택(국방위원회 부위원장겸 당 행정부장)이 주도한 것으로 알려져 있었다. 그 장성택을 숙청하면서 '장성택 일당'에게 부과된 죄목은 '대외개방 분야에서 일하는 북한 당일군들의 사기를 꺾는 조처'였다. 다음은 당중앙정치국 확대회의(2013. 12. 8.)에서 지적된 '장성택 일당'의 경제 분야 출당사유다.

---

34) 배종렬, 「북한의 특수경제지대 추가지정과 남북경제협력」, 4쪽.

35) 2010년 1월 20일 양각도 국제호텔에서 열렸던 조선대풍국제투자그룹 이사회 1차 회의는 ① 국방위원회 위원장 명령(조선대풍국제투자그룹의 활동을 보장할데 대하여), ② 국방위원회 결정(국가개발은행을 설립함에 대하여, 조선대풍국제투자그룹 조정위원회를 설립함에 대하여)이 전달되고, 이사장으로 조선아시아태평양 평화위원회 위원장 김양건을 선임했다. 통일부, 《주간북한동향》, 제979호(2010. 1. 20.), http://nkinfo.unikorea.go.kr/nkp/trend/viewTrend.do

〈표 3-1〉 13개 지방급 경제개발구의 주요내용

명칭 (위치)	유형 (유치 업종)	협력방식 (총 투자액)	규모 (특기사항)
압록강 경제개발구 (평북 신의주시 용운리)	경제개발구 (현대농업·관광휴양·무역)	합영 또는 단독 (2.4억 달러)	약 6.6km² (전기, 가스 중국 경내 보장이 합리적)
만포 경제개발구 (자강 만포시 미타리·포상리)	경제개발구 (현대농업·관광휴양·무역)	합영 (1.2억 달러)	약 3km² (전력은 장자강발전소)
위원 공업개발구 (자강 위원군 덕암리·고성리)	공업개발구 (광물자원과 목재가공·기계 설비 제작·농토산물가공 등)	합영 또는 합작 (1.5억 달러)	약 3km² (전력은 만포 연하발전소)
신평 관광개발구 (황북 신평군 평화리)	관광개발구 (유람·휴양·체육·오락 등)	합영 또는 단독 (1.4억 달러)	약 8.1km² (100KVA 능력 자체발전소 공사 진행)
송림 수출가공구 (황북 송림시 서송리)	수출가공구 (수출가공·창고 보관·화물 운송)	합영 또는 단독 (0.8억 달러)	약 2km² (이동통신 가능, 전력은 1km지점에 22만KVA 변전소)
현동 공업개발구 (강원 원산시 현동리)	공업개발구 (정보산업·경공업·관광 기념품)	합영 또는 단독 (1.0억 달러)	초기 면적 약 2km² (전력은 안변 청년발전소 등)
흥남 공업개발구 (함남 함흥시 해안구역)	공업개발구 (보세가공·화학·건재·기 계 설비)	합영 또는 단독 (1.0억 달러)	1차적으로 약 2km² (전력은 장진강발전소 등)
북청 농업개발구 (함남 북청군 문동리·부동리·종산리)	농업개발구 (과수·과일종합가공·축산)	합영 또는 단독 (1.0억 달러)	약 3km² (전력은 허천강발전소 안곡 1차변전소)
청진 경제개발구 (함북 청진시 월포리·수성동·남석리)	경제개발구 (금속가공·기계제작·건 재·전자부품·경공업·수 출가공·중계 수송)	합영 또는 단독 (2.0억 달러)	약 5.4km² (전력은 청진 화력발전소)
어랑 농업개발구 (함북 어랑군 용전리)	농업개발구 (농축산·양어·연구 개발기지)	합영 또는 단독 (0.7억 달러)	약 4km² (전력은 신규건설된 어랑천발전소)
온성 섬관광개발구 (함북 온성군 온성읍)	관광개발구 (골프장·수영장·경마장· 민속음식점 등)	단독 또는 합영 (0.9억 달러)	약 1.7km² (전력·난방·가스보장과 관련된 시설 신규건설 필요)
혜산 경제개발구 (량강 혜산시 신장리)	경제개발구 (수출가공·현대농업·관 광휴양·무역 등)	합영 또는 단독 (1.0억 달러)	약 2km² (전력은 삼수발전소)
와우도 수출가공구 (남포시 영남리)	수출가공구 (수출지향 가공 조립)	합영 또는 단독 (1.0억 달러)	약 1.5km² (주변에 60만kW 중유발전소·1만 kW조력발전소 건설 계획)

자료: 배종렬, 「북한의 특수경제지대 추가지정과 남북경제협력」, 3쪽.

장성택 일당은 교묘한 방법으로 나라의 경제발전과 인민생활 향상에서
주요한 몫을 담당하는 부문과 단위들을 걷어쥐고 내각을 비롯한 경제지도
기관들이 자기역할을 할 수 없게 만들었다. 국가재정 관리체계를 혼란에
빠뜨리고 나라의 귀중한 자원을 헐값으로 팔아버리는 매국행위를 함으로
써 주체철과 주체비료, 주체비날론공업을 발전시킬데 대한 위대한 수령님
과 어버이장군님의 유훈을 관철할 수 없게 하였다.[36]

경제특구의 확대에서 나타난 가장 큰 특징은 경제특구의 다양화였다. 즉,
13개 지방급 경제개발구를 지정하면서 북한이 ① 경제개발구, ② 수출가공
구, ③ 공업개발구, ④ 농업개발구, ⑤ 관광개발구 등 5개 유형의 특수경제지
대를 설정한 것이 바로 그것이었다. 김은순은 "특수경제지대는 일반적으로
7개 부류, 즉 무역형, 공업형, 공업무역결합형, 종합형, 과학기술형, 금융형,
관광형으로 구분되고, 주요 류형은 자유항과 자유무역지대, 보세구, 수출공
업가공구, 자유변강구, 중개구(중개항), 과학기술개발구, 종합형 특수경제지
대 등이 있다"[37]라고 했다.

(3) 평양 지역의 개방

북한은 2014년 7월 23일 6개의 경제개발구를 추가 지정했다. 기존의 경제
개발구, 수출가공구, 공업개발구, 농업개발구, 관광개발구에 이어 첨단기술
개발구와 국제록색시범구가 새롭게 등장한 것이 바로 그것이다(〈표 3-2〉 참
조). 특히 첨단기술개발구는 평양의 일부 지역에 지정되었는데, 이는 북한

---

36) ≪로동신문≫, 2013년 12월 9일 자.
37) 김은순, 「특수경제지대의 발생발전과 류형」, ≪경제연구≫, 제163호(2014년 제2호),
    55~56쪽.

〈표 3-2〉 추가 지정된 지방급 경제개발구

명칭	위치
은정첨단기술개발구	평양시 은정구역 위성동, 과학1동, 과학2동, 배산동, 을밀동 일부 지역
강령국제록색시범구	황해남도 강령군 강령읍 일부 지역
진도수출가공구	남포시 와우도 구역 진도동, 화도리 일부 지역
청남공업개발구	평안남도 청남구 룡북리의 일부 지역
숙천농업개발구	평안남도 숙천군 운정리의 일부 지역
청수관광개발구	평안북도 삭주군 청성로동자구, 방산리 일부 지역

자료: ≪조선신보≫, 2014년 7월 30일 자.

대외개방의 새로운 흐름을 보여주는 것이었다. 경제개발구가 추가로 지정되기 약 1개월 전 대외개방을 담당하는 조직의 새로운 개편 사실이 공포되었다는 점도 주목된다. 김정은 후계체제 구축 과정에서 대외경제 분야는 장성택의 관할하에 있었기 때문에 장성택 일당 숙청 과정에서 북한 대외경제조직의 개편 여부는 초미의 관심사였다. 그런데 2014년 6월 18일 무역성과 합영투자위원회, 국가경제개발위원회를 통합하고, 무역성을 대외경제성으로 변경한 것은 김정은체제의 대외개방정책의 향후 진로를 시사하는 것이었다. 그 방향은 당 통제하 내각 중심으로 대외경제 사업을 진행하는 것이었다.

3. 김정은시대 경제특구에 대한 평가

1) 전반적 평가

(1) 개방지향적 변화의 선호와 안정성 부족
북한의 경제특구 변천사를 개관할 때 김정은의 경제특구는 김정일 사망을 분수령으로 ① 신의주 경제특구 추진, ② 지방급 경제개발구 지정, ③ 평양

<그림 3-1> 평양의 시장환율과 쌀값 추이(2009. 8.~2014. 8.)

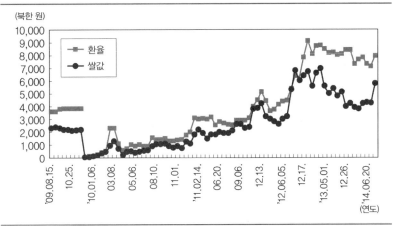

주: 쌀값은 1kg 기준 북한 원, 환율은 1달러 기준 북한 원.
자료: "北장마당동향", 데일리NK로부터 가공 작성.

일부 지역 개방 등 이전과 약간 다른 색깔을 보여주는 것으로 분석되었다. 그러나 경제 환경변화에 대한 위기대응방식에는 큰 차이가 없었는데, 그것은 개혁보다는 개방지향적 변화를 선호하는 것이었다. 예를 들어, ① 1970년대 말 중국 덩샤오핑(鄧小平)의 개혁·개방 시에는 1984년 「합영법」 체제로, ② 1990년대 초반 사회주의시장의 붕괴 시에는 라진·선봉자유경제무역지대의 건설로, ③ 1997년 동아시아 금융위기에 대해서는 금강산과 개성 경제특구를 중심으로 하는 남북경제관계의 제도화와 북·중 경제관계의 강화로, ④ 2009년 핵실험과 천안함사건(2010. 3.) 이후에는 황금평·위화도, 라선 등 북방경제특구의 건설로 난국을 타개해나간 사례가 바로 그것이었다. 다시 말해 개방을 뒷받침해줄 수 있는 개혁조치가 충분하지 않았다.

문제는 김정은시대에 들어와서 충격요법이 자주 등장한다는 점이었다. 특히 세 가지 사건이 주목되었다. 첫째는 김정일 와병(2008. 8.) 이후 김정은체제 구축 시기에 보여준 시장경제에 역행하는 화폐개혁조치(2009. 11.)였다. 그러나 〈그림 3-1〉에서 보듯이 화폐개혁조치의 효과는 이미 사라졌고, 인플레이션이 다시 심각해졌다. 그런데 김정은체제하 농업 분야의 개혁조치는 분조관리제 안에서 포전(圃田)담당제를 실시하는 수준38)에 불과했다. 둘째는 「금강산관광지구법」의 폐지(2011. 4.)였고, 셋째는 장성택의 숙청(2013. 12.)이었다. 전자는 북한 개방법제의 안정성에, 후자는 경제특구의 추진 의지에 의문을 제기하는 사건이었다.

(2) 체제보위 우선형 경제특구

경제적 관점에서 고찰할 때 북한이 개방지향적 변화를 선호하는 데에는 두 가지 요소가 크게 영향을 끼쳤다. 첫째는 경제 건설노선이었다. 김정은은 '경제·핵 병진노선'을 천명했고, 리영남은 이 노선의 정당성을 다음과 같이 설명했다.

> 우리가 경제강국 건설에서 근본적인 전환을 일으키자면 경제 건설 분야에 대한 투자를 늘여야 한다. 우리는 지금까지 미제의 침략책동에 의하여 수십 년 동안 경제 건설에서 헤아릴 수 없는 피해를 입은 것으로 하여 경제 건설과 인민생활 향상에 복무하여야 할 막대한 인적·물적재부(財

---

38) 협동농장에는 작업반 아래에 분조가 있고, 분조는 20명 정도(토지의 규모는 평균 50 정보 정도)로 구성되는데, 포전담당제란 ① 분조를 다시 세분화해서 3~5명으로 구성해 여기에 일정한 규모의 포전을 고착시키고, ② 포전마다 영농차비로부터 수확, 탈곡에 이르기까지 모든 농사과정을 책임지고 진행해 그 결과에 따라 분조 단위 공동노동도 함께 고려하면서 농민들에게 분배를 하는 것인데, 포전담당제의 시행에서 특징적인 것은 ① 생산실적에 따라 현물 분배를 하며, ② 농민들이 자기 소비몫 이외의 곡물을 식량판매소에 가져가면 시장과 거의 같은 가격으로 구입해준다는 것으로 종전에는 국정가격에 의한 의무수매를 진행하고 현금 분배를 실시했다. ≪조선신보≫, 2014년 1월 17일 자; 2014년 1월 20일 자 참조.

富)가 나라의 군력강화에 돌려졌다. 핵무력을 중추로 하는 국방건설전략
은 적은 비용으로 나라의 군사력을 더욱 강화하고 경제강국 건설과 인민
생활 향상에 많은 자금을 돌릴 수 있게 하는 가장 효과적인 전략이다.[39]

문제는 그 실현가능성이었다. 북한에서 병진노선의 채택은 김일성, 김정
일에 이어 이번이 세 번째였다. 김정일은 선군시대 경제 건설노선을 체계화
했는데, 그 골자는 "국방공업을 우선적으로 발전시키면서 경공업과 농업을
동시에 발전시킨다"라는 것이었다.[40] 북한 조선로동당과 관변학자들은 그
실현 논리로 국방공업 중심론과 금속공업 중점론을 제기했다. 전자가 기존
중공업 우선론을 계승한 것은 사실이지만 중공업이 아니라 국방공업에 집중
한다는 것이고,[41] 후자는 중공업을 우선할 경우 중공업과 농업·경공업 간
불균등 성장 문제가 제기될 수 있으나 중공업 중 금속공업에 집중하고 공작
기계공업과 전자공업의 비중을 높인다면 국방공업의 우선적 발전과 경공업
과 농업의 동시발전이 가능해진다는 것[42]이었다. 김정은은 이를 토대로 국
방공업 중심론을 핵무력공업 중심론으로 바꾸고, 금속공업 중점론을 핵무력
과 전력 문제를 동시에 해결할 수 있는 원자력공업 중점론으로 대체해 병진
노선이 가능하다고 주장하나[43] 군수공업에 자원 배분을 우선시하는 구조에

---

39) 리영남, 「우리 당의 새로운 병진로선의 정당성」, ≪경제연구≫, 제160호(2013년 제3
   호), 6쪽.
40) 리기성, 「위대한 령도자 김정일동지께서 새롭게 정립하신 선군시대 사회주의경제 건
   설노선」, ≪경제연구≫, 제119호(2003년 제2호), 5쪽.
41) 조영남, 「위대한 령도자 김정일동지께서 제시하신 선군시대 경제 건설로선은 사회주
   의경제 건설의 기본로선의 계승발전」, ≪경제연구≫, 제133호(2006년 제4호), 2쪽; 김
   형석, 「위대한 령도자 김정일동지께서 밝혀주신 선군시대 경제 건설노선의 독창성」,
   ≪경제연구≫, 제125호(2004년 제4호), 3쪽 참조.
42) 조선로동당출판사, 『우리 당의 선군시대 경제사상해설』(2005), 31쪽.

<표 3-3> 북한의 무역수지와 대중국 무역수지(1998~2013)

단위: 천 달러

구분	전체 무역수지			대중국 무역수지			
	수출(C)	수입(D)	C-D(A)	대중국 수출(E)	대중국 수입(F)	E-F(B)	B/A(%)
1998	559,331	882,863	-323,532	57,313	355,705	-298,392	92.23
1999	514,962	964,585	-449,623	41,709	328,660	-286,951	63.82
2000	565,805	1,406,530	-840,725	37,214	450,824	-413,610	49.20
2001	650,208	1,620,291	-970,083	166,797	570,660	-403,869	41.63
2002	734,992	1,525,396	-790,404	270,863	467,309	-196,446	24.85
2003	776,992	1,614,382	-837,390	395,546	627,995	-232,449	27.76
2004	1,020,200	1,836,911	-816,711	582,193	794,525	-212,332	26.00
2005	998,392	2,003,286	-1,004,894	496,511	1,084,723	-588,212	58.53
2006	946,795	2,049,008	-1,102,213	467,718	1,231,886	-764,168	69.33
2007	918,771	2,022,306	-1,103,535	581,521	1,392,453	-810,932	73.48
2008	1,130,213	2,685,478	-1,555,265	754,046	2,033,233	-1,279,187	82.25
2009	1,062,786	2,351,032	-1,288,246	793,048	1,887,686	-1,094,638	84.97
2010	1,513,631	2,660,773	-1,147,142	1,187,862	2,277,816	-1,089,954	95.01
2011	2,789,351	3,567,708	-778,357	2,464,186	3,165,006	-700,820	90.04
2012	2,880,104	3,931,173	-1,051,069	2,484,699	3,445,843	-961,144	91.44
2013	3,218,382	4,126,404	-908,022	2,911,544	3,633,150	-721,606	79.47

자료: KOTRA, 『북한의 대외무역동향』(각 연도).

는 여전히 변함이 없다.

둘째는 이와 같은 경제노선의 당연한 귀결로 수출보다는 수입을 중시하는 경제구조의 고착이었다. 즉, 군수경제를 비롯한 북한 경제가 필요로 하는 수입 수요 충족 문제였다. 1997년 12월 10일 북한은 「무역법」을 처음으로 채택하면서 그 사명 중 하나가 대외시장을 확대하지만 무역수지의 균형을 보장하는 것(법 제1조)이라 했다. 그러나 <표 3-3>에서 보듯이 김정일시대가 공식화된 이후 북한은 한 번도 무역수지 흑자를 달성하지 못했다. 1998~ 2013년 북한의 누적 무역 적자액은 149억 6,721만 달러로 매년 평균 9억 3,545만

---

43) 리영남, 「우리 당의 새로운 병진로선의 정당성」, 6쪽.

달러의 적자를 시현한 것으로 추정되었다. 김정은시대에 들어와 수출 신장 폭이 커진 것은 사실이었지만 그 내용을 분석해보면 ① 대중국 수출을 주도한 것은 가공 수준이 낮은 석탄(HS2701)[44]과 철광석(HS2601), 의류(HS61, 62) 세 개 품목군으로, 이를 제외할 경우 여전히 김정일시대와 마찬가지로 5억 달러대에 정체되어 있고, ② 수입 수요도 늘어 무역수지 적자폭은 줄어들지 않는 가운데, ③ 전체 무역수지 적자액에서 대중국 무역수지 적자액이 차지하는 비중이 80~90%대로 증대되는 부작용도 발생했다. 수입 수요를 수출로 충족시킬 수 없다면 이 문제는 외자 유치로 해결하는 것이 최선이다. 그런데 개혁 부족으로 외자 유치 경쟁력이 약한 북한으로서는 경제특구가 그 대안이 될 수밖에 없었다.

2) 변화의 조짐

(1) 특수경제지대의 일반화

또 다른 문제는 혁명적 원칙과 사회주의 원칙의 강조였다. 예를 들어 최영옥은 이를 실현하기 위한 대외무역 전략은 첫째, 자본주의적 요소의 침투 방지를 위해 경제적 이익보다는 정치적 이익을 중시해야 하고, 둘째, 개별 무역회사의 이익보다는 전 사회적 이익을 우선시해야 하는데, 그 방법은 국가계획의 우선 수행, 전략적 물자의 해결 강화 등이며, 셋째, 당면 이익과 전망 이익을 올바르게 결합하는 것이라 했다.[45] 그 결과 무역법제는 지원형보다

---

44) 북한 무연탄(HS270111)의 대중국 수출 급증은 2011년 3월부터 시작되었는데, 산둥성, 허베이성, 랴오닝성, 장쑤성 등에서 수요가 급증하면서 월 100만 톤(1억 달러)대로 진입했다. 2013년 기준 무연탄의 대중국 수출은 13억 7,372만 달러로 동기간 북한 대중국 수출(29억 1,154만 달러)의 거의 절반에 해당하는 47.18%를 차지했다.

45) 최영옥, 「실리를 보장할 수 있도록 대외무역전략을 세우는데서 나서는 중요문제」, ≪경

는 통제형으로 규정되어 국제경쟁력이 없는 실정이었다.[46] 따라서 이를 우회하면서 외화를 조달할 수 있는 창구는 특수경제지대 외에는 다른 대안이 없었다.

김정은시대 대외개방정책의 가장 큰 변화는 바로 이 특수경제지대의 일반화였다. 그런데 특수경제지대의 장점은 대외개방법제인 외국투자 관계법체계에서 허용되는 수준을 넘어서 자본주의 실험을 할 수 있는 법적 기초를 제공한다는 것이었다. 특수경제지대 관계법제는 외국인투자 관계법제에 속하지만 ① 라선경제무역지대에만 적용되는 합영기업 창설 및 경영 규정, 합작기업 창설 및 경영 규정, 재정 관리 규정, ②「토지임대법」의 특별법인 라선경제무역지대 건물양도 및 저당 규정, ③「외국투자기업 및 외국인세금법」의 특별법인 라선경제무역지대 외국투자기업 및 외국인세금규정, ④「기업소법」의 특별법인 라선경제무역지대 기업소 관리 운영 규정 등 별도의 법과 규정을 가질 수 있었다.[47]

(2) 점진적 경쟁력 제고

북한의 경제특구가 자유경제무역지대 시대 → 개성·금강산의 남방특구 시대 → 라선·황금평위화도의 북방특구 시대 → 경제개발구 등 특수경제 지대의 일반화 시대로 이행되면서 그 경쟁력은 점차 강화되고 있긴 하지만 국

제연구≫, 제161호(2013년 제4호), 34~36쪽.

46) 2012년 4월 3일 개정된 「무역법」에서도 ① 무역거래는 영업허가를 받은 무역회사만 할 수 있고, ② 무역 계획은 승인을 받아야 하며, ③ 자금거래는 정해진 은행, 무역거래는 정해진 기준가격과 운임, 중요 무역계약은 중앙무역지도기관의 심의 등 각종 영업활동 규제는 여전했다.

47) 전경진, 「공화국외국관계법체계에 대한 리해」, ≪정치법률연구≫, 제33호(2011년 제1호), 42~43쪽 참조.

<표 3-4> 북방특구법(라선특구법)과 남방특구법(개성특구법)의 비교

구분	「라선경제무역지대법」	「개성공업지구법」
모법 체계	「헌법」 37조(특수경제지대 설치 규정)와 「외국인투자법」 9조(특수경제지대에 특혜적 경영활동 조건 보장)	「헌법」 9조와 「북남경제협력법」(특수경제지대 설치·특혜보장 규정 없음)
개발 목표	국제적인 중계 수송, 무역 및 투자, 금융, 관광, 봉사지역(1조)	국제적인 공업, 무역, 상업, 금융, 관광지역(1조)
지대 지위	특혜정책이 실시되는 헌법상 특수경제지대(2조)	규정 없음
경제 활동 조건 보장	토지리용, 로력채용, 세금 납부, 시장 진출 같은 분야에서 특혜적 경제활동 조건 보장(5조)	로력채용, 토지리용, 세금 납부 같은 분야에서 특혜적인 경제활동 조건 보장(3조)
몰수와 국유화	사회공공의 리익과 관련하여 불가피시 사전통지, 해당한 법적 절차, 차별없이, 그 가치를 제때에, 충분하고, 효과 있게 보상(7조)	사회공동의 리익과 관련하여 불가피시 사전협의 후 그 가치보상(7조)
적용 법규	법·규정·세칙·준칙의 적용, 지대법규보다 국가 간에 체결된 협정·량해문·합의서 같은 조약의 우선 적용, 지대 밖의 법규보다 지대법규의 우선 적용(10조)	법과 시행규정 적용, 법규로 정하지 않은 사항은 중앙공업지구지도기관과 공업지구 관리기관이 협의(9조), 남북합의서의 내용은 이 법과 같은 효력(부칙 2조)
개발 방식	다양한 개발방식(기업의 종합개발경영, 특별허가 경영 방식 등: 13조)	기업의 종합적 개발방식(2조)
개발과 관리 원칙	개발원칙(11조)과 관리원칙 명시(관리위원회와 기업의 독자성 보장, 무역과 투자활동에 대한 특혜, 시장원리의 준수, 국제관례의 참고 등: 23조)	규정 없음
건물 부착물 철거 이설	철거, 이설을 맡은 기관, 기업소가 개발공사에 지장이 없도록 건물, 부착물의 철거와 이설, 주민 이주(비용부담 규정 없음: 20조)	건물, 부착물의 철거와 이설, 주민이주에 드는 비용 개발업자 부담(15조)
자원 부원 개발	지대기업 생산에 필요한 원료, 연료보장 위해 지대 안(라선시인민위원회 승인)과 밖(중앙 특수경제무역 지도기관 승인) 자연부원 개발 허용(47조)	명시적 규정 없음
지대 상품 구입	지대 밖 북한 기관, 기업소, 단체는 계약을 통해 지대 생산, 판매상품의 구입 가능(48조)	직접적 규정 없음(생산제품의 판매는 가능하나 중앙공업지구지도기관이 실현: 22조와 39조)
로력 채용	북한 로력 우선채용, 외국 로력 채용필요 시 라선시인민위원회 또는 관리위원회에 통지(49조)	북한 로력 채용, 관리인원과 특수한 직종의 기술자, 기능공은 관리기관에 알리고 남측 또는 다른 나라 로력 채용이 가능하나 공업지구 관리기관은 중앙 공업지구 지도기관에 보고(37조)
보험회사 의설립과 보험가입	투자가는 보험회사, 외국보험회사는 지사·사무소 설립·운영 가능, 지대기업과 개인은 북한 영역 안에 있는 보험회사에 가입(의무보험은 정해진 보험회사: 63조)	규정 없음(다만 보험규정에 "보험사업을 하는 공업지구보험회사는 중앙 공업지구 지도기관이 결정": 규정 3조)

주: 두 법 간 차이가 나는 부분은 고딕체로 표시.
자료: 「라선경제무역지대법」(2011. 12. 3.)과 「개성공업지구법」(2003. 4. 24.)

제적 수준에는 아직 이르지 못한 것으로 판단된다.

예를 들어 김정은 후계자 시절 등장한 북방특구법[48]에는 라선·황금평지대의 공동 개발에 관한 북·중 합의사항이 반영되면서 ① 지대 개발의 우선목표 조정(중계수송), ② 경제활동 조건 보장 원칙 신설, ③ 경제특구 안의 소특구인 산업구 건설 천명, ④ 개성공업지구와 유사한 관리위원회제도 도입 등이 관철되었다. 또한 〈표 3-4〉에서 보듯이 ① 개혁·개방성이 강화된 지대 관리원칙 신설(시장원리 준수, 국제관례 참고 등), ② 특별 허가 경영권의 부여(하부구조와 공공시설 건설), ③ 특구 안팎의 자연부원 개발 허용, ④ 구체화된 투자 보호 기준, ⑤ 통지 절차에 의한 외국 노동력 채용, ⑥ 특혜적인 세무·토지·금융정책 실행 등의 조항도 삽입되어 북방특구법의 경쟁력은 남방특구법을 능가했다.[49]

또한 김일성 사망 이후 등장한 「경제개발구법」은 북방특구법제와 비교해 ① 경제특구의 개발·관리에서의 독자성, ② 투자자산의 법적 보호, ③ 특혜적인 경영활동 조건, ④ 시장메커니즘의 도입 수준 등에서 경쟁력은 약간 떨어졌으나(〈표 3-5〉 참조), 특수경제지대라는 법제 틀에서 외국인 투자 유치를 할 수 있는 법적 권한을 각 도(직할시)에 부여한 것은 북한 경제의 개방에서 진전된 조처였다.[50]

---

48) 2011년 12월 3일 라진·선봉 경제특구가 직할시에서 특별시로 승격되면서 일부 개정되었던 「라선경제무역지대법」(2010. 1. 27.)이 다시 대폭 수정되고, 「황금평·위화도 경제지대법」이 새로 제정되었다.

49) 배종렬, 「최근 개정된 북방특구법제의 개혁·개방성」, 49~76쪽 참조.

50) 배종렬, 「북한의 특수경제지대 추가지정과 남북경제협력」, 4~6쪽.

<표 3-5> 「라선경제무역지대법」과 「경제개발구법」의 비교

구분	「라선경제무역지대법」 (정령 제2007호)	「경제개발구법」 (정령 제3192호)
지대 지위	경제 분야에서 특혜정책이 실시되는 특수경제지대(2조)	경제활동에 특혜가 보장되는 특수경제지대(2조)
경제활동 조건 보장	토지리용, 로력채용, 세금 납부, 시장 진출 같은 분야에서 특혜적 경제활동 조건 보장(5조)	로력채용, 토지리용, 세금 납부 같은 분야에서 특혜적인 경제활동 조건 보장(5조)
투자가 규정	세계 여러 나라의 법인, 개인, 경제조직, 우리 나라 령역 밖에 거주하고 있는 조선동포(4조)	다른 나라의 법인, 개인과 경제조직, 해외동포(5조)
몰수와 국유화	사회공공의 리익과 관련 불가피 시 사전 통지, 해당한 법적 절차, 차별 없이, 그 가치를 제때에, 충분하고, 효과 있게 보상(7조)	사회공공의 리익과 관련 불가피 시 사전 통지, 그 가치를 제때에 충분히 보상(7조)
신변 안전 보장	공민의 신변 안전과 인권은 법에 따라 보호, 신변 안전 및 형사사건과 관련 국가 간 체결된 조약 있을 시 그에 따름(9조)	개인의 신변 안전은 조선민주주의인민공화국 법에 따라 보호, 신변안전과 관련 국가 간 체결된 조약 있을 시 그에 따름(8조)
적용 법규	법·규정·세칙·준칙 적용, 지대법규보다 국가 간 체결된 협정·량해문·합의서 같은 조약의 우선 적용, 지대 밖의 법규보다 지대 법규의 우선 적용(10조)	개발구 법·규정·세칙을 적용(9조)
개발 원칙	경제무역지대와 그 주변의 자연지리적 조건·자원·생산요소의 비교우세 보장, 토지자원의 절약과 합리적 리용, 경제무역지대와 그 주변의 생태환경보호 등(11조)	계획에 따라 단계별로 개발, 투자 유치 다각화, 경제개발구와 그 주변의 자연생태환경 보호, 토지와 자원을 합리적으로 리용 등(19조)
개발방식	다양한 개발방식(기업의 종합개발경영, 특별허가경영 방식 등: 13조)	해당 개발구의 특성과 개발조건에 맞으며 경제발전에 기여할 수 있는 합리적인 방식(23조)
건물 부착물 철거 이설	철거, 이설을 맡은 기관, 기업소 개발공사에 지장이 없도록 건물, 부착물의 철거와 이설, 주민이주(비용부담 규정 없음: 20조)	건물, 부착물의 철거와 이설, 주민이주에 드는 비용 개발기업이 부담(27조)
개발구 관리 원칙	법규의 엄격한 준수와 집행, 관리위원회와 기업의 독자성 보장, 무역과 투자활동에 대한 특혜 제공, 경제발전의 객관적 법칙과 시장원리의 준수, 국제관례의 참고(23조)	법규의 엄격한 준수와 집행, 기업의 독자성 보장, 경제활동에 대한 특혜 제공, 국제관례의 참고(32조)
관리기관의 사업내용	준칙 작성, 투자환경 조성과 투자 유치, 기업의 창설 승인과 등록·영업 허가, 투자장려·제한·금지목록의 공포, 독자적인 재정 관리체계의 수립, 인원·운수수단의 출입과 물자의 반출입에 대한 협조, 위임받은 재산의 관리, 대상건설허가와 준공검사 등 총 15개 사업(27조)	준칙 작성, 투자환경 조성과 투자 유치, 기업의 창설 승인과 등록·영업 허가, 대상건설 허가와 준공검사 등 총 11개 사업(36조)
로력채용	북한 로력 우선채용, 외국 로력 채용 필요시 라선시인민위원회 또는 관리위원회에 통지(49조)	북한 로력 우선채용, 외국 로력 채용 필요시 관리기관과 합의(41소)
월로임 최저기준	라선시인민위원회가 관리위원회와 협의하여 결정(50조)	관리기관 또는 해당 도(직할시)인민위원회와 협의해 중앙특수경제지대 지도기관이 결정(42조)

상품·봉사 가격	국제시장가격에 따라 당사자들이 협의 결정, 식량·기초식품 같은 중요 대중 필수품의 가격과 봉사료금은 라선시인민위원회가 결정하며 기업에 손해발생 시 재정적 보상(44조)	국제시장가격에 따라 당사자들이 협의 결정(43조)
기업회계	기업의 회계계산과 결산은 국제적으로 통용되는 회계기준의 적용 가능(52조)	기업의 회계계산과 결산은 경제개발구에 적용하는 재정회계 관련법규(44조)
류통화폐와 결제화폐	조선 원 또는 정해진 화폐, 조선 원에 대한 외화의 환산은 지대외화관리기관이 결정(59조)	조선 원 또는 정해진 화폐(46조)
지적소유권 보호	라선시인민위원회는 지적재산권의 등록, 리용, 보호에 관한 사업체계를 구축(72조)	지적소유권의 등록, 리용, 보호에 관한 질서는 해당 법규(48조)
인원 출입과 물자 반출입	인원, 운수수단의 출입과 물자의 반출입을 신속하고 편리하게 보장(77조)	인원, 운수수단의 출입과 물자의 반출입을 보장(50조)
통신 보장	우편·전화·팍스 같은 통신수단을 자유롭게 리용(75조)	우편·전화·팍스 같은 통신수단 리용에서 편의 제공(58조)
적용 제한	규정 없음	라선경제무역지대, 황금평·위화도경제지대, 개성공업지구와 금강산국제관광특구에는 이 법의 적용 배제

주: 두 법 간 차이가 나는 부분은 고딕체로 표시.
자료: 「라선경제무역지대법」(2011. 12. 3.)과 「경제개발구법」(2013. 5. 29.)

(3) BOT 개발방식의 수용

북한 경제특구 건설사에서 가장 큰 장애는 외자 유치의 관건이 되는 사회 간접자본 건설 문제였다. 최근 경제특구를 연구하는 북한의 연구자들이 자주 언급하는 이슈 중 하나가 건설-경영-이관 방식(Build-Operate-Transfer: BOT)에 의한 사회 간접자본 건설이었다. 예를 들어 ① 「BOT 개발방식에서 특허협약의 법적 성격에 대한 리해」,[51] ② 「BOT 개발방식의 본질적 특성」,[52] ③ 「국제투자방식 BOT와 그 적용에서 나서는 기본 요구」[53] 등이 이에 해당한다.

이와 같은 흐름은 2011년 12월 3일 「라선경제무역지대법」 개정에서 "개발기업이 전체 면적 토지를 임대받아 종합적으로 개발·경영하는 방식(13조)"

---

51) 강원우, ≪정치법률연구≫, 제41호(2013a).
52) 강원우, ≪경제연구≫, 2호(2013b).
53) 강철억, ≪경제연구≫, 3호(2014).

만을 채택한 「황금평·위화도경제지대법」과 달리 그 개발 주체의 중심을 국가에서 기업으로 전환해 "① 일정 면적 토지를 기업이 종합적으로 개발·경영하는 방식, ② 하부구조와 공공시설의 경우 특별 허가 경영권을 부여하는 개발 방식, ③ 개발 당사자들 사이에 합의한 방식 등 여러 가지 개발 방식(13조)"을 규정함으로써 촉발되었다.[54] 또한 「경제개발구법」에서 지방급 경제개발구의 개발방식이 "해당 개발구의 특성과 개발조건에 맞으며 경제발전에 기여할 수 있는 합리적인 방식(19조)"으로 규정된 것도 BOT 개발방식에 대한 관심을 높인 것으로 판단된다.

강원우가 시사하듯이 북한이 인식하는 BOT 개발방식에서 특허 협약의 법적 성격은 "특허 협약이 자본 수입국의 국내법상 합의"이며, 그 이유는 첫째, 특허 협약의 당사자인 외국 투자가가 국제법의 당사자가 아니고, 둘째, 특허 협약의 대부분이 자본 수입국 정부와 국내 법인인 개발 기업 사이에 체결되며, 셋째, 특허 협약 체결의 법적 근거가 자본 수입국의 법이기 때문이라는 것이었다. 또한 특허 협약은 일반적인 민사계약과는 달리 행정계약적 성격을 갖는데, 그 이유는 첫째, 특허 협약의 당사자들의 법적 지위가 평등하지 않고, 둘째, 특허 협약이 하부구조나 공공시설의 경영과 건설에 대한 자본수입국 정부의 권리 부여를 기본으로 한다는 점이었다.[55]

---

54) 리광혁, 「라선경제무역지대 개발제도의 기본내용」, ≪정치법률연구≫, 제40호(2012
년 제4호), 44쪽 참조.
55) 강원우, 「BOT개발방식에서 특허협약의 법적 성격에 대한 리해」, 48~49쪽.

4. 맺음말

「내각책임제, 내각중심제를 강화하는 것은 인민생활 향상과 경제강국 건설에서 혁명적 전환을 가져오기 위한 중요한 방도」,[56] 「내각책임제, 내각중심제를 옳게 실현하는 데서 나서는 중요한 문제」[57] 등의 논문이 경제사령탑으로서의 내각기능을 강조하는 가운데 북한의 김정하 내각사무국장도 ≪조선신보≫와의 인터뷰(2014. 1. 17.)를 통해 "내각중심제, 내각책임제는 김일성 주석과 김정일 장군이 방향을 제시하고 정책화한 사업체계로서 김정은 원수도 경제 사업을 내각이 통일적으로 틀어쥘데 대하여 여러 번 강조했다" 라고 언급했다. 특히, 대외경제성의 출현은 경제특구 등 대외경제 사업 전반을 내각이 책임져야 하는 것을 의미했다. 그러나 여기에는 두 가지 제약 요소가 있었다.

첫째, 김정은체제의 대외개방을 주도하던 장성택의 처형이었다. 경제특구 등 대외경제 사업의 경우 ① 법제 정비, ② 국경출입제도, ③ 군대 후방 배치와 관할토지의 사용, ④ 도로 인프라 건설 등 여러 문제가 산재되어 있고, 군부를 비롯한 여러 권력기관과의 이권 조정이 필수적이라 강력한 추진력 없이는 이해관계자들의 갈등을 돌파하기 쉽지 않다. 그동안 대외경제 사업을 주도했던 '장성택 일당'이 숙청되는 광경을 목도한 북한 경제관료들은 상당 기간 복지부동할 것으로 판단된다. 현 박봉주 총리는 2003년 9월 총리로 임명되고 북한의 개혁·개방을 추진했던 인물이지만, 5개의 중앙급 특구와 19개의 경제개발구 개발은 너무 과중한 숙제라 선택과 집중으로 경제특구의 국제경쟁력을 강화할 필요가 있다.

---

56) 한성기, ≪경제연구≫(2013년 3호).
57) 정영섭, ≪경제연구≫(2014년 1호).

둘째, 특수 부문의 축소 문제였다. '7·1조치'가 시행되기 전인 2001년 6월 '6·3그루빠'의 내각책임제 강화방안 중 첫째 항목은 "내각책임제 경제를 운영하기 위해 특수 부문을 줄이고 내각이 경제 전반을 직접 통제한다"라는 내용이었다. 그러나 김정일은 '특수 부문 구조조정'을 제외하고 '6·3그루빠'의 개혁안을 비준했는데, 이는 권한과 책임이 유리된 절름발이구조에서 내각이 경제개혁을 책임지는 것을 의미했다.58) 경제사령탑으로서 내각의 역할을 강조하는 현 단계에서 중요한 것은 김정일과 차별화된 김정은의 선택이다. 장성택의 처형 이후 장성택이 장악하던 대외경제 부문이 군부로 이관되는 것을 방지했다는 점에서 김정은체제의 대외경제 사업 방향은 일단 '당 통제·내각 중심의 대외경제 사업 진행'으로 가닥이 잡혔다. 향후 당·군의 대외경제 사업 이권 장악 시도에서 김정은이 얼마나 효율적으로 균형을 잡느냐가 경제특구를 안정적으로 건설하는 데 중요한 변수가 될 것으로 보인다.

---

58) 한기범, 「북한 정책결정과정의 조직형태와 관료정치: 경제개혁 확대 및 후퇴를 중심으로(2000~09)」, 경남대학교 박사학위논문(2009), 270쪽.

참고문헌

1. 국내 문헌

김삼식. 1997. 7. "싱가포르모델을 지향하는 라진-선봉". ≪북한뉴스레터≫. 대한무역
　　투자진흥공사.

배종렬. 2000. 「북한의 외국자본유치실태에 대한 평가 및 전망」. 배종렬·박유환 편.『남
　　북한 경제협력: 발전전략과 정책과제』. 한국수출입은행.

_____. 2003. 「두만강지역개발 사업 및 한반도에너지개발기구」. 안충영·이창재 엮음,
　　『동북아경제협력: 통합의 첫걸음』. 박영사.

_____. 2009. 「국제금융위기와 북한 경제의 진로」. ≪국제문제연구≫, 제34호(2009
　　년 여름호). 국가안보전략연구소.

_____. 2011. 「김정일 시대 북한 개방법제의 특성에 관한 일고찰」. ≪통일과 법률≫,
　　제8호(2011년 겨울호). 법무부.

_____. 2012. 「최근 개정된 북방특구법제의 개혁·개방성」. ≪수은북한경제≫, 2012
　　년 봄호. 한국수출입은행.

_____. 2013a. 「금강산국제관광특구법제의 특성과 그 시사점」. ≪수은북한경제≫,
　　2013년 여름호. 한국수출입은행.

_____. 2013b. 「북한의 특수경제지대 추가지정과 남북경제협력」. ≪수은북한경제≫,
　　2013년 겨울호. 한국수출입은행.

북한법연구회·한국법제연구원. 2012. 「북한의 최근 경제법제의 동향과 평가: 2012년
　　북한법제동향 특별학술세미나자료집」. 북한법령자료(2012. 4. 27.).

안충영·이창재 엮음. 2003. 『동북아경제협력: 통합의 첫걸음』. 박영사.

통일부. 2010. 1. 20. ≪주간북한동향≫, 979호. http://nkinfo.unikorea.go.kr/nkp/tr
　　end/viewTrend.do

_____. 2014. ≪월간 북한동향≫, 6월호.

한기범. 2009. 「북한 정책결정과정의 조직형태와 관료정치: 경제개혁 확대 및 후퇴를
　　　중심으로(2000~09)」. 경남대학교 박사학위논문.

대한무역투자진흥공사. 1999. 2. ≪북한뉴스레터≫.

데일리 NK. "北장마당동향".

2. 북한 문헌

강원우. 2013a. 「BOT 개발방식에서 특허협약의 법적 성격에 대한 리해」. ≪정치법률
　　　연구≫, 제41호(2013년 제1호). 평양.

_____. 2013b. 「BOT 개발방식의 본질적 특성」. ≪경제연구≫, 2호.

강정남. 2013. 「경제개발구법제도에 대한 리해에서 제기되는 기초적인 문제」. ≪정치
　　　법률연구≫, 제43호(2013년 제3호).

강철억. 2014. 「국제투자방식 BOT와 그 적용에서 나서는 기본 요구」. ≪경제연구≫,
　　　3호.

김은순. 2014. 「특수경제지대의 발생발전과 류형」. ≪경제연구≫, 제163호(2014년
　　　제2호). 평양: 사회과학원.

김일성. 1996. 「남남협조와 대외경제 사업을 강화하며 무역사업을 더욱 발전시킬데
　　　대하여」. 조선민주주의인민공화국 최고인민회의 결정(1984년 1월 26일). 『사회
　　　주의경제 관리문제에 대해서』, 제6편. 평양: 조선로동당출판사.

_____. 1997. 「라진-선봉자유경제무역지대 개발과 수력발전소건설을 다그칠데 대하
　　　여」. 라진-선봉자유경제무역지대 개발과 수력발전소건설 관계부문 일군협의회에
　　　서 한 연설(1994년 6월 14일). 『사회주의경제 관리문제에 대해서』, 제7편. 평양:
　　　조선로동당출판사.

김형석. 2004. 「위대한 령도자 김성일동지께서 밝혀주신 선군시대 경제 건설노선의
　　　독창성」. ≪경제연구≫, 제125호(2004년 제4호). 평양.

리광혁. 2012. 「라선경제무역지대 개발제도의 기본내용」. ≪정치법률연구≫, 제40호

(2012년 제4호). 평양.

리기성. 2003. 「위대한 령도자 김정일동지께서 새롭게 정립하신 선군시대 사회주의 경제 건설노선」. ≪경제연구≫, 제119호(2003년 제2호). 평양.

리영남. 2013. 「우리 당의 새로운 병진로선의 정당성」. ≪경제연구≫, 제160호(2013년 제3호). 평양.

법률출판사. 2004. 『조선민주주의인민공화국 법전: 대중용』. 평양.

_____. 2012a. 『조선민주주의인민공화국 법전』. 평양.

_____. 2012b. 『2012년 대외경제부문법규집』. 평양.

전경진. 2011. 「공화국외국관계법체계에 대한 리해」. ≪정치법률연구≫, 제33호(2011년 제1호). 평양.

정영섭. 2014. 「내각책임제, 내각중심제를 옳게 실현하는 데서 나서는 중요한 문제」. ≪경제연구≫, 제162호(2014년 1호)

조선로동당출판사. 2005. 『우리 당의 선군시대 경제사상해설』. 평양: 로동당출판사.

조선민주주의인민공화국. 1995. 『라진-선봉 자유경제무역지대 투자환경』. 대외경제협력추진위원회·위택국제(홍콩)유한공사.

조영남. 2006. 「위대한 령도자 김정일동지께서 제시하신 선군시대 경제 건설로선은 사회주의경제 건설의 기본로선의 계승발전」. ≪경제연구≫, 제133호(2006년 제4호). 평양.

최영옥. 2013. 「실리를 보장할 수 있도록 대외무역전략을 세우는데서 나서는 중요문제」. ≪경제연구≫, 제161호(2013년 제4호). 평양.

한성기. 2013. 「내각책임제, 내각중심제를 강화하는 것은 인민생활 향상과 경제강국 건설에서 혁명적 전환을 가져오기 위한 중요한 방도」. ≪경제연구≫, 제160호(2013년 3호)

≪로동신문≫. 2011년 4월 30일 자; 2013년 12월 9일 자.

Rim Tae Dok. 1996. "Rajin-Sonbong: Present Status and Its Masterplan For Development". The DPR Korea Rajin-Sonbong Zone International Investment and Business Forum Organized by the CPEEC, UNIDO & UNDP, Rajin-Sonbong,

13~15 September 1996.

3. 외국 문헌

김상학. 2010. 11. 1. 「동북아시아지역내 경제협력과 라선경제무역지대의 개발」.
    2010 두만강 학술포럼. 연길: 연변대학.

≪조선신보≫. 2013. 11. 27. "신의주시에 특수경제지대, 도들에 13개 경제개발구".

_____. 2014. 7. 30. "평양시 등지에 경제개발구들을 내오기로".

_____ 1996년 10월 31일 자; 2013년 12월 4일 자; 2014년 1월 17일 자; 2014년 1월 20일 자.

≪조선상공신문≫. 1998년 9월 22일 자.

제4장

김정은시대의 북한 식량 수급

_ 현황과 전망

권태진 ㅣ GS&J 북한·동북아연구원장

1. 머리말

2012년 4월 공식 출범한 김정은 정권이 어느덧 3년차에 들어서고 있다. 김정은 정권 출범 시점만 해도 국제사회의 분위기는 기대 반 우려 반이었다. 그러나 정권 출범 3년이 가까워진 오늘날에는 기대보다 우려의 목소리가 더 높다. 의외로 빠른 시간에 자신의 위치를 구축함으로써 당초 우려했던 북한 내부의 불안정을 잠재웠다는 국제사회의 평가를 비웃기라도 하듯 김정은이 국제사회를 대상으로 군사적 도발 강도를 높이고 있기 때문이다.

김정은은 정치 부문과 달리 경제 부문에서는 개혁과 개방 의지를 보이는 등 주민 생활에 더 많은 관심을 보이고 있다는 평가를 받는다. 김정은 정권 출범 이후 북한은 경제 관리에서 내각에 더 많은 권한을 부여하는 등 변화를 시도했다. 많은 전문가는 김정은이 이전에 비해 좀 더 실용적이며 개방적인 자세를 보인다는 데 공감한다. 가까운 장래에 북한의 경제 개방이 가시화될 것이라는 전망을 내놓는 전문가도 있다.[1] 박형중 등은 북한의 경제정책 논조 분석에서 경제 건설과 핵무력 건설의 병진노선, 산업정책과 예산지출 방향, 경공업의 정상화와 현대화, 경제 관리 개선, 대외무역과 경제특구 및 개발구 등을 북한의 주요 경제정책 방향으로 평가했다.[2]

양문수는 김정은체제 출범 이후 북한이 새로운 경제 운용 방식으로 제시한 '우리식 경제 관리방법'이 제2의 '7·1경제 관리개선조치(7·1조치)'에 비견된다고 평가한다.[3] 북한에서 '우리식 경제 관리방법'이 본격적으로 가동될 경우 재정 문제, 배급제 문제, 국정가격 문제, 임금 문제, 금융개혁 문제 등 거시적 차원의 핵심 사안에 영향을 끼치기 때문에 경제 전반에 걸친 개편이 불가피할 것으로 예상된다. 아직 '우리식 경제 관리방법'은 실험 단계에 있으며 기존의 경제 운용 방식과 마찰을 빚는 등 혼선이 일어나는 상황이다.

김영희는 북한의 신경제개선조치, 「경제개발법」 제정 등의 부분적 경제 개방정책을 통해 이들의 경제 부문에서의 개혁, 개방 의지를 엿볼 수 있지만, 아직은 김정일 정권과의 전략적 차별화를 발견하기 어렵다고 판단한다.[4]

이석기 등은 김정은 집권 2년차의 대내 경제정책의 특징으로 '경제 건설과 핵무력 건설의 병진노선', '주민 생활 향상을 위한 경공업 부문 강조', '새로운 북한식 경제 관리방법' 모색을 꼽는다.[5] 대외 경제정책으로는 대외 개발 지

---

1) 조봉현, 「김정은체제의 대외개방 조치 평가와 전망」, ≪통일경제≫, 겨울호(2013), 26~35쪽.
2) 박형중 외, 「2013년 북한 정책 논조 분석과 평가」(통일연구원, 2013).
3) 양문수, 「김정은체제 출범 이후 '우리식 경제 관리방법'의 모색: 현황과 평가」, ≪KDI 북한경제리뷰≫, 3월호(2014), 3~24쪽.
4) 김영희, 「집권 2년차, 김정은 정권의 경제개혁 평가」, ≪KDI 북한경제리뷰≫, 3월호(2014), 25~38쪽. 김영희가 말하는 신경제개선조치는 양문수의 '우리식 경제 관리방법'과 동일한 의미의 다른 표현이다.

역 확대를 위해 법과 제도를 정비하고, 대외협력의 다양화를 추진했다는 점을 눈여겨볼 만하다는 것이다. 농업 관련 부문의 성과로 2012년 시작된 남흥청년화학련합기업소의 석유화학계통 개건 보수 공사를 거의 완료해 석탄가스화 비료 공정에 의한 비료 생산 시설을 마무리하고, 연산 6,000m² 생산능력의 기능성 3겹 온실 박막 생산 공정을 완료했다.[6] 흥남비료련합기업소에서는 가스발생로를 추가로 건설해 가스화 비료 생산 능력을 확장하는 사업을 추진 중이다.[7] 이 밖에 과수원 조성, 버섯공장 건설, 비닐 박막온실 건설, 식품 가공공장 건설 등을 추진하는 등 주민 생활 향상에 초점을 맞춘 김정은 집권 2년차의 경제정책은 어느 정도 성과를 거둔 것으로 평가된다.

이 글에서는 식량 수급을 중심으로 집권 3년차를 맞이하고 있는 김정은 정권의 성과를 평가한 후 앞으로의 전망을 제시하고자 한다. 식량 공급과 소비는 기상의 영향을 많이 받기 때문에 정책 성과만 분리해내기는 어렵다. 하지만 식량의 공급과 수요는 농자재 수급정책, 농산물 무역정책, 식량 분배 및 유통정책, 시장의 식량가격정책, 협동농장 관리정책 등의 영향을 받기 때문에 농업정책이 북한의 식량 수급에 어떻게 영향을 미쳤는지는 어느 정도 가늠할 수 있다. 마찬가지로 북한이 채택한 농업정책의 방향을 가늠함으로써 미래의 식량 수급도 어렴풋하게나마 전망해볼 수 있다.

---

5) 이석기 외, 『2013년 북한 경제 종합평가 및 2014년 전망』(산업연구원, 2013).

6) ≪로동신문≫, 2013년 6월 20일 자.

7) ≪로동신문≫, 2013년 1월 10일 자.

2. 김정은 정권 출범 이후 북한의 식량 수급 동향

1) 2012 양곡연도[8]의 식량 생산량 추정

북한은 식량 생산량에 관한 공식 통계를 발표하지 않기 때문에 이에 대해서는 농촌진흥청이나 유엔식량농업기구(FAO) 등의 추정치에 의존할 수밖에 없다. 2012 양곡연도에 북한이 자체적으로 생산, 공급한 식량은 2011년 가을에 수확한 곡물과 2012년 초여름(6월 말~7월 초)에 이모작으로 수확한 곡물을 합한 것이다. 농촌진흥청은 2011~2012년 북한의 곡물 생산량을 추정 발표하지 않았기 때문에 FAO와 세계식량계획(WFP)이 공동으로 추정한 자료를 참고할 수밖에 없다.

FAO/WFP는 2012 양곡연도의 북한 곡물 생산량을 445만 톤(정곡 기준)으로 추정했다(<표 4-1> 참조). 이 수치는 2011년 가을 생산량 393.1만 톤, 2012년 이모작 생산량 22.4만 톤, 텃밭 및 경사지 생산량 29.5만 톤이 포함된 것이다.

2012 양곡연도의 곡물 생산량은 전년 대비 5.3% 증가(정곡 기준)했다. 가을에 수확하는 주 작물의 생산량은 8.6% 증가했으나 2012년 초여름 수확한 이모작 작물의 생산량은 41.1%나 감소했다. 당초 이모작 생산량을 50만 톤으로 추정했으나 혹독한 겨울 추위에 극심한 봄 가뭄까지 겹쳐 실제 생산량은 예상치의 절반에도 못 미친 22.4만 톤에 그쳤다. 2012년 보리, 밀, 감자 등의 이모작 재배면적은 2011년에 비해 약간 증가했지만 단위면적당 수량이 크게 감소해 전체 생산량은 큰 폭으로 감소했다.

---

8) 양곡연도는 전년도 11월 1일부터 당해 10월 31일까지의 기간이다. 예를 들어, 2012 양곡연도는 2011년 11월 1일~2012년 10월 31일까지다.

〈표 4-1〉 2012 양곡연도의 곡물 생산량 추정(조곡 기준)

구분		2011 양곡연도			2012 양곡연도		
		면적 (천ha)	수량 (톤/ha)	생산량 (천 톤)	면적 (천ha)	수량 (톤/ha)	생산량 (천 톤)
주 작물(A)	쌀	570	4.3	2,426	571	4.3	2,477
	옥수수	503	3.3	1,683	503	3.7	1,857
	기타	13	1.5	19	29	1.7	49
	감자	48	3.3	158	34	3.6	121
	콩	90	1.7	154	131	1.9	245
	소계	1,224	3.6	4,440 (3,622)	1,268	3.7	4,750 (3,932)
이모작(B)	밀/보리	85	1.4	119	95	0.7	71
	감자	102	2.6	261	103	1.5	153
	소계	187	2.0	380	198	1.1	224
합계(A+B)		1,411	3.4	4,820 (4,002)	1,466	3.4	4,974 (4,156)
텃밭(C)		25	3.0	75	25	3.0	75
경사지 등(D)		300	0.5	150	5 50	0.4	220
총계(A+B+C+D)		1,736	2.9	5,045 (4,227)	2,041	2.6	5,269 (4,450)

주 1: ( ) 안은 정곡 기준 환산량.
주 2: 쌀은 65%, 콩은 120% 적용.
주 3: 감자는 곡물 환산량.
자료: FAO/WFP, "Special Report: FAO/WFP Crop and Food Security Assessment Mission to the DPRK", 2011. 11. 25.; 2012. 11. 12.

김정은 정권의 공식적인 출범 시기는 2012년 4월이지만 엄밀하게 보면 실제 출범은 김정일이 사망한 2011년 12월 중순부터라고 할 수 있다. 따라서 〈표 4-1〉은 김정일 정권하 농업 생산 실적이긴 하지만, 2012 양곡연도의 식량 생산량은 김정일과 김정은 정권의 합작품이라고 할 수 있다. 주 작물은 2011년 가을에 수확한 것이기 때문에 김정은 정권의 농업실적이지만, 이모작은 김정은 정권 출범 이후 생산된 것이다. 이모작 생산량이 전년에 비해 41%나 감소했다는 사실만 놓고 보면 김정은 정권 첫해의 농업 실적은 성공적이지 않았다고 평가할 수 있다. 그러나 앞에서 언급했듯이 농업 생산은 기상 여건에 크게 좌우될 수밖에 없기 때문에 이 결과만으로 평가하기에는 무리가 있다.

2) 2012 양곡연도의 식량 수급

북한은 2012 양곡연도에 34만 톤의 곡물을 수입한 것으로 추정되는데, 중국뿐 아니라 아르헨티나, 러시아 등으로 수입원을 다양화한 것이 특징이다. 중국에서는 옥수수, 쌀, 밀가루, 콩 등 30여 만 톤의 곡물을 수입했다. 러시아에서는 밀을, 아르헨티나에서는 주로 옥수수를 수입했다. 2011년과 2012년 북한의 월별 대중국 곡물 수입 동향을 비교하면 〈표 4-2〉와 같다.

북한이 2012 양곡연도에 외부에서 지원받은 곡물의 양을 정확히 추계하기는 힘들지만 대략 41만여 톤 정도일 것으로 추정된다. 양자 지원 및 다자 지원을 통해 꽤 많은 양의 곡물을 지원받았다고 할 수 있다. 양자 지원은 중국(옥수수 22만 톤, 쌀 3만 3,211톤), 러시아(밀 3만 4,000톤) 등으로 이루어졌다. 다자 지원은 WFP로부터 12만 573톤을 지원받았다. 이는 전년도의 2만 6,029톤에 비해 크게 증가한 것이다. 한국 정부는 2000년부터 북한에 차관 형식으로 연간 30~40만 톤의 식량을 거의 매년 제공했으나, 2008년부터 식량 지원을 전면 중단했으며 WFP를 통한 대북 무상 지원도 제공하지 않았다.

2012년 한국은 북한의 수해복구 지원을 위해 정부 차원에서 밀가루 등을 제공할 의사를 밝혔지만 북한의 거절로 이행되지 못했다. 다만 민간 차원의 소규모 대북 인도적 식량 지원은 추진되었다.

2012 양곡연도 북한의 곡물 총공급량은 520만 톤 내외로 최소 소요량 540만 톤보다 20만 톤 정도 부족했을 것으로 추산된다. 최근 몇 년 중 곡물 부족량이 가장 낮은 수준이다. 2012년 초여름의 이모작 작황이 좋지 않았는데도 곡물 총공급량을 519만 톤이나 확보할 수 있었던 것은 2011년 가을 작황이 비교적 호조를 보인 데다 북한의 적극적인 곡물 수입, 중국의 양자 지원, 국

〈표 4-2〉 북한의 대중국 곡물 수입 실적(2012 양곡연도)

단위: 수입량(톤)

품목	보리	옥수수	쌀	잡곡	밀가루	두류	합계
HS코드	1003	1005	1006	1007~08	1101	1201	
'11. 1.	-	600	10,815	240	1,951	480	14,086
'11. 2.	-	470	312	0	295	145	1,222
'11. 3.	-	9,050	1,117	0	13,692	265	24,124
'11. 4.	-	9,819	3,937	123	14,069	130	28,078
'11. 5.	1	27,491	5,410	60	17,348	18	50,328
'11. 6.	0	9,544	3,603	0	8,543	9,645	31,335
'11. 7.	0	10,012	4,703	195	4,243	231	19,384
'11. 8.	0	13,286	10,417	0	17,458	6,817	47,978
'11. 9.	0	10,200	4,981	0	16,785	2,236	34,202
'11. 10.	0	41,380	4,707	2,500	10,662	120	59,369
'11. 11.	0	1,946	29,800	184	10,216	30	42,176
'11. 12.	0	1,953	12,440	0	9,701	55	24,149
'11. 1.~12.	1	135,751	92,242	3,302	124,963	20,172	376,431
'12. 1.	0	2,309	615	0	4,545	910	8,379
'12. 2.	0	401	1,241	50	4,222	620	6,534
'12. 3.	200	2,226	4,172	230	19,193	222	26,263
'12. 4.	0	18,433	4,480	0	15,654	12,411	50,978
'12. 5.	0	3,613	6,025	6	15,138	1,006	25,788
'12. 6.	0	3,355	3,995	0	9,829	547	17,726
'12. 7.	0	4,290	4,360	114	8,189	1,534	18,487
'12. 8.	0	4,982	6,144	0	15,333	670	27,129
'12. 9.	400	6,107	9,131	117	18,972	1,003	35,730
'12. 10.	0	1,629	1,589	0	19,019	94	22,331
'12. 11.	0	2,120	1,270	120	14,906	190	18,606
'12. 12.	0	4,980	5,989	0	12,704	29	23,702
'12. 1.~12.	600	54,445	49,011	637	157,704	19,236	281,633

자료: 무역협회 종합무역정보(http://db.kita.net).

제사회의 다자 지원이 늘어났기 때문이다. 따라서 북한의 전체적인 식량 수급 상황은 비교적 안정적이었다.

시장의 곡물가격이 연중 높은 상태로 유지되고, 식량 배급마저 안정적으로 이루어지지 못해 취약계층의 식량 사정은 여전히 어려웠다. 2009년 11월 말 단행한 화폐개혁 이후 실시된 시장 통제, 외환 통제로 주민의 경제활동이 위축되어 주민의 소득 창출 기회는 차단되었으며, 시장의 물가도 폭등함으로써 취약계층의 생활고가 지속되었다.

김정은 정권 출범 이후 시장을 비교적 느슨하게 통제했기 때문에 주민의 시장 활동은 위축되지 않았으며, 정책 기조도 주민의 생활 안정에 주력했기 때문에 여느 해에 비해 식량 불안정 상황은 개선되었다. 이런 상황에서도 시장의 곡물가격이 높게 지속되었던 것은 북한 원화의 상대적 가치가 떨어지고 화폐개혁의 충격이 지속된 데다, 한동안 새로운 경제 관리 방식이 도입될 것이라는 소문이 떠돌면서 시장의 불안정성이 커졌기 때문이다.

2012년 북한 시장의 쌀 명목가격이 줄곧 상승하기는 했으나 달러로 표시한 쌀값은 비교적 안정적이었다. 다만 7월에는 달러로 환산한 쌀값조차 불안한 모습을 보였는데, 이는 이모작 작황이 매우 저조했고, '우리식 경제 관리방법(6·28방침)'이라는 새로운 경제 관리체계가 도입될 것이라는 소문 때문에 시장의 불확실성이 일시적으로 증대했기 때문이었다. 2012년 초 1달러당 북한 원화 환율은 4,000원 수준이었으나 8월부터 환율이 급격히 상승해 연말까지 7,000원대를 유지했다.

2012년 국가 차원의 식량 수급은 비교적 안정적이었지만 가계 단위의 식량 사정은 가구별로 격차가 컸다. 전체적인 식량 수급이 안정을 보인 만큼 정기적으로 식량 배급을 받을 수 있었던 계층의 식량 상황은 괜찮은 편이었으나, 식량 배급을 기대하기 어려운 도시 주민이나 농민의 식량 사정은 좋지 않았다. 도시 주민의 경우 주민들의 경쟁적인 시장 참여 때문에 시장을 통한 소득 증대는 기대하기 어려웠으며, 치솟는 식량 가격 때문에 식량 수입의 어려움이 가중되었다. 군량미 차출 증가와 각종 납부금 증가 때문에 농민에게 분배되는 실제 식량은 턱없이 부족했다. 농민은 부족한 식량을 보충하기 위해 텃밭이나 소토지 농사를 확대하려고 했지만 가용 토지가 제한된 지역이나 협동농장 통제가 심한 지역은 비공식 활동에 많은 제약이 있었다.

3) 2013 양곡연도 식량 생산량 추정

　　FAO/WFP는 2012년 11월 8일 2013 양곡연도 북한의 곡물 생산량 추정치를 발표했다. 그러나 이는 2013년 생산 예정인 이모작 생산량을 실제 추정치가 아닌 예상 수확량으로 가정한 것이어서 실제 상황과는 차이가 있다. 따라서 FAO/WFP가 추정 발표한 2013 양곡연도의 가을 곡물 생산량과 2013년 11월 28일 발표한 보고서의 2013년 이모작 생산량 추정치를 합산해 2013 양곡연도의 곡물 생산량을 추정했다(〈표 4-3〉 참조). FAO/WFP가 발표한 2013 양곡연도 북한의 곡물 생산량은 조곡 기준 572만 톤(정곡 기준 485만 톤)으로 전년에 비해 8.7%(조곡 기준) 증가했다. 2013 양곡연도의 주 작물(가을 작물) 생산량은 전년에 비해 5.9%(조곡 기준), 이모작 생산량은 전년에 비해 78% 증가했으나 평년에 비해서는 저조한 것으로 나타났다.

　　2013 양곡연도에 북한의 곡물 생산량이 전년대비 비교적 큰 폭으로 증가한 것은 단위면적당 수량이 증가했기 때문이다. 2010년까지만 해도 곡물 총 재배면적은 174만ha였으나 재배면적이 갑자기 200만ha를 넘어선 것은 경사지 면적에 대한 추정치가 기존의 30만ha에서 55만ha로 크게 늘어났기 때문이다. 2012년 유럽연합(EU) 합동연구센터(JRC)는 구글 어스(Google Earth) 인공위성과 빙맵(Bing Map)에 수치고도모델(DEM)을 이용해 경사도 15도 이상의 경사지 면적을 55만ha로 추정했다. 이는 이전 추정치 30만ha보다 25만ha나 넓다.

　　가을 작황은 작물마다 차이가 있는데, 벼, 옥수수, 잡곡 생산량은 증가한 반면 감자와 콩 생산량은 감소했다. 2013 양곡연도 중 2012년 가을 수확량은 전년에 비해 벼는 8.2%, 옥수수는 9.9%, 잡곡은 20.4% 증가했으나 감자와 콩은 각각 30.6%, 31.4% 감소했다. 벼는 전년에 비해 재배면적이 약간 감소했으나 수량은 10% 이상 증가해 생산량 증대의 원동력이 되었다. 옥수수는

〈표 4-3〉 2013 양곡연도 북한의 곡물 생산량 추정(조곡 기준)

구분		2013 양곡연도			2012 양곡연도		
		면적 (천ha)	수량 (톤/ha)	생산량 (천 톤)	면적 (천ha)	수량 (톤/ha)	생산량 (천 톤)
주 작물(A)	쌀	563	4.8	2,681	571	4.3	2,477
	옥수수	531	3.8	2,040	503	3.7	1,857
	기타	29	2.0	59	29	1.7	49
	감자	26	3.2	84	34	3.6	121
	콩	115	1.5	168	131	1.9	245
	소계	1,265	4.0	5,031	1,268	3.7	4,750
				(4,152)			(3,931)
이모작(B)	밀/보리	70	1.5	103	95	0.7	71
	감자	108	2.7	296	103	1.5	153
	소계	178	2.2	399	198	1.1	224
합계(A+B)		1,443	3.8	5,430	1,466	3.4	4,974
경사지(C)		550	0.4	220	550	0.4	220
텃밭(D)		25	3.0	75	25	3.0	75
총계(A+B+C+D)		2,018	2.8	5,725	2,041	2.6	5,269
				(4,847)			(4,450)

주 1: ( ) 안은 정곡 기준 환산량.
주 2: 쌀의 정곡 환산율은 2012 양곡연도 65%, 2013 양곡연도 66% 적용.
주 3: 감자와 콩은 각각 곡물 환산율 25%, 120% 적용.
자료: FAO/WFP, Special Report: FAO/WFP Crop and Food Security Assessment Mission to the DPRK, 2012. 11. 12.

수량 증대보다는 재배면적 증가(6%)가 증산의 주된 요인이다. 감자와 콩의 경우 재배면적과 수량이 모두 감소해 생산량이 큰 폭으로 감소했다.

　FAO/WFP는 북한의 2012년 가을 작황이 호조를 보인 것은 비료 등 필수 농자재가 적기에 비교적 원활하게 공급되었으며, 가뭄 등의 이상기후에도 적극적으로 대응했기 때문이라고 분석했다. 여름까지 가뭄, 홍수, 태풍 등으로 기상 상황이 좋지 않았지만 대규모 인력을 동원해 관개를 하거나 두세 번 반복적으로 옥수수를 파종하는 등 능동적으로 대처함으로써 재해에 의한 농작물 손실을 최소화할 수 있었다는 것이다. 비료를 비롯한 농자재 공급은 비교적 원활했다. 비료 공급량은 전년에 비해 약간 줄었지만 제때 수입해 공급함으로써 작물 생육에 맞춰 비료를 적기에 사용할 수 있었던 것이 증산의 중요한 요인이라고 분석한다.

북한은 2012년에만 2,500여 대의 트랙터를 폐기하는 등 트랙터 수는 전년에 비해 4%가량 감소(2011년 6만 2,988대, 2012년 6만 472대)했으나 가동률은 68~74%로 전년과 비슷한 수준을 유지했다. 농기계의 주된 연료인 디젤 사용량은 2011년의 6만 8,000톤보다 3,500여 톤(5%)가량 감소했으나 가솔린 사용량은 7,200톤으로 전년에 비해 6%가량 증가했다. 긍정적인 것은 2012년의 경우 비교적 적기에 농기계를 사용할 수 있었다는 점이다. 2012년은 다른 해에 비해 병해충 발생이 증가했으나 병해충 방제를 위해 1,218톤의 제초제를 포함해 농약 공급이 증가한 데다 병해충종합방제(IPM)도 널리 확산되어 병해충으로 인한 농작물 피해는 크지 않았다.

북한은 지난 10여 년 동안 관개체계를 개선하기 위해 노력함으로써 자연흐름식 물길을 만들었고, 이로 인해 농업용수를 공급할 수 있는 면적이 증가했으며, 그 결과 좀 더 안정적으로 벼농사를 할 수 있었다. 이 때문에 극심한 가뭄이 있었는데도 벼농사는 거의 타격을 받지 않았다. 옥수수 농사의 경우 가뭄 피해가 컸으나 새로운 관정 개발, 각종 농기계를 동원한 물대기, 대규모 인력을 동원한 물대기 등을 통해 가뭄 피해를 줄일 수 있었던 것으로 판단된다. 여름 이후의 기상 여건은 매우 좋아 옥수수와 벼농사에 큰 도움이 되었으며, 특히 벼의 등숙기에 충분한 일조시간을 확보한 것이 수량 증대의 원동력이 되었다. 봄 가뭄 때문에 옥수수 수확시기가 예년에 비해 늦어졌지만 수확기의 양호한 기상과 겹치면서 오히려 수량 증대의 혜택을 누릴 수 있었다.

FAO/WFP의 전문가들은 2013년 가을 북한 당국이 주요 곡물의 수매가를 비교적 큰 폭으로 인상함으로써 수매가 인상이 증산의 촉매제가 되었을 것으로 분석한다. 벼, 옥수수, 밀, 보리의 수매가는 2012년에 비해 1kg당 10원

(인상률 34~56%), 콩은 4원(10%), 생감자는 1원(13%)씩 인상되었다. 그러나 협동농장에서 사용하는 주요 농자재가격은 동결 혹은 소폭 인상에 그쳐 농장의 교역조건이 개선된 것으로 평가할 수 있다. 정부 수매가는 시장가격의 1/100에도 미치지 못하기 때문에 수매가 인상이 농민의 증산 의욕을 얼마나 높일 수 있었는지는 의문이다. 쌀 도정시설이 개선되어 쌀 도정률이 기존의 65%에서 66%로 미세하게나마 개선된 것도 식량 수급 상황을 조금이나마 개선할 수 있었던 요인이다.

4) 2013 양곡연도 식량 수급

2013년 이모작 작황이 당초 FAO/WFP의 추정치보다는 다소 저조했지만, 2013 양곡연도에 북한이 생산한 곡물은 총 485만 톤(정곡 기준)으로 직전 양곡연도에 비해 40만 톤(또는 8.9%)가량 증가했다.

2013 양곡연도 곡물 생산량 추정치를 기초로 식량 수급을 평가하면 다음과 같다. FAO/WFP는 북한 2,470만 명의 식량 429.8만 톤(1인당 연간 174kg), 종자 21만 톤, 사료 12만 톤, 감모 66.3만 톤 등 연간 곡물 소요량을 529.2만 톤(정곡 기준)으로 추정하지만, 자체 식량 생산량은 484.7만 톤이어서 2013 양곡연도 북한의 곡물 부족량을 44.5만 톤으로 추정한다.

2013 양곡연도에 콩을 포함하면 북한이 중국에서 수입한 곡물은 30만 2,846톤(중량 기준)에 이르며 이를 정곡으로 환산하면 30만 5,851톤에 이른다 (〈표 4-4〉 참조).9) 이 밖에 북한은 러시아 등지에서도 6,000톤가량의 곡물을 수입했으므로 2013 양곡연도에 북한이 상업적 수입 형태로 도입한 곡물은

---

9) 북한이 중국에서 수입한 콩의 정곡 환산율은 120%, 나머지 곡물의 정곡 환산율은 100%로 가정한다.

〈표 4-4〉 북한의 대중국 곡물 수입 실적(2013 양곡연도)

단위: 수입량(톤)

품목	보리	옥수수	쌀	잡곡	밀가루	두류	합계
HS코드	1003	1005	1006	1007~08	1101	1201	
'13. 1.	0	540	0	120	1,172	342	2,174
'13. 2.	0	5,265	1,940	180	16,334	614	24,333
'13. 3.	0	5,624	3,580	0	18,202	265	27,671
'13. 4.	0	2,576	3,084	120	19,647	423	25,850
'13. 5.	0	1,774	3,169	120	16,042	37	21,142
'13. 6.	0	1,876	7,392	0	12,516	1,274	23,058
'13. 7.	0	1,167	5,540	120	10,419	5,742	22,988
'13. 8.	0	1,910	6,998	120	11,712	6,064	26,804
'13. 9.	0	50,613	5,483	0	11,077	35	67,208
'13. 10.	0	375	4,451	120	14,354	10	19,310
'13. 11.	0	2,527	2,022	0	14,709	325	19,583
'13. 12.	0	2,325	5,869	60	9,702	180	18,136
'13. 1.~12.	0	76,572	49,528	960	155,886	15,311	298,257
'12. 1.	0	2,309	615	0	4,545	910	8,379
'12. 2.	0	401	1,241	50	4,222	620	6,534
'12. 3.	200	2,226	4,172	230	19,193	222	26,263
'12. 4.	0	18,433	4,480	0	15,654	12,411	50,978
'12. 5.	0	3,613	6,025	6	15,138	1,006	25,788
'12. 6.	0	3,355	3,995	0	9,829	547	17,726
'12. 7.	0	4,290	4,360	114	8,189	1,534	18,487
'12. 8.	0	4,982	6,144	0	15,333	670	27,129
'12. 9.	400	6,107	9,131	117	18,972	1,003	35,730
'12. 10.	0	1,627	1,589	0	19,019	94	22,331
'12. 11.	0	2,120	1,270	120	14,906	190	18,606
'12. 12.	0	4,980	5,989	0	12,704	29	23,702
'12. 1~12.	600	54,445	49,011	637	157,704	19,236	281,633

자료: 무역협회 종합무역정보(http://db.kita.net).

총 31만여 톤이 될 것으로 예상된다.[10]

2013 양곡연도에 국제사회의 대북 식량 지원은 전년의 40만 톤에서 10만

---

10) FAO/WFP, "Special Report: FAO/WFP Crop and Food Security Assessment Mission to the DPRK", Nov. 28, 2013.

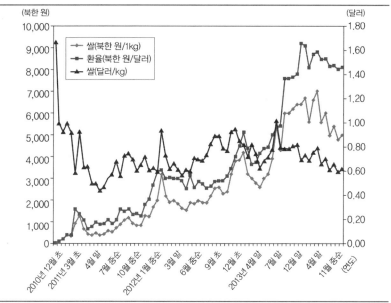

〈그림 4-1〉 화폐개혁 이후 북한의 쌀값 및 외환 가격 동향(2010. 12.~2013. 12.)

주: 쌀은 1kg당 북한 원 기준과 1kg당 달러가격 기준이다.
자료: Dailk NK를 참고하여 필자 작성.

톤 수준으로 대폭 감소했다. 국제사회의 대북 양자 지원은 6만 8,676톤, 유엔의 다자 지원은 3만 2,935톤으로 추정된다. 2013 양곡연도에 중국은 북한에 6만 724톤(쌀, 옥수수, 콩)의 식량을 지원했으며, 이 밖에도 베트남(쌀 5,000톤), 몽골(밀가루 1,850톤), 기타 국가(1,102톤) 등이 북한에 식량을 지원했다. 2013 양곡연도에 유엔을 중심으로 한 다자 지원과 중국 등지의 양자 지원을 모두 합하면 국제사회의 대북 식량 지원은 10만 톤 정도로 추정된다.

따라서 북한의 자체 생산, 상업적 수입, 국제사회의 지원을 모두 합할 경우 곡물 총공급량은 526만 톤으로 추정되어 총소요량 529만 톤에 비해 3만 톤 정도 부족하다. 2013 양곡연도에는 북한의 취약계층이 여전히 식량이 부족해 어려움을 겪긴 했지만 전체적으로는 거의 식량 수급 균형을 이루었다고 평가할 수 있다.

2013년은 시장의 곡물 수급 상황도 비교적 안정적이었으며 곡물가격도 매우 안정적인 움직임을 보였다(〈그림 4-1〉 참조). 연초에는 시장의 쌀값이 1kg당 7,000원을 웃도는 등 다소 불안한 움직임을 보였지만, 가을 수확기에는 5,000원 선까지 떨어지는 등 하향 안정세를 보였다. 달러가격도 비교적 안정을 보여 달러로 표시한 쌀값도 지속적으로 하락했으며, 옥수수가격도 쌀과 마찬가지로 안정적이었다.

김정은시대의 실질적인 첫 양곡연도라고 할 수 있는 2013 양곡연도는 비교적 좋은 작황에다 식량 수입도 원활해 전체적으로 식량 공급이 안정적이었으며, 시장의 곡물가격도 안정적이었다고 평가할 수 있다. 봄 가뭄에 따른 우려가 있긴 했지만 비료나 연료를 최대한 공급하는 등 적극적으로 대처하고, 수확기의 기상이 매우 좋았던 덕분에 2012년 가을 작황은 고난의 행군 이후 가장 성공적이었다. 이러한 점이 식량 수급 안정에 결정적인 역할을 했다고 평가할 수 있다.

3. 김정은시대의 농업정책

1) 농업개혁의 방향과 전망

식량 증산에 자신감을 얻은 북한은 2014년 초부터 농업 부문에 전력을 기울이고 있다. 김정은은 신년사에서 농업 부문을 경제 건설과 인민생활 향상을 위한 주타격 방향으로 삼고 농사에 모든 역량을 집중해야 한다고 강조했다. 곡물 생산에만 그치지 않고 축산, 온실 남새(채소), 버섯 재배까지 확대할 것을 요구했다. 주민 식생활 개선을 위해 단백질과 무기영양소 공급을 늘리겠다는 의도를 내비친 것이다. 북한 당국은 농사에 필요한 유기질 비료를 확보하기 위해 모든 주민을 동원하고 있다. 가축분뇨는 물론이고 인분까지 수거하는 형편이다. 이와 함께 북한은 연초부터 중국에서 많은 양의 화학비료도 수입했다.

2014년 2월 6~7일 평양에서는 '전국 농업 부문 분조장대회'가 개최되었다. 전국에서 1,000명이 넘는 분조장들을 평양에 불러 모아 성대한 대회를 개최한 것이다. 이 행사는 북한 정권 출범 이후 처음 개최되는 것으로 '사회주의 농촌테제' 발표 50주년을 맞아 이를 기념하기 위한 것이라고 하지만, 실제로는 주민들에게 지난 2년간의 농업 부문 성과를 알려 김정은의 지도력을 부각시키고 이를 선전하기 위한 것이 분명하다. 최고지도자가 농업 부문에 그만큼 관심을 가지고 있으며 농업 생산 증대를 위해 모든 노력을 아끼지 않겠다는 의지를 보여줌으로써 주민의 신뢰를 얻고 농업 관련 일꾼들이 농사에 더욱 매진하도록 독려하기 위한 목적도 있을 것이다.

북한에서 농업 부문의 개혁이 논의되기 시작한 것은 김정은 정권 출범 직후부터였다. 2012년 7월에 접어들면서 북한이 농업 부문에 대한 개혁조치를 단행할 것이라는 소문이 퍼지기도 했다. 8월에는 북한 당국이 당 및 행정기관 간부를 대상으로 경제 부분에 도입하려는 새로운 관리체계 교육을 시작했으며, 이는 간부들에게도 '당의 방침 해설'이라는 제목으로 전달되었다.

북한이 도입하려고 하는 경제개혁은 '우리식 경제 관리방법'이라고 불린다. '우리식 경제 관리방법' 시행을 위해 각 도당, 시당, 군당, 인민위원회, 통계국, 중앙은행 분점 및 지점, 인민보안부, 검찰소에서 각각 선발한 간부 두 명을 평양에 보내 10월 한 달 동안 전문 교육을 받게 한다는 소식도 있었다. 북한 당국이 '우리식 경제 관리방법' 시행을 전반적으로 감독, 통제할 기구를 11월 창설할 것이라는 소식이 있었으나 실제로 논의되었다는 언론 보도는 없었다.[11]

당초 북한은 '우리식 경제 관리방법' 개선 조치의 일환으로 농업 부문의 관리체계를 조정하기로 하면서 2012년 가을 수확 직후 착수하고, 2013년부터 본격 시행하기로 계획했다. 농업개혁의 목적은 협동농장이라는 집단영농체제의 근간을 훼손하지 않고 실질적으로 개인농을 허용함으로써 농업 생산성을 증대시키는 것이다. 협동농장의 작업반-분조체제를 그대로 유지하되 분조의 규모를 현재의 15~20명에서 4~6명 규모로 축소한다. 국가는 농업 생산에 필요한 자재를 지원하고, 수확 후 비료와 농약가격을 제외한 생산물의 70%를 가져간다. 분조 몫으로는 30%를 할당하되 분조에게 자유 처분권을 부여함으로써 할당된 농산물을 시장에서 처분할 수 있도록 한다는 것이 핵심 내용이다.

북한이 '우리식 경제 관리방법'을 농업 부문에 본격적으로 도입할 것인지에 관심이 모아지고 있다. 만일 이 제도가 시행된다면 협동농장의 농장원에게 증산(增産)의 유인을 제공할 수 있을 것으로 기대된다. 이 제도가 도입될 경우 예상되는 농업 부문의 개편 방향은 대폭적인 분조 규모 축소, 영농자금의 선지원, 정부와 농민 간 수확물 정률 분배(7:3), 농민 분배 몫의 자율 처분 등이다. FAO/WFP의 분석대로 정부 수매가 인상만으로도 증산 요인이 될 수 있다면, 농민 분배 몫의 보장과 생산물의 자율 처분은 이에 비해 훨씬 더 큰 증산 인센티브가 될 수 있다.

지금까지 북한은 나름의 방식으로 농업개혁을 시도했으나 아직 이렇다 할 성과를 내지는 못했다. 개혁의 방식이나 내용이 농민의 기대에 미치지 못했기 때문이다. 중국은 개혁·개방정책을 추진할 당시 전통적인 사회주의경제체제의 문제점을 다음과 같이 세 가지 측면에서 진단하고 경제발전 전략을 수정했다.[12) 첫째, 선진 자본주의 국가를 빨리 추월하기 위해 중공업 우선발

---

11) "북, 경제개혁 총괄기구 창설 구상", 자유아시아방송, 2012. 9. 28.

〈표 4-5〉 중국의 1980년대 초반 개혁과 북한의 개혁조치 비교

분야	중국	북한
농업	• 농가생산청부제(가족농) 도입 • 토지소유권과 사용권의 분리 • 국가 수매와 시장 판매 병존	• 집단농 유지 • 토지소유권과 사용권의 미분리 • 국가 수매의 전반적 유지 • 분조관리제 개선
국유 기업	• 경영청부제 도입 • 당과 경영조직 분리 • 기업 내 이윤유보제 도입 • 기업소유제 다양화 • 계획생산, 시장생산 병존	• 대안의 사업체계 유지 • 경영조직에서 당의 역할 축소 • 기업 내 일부 이윤유보 허용 • 국유기업의 소유제 개혁 부재 • 계획 외 생산물 시장 판매
노동· 분배	• 노동계약제 도입 • 성과급·가변임금제 도입	• 유일적 계획고용제도 유지 • 성과급 임금제 도입
가격· 유통	• 가격의 현실화, 점진적 시장가격화 • 이중가격제 도입 • 시장의 이원화	• 가격의 현실화, 정부지도가격 유지 • 가격의 이원화 • 시장의 이원화
재정· 금융	• 재정과 회계 분리 • 이윤 납부의 조세화 • 이원적 금융시스템	• 재정과 회계 분리 • 국가재산 이용 대상의 조세화 • 단일은행제도 유지

대외	• 외환보유제 도입, 환율의 현실화
	• 국가 무역독점 해체
	• 4대 특구를 내륙과 연계, 특구 내 자본
	  주의시장경제 제도화, 개혁과 연계
		• 국가외환 독점제도, 환율의 현실화
		• 무역관리체제의 분권화, 기업의 수출입권
		  부분 허용
		• 3대 특구를 내륙과 분리, 개혁과 미연계

사적 경제	• 비국영기업(향진기업) 육성 • 소규모 제조업 및 서비스업 개인영업 부 분 허용	• 비국영기업 불허 • 일부 서비스, 유통 부문 개인영업 허용

자료: 권영경, 「북한의 개혁·개방 추진 실태: 현황과 쟁점」.

전 전략을 세움으로써 중국 경제를 공급제약형, 자원결핍형 경제로 구조화
했다. 둘째, 중국은 자본이 부족한 농업경제인데도 중공업 우선 발전전략을
뒷받침하기 위해서는 가격을 왜곡해야 하는 거시경제정책을 시행함으로써
산업구조의 불균형을 초래했다. 셋째, 계획 조정으로 자원을 분배해 경제주
체의 자율성을 심각하게 훼손하는 미시경영 메커니즘을 유지함으로써 노동

---

12) 권영경, 「북한의 개혁·개방 추진 실태: 현황과 쟁점」, 김정은체제의 개혁·개방 가능
    성: 평가와 전망에 관한 국제학술회의(한국수출입은행·통일연구원·서울경제, 2012).

생산성의 저하를 초래했다. 따라서 중국은 경제발전전략을 추월전략에서 비교우위 발전전략으로 수정하고 분권화·시장화·개방화·사유화를 전체 경제 부문에서 동시 병행적으로 전개했다. 북한이 추진해온 경제개혁 수준은 중국의 초기 개혁과 비교해 여러 가지 측면에서 현저히 낮다고 평가할 수 있다 (〈표 4-5〉 참조).

북한은 경제정책 변화와 관련해 '개혁'이란 용어 대신 '개선'이란 용어를 사용한다.13) 대외적으로는 '개선'을 혁신(innovation)이 아니라 공학적 개념인 개조(renovation)라고 표현한다.14) 북한의 경제학 계간지 ≪경제연구≫에서 북한은 외적 강제가 아닌 내부 논리로 변화를 추구하되 김일성-김정일 노선 계승 차원의 변화를 강조한다.

북한은 경제 운용에서 계획경제적 요소를 기본으로 하고 시장경제적 요소를 보조적 수단으로 활용하는데, 지난 10년간의 변화를 살펴보면 시기에 따라 두 가지 요소에 대한 강조점이 달라졌음을 알 수 있다. 2002년 7·1조치를 계기로 시장경제적 요소의 활용이 활발했으나 2006년부터 2009년까지는 시장경제적 요소에 대한 통제가 강화되다가 2011년 이후 시장경제적 수단의 활용 필요성이 다시 제기되었다.15)

지금까지 소문으로만 떠돌던 '우리식 경제 관리방법'은 아직 그 실체가 명확히 드러나지 않았으며, 북한 내부에서 어느 수준까지 논의된 것인지도 알 수 없다. 이와 관련해 지금까지 알려진 점은 김정은이 '우리식 경제 관리방법'을 내부방침으로 삼았다는 것이다. 2012년 북한 양강도의 대홍단군과 백

---

13) 이영훈, 「북한의 변화전망과 동북아 정세에 주는 시사점」, 평화재단 평화연구원 제56 차 전문가포럼 발표자료(2012. 9. 25.).

14) 오래된 아파트의 재개발을 예로 들면 'innovation'은 '재건축'이고, 'renovation'은 '리모델링'으로 비유할 수 있다. 'renovation'은 골격은 그대로 두고 개보수를 한다는 의미다.

15) 권영경, 「북한의 개혁·개방 추진 실태: 현황과 쟁점」.

암군, 포태협동농장 등 일부 협동농장은 이미 시범사업 단위로 지정되어 농민들에게 땅을 나누어주었으며, 땅을 분배받은 농민들은 개별적으로 수확했다고 한다. 자기 땅에서 농작물을 수확한 농민은 운반수단이 없어 농작물을 들여놓지도 못하고 논밭에서 도둑을 지키느라 지쳐 쓰러지는 일도 있다고 한다. 땅을 분배받은 농민들은 얼마나 농사일에 열성인지, 진작 이렇게 했더라면 식량 문제는 다 해결되었을 것이라고 주장한다. 그러나 북한 사정에 정통한 고위급 탈북자에 따르면 당에서 아직 '우리식 경제 관리방법'을 정식으로 채택하지 않았으며, 현재의 북한 내부 상황에 비추어 볼 때 '우리식 경제 관리방법'을 실행할 단계는 아니라고 판단한다. 만일 '우리식 경제 관리방법'을 당의 방침으로 채택했다면 2012년 9월 25일 개최된 제12기 6차 최고인민회의에서 주요 안건으로 다루지 않았을 리 없다는 것이다. 즉, '우리식 경제 관리방법'을 내부적으로 논의하고 있긴 하지만 공식적으로 채택하기는 어렵다는 입장이다. 하지만 현재 회자되는 '우리식 경제 관리방법'은 도입 시기가 지연되긴 해도 언젠가는 도입될 가능성이 높아 보인다. 과거 7·1조치만 하더라도 2001년 10월 김정일 국방위원장이 '경제 관리 개선방침'을 시달하고 2002년 7월 1일을 기해 시행되었다. 7·1조치가 기존의 관행을 사후에 제도화했다는 점을 고려하면 '우리식 경제 관리방법'도 향후 제도화될 가능성이 높은 것으로 판단된다.

과거 사회주의경제체제에서 시장경제체제로 전환한 중국이나 베트남, 동구, 소련 독립국가 등의 농업개혁에는 집단경영의 해체(분권화), 시장을 통한 농자재 및 농산물 거래(시장화), 농산물의 자유 처분(자유화), 생산수단의 사유화 또는 이에 준하는 이용제도의 허용(사유화) 등 몇 가지 특징이 있다. 농업개혁의 공통점은 집단경영을 해체하고 개인농 등 다양한 형태의 경영체로 전환했다는 점이다. 개혁 초기에는 북한의 협동농장과 닮은 형태의 집단경영체를 유지한 국가도 있었지만 얼마 지나지 않아 개인농이나 조합, 법인 등 다양한 형태로 전환되었다. 개혁을 추진하면서 농지 등 생산수단을 바로 사유화하기도 하고, 처음에는 국유로 했다가 서서히 사유화 과정을 밟은 경우도 있었다. 중국이나 베트남 등 많은 국가는 주요 생산수단을 국유로 하면서 경영주체들에게 이용권만 부여하는 형태를 취하기도 했다. 이 경우에도 이용권의 범위를 폭넓게 인정해 이용권의 자유로운 양도, 상속이 가능하도록 했다. 사유화가 조기에 진척된 국가일수록 농업개혁의 성과가 커지는 경향이 있다. 본격적인 농업개혁 이전부터 많은 국가는 농민들에게 농산물의 자유 처분권을 인정했고, 이는 개혁과 함께 훨씬 더 폭넓게 인정되었다. 개혁이 진행되면서 시장을 통한 영농자재나 농산물 거래도 활성화되었다. 어떤 국가에서는 필수 영농자재를 시장보다 유리한 조건으로 농민들에게 직접 공급하기도 했으며 농장이 이 기능을 담당하기도 했다. 앞서 개혁을 추진했던 나라들의 경험에 비추어 볼 때, 개혁을 구성하는 요소는 한꺼번에 변하기보다 각 나라가 처한 상황에 따라 그 우선순위가 서로 다르다는 특징이 있다.

북한이 농업 부문의 개혁을 추진한다면 이와 유사한 방식과 과정을 거칠 것으로 예상된다. 이미 시장경제로 전환한 여러 나라들의 경험에 비추어 볼 때 개혁은 한 번에 완성되는 것이 아니라 전진과 후퇴를 반복하면서 점차 확대되는 것임을 알 수 있다. 북한도 2002년 7·1조치 이후 개혁의 징후가 나타난 뒤 개혁 → 개혁 중단 → 역개혁 → 재개혁 등의 과정을 거치면서 점차 개혁이 확대된 것을 볼 때 개혁은 하나의 사건으로 이해하기보다 과정으로 보는 것이 적절하다. 최근 북한이 추진하려는 농업 부문의 개혁은 다음과 같은 내용으로 압축할 수 있다. 집단영농체제를 그대로 유지하되 분조 규모를 대폭 줄이고 실질적으로는 개인영농에 가까운 형태를 취할 수도 있다. 작업분조에게 일정 면적의 토지를 할당하고 영농에 필요한 비용을 국가가 미리 지불함으로써 영농에 차질이 없도록 한다. 성과 분배에서 초기에는 정부와 농민이 7:3으로 나누고 점차 농민 분배 몫을 늘려나간다. 다만 지역에 따라 영농 상황과 성과가 다르기 때문에 적어도 현재의 분배 몫이 유지되도록 5:5까지 조정할 수 있다. 국가는 생산물의 70%를 시장가격으로 수매하고 나머지는 분조에게 현물 분배를 실시한다. 분조는 분배받은 몫을 자유롭게 처분할 수 있으며 목표량을 초과할 경우 분조에게 더 많은 처분권을 부여한다. 협동농장은 영농에 필요한 자금이나 물자를 확보하지 못하기 때문에 국가가 이를 제공하고 수확 후 이를 우선 회수한다. 따라서 국가와 농민 사이의 수확물 분배는 총생산에서 국가가 제공한 투입물의 비용을 공제한 순생산을 기준으로 한다. 이때 투입물이나 생산물의 가치는 시장가치를 기준으로 산정한다. 미국의 경우 남북전쟁 후 노예제도가 해체되고 노예가 자립농으로 전환하는 과정에서 북한이 추진하고자 하는 것과 유사한 형태의 지원 및 분배 제도를 적용한 바 있다.

2) 북한 농업개혁의 과제

농업개혁의 효과가 충분히 나타나기 위해서는 법과 제도의 변혁, 정책의 변화, 물적 뒷받침, 개혁 주도자와 수용자의 자세 변화 등 여러 요소가 함께 변화되어야 한다. 향후 북한이 농업 및 경제개혁에 소요되는 기본적인 재원을 확보하지 못한다면 통화 공급의 확대는 불가피하며, 이 때문에 인플레이션에 직면할 것이다. 중국이나 베트남 등 과거 사회주의국가도 경제개혁 과정에서 이와 같은 문제에 직면했다. 이들도 외자 도입이 크게 확대되면서 경제성장이 본격화되었다.

축소된 분조로 영농이 지속되고 이들이 자생력을 갖기 위해서는 국가의 물자 공급제도가 시장을 통한 물자 구입으로 전환되어야 한다. 이를 위해서는 농민에게 더 많은 사유권이 보장되어야 한다. 그렇지 않으면 국가가 협농농장에 필요한 물자를 매년 공급해야 하며, 이것이 여의치 않을 경우 농업

성장을 기대하기 어렵다. 즉, 분조가 영농계획을 세울 수 있는 권한은 인정하지 않더라도 영농에 필요한 물자를 직접 조달할 수 있는 여건조차 만들어 주지 못한다면 더 큰 성과를 기대하기 어렵다. 농기계 등 주요 생산수단의 공급은 여전히 국가가 담당할 것으로 예상되는데, 현재의 낡고 제한된 수의 농기계와 역축(役畜)으로는 예상되는 증가 수요를 감당하기 어려울 것으로 보인다. 협동농장 작업반이 존속하더라도 분조 규모가 축소되면 분조의 수가 현재보다 3배 이상 늘어나고, 농기계 등 각종 생산수단을 먼저 사용하기 위한 경쟁도 더욱 치열해질 것으로 예상된다. 국가가 생산수단 공급을 독점해 원활하게 공급하지 못하면 농업개혁에 큰 걸림돌이 될 수 있다.

국가가 아무리 공평하게 자원을 배분한다 하더라도 지역이나 농장에 따라 분조 간 자원 배분에 차이가 생길 수밖에 없고, 어떤 농산물을 생산하느냐에 따라 각 분조원에게 돌아가는 분배 몫에도 차이가 생긴다. 그 결과 국가의 인위적인 자원 배분은 형평성 문제를 일으키고 초기 조건에 따라 개인 간 소득 격차가 확대되는 등 사회적 갈등을 일으킬 소지가 크다. 따라서 국가가 분조에게 농작물 선택 등의 경영권을 더 폭넓게 보장하고 분배비율이나 수매 등을 통해 개인 간 소득 격차를 해소하기 위한 방안을 강구해야만 초기 조건의 차이에서 발생하는 농민의 불만을 어느 정도 해소할 수 있다.

북한 협동농장의 식량작물 총 재배면적은 146만 3,000ha(2012 양곡연도 기준), 농가호수는 199만 3,000호(2008년 기준)이므로 농가 호당 식량작물 재배면적은 0.73ha이며 호당 인구수는 4.3명이다. 평년 ha당 식량작물 생산량이 3톤이므로 생산량의 30%를 분배받을 경우 호당 660kg의 식량을 분배받는다. 이는 농가 가구원 1인당 153kg씩 분배받는 것이어서 협동농장의 정상적인 분배 기준인 1인당 220kg에 미치지 못하는 양이다. 그런데 농촌 주민은 텃밭과 경사지에서 호당 연간 100kg 정도의 곡물을 생산하므로 이를 감안하면 농가 호당 확보할 수 있는 식량은 760kg이고, 가구원 1인당 177kg의 식량을 확보하는 셈이다. 이는 1인당 연평균 식용 소비량 175kg과 거의 일치한다. 그런데 북한이 도입하려는 협동농장 개혁안은 정부가 제공하는 물자를 제외한 나머지 생산량의 30%를 농민에게 분배하는 것이므로 한 가구에 돌아가는 실제 분배량은 660kg을 밑돌 것으로 예상된다. 따라서 현재보다 생산성을 높이지 못할 경우 텃밭과 경사지 농사를 감안하더라도 농가는 식용 소비량조차 확보하기 힘든 상황을 맞이할 수도 있다. 농업 생산성 향상을 위해서는 국가가 더 많은 농자재를 충분히 공급하거나 농민에 대한 분배비율을 높여야 한다.

산업 간 공평 분배와 생산 활동의 지속성이 유지될 수 있어야 제도의 존속이 가능하다. 자본주의 사회에서 공평 분배란 생산에 기여한 만큼 생산요소별로 공정하게 분배하는 것을 말한다. 기업소의 경우 자본의 기여분은 자본가에게, 노동의 기여분은 노동자에게 분배된다. 농업의 경우 토지의 기여분은 지주에게, 자본의 기여분은 자본가에게, 노동의 기여분은 농민에게 돌아가야 한다. 이 경우 각 경제주체는 자신의 역할만 충실히 하면 생산 활동을 유지할 수 있다. 그러나 사회주의에서는 노동의 가치만을 진정한 가치 창출로 인식하기 때문에 생산물 분배에서 노동자에 대한 분배를 제외한 나머지는 국가에 귀속된다. 이러한 형태의 생산 활동이 계속 유지되기 위해서는 국가가 생산에 필요한 자본을 계속해서 공급해야 한다. 알려진 바로는 기업소의 경우 국가와 노동자 사이의 분배비율을 3:7로 한다고 하는데, 이는 농업 부문의 7:3과는 큰 차이가 있다. 기업소가 생산에 필요한 제반물자를 자체적으로 조달한다고 가정해도 국가가 기업소의 노동자에게 70%를 분배하고, 국가는 30%만 갖는다면 국가가 생산에 필요한 원료를 계속 공급하면서 감가상각이 끝난 생산수단에 재투자할 여력을 갖출 수 있을지에 의문이 제기된다. 더구나 현재 북한의 공장 가동률이 20%에 불과하다는 것을 감안하면 기업 부문에 대한 재정적자는 매년 눈덩이처럼 불어날 것이 분명하다. 기업의 노

〈표 4-6〉 한국 농업 부문 요소 분배율 변화

단위: %

기간	비용비율에 의한 방법				토지 소득을 잔여로 한 방법			
	토지	노동	유동자본	고정자본	토지	노동	유동자본	고정자본
1961~1969	35.05	49.81	12.82	2.33	50.57	37.95	9.72	1.77
1970~1979	37.24	44.75	14.86	3.16	52.05	34.03	11.47	2.46
1980~1984	37.63	37.68	20.16	4.53	38.69	37.15	19.73	4.43
1961~1984	35.92	41.96	16.90	3.70	45.26	36.15	15.15	3.34

자료: 권태진·이중웅, 「미곡생산의 요소 분배와 기술진보에 관한 연구」, 연구보고 101(한국농촌경
제연구원, 1985).

동자와 협동농장 농민 간 소득 균형을 유지하기 위해서는 산업 간 노동의 가
치를 비슷하게 설정해야 한다. 생산물의 가치에 따라 노동자와 농민의 소득
이 달라질 수 있지만, 기본적으로 이들에게 돌아가는 분배비율에 차이가 있
다면 산업 간 종사자의 소득 균형을 이루기 어렵다. 지금까지 알려진 분배비
율을 통해 산업 간 소득 균형을 유지하려면 공산품에 비해 농산물 가격을 상
대적으로 훨씬 높게 설정하지 않는 한 불가능하다. 이렇게 할 경우 도시근로
자의 먹는 문제가 해결되지 않기 때문에 또 다른 문제가 발생한다. 1961~
1984년 한국의 농업 부문 요소를 토지, 노동, 유동자본, 고정자본으로 나누
어 비용비율에 의한 방법으로 노동의 요소 분배율을 추정하면 1960년대 평
균 49.8%이던 것이 1970년대 44.8%, 1980년대 37.7%로 점차 감소했다(〈표
4-6〉 참조).

농자재와 농기구 사용이 증가하면서 노동의 분배 몫이 점차 줄어들었기
때문이다. 북한의 현재 영농 상황이 남한의 1960년대와 비슷하다고 판단할
때 노동에 대한 분배비율을 30% 이하로 설정하는 것은 노동에 대한 보상이
충분하지 않다는 것을 의미한다. 1960년대 당시 남한 농민들은 50%에 가까
운 노동 분배 몫을 확보하고도 빈곤에서 벗어나지 못했다. 만일 북한이 노동
분배 몫으로 30%를 할당받는다면 1960년대 남한 농민에 비해 훨씬 열악한

상황에 처할 것이 분명하다. 이러한 현상이 나타날 경우 제도의 지속성을 담보하기 어려울 것은 자명하다. 북한이 그들의 사회주의 헌법에서 협동농장의 토지를 농장원의 공동 소유로 명시하면서도 농장원에게 돌아가야 할 토지의 분배 몫까지 국가가 몽땅 챙겨간다면 사회주의 헌법이 그저 허울에 지나지 않는다는 것을 실증적으로 보여주는 것이다. 적어도 토지 분배 몫의 일부라도 농민에게 돌려주어야 농민의 불만을 어느 정도 잠재울 수 있으며, 도입하려는 제도를 지속적으로 유지할 수 있다.

4. 북한의 식량 수급 전망

FAO/WFP가 2013년 11월 28일 발표한 2014 양곡연도 북한의 식량 수급 전망을 살펴보면, 자체 곡물 생산량은 503만 톤(정곡 기준)인데 곡물 소요량은 537만 톤으로 34만 톤이 부족할 것으로 예상된다. FAO/WFP가 추정한 2014 양곡연도 곡물 생산량은 〈표 4-7〉과 같다. 2014 양곡연도의 조곡 기준 곡물 생산량 전망치는 598.4만 톤(정곡 기준 503.0만 톤)으로 2013 양곡연도의 곡물 생산량 572.5만 톤(정곡 기준 484.7만 톤)에 비해 4.5% 증가할 것으로 예상된다. 2013년과 2012년의 가을 생산량만 비교하면 2013년의 곡물 생산량 추정치는 526.7만 톤(정곡 기준 431.3만 톤)으로 전년의 503.1만 톤(정곡 기준 415.2만 톤)에 비해 4.7%(정곡 기준 3.9%) 증가했으나, 재배면적이 1.6% 감소한 것을 감안하면 단위면적당 수량은 6.4% 증가한 것으로 나타났다. 쌀과 감자의 단위면적당 수량은 증가했으나 콩의 수량은 지난해에 비해 감소하고 옥수수는 차이가 없는 것으로 나타났다. 또한 쌀과 옥수수의 재배면적은 감소했으나 감자와 콩의 재배면적은 약간 증가한 것으로 나타났다. 만일 2013년 가을의 곡물 재배면적이 지난해와 차이가 없었더라면 2014 양곡연도의

〈표 4-7〉 2014 양곡연도 북한의 곡물 수급 추정(조곡 기준)

구분		2014 양곡연도			2013 양곡연도		
		면적 (천ha)	수량 (톤/ha)	생산량 (천 톤)	면적 (천ha)	수량 (톤/ha)	생산량 (천 톤)
주 작물(A)	쌀	547	5.3	2,901	563	4.8	2,681
	옥수수	527	3.8	2,002	531	3.8	2,040
	기타	26	2.5	66	29	2.0	59
	감자	29	4.6	135	26	3.2	84
	콩	116	1.4	163	115	1.5	168
	소계	1,245	4.2	5,267 (4,313)	1,265	4.0	5,031 (4,152)
이모작(B)	밀/보리	70	1.5	106	70	1.5	103
	감자	115	2.8	316	108	2.7	296
	소계	185	2.3	422	178	2.2	399
합계(A+B)		1,430	4.0	5,689	1,443	3.8	5,430
경사지(C)		550	0.4	220	550	0.4	220
텃밭(D)		25	3.0	75	25	3.0	75
총계(A+B+C+D)		2,005	3.0	5,984 (5,030)*	2,018	2.8	5,725 (4,847)

주 1: ( ) 안은 정곡 기준 환산량.

주 2: 쌀의 정곡 환산율은 2012 양곡연도에 65%, 2013 양곡연도에 66%, 2014 양곡연도에 66% 적용.

주 3: 감자와 콩은 각각 곡물 환산율 25%, 120% 적용.

자료: FAO/WFP, "Special Report: FAO/WFP Crop and Food Security Assessment Mission to the DPRK", 2012. 11. 12.; 2013. 11. 28.

예상 곡물 생산량이 30만 톤(조곡 기준) 이상 증가했을 것이며, 정곡 기준 곡물 생산량도 510만 톤 이상을 기록했을 것이다. 2013년은 대체로 곡물 재배에 유리한 기상 여건 때문에 단위면적당 수량이 증가함으로써 곡물 생산량 증대에 긍정적인 영향을 미쳤다. 그러나 영농기 초기 저온 현상이 발생했으며 일찍 시작된 장마 때문에 옥수수와 콩의 생산성이 떨어지는 현상이 나타났다. 반면에 파종이 늦은 가을 감자와 호우의 영향을 적게 받는 벼의 생산성은 크게 증가했다.

2013년 가을 수확한 곡물의 재배면적은 전년에 비해 2만ha 감소했기 때문에 곡물 생산량 저하 요인으로 작용한다. 특히 벼의 재배면적이 1만 6,000ha

나 감소했으며 옥수수의 재배면적도 4,000ha 감소했다.

2013년 가을 작물에 대한 농자재 공급은 2012년과 별 차이가 없기 때문에 곡물 생산에 중립적이다. 화학비료 공급은 지난해와 거의 차이가 없거나 약간 감소한 수준이다. 퇴비 등 자급비료의 공급은 2012년에 비해 다소 증가한 것으로 보인다. 2013년에는 씨감자 공급이 원활하지 않았으나 다른 곡물의 종자 공급에는 문제가 없었다. 전반적으로 병충해 발생이 심하지 않았기 때문에 농약 공급이 지난해에 비해 다소 감소했다. 트랙터의 이용률은 약간 증가했으나 연료 공급량은 지난해와 거의 차이가 없었다. 2013년에는 전반적으로 병충해 발생이 심하지 않았기 때문에 이로 인해 수확이 크게 줄지는 않았다. 다만 옥수수의 경우 7~8월의 호우 때문에 '뿌리썩음병' 발생이 증가했으며, 호우 시기가 옥수수 수정기와 겹쳐 생산에 부정적인 영향을 미친 데다 일조량 부족으로 수량이 감소하기도 했다.

7월과 8월 초순에 걸친 집중 강우로 예년에 비해 여름철 강수량이 증가했으나 홍수 피해는 크지 않았다. 수해로 인한 농작물 피해는 2만 톤을 넘지 않은 것으로 추정되어, 2013년에는 자연재해로 인한 곡물 생산량 감소가 경미한 것으로 평가된다. 2012년과는 달리 2013년에는 봄철에 간간이 비가 내려 가뭄 피해가 발생하지 않았으며 농업용수 공급도 비교적 원활했다.

FAO/WFP가 추정한 2014 양곡연도의 곡물 소요량 전망치를 감안한 식량 수급 전망은 〈표 4-8〉과 같다.

2014 양곡연도의 국내 곡물 생산량은 503.0만 톤인 데 비해 소요량은 537.0만 톤으로 34만 톤이 부족하다. 북한이 2014 양곡연도에도 통상적인 곡물 수입량 30만 톤을 유지하고 국제사회에서 4만 톤 정도의 지원을 받는다면, 예상되는 곡물 부족량 34만 톤을 모두 채움으로써 곡물의 수급 균형을 거의 맞출 수 있다. 그러나 이미 2014년 초여름에 수확한 이모작이 가뭄으로 예상 수확량을 채우지 못한 데다, 2014 양곡연도 마감을 한 달 앞 둔 시점에

<표 4-8> 2014 양곡연도 곡물 수급 전망

단위: 1,000톤(정곡 기준)

구분	쌀	옥수수	밀/보리	잡곡	감자	콩	합계
공급량	1,915	2,247	105	66	501	196	5,030
주 작물	1,915	2,002		66	135	196	4,313
이모작					316		422
경사지		220	105				220
텃밭		25			50		75
소요량	1,930	2,413	194	65	501	266	5,370
식용	1,587	1,914	167	56	342	248	4,315
사료용		100			20		120
종자용	56	62	16	3	64	8	209
수확 후 손실	287	337	11	7	75	10	726
재고 조정	0	0	0	0	0	0	0
수입 수요	16	166	89	0	0	70	340
상업적 수입							300
부족량							40

주: 쌀의 도정률은 66% 적용, 감자와 콩의 곡물 환산율은 각각 25%, 120% 적용.
자료: FAO/WFP, "Special Report: FAO/WFP Crop and Food Security Assessment Mission to the DPRK", 2013. 11. 28.

중국에서 수입한 곡물이 16만 4,500톤(정곡 환산량 16만 4,955톤)에 그쳐 예상했던 것보다 곡물 공급량이 감소할 것으로 보인다. 국제사회의 지원도 당초 예상한 4만 톤을 넘어서기 힘들 것으로 보인다. 따라서 2014 양곡연도 초에만 하더라도 곡물의 수급 균형을 거의 이룰 것으로 예상했지만, 결국 공급량이 20만 톤 이상 부족했을 것으로 추정된다.

5. 맺음말

　김정은 정권 첫 2년의 식량 수급은 그 이전에 비해 안정적이었으며, 시장의 곡물가격도 안정적이었다고 평가할 수 있다. 실제 주민들의 식생활도 하루 세끼 식사가 일반화될 정도로 개선되었다. 그런데도 여전히 식생활의 질은 거의 탄수화물에 의존할 정도로 열악한 상황이다. 거의 수급 균형을 이루었다고는 하지만 정상적인 식량 소요량이 아닌 최소 소요량 기준에서 겨우 수급 균형에 가까울 뿐, 여전히 정상적인 소요량만큼 공급하려면 갈 길이 멀다. 최근 북한이 축산, 채소 및 과일 생산, 버섯 생산 등 주민의 식생활 개선을 위해 여러 가지 정책을 내놓았지만 이들 품목의 생산을 강조하다보면 식량 생산이 타격을 받을 수밖에 없는 구조적인 문제가 있다.

　향후 북한의 식량 수급은 서서히 개선될 것으로 예상되기는 하지만 식량의 수급 균형을 이루기 위해서는 외부로부터의 안정적인 식량 수입이 지속되어야 하고, 비료를 비롯한 영농자재의 안정적인 공급이 뒤따라야 한다. 또한 농업 부문 내부의 지속적인 개혁이 추진되어야만 생산성을 더욱 향상시킬 수 있다. 농업기술도 계속 개발해야 한다. 현재 북한의 농업 생산성은 남한의 60~70%에 불과하기 때문에 기술 향상을 통한 생산성 증대의 잠재력이 높다. 그러나 북한의 자체 노력만으로는 기술개발의 속도가 느리기 때문에 빠른 시간에 성과를 얻기 어렵다. 기술개발과 더불어 농자재의 충분한 공급이 병행되어야만 생산성 증대가 가능하기 때문에 자본 공급 없이는 생산성 증대가 어렵다. 내부 자본이 제약되어 있는 북한으로서는 외부로부터의 자본을 확보하지 않으면, 아무리 기술을 개발하더라도 생산성 증대로 이어지기 어렵다. 따라서 북한은 남북 농업 협력을 포함한 국제사회의 협력을 강화하고 외부 자본을 유치하는 개혁 조치 없이는 농업 생산을 증대시키기 어렵다는 점을 명심할 필요가 있다.

참고문헌

1. 국내 문헌

권영경. 2012. 8. 28. 「북한의 개혁·개방 추진 실태: 현황과 쟁점」. 김정은체제의 개
 혁·개방 가능성: 평가와 전망에 관한 국제학술회의. 한국수출입은행·통일연구원·
 서울경제.

권태진. 2012. 11. 1. 「김정은시대 북한농업의 변화 가능성」. 제8차 강원대학교 남북
 농업 전문가 워크샵(6·28조치 이후 북한농업의 변화). 강원: 강원대학교.

_____. 2013. 「김정은체제하의 북한 식량 수급: 현황과 전망」. ≪북한 경제≫, 2013
 봄호. 한국수출입은행.

권태진·이중웅. 1985. 「미곡생산의 요소 분배와 기술진보에 관한 연구」. 연구보고
 101. 한국농촌경제연구원.

권태진 외. 2004. 「북한의 농업 부문 개혁·개발 정책과 남북협력」. 연구보고 471. 한
 국농촌경제연구원.

김영희. 2014. 「집권 2년차, 김정은 정권의 경제개혁 평가」. ≪KDI 북한경제리뷰≫,
 2014년 3월호, 25~38쪽.

김중호. 2012. 8. 28. 「북한 개혁·개방의 대내적 환경 평가: 김정은체제의 등장 의미」.
 김정은체제의 개혁·개방 가능성: 평가와 전망에 관한 국제학술회의. 한국수출입은
 행·통일연구원·서울경제.

박형중 외. 2013. 「2013년 북한 정책 논조 분석과 평가」. 통일연구원.

양문수. 2014. 「김정은체제 출범 이후 '우리식 경제 관리방법'의 모색: 현황과 평가」.
 ≪KDI 북한경제리뷰≫, 2014년 3월호, 3~24쪽.

이석기 외. 2013. 『2013년 북한 경제 종합평가 및 2014년 전망』. 산업연구원.

이영훈. 2012. 9. 25. 「북한의 변화전망과 동북아 정세에 주는 시사점」. 평화재단 평

화연구원 제56차 전문가포럼 발표자료.

조봉현. 2013. 「김정은체제의 대외개방 조치 평가와 전망」. ≪통일경제≫, 2013 겨울

호, 26~35쪽.

무역협회 종합무역정보(http://db.kita.net).

2. 북한 문헌

≪로동신문≫. 2013년 6월 20일 자; 2013년 1월 10일 자.

3. 외국 문헌

자유아시아방송. 2012. 9. 28. "북, 경제개혁 총괄기구 창설 구상".

FAO/WFP. 2011. 11. 25. "Special Report: FAO/WFP Crop and Food Security
Assessment Mission to the DPRK".

_____. 2012. 11. 12. "Special Report: FAO/WFP Crop and Food Security
Assessment Mission to the DPRK".

_____. 2013. 11. 28. "Special Report: FAO/WFP Crop and Food Security
Assessment Mission to the DPRK".

제2부

북한 경제의 성장 실적 및 부문별 이슈

제5장

북한의 장기 경제성장 실적 재평가*

김석진 ┃ 통일연구원 연구위원

1. 머리말

지난 60년간 북한 경제의 궤적에 대해서는 두 가지 중요한 통념이 있다. 하나는 북한이 초기 20년 동안 고도성장을 기록해 중진 산업국의 위치를 확보했고, 그 결과 1970년대 초중반까지 북한의 1인당 소득수준이 남한보다 높았다는 것이다. 다른 하나는 북한이 1990년대 초 심각한 경제위기에 빠졌고, 그 후 세계 최빈국과 비슷하거나 그보다 못한 절대적 빈곤 상태에서 벗어나지 못하고 있다는 것이다.

두 가지 통념을 연결해 생각해보면 자연스럽게 의문이 생긴다. 과거 그렇

---

* 이 글은 필자의 여러 선행연구를 요약, 재구성하고 약간의 설명을 보충해 집필한 것임을 밝혀둔다. 해당 선행연구는 본문의 적절한 곳에서 인용할 것이다.

게 활기찼다는 북한 경제가 어떻게 해서 오늘날에는 기본적인 의식주조차 제대로 해결하지 못하는 빈궁한 상황에 빠졌을까? 경제 상황을 극에서 극으로 반전시킨 요인은 과연 무엇이란 말인가?

1990년대 초 소련 사회주의체제가 붕괴하면서 북한에 대한 소련의 원조 및 무역이 급감함에 따라 북한의 계획경제 시스템이 무너졌다는 것이 일반적인 설명이다. 그러나 이것은 충분한 설명이 되기 어렵다. 소련은 무너졌지만 북한의 또 다른 우방인 중국은 계속 고도성장을 구가했다. 따라서 과거의 통념대로 북한이 중진 산업국이었다면, 중국과의 경제협력을 통해 경제회생을 도모할 수도 있었을 것이다.

북한이 이런 기회를 활용하지 못했다는 점, 소련이 무너지자마자 심각한 위기에 빠질 정도로 대외 의존성이 강했다는 점 등을 고려할 때 북한이 중진 산업국이었다는 기존의 통념은 북한의 성장실적을 과대평가한 잘못된 인식이었을 가능성이 높아 보인다. 각종 자료와 정보를 면밀하게 검토하고, 사회주의경제에 관한 일반 이론의 프리즘으로 재해석해보면, 경제위기 이전 북한의 성장실적은 기껏해야 평범한 정도였으며 북한의 산업화는 초보적이고 왜곡된 것에 불과했다는 결론을 얻을 수 있다.

오늘의 북한 경제가 장기 침체 상태에 있으며, 절대적 빈곤에서 벗어나지 못했다는 또 다른 통념 역시 재검토가 필요하다. '고난의 행군'이 끝난 2000년 이후 북한 경제가 미약하게나마 지속적인 회복세를 보이고 있음을 시사하는 정황 정보가 상당히 많기 때문이다. 초기의 실적이 실제보다 크게 과대평가되었다면, 반대로 최근의 실적은 실제보다 약간 과소평가되었을지 모른다.

기존의 통념은 북한의 성장실적을 잘못 평가했을 뿐 아니라 성장실적 결정요인도 제대로 이해하지 못했다고 할 수 있다. 기존의 통념은 대외적 요인이 북한의 성장실적을 결정하는 주된 변수라고 생각하는 경향이 있다. 대외적 요인도 중요한 변수지만 대내적 요인, 즉 경제제도의 기본 성격 및 그 변화 과정, 북한 당국의 경제정책, 북한 주민의 자생적 대응 등을 더 중요한 변수로 고려할 필요가 있다.

이 글에서는 심각한 위기가 시작된 것으로 추측되는 1990년을 기준으로 북한 경제를 두 시기(전통적 사회주의 시기 및 경제위기 이후 시기)로 구분해 각 시기의 성장실적을 재평가하고 성장요인에 대한 설명을 제시한다. 북한의 폐쇄성 때문에 각종 자료와 정보를 충분히 얻을 수 없기 때문에 이 장에서 시도하는 재평가도 어디까지나 가설적이고 시론적인 것에 불과하다. 하지만 기존의 통념보다는 더 풍부하고 뚜렷한 증거와 더 합리적인 설명을 제시하려고 노력할 것이다.

2. 전통적 사회주의 시기의 경제성장 실적

1) 경제성장률 추계 결과

북한에서는 한국전쟁이 끝난 후 1950년대 중후반 사회주의경제체제가 성립되었다. 즉, 농촌에서는 협동농장과 국영농장으로 구성되는 집단농업, 도시에서는 국영 상공업체제가 수립되었으며, '조선로동당'이 지배하는 관료기구가 기본적인 자원 배분 권한을 가졌다. 동시에 북한 당국은 대대적인 노동력 동원과 자본 투자를 통해 급속한 경제성장을 추구했다.

이런 정책은 얼마나 좋은 성과를 낳았을까? 북한 당국이 1960년대 초중반 대부분 경제통계 발표를 중단했기 때문에 실제 경제실적이 어떠했는지를 상세히 파악하는 것은 불가능하다. 하지만 북한 당국은 이런저런 단편적 발표들을 통해 북한의 성장실적이 매우 좋다고 선전했다. 북한 당국이 발표한 자료에 근거해 1970년대까지의 개략적인 성장 추세를 살펴보면 북한은 〈표

〈표 5-1〉 1990년 이전 북한의 연평균 경제성장률 추정치

단위: %

	과거 자료 (국민소득 성장률)				대안적 추정치	
	북한 당국	북한 연구소	CIA		국민소득 성장률	1인당 국민소득 성장률
1953~1956	30.1	-	-	1954~1960	9.3	5.7
1956~1960	21.0	-	-			
1960~1965	9.9	9.4	9.8	1960~1965	3.3	0.7
1965~1970	5.4	7.4	5.5	1965~1970	3.3	0.6
1970~1975	14.2*	6.1	10.4	1970~1975	4.6	1.6
1975~1980	4.0**	5.3	4.0	1975~1980	2.2	0.4
1980~1985	-	-	4.2***	1980~1985	4.0	2.3
1985~1990	-	-	-	1985~1989	2.7	1.5
1953~1989	-	-	-	1954~1989	4.4	1.9
				1960~1989	3.4	1.2

* 1970~1974년 연평균 성장률.

** 1974~1980년 연평균 성장률.

*** 1980~1984년 연평균 성장률.

자료: 과거 자료는 김석진, 「북한 경제의 성장과 위기: 실적과 전망」(서울대학교 경제학 박사학위 논문, 2002), 25쪽 〈표 2-3〉에서 재인용(원자료는 해당 표 및 관련 본문 참조). 대안적 추정치는 Byung-Yeon Kim, Suk Jin Kim and Keun Lee, "Assessing the Economic Performance of North Korea, 1954-1989: Estimates and Growth Accounting Analysis". *Journal of Comparative Economics*, Vol. 35 no. 3(2007), p. 574.

5-1〉에서 보듯이 1950년대 중후반에는 연평균 20~30%, 1960년대와 1970년 대에도 연평균 4~15% 수준의 고도성장을 달성했다고 한다.

북한 당국의 이런 발표를 액면 그대로 믿을 수 있을까? 조금만 생각해봐도 믿기 어렵다는 것을 금방 알 수 있다. 공식 발표가 보여주는 북한의 성장실 적이 완전히 비현실적이라는 것은 남북의 소득수준 비교를 통한 간단한 계 산에서 쉽게 드러난다. 한국전쟁 직후 남북의 소득수준이 동일했다는 가정[1]

---

1) 해방 전 북한 경제는 남한보다 훨씬 발전되어 있었는데, 이는 북한이 일본 제국주의를 위한 공업기지로 육성되었기 때문이다. 그러나 북한은 한국전쟁 시기에 남한보다 훨씬 큰 피해를 입어 이러한 이점을 많이 상실했다. 따라서 한국전쟁 직후 남북의 1인당 소 득수준에는 큰 차이가 없었을 것이라고 가정할 수 있다.

아래 남북의 성장률 통계와 인구 통계를 적용해 계산해보면 1980년 북한의 1인당 소득이 남한의 약 3배였다는 이상한 결론[2]에 이르기 때문이다.

공식 통계에서 경제성장률이 크게 과대평가되는 것은 모든 사회주의경제에서 보편적으로 나타난 현상이었다. 성장률이란 한 경제가 생산하는 수많은 생산물(상품 및 서비스) 각각의 생산 증가율을 각각의 가격을 가중치로 평균한 것이라 할 수 있는데, 사회주의 국정가격체계에서는 우선순위 품목인 중공업 생산물의 가격을 높게 설정함으로써(즉, 가중치를 높게 부여함으로써) 전체 성장률을 과장하는 경향이 있기 때문이다. 또한 성장률이란 물가 변동을 배제한 실질변수의 증가율을 가리키는데, 사회주의경제의 통계보고 시스템에서 물가 상승률을 체계적으로 과소평가하는 '은폐된 인플레이션(hidden inflation)'이 나타난 것도 성장률 과대평가의 주요 요인 중 하나였다.

전통적인 사회주의 시기 북한 경제에 대한 과거의 통념은 북한 당국의 공식 통계를 무비판적으로 받아들인 결과였다고 할 수 있다. 〈표 5-1〉에서 볼 수 있듯이 1960년대와 1970년대에 미국 중앙정보국(CIA)과 북한연구소 등은 북한 당국의 공식 통계를 바탕으로 북한의 경제성장률을 추정했으며, 이런 자료를 근거로 미국과 한국 정부도 당시까지의 북한 경제가 상당히 성공적이었다고 과대평가한 것으로 보인다.

그럼 북한의 실제 경제성장 실적은 어떠했을까? 이를 추측할 수 있는 좋은 방법이 없을까? 필자가 참여한 몇몇 연구[3]는 북한의 공업 생산 증가율 자료

---

2) 이는 남한의 1990년대 중후반과 비슷한 수준으로 1980년 북한이 선진국 문턱에 진입하고 있었다는 믿을 수 없는 결론을 의미한다.

3) 김석진, 「북한 경제의 성장과 위기: 실적과 전망」; Byung-Yeon Kim, Suk Jin Kim and Keun Lee, "Assessing the Economic Performance of North Korea, 1954-1989: Estimates and Growth Accounting Analysis". 이상의 연구를 요약 소개한 문헌으로는 김석진, 「북한 사회주의의 현실과 전망」, 김수행·신정완 편, 『자본주의 이후의 새로운

(북한 당국 발표치)와 식량 생산량 자료(1950년대는 북한 당국 발표치, 1960년 이후는 남한 정부 추정치)를 이용해 1954~1989년 북한의 장기 경제성장률을 추정했다. 이때 공업 생산 증가율 자료는 소련에 대한 연구를 참고해 '은폐된 인플레이션' 문제를 해결한 하향 조정된 수치로 대체했다.

대안적 추계 결과(⟨표 5-1⟩)에 따르면 북한의 연평균 성장률은 1950년대 중후반에는 9%로 매우 높았으나, 1960년대 초~1980년대 말에는 3%(1인당 소득의 연평균 성장률은 1950년대 중후반 6%, 1960년대 초~1980년대 말에는 1%) 정도에 불과했던 것으로 나타난다. 즉, 1950년대 중후반에는 북한의 성장률이 남한보다 훨씬 높아 북한의 1인당 소득이 남한을 앞섰지만, 1960년대 초 이후에는 북한의 성장률이 남한보다 훨씬 낮은 수준으로 떨어졌다는 것이다. 이에 따르면 남북의 1인당 소득이 역전된 시기는 기존의 평가보다 5~10년 정도 빠른 1960년대 중후반이며, 그 후 소득 격차는 계속 벌어져 1980년대 말 북한의 1인당 소득은 남한의 약 1/4에 불과했을 것으로 추정된다.

이 정도의 성장실적은 전체적으로 보면 다른 사회주의국가나 개발도상국의 평균 수준과 큰 차이가 없다고 할 수 있다. 그러나 북한이 다른 개발도상국에 비해 노동력과 자본을 훨씬 무리하게 동원했다는 점을 고려할 때 북한의 생산성 향상 실적은 오히려 열등한 편이었을 것으로 추정된다. 또한 다른 사회주의국가에 비해 성장 둔화 현상이 더 일찍 시작된 것으로 추측된다는 점도 주목할 만하다. 요컨대 북한의 성장실적은 1950년대 중후반의 예외적 성공을 제외하면 기껏해야 평범하거나 오히려 열등한 수준에 그쳤던 것으로 보인다.

사회』(서울대학교 출판부, 2007a); 김병연, 「북한의 장기 경제성장률 추정」, 한국은행 경제연구원 편, 『통계를 이용한 북한 경제 이해』(한국은행, 2014a) 참조.

2) 성장실적 결정요인

대안적 추계 결과가 보여주는 북한 경제의 성장궤적은 1950년대 중후반의 짧은 고도성장과 1960년대 초 이후의 장기 저성장으로 요약할 수 있다.

1950년대 중후반의 고도성장은 어떻게 가능했을까? 경제성장은 크게 두 가지 방법을 통해 이루어진다. 하나는 생산요소 투입, 즉 노동력 투입과 자본 투자를 늘리는 것이고, 다른 하나는 생산성을 향상시키는 것이다. 사회주의 계획경제는 이 중 첫 번째 방법, 즉 생산요소 투입을 늘리는 데 유리하다. 계획경제 방법을 통해 노동력을 대대적으로 동원함으로써 경제활동 참가율을 상승시킬 수 있고, 강제 저축을 통해 자본 투자도 획기적으로 늘릴 수 있다. 대부분의 사회주의국가가 초기에는 이런 방법으로 상당히 좋은 성장실적을 달성했다. 북한의 경우 소련, 중국, 동유럽 등 다른 사회주의국가로부터 대규모 자본 및 기술 원조를 받음으로써 더 좋은 실적을 달성할 수 있었던 것으로 보인다. 또 전쟁 후 복구 과정에서 빠른 성장이 이루어지는 것은 체제와 상관없이 모든 경제에서 나타나는 일반적인 현상이다. 1950년대 중후반 북한의 고도성장은 이런 여러 요인이 복합적으로 작용한 결과다.

1960년대 초 이후 장기 저성장의 원인은 무엇일까? 이 역시 사회주의경제 체제의 일반적 요인과 북한의 특수한 사정을 결합해 설명할 수 있다. 북한뿐 아니라 대부분의 사회주의국가는 초기에는 고도성장을 기록하다가 중기 및 후기에는 저성장 또는 정체 상태에 빠지는 경향이 있었다. 초기에는 생산요소 투입을 늘려 성장할 수 있었지만 생산요소 투입을 장기적으로 계속 빠르게 증대시키는 것은 불가능했기 때문이다.

먼저 경제활동 참가율이 충분히 상승한 뒤에는 노동력을 더 투입하기 어려웠다. 노동력을 늘리지 못한다면 자본 투자를 많이 해서 사람이 하던 일을 기계가 대신하게 해야 하는데, 실제로는 투자된 자본이 제대로 활용되지 못하고 낭비되는 경우가 많았다. 이는 계획 시스템과 사회주의 기업의 행동양식에 근본적 결함이 있었기 때문이다. 설비와 자재 공급 체계가 제대로 작동하지 않은 데다 비용을 따질 필요 없이 생산만 많이 하면 되므로 기업은 당장 필요하지 않은 설비와 자재까지 되도록 많이 쌓아놓으려 했고, '과잉과 부족의 공존' 현상 때문에 부족한 설비와 자재가 병목요인으로 작용해 나머지 설비와 자재를 유휴 상태로 만들어버렸다.

게다가 사회주의경제에서는 기업 간 경쟁 압력이 존재하지 않고 기업 관리자와 기술자, 노동자에게 물질적 인센티브가 충분히 주어지지 않기 때문에 생산성 향상이 부진한 경향이 있었다. 이 때문에 사회주의경제는 초기에는 '외연적 성장'(생산요소 투입 증대에 의한 성장)으로 좋은 실적을 달성하다가도 나중에 '내포적 성장'(생산성 향상에 의한 성장)에 실패해 저성장 또는 정체 상태에 빠진다.

앞에서 본 장기 성장률 추계 결과에 따르면 북한에서는 다른 사회주의국가보다 더 빨리 저성장 국면이 나타났던 것으로 추측되는데, 그 이유는 다음과 같다.

첫째, 남북 분단체제의 특수성과 이에 따른 과중한 군사비 부담을 지적할 수 있다. 북한은 인구 규모가 남한의 1/2밖에 안 되는 상황에서 남한과 대등한 군사력을 유지하기 위해 훨씬 더 큰 희생을 치러야 했다.

둘째, 북한은 되도록 대외경제 교류를 줄이려는 극단적 자력갱생 노선을 채택했다. 이 노선은 한편으로는 생태적 위기를 불러왔고, 다른 한편으로는 오히려 심각한 대외 의존성을 초래했다. 북한은 농업 생산에 불리한 지형과 기후를 가졌으면서도 무리한 식량 자급을 추구했고, 그 결과 산림 파괴와 토양 산성화가 장기적으로 진행되어 점점 식량 증산이 어려워지는 생태적 위기가 나타났다. 또한 내부자원에 기초한 자급자족형 산업화를 추진했지만 두 가지 결정적 물자, 즉 석유와 기계 설비만큼은 수입에 의존하지 않을 수 없었다. 석유와 기계 설비를 충분히 사려면 수출을 통해 외화를 벌어들여야 했지만, 자급자족형 산업화를 추구한 결과 수출산업을 발전시키지 못했다. 따라서 석유 수요의 대부분과 설비 수요의 상당 부분은 소련을 비롯한 여러 사회주의국가로부터의 원조 또는 원조성 무역으로 충당했는데, 1990년대 초 소련의 원조가 급감하자 곧바로 심각한 위기가 시작되었다.

3. 경제위기 이후의 경제성장 실적[4]

1) 경제성장률 추정치 평가

1990년대 초 북한은 심각한 경제위기에 빠졌고, 경제 전반에 걸쳐 생산 감소 현상이 나타나기 시작했다. 김일성이 사망한 1994년 하반기부터는 식량 생산이 감소하고 배급체제가 무너지면서 대기근, 즉 '고난의 행군'이 시작되었다. 기근으로 경제난은 더 심화되어 수많은 국영기업이 사실상 문을 닫았고 전통적 계획 시스템은 무너졌다. 이 시기 북한의 경제위기는 얼마나 심각했을까? 마이너스 성장은 언제까지 계속되었으며, 그 후 경제는 어느 정도 회복되었을까?

1990년 이후 북한의 장기 성장실적을 보여주는 가장 공신력 있는 자료는 한국은행의 북한 성장률 추정치다. 한국은행은 1990년부터 관계기관으로부

---

4) 이 절의 주요 내용과 관련한 더 상세한 논의로는 김석진, 「최근 북한 경제실적 관련 주요 쟁점」, 이석기 외 지음, 『북한 경제 쟁점 분석』(산업연구원, 2013d); 김석진, 「북한 경제의 성장과 위기: 실적과 전망」; 김석진, 「최근 북한 경제실적 재평가」, ≪Korea Policy≫, 11/12호(2013e); 김석진, 「북한의 국민소득과 경제성장: 연구 현황과 쟁점」(KDI-통일부 북한 경제포럼 발표문, 2014b) 참조.

〈그림 5-1〉 경제위기 이후 북한의 경제성장 실적(한국은행 추정치)

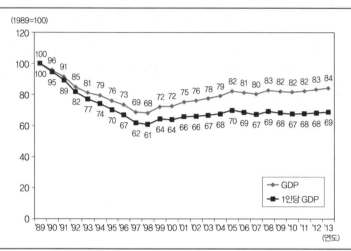

주: 1989년=100을 기준으로 2010년 불변가격 기준 실질 GDP를 성장지수로 환산한 자료.
자료: 한국은행 경제통계시스템 자료를 이용하여 계산.

터 기초자료를 제공받아 남북 간 구매력 비교법을 적용해 구매력평가
(purchasing power parity: PPP) 기준 남한 원화 표시 북한 국민소득 및 성장률
을 추정해왔다.[5] 〈그림 5-1〉은 북한 경제의 흐름을 더 쉽게 이해하기 위해

---

5) 한국은행의 북한 국민소득 추정방법과 추정치의 개념을 흔히 오해하는 경향이 있다.
   한국은행 추정치는 구매력평가 기준인데도 다른 나라의 시장환율 기준 국민소득과 잘
   못 비교되는 경우가 많다. 과거에 한국은행은 남한 원화 표시 추정치를 남한 원화의 시
   장환율을 이용해 달러로 환산함으로써 이러한 오해를 자초했으나, 지금은 잘못을 바로
   잡아 남한 원화 표시 추정치만을 발표한다. 한국은행의 북한 국민소득 추정방법에 대
   한 상세한 내용은 김석진, 「북한 GNI 추계 현황과 과제」(북한대학원대학교 주최 학술
   세미나 발표문, 2007b) 참조(이 발표문은 필자에게 요청하면 제공받을 수 있다). 한국
   은행 추정치를 다른 나라의 소득수준과 비교하는 문제에 대해서는 문성민, 「북한 국민
   소득 통계 소개 및 소득수준 비교」, 한국은행 경제연구원 편, 『통계를 이용한 북한 경
   제 이해』(2014) 참조.

한국은행의 성장률 추정치를 1989년=100 기준 성장지수로 환산하여 그린 것이다. 이에 따르면 북한 경제는 1990~1998년 마이너스 성장, 1999~2005년 미약한 회복, 2006년 이후 정체 패턴을 보인 것으로 나타난다. 여기서 주목할 점은 흔히 인용되는 국민소득 성장률 대신 1인당 국민소득 성장률 자료를 보면 북한의 경제실적이 더 나쁘게 보인다는 것이다. 한국은행 추정치에 따르면 2013년 북한의 1인당 실질소득은 '고난의 행군'이 시작된 직후인 1995년과 비슷하다. 즉, 한국은행 추정치는 북한 경제의 회복세가 너무 미약했고, 그나마 2006년부터는 다시 정체 상태가 나타나 현재의 경제사정은 '고난의 행군' 수준에서 별로 벗어나지 못한 상태라고 말하고 있는 셈이다.

한국은행 추정치가 보여주는 성장 추세는 북한 경제의 실제 상태를 정확히 반영한 것일까? 북한 경제에 대한 다양한 자료와 정보를 종합해보면 그렇지 않을 가능성을 제기할 수 있다.

먼저 1990년대의 성장 추세를 살펴보자. 한국은행은 북한의 마이너스 성장이 1990년부터 시작되었으며 1998년까지 매년 비슷한 속도로 경제규모가 위축된 것으로 평가한다. 그러나 당시 북한 당국의 각종 발표자료와 북한이탈주민들이 전한 정보에 따르면 1990~1993년보다 1994년 이후의 경제위기가 훨씬 격심했던 것으로 보인다. 북한 당국이나 북한 주민은 1990~1993년이 아니라 1994~1995년에 '고난의 행군'이 시작되었다고 말하는 것이다.

2006년 이후의 성장 추세에 대해서도 이견을 제시할 수 있다. 한국은행 추정치를 보면 2006년부터 북한 경제의 회복세가 멈춘 것처럼 보이지만, 실제로는 2006년 이후에도 회복세가 계속되었음을 보여주는 중요한 자료와 정보가 있다.

가장 중요한 자료는 UN 산하기구[FAO/WFP, 유엔아동기금(UNICEF), 세계보건기구(WHO)]가 북한 통계당국과 함께 조사한 영유아 영양상태 조사결과6)다. 〈표 5-2〉로 요약된 결과를 보면 북한의 영유아 영양상태는 1998년에서

〈표 5-2〉 북한 영양실조 영유아 비율 조사 결과

단위: %

조사 기간	조사대상 지역	만성 영양실조 (연령 대비 신장 〈-2 SD)	급성 영양실조 (신장 대비 체중 〈-2 SD)	저체중 (연령 대비 체중 〈-2 SD)
1998년 9~10월	130개 군 단위 지역	62.3	15.6	60.6
2000년 5월	전국	45.2	10.4	27.9
2002년 10월	전국	39.2	8.1	20.1
2004년 10월	7개 도 및 1개 시	37.0	7.0	23.3
2009년 9~10월	전국	32.4	5.2	18.8
2012년 9~10월	전국	27.9	4.0	15.2

주: 영양실조 영유아의 비율은 각각 연령 대비 신장, 신장 대비 체중, 연령 대비 체중의 비율이 세계 평균 대비 -2 표준편차(SD) 미만인 영유아의 비율을 의미한다.
자료: Central Bureau of Statistics(CBS), National Nutritional Survey 2012(2013), p. 72.

2002년 사이에 크게 개선되었고, 그 후에도 2012년까지 계속 조금씩 더 개선된 것으로 나타난다. 이 조사결과는 북한이탈주민들이 전한 정보와도 대체로 일치한다는 점에서 비교적 믿을 만하다. 주목할 점은 1998~2002년의 식량 사정 개선은 외부의 원조 덕분이었지만, 원조가 크게 줄어든 2008년 이후에도 상황은 나빠지지 않았고 오히려 더 나아졌다는 것이다. 또한 지난 15년 사이 북한의 인구가 10% 정도 증가해 식량 수요가 더 증가했다는 사실도 고려해야 한다. 이런 상황에서도 식량 사정이 다소 개선되었다면, 이는 북한의 내부 농업 생산이 상당히 증가했음을 의미한다.

2000년대 중반 이후 북·중경협이 크게 활성화되었다는 점도 중요하다. 2013년 북한의 대중국 수입액은 36억 달러 정도로, 10년 전인 2003년에 비해 6배로 늘어났으며, 대중국 수출액은 약 29억 달러로 이 또한 10년 전에 비해 7배 이상 증가했다. 대중국 수출과 수입이 이렇게 많이 늘어났다면 내부 경제사정에 플러스 효과를 미쳤을 가능성이 높다.

---

6) Central Bureau of Statistics, *National Nutritional Survey 2012*(2013).

북한에서 시장화와 사유화가 진행되어 비공식 경제가 꾸준히 성장하고 있음을 보여주는 정보도 계속 전해진다.[7] 1990년대 중반 이후 수많은 국영기업이 제대로 돌아가지 않고 배급도 중단됨에 따라 대다수 도시 주민은 이른바 '장사'에 의존해 생계를 이어갔다. 북한 주민의 장사는 초기에는 보잘것없었지만 세월이 흐르면서 북한 전역에서 시장의 수가 늘어나고 시설이 확충되는 등 비공식경제가 발전하는 추세가 나타났다. 장사의 종류도 다양해져 단순한 소매만이 아니라 도매업, 음식숙박업, 운수업, 개인 서비스업, 심지어 제조업과 광업에서도 개인 사업이 출현했다고 한다. 국영기업과 국가기관의 자산과 명의 및 조직을 활용해 실질적으로 개인 사업을 하는 경우가 늘어났다는 소식도 들린다. 2000년대 중반부터 장거리 시외버스 네트워크가 발전하고 각종 자동차 수가 늘어나는 등 교통 사정도 나아졌으며, 2008년 이후 이동전화가 전국적으로 보급되어 2014년에는 이용자 수가 250만 명을 넘어선 것으로 알려진다. 앞에서 본 식량 사정 개선도 농민과 도시 주민의 각종 사경지(텃밭, 뙈기밭, 다락밭 등) 경작이 늘어나고 농산물의 시장 거래가 활발해진 덕분, 즉 비공식 식품경제가 발전한 덕분인 것으로 추측된다.

한국은행의 북한 성장률 추정치는 기초 자료의 범위가 제한적이어서 이런 비공식 경제의 확산을 충분히 반영하지 못했을 가능성이 높다. 비공식 경제를 제대로 포착하지 못해 성장률과 소득수준을 과소평가하는 것은 북한만이 아니라 세계 최빈국에서 흔히 나타나는 문제이기도 하다.[8] 충분한 자료와

---

7) 대표적인 연구로는 양문수, 『북한 경제의 시장화』(한울, 2010); 김병연·양문수, 『북한 경제에서의 시장과 정부』(서울대학교 출판문화원, 2012); 양문수, 「북한의 시장화 관련 주요 쟁점」, 이석기 외 지음, 『북한 경제 쟁점 분석』(산업연구원, 2013) 참조.
8) 사하라 이남 아프리카 국가의 경우에 대해 이 점을 상세히 설명한 M. Jerven, *Poor Numbers: How We Are Misled by African Development Statistics and What to Do About It*(Ithaka: Cornell University Press, 2013) 참조.

정보를 구할 수 없기 때문에 북한 경제가 어느 정도 회복되었는지 판단하기는 어렵다. 지금 이용할 수 있는 단편적인 정보가 뚜렷한 증거가 되는 것도 아니다. 하지만 여러 자료와 정보를 종합해 보면 2006년 이후 북한 경제는 정체되었다기보다는 미약하게나마 회복세를 유지했던 것으로 보인다.

2) 경제위기의 원인

북한이 1990년대에 그렇게 심각한 경제난에 빠진 원인은 무엇일까? 북한 사회주의경제체제가 비효율적인 데다가 소련 사회주의가 망하면서 소련의 대북 원조와 무역이 급감했기 때문이라는 것이 기존의 통념이었다. 그런데 체제의 비효율성은 사회주의가 자본주의에 비해 뒤처지는 이유일 뿐이며, 특정 시기에 갑자기 급격한 마이너스 성장이 발생한 이유가 될 수는 없다. 따라서 기존의 통념은 1990년 이후의 경제난을 온전히 소련의 대북 원조 및 무역의 감소라는 외부적 충격 탓으로 돌리는 셈이다.

외부적 충격만으로 그렇게 심각한 위기를 설명하기는 어렵다. 소련의 대북 원조 및 무역 감소가 북한 국민소득에 미친 마이너스 효과는 10% 내외에 불과할 것으로 추정된다.[9] 그러나 1989년 대비 1998년 북한의 국민소득 감소폭은 30~40% 정도로 훨씬 더 컸던 것으로 보인다. 또한 외부적 충격은 1991년에 집중적으로 발생했는데, 앞에서 지적했듯이 진짜 극심한 경제난, 즉 '고난의 행군'은 1994~1995년에 발생했다. 외부적 충격 외에도 내부적 원인이 작용해 더욱 극심한 경제난이 발생했다고 판단할 여지가 많다고 할 수 있다.

경제난을 초래한 내부적 원인으로는 내부자원의 고갈, 생태적 위기, 자본

---

9) 김석진, 「북한 경제의 성장과 위기: 실적과 전망」, 231~250쪽.

투자의 부진 같은 여러 가지 요인을 생각해볼 수 있다. 그러나 1994~1995년의 극심한 경제난은 이런 요인들에 의한 점진적 생산 감소만으로는 충분히 설명할 수 없다. 이 시기에 무엇보다 중요한 현상은 식량 배급제도의 붕괴다. 식량 배급제도는 왜 무너졌을까? 식량 생산이 감소했기 때문일까? 그러나 배급제도는 식량이 부족하기 때문에 필요한 제도이며, 식량이 부족할수록 더욱 철저하게 지켜져야 하는 제도다. 이 시기, 즉 김일성이 사망한 직후 결정적으로 배급제도가 무너진 것은 이를 뒷받침해온 정치적 기강이 무너졌기 때문이라고 해석할 여지가 많다.

배급제도뿐 아니라 전통적인 사회주의 계획경제 전체는 정치적 기강이 확고해야만 유지될 수 있다. 옛 사회주의국가가 모두 매우 강압적인 독재체제였던 것도 이 점과 밀접한 관련이 있다. 북한의 경우 김일성이 사망했는데도 김정일이 오랫동안 후계체제를 준비해왔기 때문에 정치적 기강을 유지하는 데 큰 문제가 없었다는 것이 기존의 통념이었다. 그러나 김일성 사망 직후 나타난 식량 배급제도의 붕괴, 국영 계획경제의 붕괴, 재정 수입의 급격한 감소 현상은 그러한 통념이 잘못되었을 수 있음을 시사한다. 김정일 정권의 정치적 통제력은 정권을 유지할 수 있을 정도이긴 했지만 계획경제까지 뒷받침하기에는 역부족이었던 것으로 보인다.

3) 경제회복 요인

북한 경제는 1990년대 후반 바닥을 지나 1990년대 말 이후 회복세를 보인 것으로 추정된다. 또 2006년 이후에는 경제 정체로 나타난 한국은행 추정치와 달리 실제로는 2006년 이후에도 회복세가 계속되었을 가능성이 다분하다. 경제 회복세가 꾸준히 이어졌다는 추측이 옳다면 회복 요인은 어디에서 찾을 수 있을까?

먼저, 북한 당국의 경제정책을 살펴보자. 북한 당국이 그런대로 괜찮은 정책을 써서 경제가 회복된 것일까? 전후 사정을 세심하게 검토해보면 그렇지 않았을 가능성이 더 높아 보인다. 먼저 거시경제정책, 특히 통화정책은 경제에 뚜렷한 악영향을 끼쳤을 것으로 추측된다. 2002년 '7·1경제 관리개선조치(7·1조치)' 이후 약 2년간, 그리고 2009년 말 화폐개혁 이후 약 3년간 매우 높은 수준의 인플레이션이 나타났는데, 이 정도로 심한 인플레이션은 공급 부족에 의한 실물적 현상이 아니라 당국의 과도한 통화 발행에 의한 화폐적 현상일 가능성이 높다.[10] 또 당국이 과도하게 통화를 발행한 것은 재정적자 때문이었을 가능성이 높다. 북한 당국은 공식 경제의 재건을 위해 과도한 산업 투자와 재정 지출을 시도한 것으로 보이며, 이에 필요한 재원을 통화 발행으로 조달했을 가능성이 높다. 2009년 말 화폐개혁 역시 재정자금을 마련할 목적이 컸던 것으로 보인다.[11] 매우 높은 수준의 인플레이션과 화폐개혁은 시장과 화폐의 자원 배분 기능을 교란시키므로 경제에 악영향을 끼친다는 것이 경제학계의 정설이다. 북한의 인플레이션과 화폐개혁도 경제에 상당히 나쁜 영향을 끼쳤을 가능성이 높다.

북한 당국은 2000년대 들어 공식 경제를 재건하기 위해 꾸준히 각종 산업투자와 건설 사업을 추진해왔으며, 2000년대 후반 이후에는 이런 활동이 더욱 활발해졌다. 그 결과 북한의 국영산업 부문은 어느 정도로 재건되었을까? 최근의 한 연구[12]는 북한 당국이 '선행 부문'으로 간주하는 전력과 석탄 부문

---

10) 이영훈, 「최근 북한의 인플레이션 관련 주요 쟁점」, 이석기 외, 『북한 경제 쟁점 분석』(산업연구원, 2013).

11) 김석진, 「국제비교를 통해 본 북한의 화폐개혁」, ≪KIET 산업경제≫, 2월호(산업연구원, 2010).

12) 이석기 외, 『2000년대 북한의 산업과 기업: 회복 실태와 작동 방식』(산업연구원, 2010).

은 어느 정도 회복되었고, 이를 통해 전력·석탄 → 금속 → 기계 → 군수산업 연쇄는 다소 회복되었지만 전력·석탄 → 화학 → 경공업·농업 연쇄의 경우 별로 회복되지 않았다고 평가한다. 국영산업 부문의 재건은 단지 제한적으로만 이루어졌다는 것이다. 게다가 재건된 공장과 설비 중 일부는 제대로 가동되지 못하고 있다는 소식도 들린다. 전시성 건설 사업으로 경제적 자원을 낭비한 사례도 심심찮게 관찰된다. 군수산업도 주민의 경제적 복지에는 전혀 보탬이 되지 않는다는 점에서 역시 자원 낭비로 볼 수 있다. 종합해보면 북한 당국의 산업정책은 부분적으로는 경제회복에 기여했지만 반대로 오히려 악영향을 끼치기도 했던 것으로 보인다.

북한 당국의 정책이 신통치 않았는데도 경제 형편이 어느 정도 나아졌다면 이는 비공식 경제의 활성화 덕분일 가능성이 높다. 비공식 경제란 무엇인가? 북한의 공식 경제체제는 사회주의 계획경제체제이므로 여기에서 벗어나는 특징을 갖는 부분을 가리켜 비공식 경제라고 부를 수 있다. 즉, 국영기업이나 협동농장 같은 사회주의적 경제 단위의 활동이 공식 경제라면, 개인이 주도하는 사경제활동은 비공식 경제다. 오늘날 북한의 공식 경제에서는 계획 시스템이 제대로 돌아가지 않고, 국영기업조차 시장 거래를 활용하는 경우가 많다. 하지만 이들의 활동은 기본적으로 관료기구의 통제하에 있다는 점에서 여전히 계획경제적인 속성을 갖는다. 반면 사경제활동은 대체로 시장 메커니즘을 활용한다. 주의할 점은 공식적 특성과 비공식적 특성을 함께 갖는 회색 지대의 비중도 작지 않다는 점이다. 공식 경제의 외양을 띠고 있지만 실질적 또는 부분적으로 사경제의 성격을 갖는 활동이 상당히 활발하다는 것이다. 개인 기업가가 국영기업의 자산과 조직, 명의를 활용해 사업하는 경우가 대표적이다.

비공식 경제의 성장 전망은 양면적이다. 한 측면을 보면 비공식 경제는 활발하게 성장하기 어려울 것처럼 보인다. 비공식 경제는 어디까지나 비공식적이어서 사유재산권을 충분히 보호하지 못하며 시장거래에도 많은 제약이 따른다. 이 때문에 비공식 경제에서 활동하는 사람들이 활발하게 투자해 사업 규모를 키우기는 쉽지 않다. 공식 경제가 허물어져 많은 사람이 먹고살기 위해 비공식 경제에 뛰어들었지만, 이들의 활동은 영세한 생계형 활동에 머물 가능성이 상당히 높은 것이다.

이러한 제약이 있긴 하지만 비공식 경제는 어느 정도 성장 잠재력을 갖고 있다고 볼 수 있다. 여기서 주목할 점은 비공식 경제가 북한만의 현상이 아니라 많은 저소득 개발도상국에서 흔히 볼 수 있는 보편적인 현상이라는 것이다. 각국의 비공식 경제는 모두 똑같지는 않지만 공식 제도 틀 내에 있지 않아 사유재산권 보호가 미흡하고 경제활동의 자유가 부족하다는 점에서 비슷한 성격을 갖는다. 그런데 지난 20여 년 동안 많은 저소득 개발도상국에서 비공식 경제가 기대 이상의 속도로 활발하게 성장했다. 저소득 개발도상국의 비공식 경제는 어떻게 성장할 수 있었을까? 그 기본 요인을 살펴보면 오늘날 북한의 비공식 경제에서 관찰되는 현상과 대단히 비슷함을 알 수 있다.

무엇보다 주목해야 할 점은 비공식 경제가 서비스 부문에서 가장 활발하다는 것, 그리고 서비스 부문이 경제성장을 주도하는 역할을 할 수 있다는 것이다. 흔히 북한의 비공식 경제는 장사, 즉 유통 활동에 불과하므로 경제성장에 별 기여를 하지 못한다고 생각하는 경우가 많다. 그러나 이는 경제활동과 국민소득 개념에 대한 오해다. 농산물, 광산물, 공산품 같은 물질적 상품의 생산만 국민소득이 되는 것은 아니다. 오히려 세계 각국 국민소득의 구성을 보면 물질적 상품보다는 비물질적 서비스의 비중이 더 크다는 사실을 알 수 있다. 일반적으로 서비스 부문, 즉 도소매, 음식, 숙박, 운수, 금융, 부동산 및 사업 서비스, 개인 서비스, 교육, 보건, 행정 등의 활동이 창출하는 경제적 부가가치는 물질적 생산 부문, 즉 농림어업, 광업, 제조업, 건설업, 전기가스 수도업이 창출하는 부가가치보다 더 크며 취업자 수에서 차지하는 비중도 더 크다.

소득수준이 낮은 나라에서는 서비스 부문 중에서도 도소매와 운수업 같은 전통적 서비스가 차지하는 비중이 크다. 이들 전통적 서비스는 물질적 상품 생산과도 밀접한 관련이 있다. 즉, 전통적 서비스업이 활성화되어야 물질적 상품도 더 활발하게 생산되고 최종 소비자의 경제적 복지에 더 잘 기여할 수 있다. 우리에게 전해진 각종 정황정보들을 종합해보면, 경제위기 이후 북한에서도 이런 전통적 서비스업이 가장 활발하게 성장한 것으로 보인다. 대규모 자본과 조직을 필요로 하는 제조업과 달리 전통적 서비스업에서는 사경제활동을 벌이기가 훨씬 쉽기 때문이다. 또한 전통적 사회주의에서는 정책적으로 물질적 상품 생산에 우선순위를 부여해 서비스 부문 발달이 억제되어 있었으며, 이런 사정은 북한에서도 마찬가지였다. 따라서 사회주의체제가 부분적으로 허물어지자 자연스럽게 서비스업이 활성화될 수 있었다. 옛 사회주의국가의 체제 전환 과정에서도 일반적으로 제조업 비중은 크게 하락하고 서비스업 비중은 크게 상승했다.

북한의 경우 비공식 경제는 서비스 부문만이 아니라 농업 부문에서도 큰 비중을 차지한 것으로 보인다. 원래 북한의 농업은 협동농장 및 국영농장에 의한 집단농업이었으며 이런 기본 특성은 지금까지도 유지된다. 하지만 대기근이 발생한 후 각종 사경지를 활용한 사영 농업이 성행했다. 협동농장에서 생산한 농산물은 강제적인 국가 수매 대상이 되지만 사경지에서 생산한 농산물은 내 것이므로, 농민은 사경지 농사에 더욱 매진한다. 이런 사경지 농사는 과거에도 소규모로 허용되었지만 대기근이 발생한 후에는 훨씬 더 활발해진 것으로 보인다. 게다가 시장 거래가 활성화되어 사경지에서 생산한 농산물을 시장에 내다 팔 수 있게 되면서 사경지 경작의 생산성이 향상되었을 가능성이 높다. 도소매와 운수업 및 식품 가공업의 발달로 농산물 유통·분배·소비의 효율성도 크게 향상된 것으로 보인다. 사영 농업에서 시작해 도소매와 운수를 거쳐 최종 소비자에게 도착하기까지 일련의 경제 연쇄를 가리켜 '비공식 식품경제'라고 부를 수 있는데, 이 역시 북한만이 아니라 많은 저소득 개발도상국에서 식품이 생산되고 유통되는 중요한 방식이기도 하다.

본질적으로 사경제 성격을 갖는 비공식 경제가 활성화된 것은 북한에서도 초보적 수준으로나마 기업가활동(entrepreneurship)이 출현했음을 의미한다. 언뜻 생각하면 북한 사람들이 흔히 하는 영세한 장사에 기업가활동이라는 거창한 이름을 붙이기 어색할 수도 있다. 그러나 아무리 영세해도 자기 스스로 개인 사업을 창업해 경제활동을 하는 것은 본질적으로 기업가활동에 해당한다. 물론 기업가활동이 영세한 생계형 활동에만 머문다면 경제성장에 크게 기여하지 못할 것이다. 좀 더 규모도 크고 생산성도 높고 수익성도 높은 기업가활동이 많아져야 경제성장이 이루어질 수 있다. 북한에서도 그런 좀 더 수준 높은 기업가활동이 나타나고 있을까? 증거가 아주 뚜렷하지는 않지만 점진적으로 기업가활동의 수준이 높아지고 있음을 시사하는 정황 정보들이 흔히 전해진다. 제법 규모가 큰 무역업과 도매업에 종사하는 기업가들과 주택을 지어 파는 건설업자들의 출현 등이 대표적인 사례다.

대외경협의 확대도 빼놓을 수 없는 중요한 요인이다. 기존에는 경제난 이후에도 북한 경제가 근근이 버틸 수 있었던 것은 외부 원조 덕분이었다고 생각하는 경향이 있었다. 그러나 2008년 이후 남한 정부의 원조를 비롯한 외부의 원조가 급감했는데도 북한 경제 상황은 급격히 나빠지지 않았을 뿐 아니라 오히려 약간 좋아진 것으로 보인다. 앞에서 살펴본 대로 비공식 경제가 꾸준히 성장하면서 북한 경제도 어느 정도 자생력을 갖게 되었기 때문이다. 이와 동시에 〈그림 5-2〉에서 볼 수 있듯이 2000년대 초 이후 북한의 상업적 대외경협은 꾸준히 확대되었다.[13] 특히 눈에 띄는 것은 과거 북한의 주요 교역대상국이었던 일본의 대북 제재로 북·일교역이 감소·중단되고, 이어서

<그림 5-2> 북한과 한·중·일 간 교역액 추이

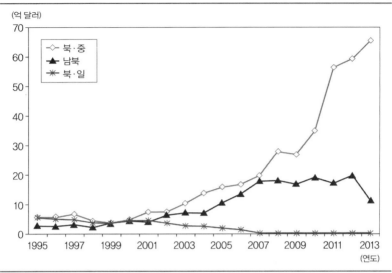

자료: UN Comtrade database, 통일부 남북교역통계.

2010년 5·24 조치로 개성공단 사업을 제외한 남북교역까지 중단된 반면, 북·중교역은 과거의 몇 배 수준으로 급격히 증가했다는 사실이다.

북·중경협은 어떻게 해서 그렇게 크게 확대될 수 있었을까? 흔히 생각하는 대로 양국 정부가 정치적으로 밀착한 결과일까? 그러나 전후 사정을 상세히 검토해보면 북·중경협 확대는 정치적·정책적 요인과 별 상관 없는 경제적 요인에 따른 현상임을 알 수 있다. 가장 중요한 요인은 중국 경제의 성장과 구조 변화에 따라 중국의 해외 자원 수입 수요가 크게 증가했고, 그 과정

13) 북한의 대외무역 통계는 상업적 교역뿐 아니라 외부 원조도 상당 부분 포함하고 있다. 또 북·중 교역 중에서 통계에 제대로 잡히지 않은 비공식 교역의 규모도 상당히 클 것으로 추측된다. 북한 무역 통계의 특성과 주의사항에 대해서는 김석진, 「북한 무역 통계: 해설과 평가」, 한국은행 경제연구원 편, 『통계를 이용한 북한 경제 이해』(2014a) 참조.

에서 북한산 광산물(주로 무연탄과 철광석) 수요도 함께 증가했다는 것이다. 또 중국의 해외 자원 수입 증가 및 기타 사정으로 국제 원자재 가격이 큰 폭으로 상승해 북한산 광산물의 수출가격도 덩달아 올랐다. 수요 증가와 가격 상승으로 북한 광산의 채산성이 크게 향상되자 많은 중국 기업이 북한 광산에 활발하게 투자했으며, 그 결과 북한의 광산물 생산능력도 크게 증가했을 것으로 추측된다.[14]

광산물 수출 외에 북한이 외화소득을 올릴 수 있는 다양한 방법이 있었다는 점도 중요하다. 국제수지 개념을 이용해 이야기하면 북한은 서비스수지, 소득수지, 자본수지, 경상이전수지 같은 여러 항목에서 외화 수입을 얻을 수 있다. 먼저 서비스수지에서는 관광 수입, 운송료 및 용선료 수입, 중국 어선의 북한 어장 입어료 등이 있고, 소득수지에서는 해외파견 근로자 임금 수입, 해외 투자기업(식당, 무역회사 등) 이익 송금 등이 있다. 자본수지에서는 중국 기업 및 기타 외국 기업의 직접 투자가 들어오고, 경상이전수지에서는 북한 이탈주민과 중국 내 친척 등으로부터의 송금이 있다. 개성공단에서 얻는 임금 수입, 무기 수출과 불법적 거래에 의한 외화 수입도 있다. 최근의 한 연구[15]는 지난 20여 년 동안 북한이 대체로 외화수지 흑자를 올렸음을 설득력 있게 보여준다.

북한은 광산물 수출 및 기타 경로에 의한 외화 수입을 활용해 물자 수입

---

14) 이상의 사정은 북·중경협이 기본적으로 중국 측의 경제적 요인으로 결정된다는 것을 의미한다. 그동안 북·중경협 확대로 작용했던 중국 측 요인은 최근에는 둔화 또는 감소 방향으로 작용하기 시작했다. 최근 중국 경제의 성장 속도가 둔화되고, 환경오염의 주범인 석탄 사용을 줄이려는 중국 정부의 노력 때문에 2014년 들어 북한산 무연탄과 철광석에 대한 수요가 눈에 띄게 줄고 무연탄과 철광석 단가도 떨어졌다.

15) 장형수, 「북한의 외화수급 추정과 분석: 1991~2012년」, ≪통일정책연구≫, 제22권 2호(2013).

규모를 크게 늘릴 수 있었다. 최근 크게 늘어난 각종 물자의 수입 실태는 북한 경제의 최근 사정을 알려주는 중요한 정보다. 북한은 어떤 물자의 수입을 많이 늘렸을까? 전통적인 주요 수입품목인 식품(곡물 및 기타 식품)과 석유(원유 및 석유제품)의 수입금액은 크게 증가했지만, 이는 주로 단가 상승에 따른 현상이었으며 수입 물량이 크게 늘어난 것은 아니었다. 최근 수입 물량이 크게 증가한 품목은 주로 산업용 중간재와 자본재 및 수송기기 등 북한 내부 산업경제에 필요한 물자들이었다.[16] 산업용 중간재 중 주요 수입품목은 의류 위탁 가공용 원부자재, 각종 건설자재, 비료, 각종 화학원료 등이었고, 자본재 중 주요 수입품목은 휴대폰, 컴퓨터, 광업용 기계류, 건설용 기계류, 전력설비 등이었다. 수송기기 중 주요 수입품목은 대형 트럭과 승용차, 트랙터, 철도차량 등이었다. 이런 수입 추세는 최근 북한 경제에서 주로 활성화된 부문이 건설, 광업, 운수, 통신, 전력 등임을 말해준다. 반면 일반 제조업에 사용되는 중간재와 자본재의 수입은 크게 늘어나지 않아 제조업의 회복세는 부진한 편임을 알 수 있다.

이상의 논의를 종합해 보면 2000년대 이후 북한 경제의 회복 요인을 〈표 5-3〉과 같이 요약할 수 있다. 먼저 북한 당국의 산업정책은 북한 경제의 회복에 크게 기여하지는 못했을 것으로 보이며, 거시경제정책은 확실히 악영향을 끼쳤을 가능성이 높아 보인다. 반면 비공식 경제는 상당히 활성화되어 경제 회복을 이끈 것으로 추측된다. 북한의 비공식 경제의 경우 처음에는 생존전략 차원의 영세한 생계형 활동으로 구성되어 있었지만, 세월이 흐름에 따라 점차 더 수준 높은 기업가활동이 나타나고 있다는 정황 정보가 전해진다. 끝으로 중국 경제의 성장에 따라 북한산 광산물 수요가 증가한 점과, 그

---

16) 김석진, 「제조업 분야 북·중무역 분석」, 이석 편, 『북·중무역의 결정요인: 무역 통계와 서베이 데이터의 분석』(한국개발연구원, 2013c).

〈표 5-3〉 2000년 이후 북한의 경제회복 요인에 대한 가설

구분		영향의 방향	가설 내용
북한 당국 경제정책	산업정책	(±)	· 산업 투자 증대 → 생산 증대 · 비효율적 투자로 인한 자원 낭비
	거시경제정책	(-)	· 과도한 인플레이션과 화폐개혁에 따른 거시경제 혼란
비공식 경제	도시 비공식 경제	(+)	· 서비스 주도 경제성장 · 초보적 기업가활동 출현 · 공식 부문과 비공식 부문의 상호작용(±)
	농촌 비공식 경제	(+)	· 사경지 경작 확대 및 사경지 생산성 증대 · 시장거래 확산으로 농수산물 유통·분배 효율성 향상
대외경협	북·중경협	(+)	· 중국 측 수요 증가 및 국제 원자재 가격 상승 → 생산 증가 및 외화 수입 증가 · 산업용 물자 공급 → 생산 증가 · 비공식 경제 활성화
	남북경협 (대북지원 포함)	(+) → (-)	· 남북경협 증가는 북한에 (+), 2008년 이후 남북경협 감소로 (-) 영향

밖의 다른 경로로도 외화소득을 올릴 수 있었던 덕분에 북·중경협 규모가 크게 확대된 것 또한 최근 경제회복의 중요한 요인이었다고 할 수 있다. 반면 2000년대 초중반 북한 경제에 상당한 보탬이 되었던 남북경협(대북지원 포함)은 2008년 이후 남북관계가 악화되면서 감소 추세로 돌아섰다.

4. 맺음말

북한 경제의 장기 성장 실적에 대한 기존의 통념은 초기 실적은 크게 과대평가한 반면, 최근 실적은 다소 과소평가하는 편향이 있었던 것으로 보인다. 이 글에서는 각종 자료와 정보를 재검토해 북한 경제의 장기 성장실적을 좀 더 현실적으로 묘사하고, 아울러 성장실적 결정요인을 합리적으로 설명하려 노력했다.

북한 경제는 한국전쟁 후 1950년대 중후반에는 대대적인 노동력 동원과 자본 투자, 다른 사회주의국가로부터의 원조에 힘입어 고도성장을 달성했지만 1960년대 초 이후에는 생산요소 투입을 더 이상 크게 증가시키기 어려웠고 생산성 향상 실적도 부진해 장기 저성장 상태에 빠졌던 것으로 추측된다. 북한의 1인당 소득은 1970년대 초중반까지 남한보다 앞섰던 것으로 알려져 있었지만, 실제로는 1960년대 중후반에 이미 남한보다 뒤떨어지기 시작한 것으로 보인다.

1990년대 이후의 극심한 경제위기와 최근의 경제회복 추세에 대해서도 잘못 알려진 부분이 있다. 기존의 통념은 대외적 요인(원조와 경협)만 강조하고 대내적 요인은 간과하는 경향이 있었다. 1990년대 초중반의 경제난은 흔히 소련의 대북 원조와 무역이 끊긴 탓으로 이해되었지만, 김일성 사망 이후 정치적 기강이 약화되면서 계획 시스템이 유지되지 못한 점에도 주목해야 한다. 또 2000년대 중반 이후 남한 및 국제사회의 대북 원조가 거의 중단되면서 북한 경제가 침체 상태에 빠졌다는 생각이 널리 퍼져 있지만, 실제로는 비공식 경제의 활성화로 2000년대 중반 이후 경제사정은 다소 나아진 것으로 보인다. 중국 경제의 성장 덕분에 북·중경협의 혜택을 본 것도 경제회복의 중요한 요인이 되었다.

하지만 북한 당국이 아직 본격적인 개혁과 개방을 실시하지 않았기 때문에 성장 잠재력이 충분히 실현되지 못했다는 점도 함께 강조할 필요가 있다. 북한의 비공식 경제는 어느 정도 활성화될 수는 있었지만 비공식적인 특성으로 말미암아 충분한 활력을 발휘하지는 못했다. 사유재산권 보호가 미흡해 자본 투자에 어려움이 많다는 것과 대규모 사기업 활동을 할 경우 정치적으로 신변이 위험할 수 있다는 것이 핵심 문제였다. 따라서 북한 경제는 고도성장은 이루지 못하고 단지 낮은 수준의 플러스 성장에 그친 것으로 추측된다. 최근 중국의 경제성장이 둔화되고 북한산 광산물 수요가 줄기 시작한 점도 북한 경제의 앞날을 어둡게 하는 요인이다. 비공식 경제와 대외경협이 확대되는 과정에서 소득 격차가 커지고 관료들의 부패에 대한 불만도 심해졌다.

북한 당국이 '우리식 경제 관리방법'이라는 이름으로 개혁을 추진하고 다수의 경제특구와 경제개발구를 설치하는 등 전향적인 움직임을 보이고 있긴 하지만 개혁·개방의 수준은 여전히 소극적이고 제한적이다.[17] 무엇보다 북한 주민의 자유로운 경제활동과 사유재산권을 보장하는 획기적인 개혁이 있어야 하며, 대외적으로도 핵 개발 중단과 남북 및 대외관계의 근본적 개선을 추진해야 한다. 이런 근본적인 개혁과 개방을 추진하지 않는다면 북한 경제는 앞으로도 저성장 상태에 머물 것이며, 북한 주민의 정치적 불만은 계속 커질 것으로 예상된다.

---

17) 김석진, 「북한의 '경제 관리방법' 개혁 동향과 전망」, ≪통일경제≫, 통권 제106호(현대경제연구원, 2013b).

참고문헌

1. 국내 문헌

김병연. 2014. 「북한의 장기 경제성장률 추정」. 한국은행 경제연구원 편. 『통계를 이용한 북한 경제 이해』. 한국은행.

김병연·양문수. 2012. 『북한 경제에서의 시장과 정부』. 서울대학교 출판문화원.

김석진. 2002. 「북한 경제의 성장과 위기: 실적과 전망」. 서울대학교 경제학 박사학위 논문.

_____. 2007a 「북한 사회주의의 현실과 전망」. 김수행·신정완 공편. 『자본주의 이후의 새로운 사회』. 서울대학교 출판문화원.

_____. 2007b. 「북한 GNI 추계 현황과 과제」. 북한대학원대학교 주최 학술 세미나 발표문(2007. 4. 6.).

_____. 2010. 「국제비교를 통해 본 북한의 화폐개혁」. ≪KIET 산업경제≫, 2월호. 산업연구원.

_____. 2013a. 「북·중경협 확대요인과 북한 경제에 대한 영향」. ≪KDI 북한경제리뷰≫, 2013년 1월호. 한국개발연구원.

_____. 2013b. 「북한의 '경제 관리방법' 개혁 동향과 전망」. ≪통일경제≫, 통권 제106호(2013 겨울). 현대경제연구원.

_____. 2013c. 「제조업 분야 북·중무역 분석」. 이석 편. 『북·중무역의 결정요인: 무역통계와 서베이 데이터의 분석』. 한국개발연구원.

_____. 2013d. 「최근 북한 경제실적 관련 주요 쟁점」. 이석기 외 지음. 『북한 경제 쟁점 분석』. 산업연구원.

_____. 2013e. 「최근 북한 경제실적 재평가」. ≪Korea Policy≫, 21권(2013 11/12). 85~92쪽.

_____. 2014a. 「북한 무역 통계: 해설과 평가」. 한국은행 경제연구원 편. 『통계를 이용한 북한 경제 이해』. 한국은행.

_____. 2014b. 「북한의 국민소득과 경제성장: 연구 현황과 쟁점」. KDI-통일부 북한 경제포럼 발표문(2014. 3. 27.).

문성민. 2014. 「북한 국민소득 통계 소개 및 소득수준 비교」. 한국은행 경제연구원 편. 『통계를 이용한 북한 경제 이해』. 한국은행.

양문수. 2010. 『북한 경제의 시장화』. 한울.

_____. 2013. 「북한의 시장화 관련 주요 쟁점」. 이석기 외 지음. 『북한 경제 쟁점 분석』. 산업연구원.

이석기·김석진·김계환·양문수. 2010. 『2000년대 북한의 산업과 기업: 회복 실태와 작동 방식』. 산업연구원.

이영훈. 2013. 「최근 북한의 인플레이션 관련 주요 쟁점」. 이석기 외 지음. 『북한 경제 쟁점 분석』. 산업연구원.

장형수. 「북한의 외화수급 추정과 분석: 1991~2012년」. ≪통일정책연구≫, 제22권 제2호(2013), 165~190쪽.

2. 외국 문헌

Kim, Byung-Yeon, Suk Jin Kim and Keun Lee. "Assessing the Economic Performance of North Korea, 1954-1989: Estimates and Growth Accounting Analysis". *Journal of Comparative Economics*, Vol. 35 no. 3(2007), pp. 564~582.

Central Bureau of Statistics(CBS). 2013. 3. *National Nutritional Survey 2012.* CBS (DPRK).

Jerven, M. 2013. *Poor Numbers: How We Are Misled by African Development Statistics and What to Do About It.* Ithaka: Cornell University Press.

제6장

북·중무역의 결정요인 분석*

이석 ㅣ 한국개발연구원 연구위원

1. 머리말

이 글의 본래 목적은 1990년대 후반 이후 현재까지의 북·중무역 추세를 개관하고, 이 분석과 관련된 몇 가지 기초적인 작업을 수행하는 것이다. 실제로 이 글에서는 현재의 북·중무역과 관련하여 원래 크게 다섯 가지 작업을 수행했다. 첫째, 북·중무역에 대한 비교적 상세한 통계 데이터가 존재하는 1998~2012년을 대상으로 기존의 통계를 좀 더 세심하고 합리적인 방식으로

---

* 이 글은 이석, 『북·중무역의 결정요인: 무역 통계와 서베이 데이터의 분석』(한국개발연구원, 2013) 제3장의 제5절 「북·중무역의 결정요인 분석」을 그대로 전재한 것이다. 이와 관련해 해당 장 제1절 머리말의 일부 역시 그대로 차용했다. 기존의 북한 경제연구 결과를 좀 더 많은 사람에게 널리 알리기 위해 이러한 전재를 허락해주신 한국개발연구원에 감사드린다.

정련하는 것이다. 둘째, 이렇게 구축된 새로운 통계 데이터를 토대로 북·중 무역의 전반적 추세와 패턴을 확인하고, 이러한 추세와 패턴이 과연 어떤 배경과 요인으로부터 발전해왔는지를 이해하는 것이다. 셋째, 그간의 북·중무역을 구성하는 상품 거래내역의 특징을 분석하고, 이를 통해 과연 어떤 상품의 거래내역이 북·중무역의 핵심인지를 확인하는 것이다. 넷째, 북·중무역의 변화를 가격의 변화와 물량의 변화로 분해해 그 변화가 진정으로 북·중 간 거래 확대 또는 발전을 의미하는지를 검토하는 것이다. 다섯째, 이러한 모든 요인을 감안해 1990년대 후반 이후 북·중무역 규모를 결정해온 경제적 요인이 과연 무엇이었는지를 찾아내는 것이다.

이 글에서는 이러한 본래 목적과 관련해서 수행한 다섯 가지 작업 가운데 마지막 작업, 즉 '북·중무역의 경제적 결정요인 분석'만 소개하기로 한다. 위의 작업 결과는 상대적으로 방대해서 한정된 지면으로는 모두 소개하기 불가능하기 때문이다. 물론 바로 이러한 이유 때문에 이 글에서 소개하는 북·중무역의 경제적 결정요인 분석 결과를 이해하기 쉽지 않을 수도 있다. 다섯 가지 작업은 서로 연결되어 있어 하나의 작업이 다른 하나의 작업을 추동하고 조건 짓는 역할을 하기 때문이다.

이러한 이유로 여기에서는 다섯 가지 작업 결과 가운데 북·중무역의 경제적 결정요인 분석만을 집중적으로 소개하지만, 이러한 소개가 끝나고 최종적인 맺음말을 형성할 때에는 다섯 가지 작업 결과 모두를 아주 간단히 덧붙여 설명하도록 한다. 이렇게 하는 것이 이 글의 본래 작업 결과를 좀 더 분명히 이해할 수 있는 길이라고 믿기 때문이다.

2. 예비적 논의: 관찰

1990년대 후반 이후 북·중무역은 매우 빠르게 증대해 북한의 전체 대외 거래 가운데 거의 90%에 가까운 비중을 차지할 정도로 크게 확대되었다. 그렇다면 이처럼 빠르게 북·중무역의 확대를 가능하게 한 요인은 과연 무엇이었을까?

물론 현재의 북·중무역은 본질적으로 여타의 국가 간 무역과 크게 다르지 않다. 북·중무역의 규모를 결정하는 여러 요인이 일반적인 무역에서 관찰할 수 있는 제반 영향요인으로부터 크게 벗어나지 않는다는 의미다. 예를 들어 북·중무역 규모는 북한의 공급(수요) 측 요인과 중국의 수요(공급) 측 요인의 영향을 받는다. 북한의 공급(수요)이 늘어나고 중국의 수요(공급)가 커질수록 북·중무역 규모 역시 증대하는 현상이 나타날 것이라는 뜻이다. 또한 그 규모는 거래가격의 영향도 받는다. 거래가격의 상승은 한편으로는 공급자의 공급유인을 증대시키지만, 다른 한편으로는 수요자의 수요 욕구를 감소시키기 때문이다.

이에 더해 북·중무역 규모는 북·중 간 제도적·정책적 변수의 영향도 받는다. 실제로 그간의 북·중무역은 북한과 국경을 맞대고 있으며, 상대적으로 조선족이 많이 거주하는 중국 동북3성 지역을 중심으로 활발히 전개되어왔다. 이는 이들 지역이 경제발전을 위해 북한과의 거래에 각종 혜택을 부여하거나, 또는 국경을 오가는 양국 주민의 자유로운 거래를 엄격히 제한하지 않는 등 북·중무역 확대를 추구한 것과 무관하지 않다. 또한 북한과 중국은 양국 모두 정책적으로 북·중무역을 확대하기 위한 충분한 유인을 갖고 있다. 앞에서 언급한 것처럼 북한으로서는 현재의 피폐한 경제를 유지하고 재건하는 데 중국과의 무역이 필수적이고, 중국 역시 상대적으로 저렴하고 양질의 자연자원을 제공받을 수 있는 북한과의 무역을 마다할 이유가 없기 때문이다. 따라서 그간의 북·중무역은 북한과 중국 정부의 무역을 둘러싼 제도적·정책적 변수에 상응하는 영향을 받았을 것이 분명하다.

또한 북·중무역에는 주변의 환경 변화 역시 영향요인으로 크게 작용했을 것이다. 예를 들어 2010년 한국 정부는 천안함 사태를 계기로 개성공단을 제외한 남북 간 교역을 전면 중단하는 5·24 대북 제재조치를 실시했다. 주목해야 할 사실은 당시까지 남북교역은 북·중무역에 필적할 만큼 북한의 대외 거래에서 중요한 부분을 차지했다는 사실이다. 따라서 이러한 남북교역의 전면 차단은 어떤 형태로든 북·중무역에 일정한 영향을 끼쳤을 것이다. 이와 유사한 사례는 또 있다. 2005년을 기점으로 당시까지 중국의 첫 번째 교역 상대국이었던 일본이 납치 문제 등을 이유로 북한과의 교역을 단절한 것이다. 이 역시 어떤 형태로든 북·중무역에 영향을 끼쳤을 가능성이 있다. 특히 북한은 그간 다양한 형태로 국제사회의 경제 제재를 받아왔다. 이러한 국제사회의 대북 제재 역시 북·중무역에 일정한 영향을 미쳤을 개연성이 있다.

이렇게 보면 북·중무역의 결정요인을 분석하는 일은 개념적으로 크게 어려운 일이 아니다. 1990년대 후반 이후 북·중무역 규모의 시계열적 변화를 앞서 언급한 여러 요인을 회귀(regress)함으로써 이들의 실제 영향력의 정도를 검증할 수 있기 때문이다. 이처럼 개념적으로는 어렵지 않은 일을 현실적으로 실행하는 것은 생각만큼 그렇게 만만한 작업이 아니다. 여기에는 크게 두 가지 이유가 있다.

첫째, 데이터의 한계다. 예를 들어 개념적으로 우리는 북한과 중국의 공급 및 수요 요인이 북·중무역에 영향을 끼쳤을 것이라고 충분히 짐작할 수 있다. 그런데 사실상 북·중무역에 관련된 이러한 공급 및 수요 요인에 대한 신뢰할 만한 데이터가 없다. 물론 일반적으로 무역 규모 추정에 이용되는 중력모형(Gravity Model)에서는 이러한 공급과 수요의 요인을 당사국의 국내총생산(GDP) 같은 변수를 통해 분석한다. 그러나 북한의 경우 이러한 GDP 자체가 논란이 되는 것이 현실이다. 정확히 북한의 GDP가 얼마이며, 현재 외부세계가 보유한 북한의 GDP 관련 데이터 자체가 과연 신뢰할 수 있는지에 대한 논란이 끊이지 않는 것이다. 따라서 앞에서 언급한 것 같은 요인을 현실의 데이터로 분석할 수 있는지 불확실하다는 뜻이다.

둘째, 정보의 한계다. 예를 들어 북한과 중국의 다양한 제도적·정책적 요인이 북·중무역 규모에 영향을 미쳤다고 판단할 수 있다. 그러나 그간 북한과 중국에서 북·중무역과 관련해 과연 어떤 제도적·정책적 요인이 존재했는지 정확히 알지 못한다. 따라서 우리가 알고 있는 일부의 제도적·정책적 요인을 북·중무역에 대한 설명요인에 삽입해 분석한다고 해도, 여기에는 언제나 수많은 누락변수(omitted variables) 문제가 발생할 개연성이 있다. 이는 기술적으로 1990년대 후반 이후 북·중무역 규모의 시계열적 변화를 종속변수로 하고 여타의 결정요인 변수들을 독립변수로 해 회귀분석을 진행할 경우 그 계수의 추정값이 과연 신뢰할 수 있는가의 문제로 연결된다. 경우에 따라서는 우리가 수행하려는 북·중무역 결정요인에 대한 분석 결과를 납득시키기가 쉽지 않다는 뜻이다.

3. 분석모형과 이용 데이터

그렇다면 이러한 문제점을 우회하여 1990년대 후반 이후 북·중무역의 결정요인을 좀 더 객관적으로 검토하기 위해서는 과연 어떤 방법을 사용하는 것이 합리적일까? 물론 현재와 같이 관련 데이터와 정보의 한계가 분명한 상황에서는 이러한 질문 자체를 해소할 수 있게 하는 완전한 방법은 없다. 그러나 이러한 제약요건을 충분히 감안하고, 그로부터 파생되는 결론의 제약성 역시 충분히 인식한다면 아마도 최소한 다음과 같은 방법을 사용할 수는 있을 것이다.

우선 북·중무역의 결정요인을 분석하는 데 북·중무역 총액이 아니라 각 상품별 거래금액 및 거래량을 중심으로 논의를 전개하는 방법을 고려할 수 있다. 이러한 변수를 이용하는 경우 가장 커다란 이점은 분석에 사용되는 모형이 단순한 시계열적 분석모형이 아니라 일종의 패널 분석모형이 되기 때문이다. 일반적으로 패널 분석모형, 특히 고정효과(fixed effect)에 의한 분석모형은 우리가 알 수 없는 제반 요인을 일종의 시간불변(time-invariant)의 요인으로 간주해 그 영향을 체계적으로 제거할 수 있도록 한다. 따라서 패널 분석모형을 이용할 경우 설사 우리가 알지 못하는 어떤 요인을 분석에서 제외했다고 하더라도, 이 변수의 누락 때문에 분석에 삽입된 다른 변수의 계수에 대한 추정값 문제는 발생하지 않는다. 이는 앞서 언급한 것처럼 북·중무역의 결정요인을 분석하는 경우 가장 문제가 되는 누락변수의 문제를 통제하고, 그 추정 결과를 객관적으로 신뢰할 수 있게 하는 기반이 될 수 있다.

실제로 북·중무역의 결정요인과 관련해 각 상품별 거래금액 및 거래량을 중심으로 한 패널 회귀 분석을 진행할 때 먼저 고정효과모형을 이용해 분석할 수 있다. 이 경우 앞에서 언급한 것처럼 모형에 삽입되지 않는 여타의 제반 요인은 시간불변 요인으로 간주해 통제함으로써 모형에 삽입된 설명요인의 계수 추정값은 그 자체로 불편 추정량(unbiased estimator)이 된다. 설사 북·중무역의 결정요인과 관련해 정보의 제약으로 모형에 삽입하지 못하는 요인이 존재한다고 하더라도 동 모형 자체의 분석 결과만은 신뢰할 수 있다는 의미다. 그리고 이러한 고정효과모형의 가정을 완화해 모형에 삽입되지 않는 여타의 제반 요인을 시간 변화(time-variant) 요인으로 간주하는 랜덤효과(random effect)모형에 의한 분석을 추가로 진행해 그 결과를 고정효과모형 결과와 비교한다. 만일 이러한 비교 결과가 상호 동일하다면 우리는 북·중무역의 결정요인과 관련된 정보의 제약으로 설사 누락변수의 문제가 발생한다고 하더라도 그 분석 결과만은 충분히 신뢰할 수 있다고 말할 수 있다. 반대로 그 결과들이 상호 충돌한다면 그에 따른 해석 문제를 별도로 논의함으로써 결과의 신뢰성 여부를 토론할 수 있다.

이러한 사실에 착안해 1998~2012년 북·중무역 결정요인을 분석하는 데 북·중무역 총액이 아니라 'HS 6단위'의 구체적인 상품 수준 거래량 및 거래금액을 종속변수로 하고, 이를 설명하는 제반 변수들을 패널 회귀 분석하는 방법을 사용한다. 이처럼 HS 6단위의 구체적인 상품 수준 거래량 및 거래금액을 종속변수로 사용하는 경우 앞서 언급한 데이터의 한계를 우회하는 데에도 매우 유리하다. 예를 들어 특정 상품에 대한 중국 및 북한의 공급과 수요 요인을 생각해보자. 이 경우 만일 종속변수가 각 상품이 아니라 북·중무역 총액이라고 한다면 아마도 중국과 북한의 수요·공급을 표현하는 변수는 양국의 GDP가 되어야 할 것이며, 그 결과 앞서 지적한 데이터 한계의 문제가 곧바로 제기될 것이다. 그러나 종속변수가 각 상품별 거래량 및 거래금액이라면 사정은 매우 다르다. 이 경우 중국 및 북한의 공급과 수요 요인을 표현하는 변수는 북한과 중국의 해당 상품 또는 동 상품이 소속된 상품군의 전체 수출입량 또는 금액이 될 수 있기 때문이다. 예를 들어 북한이 'HS 000100'이라는 상품을 중국에 수출하는 경우, 이와 관련된 북한과 중국의 수요·공급 요인은 동 상품이 소속된 'HS 0001' 상품군에 대한 중국의 (북한으로부터의 수입을 포함한) 전체 수입량과 북한의 (중국으로의 수출을 포함한) 전체 수출량이라는 대체변수를 이용해 얼마든지 표현할 수 있기 때문이다. 이처럼 북·중무역의 결정요인을 무역총액이 아니라 구체적인 상품의 거래량으로 분석하는 경우 현존하는 무역 통계 및 관련 통계들을 적절히 활용해 앞서 언급한 데이터의 한계를 효율적으로 우회할 수 있다.

이러한 사실에 착안해 1998~2012년 북·중무역 결정요인을 분석하기 위해 다음과 같은 패널회귀모형을 상정한다.

$$\log(y_{it}) = c + b_1 \log(CF_{it} \times KF_{it}) + b_2 p_{it} + b_3 RT_{it} + \Sigma d_j + \Sigma d_k \ (1)$$

단, y_{it}: HS 6단위 상품 i의 월간 북·중무역 거래량 또는 거래금액

CF_{it}: HS 6단위 상품 i가 소속된 HS 4단위 상품군에 대한 분기별 중국의 무역총액

KF_{it}: HS 6단위 상품 i가 소속된 HS 4단위 상품군에 대한 분기별 북한의 무역총액

p_{it}: HS 6단위 상품 i의 월간 북·중무역 거래가격

RT_{it}: HS 6단위 상품 i의 월간 북·중무역 거래량 또는 거래금액에서의 동북3성 비중

Σd_j: 일본의 대북 제재 관련 더미변수들

Σd_k: 한국의 5·24 조치 관련 더미변수들

우선 이미 언급한 것처럼 식 (1)의 종속변수로는 1998~2012년 북·중무역의 HS 6단위 상품의 월간 거래금액 및 거래량을 사용한다. 물론 이와 관련된 데이터로는 이 글에서 재구축한 한국무역협회(KITA)의 해당 상품 거래금액 통계와 이를 토대로 도출한 해당 상품의 거래량 데이터를 이용한다.

또한 이러한 종속변수를 설명하기 위한 독립변수로 무엇보다 먼저 종속변수 HS 6단위 상품이 소속된 HS 4단위 상품군의 북한 및 중국의 (세계 전체와의) 분기별 거래총액의 곱을 이용한다. 이는 당연히 일반적인 중력모형에서 널리 이용되는 양국의 수요 및 공급 요인을 포착하기 위한 변수다. 그런데 여기에서 우리는 이들 변수에 대한 데이터로 분기별 자료를 이용한다. 이는 해당 상품군의 수요 및 공급 요인이 관련 상품의 거래에 영향을 미치는 데 일정한 시차가 존재할 수 있다는 점을 감안한 것이다. 구체적으로 이에 대한 중국 측 자료는 KITA가 제공하는 중국의 분기별 무역총액 통계를 이용하며, 북한에 대한 자료는 UN이 집계한 북한의 연간 무역총액을 분기별로 분해하

여 사용한다.

이에 더해 종속변수가 되는 HS 6단위 상품의 월간 거래가격 역시 독립변수로 고려한다. 이 자료는 이 글에서 재구축한 KITA의 북·중무역 통계자료를 이용한다. 물론 이러한 가격변수는 해당 상품의 거래량과 거래금액에 서로 차별적인 영향을 미칠 수 있다. 이에 따라 가격변수의 영향력을 관찰하는 경우 해당하는 종속변수가 거래금액인지, 거래량인지에 좀 더 세심한 주의를 기울이도록 한다.

한편, 현재 알려진 북·중무역 관련 제도적·정책적 변수의 하나로 북·중무역 간 거래상품 중 동북3성의 점유 비중을 독립변수로 사용한다. 동북3성의 비중이 높은 거래상품일수록 북한과의 거래에서 중국의 제도적·정책적 배려가 더 클 것이라고 판단할 수 있기 때문이다. 물론 동북3성의 거래 비중이 높은 상품은 중국의 제도적·정책적 배려가 아니라 지리적 거리와 같은 경제적 거래비용에 더욱 민감한 상품일 수도 있다. 일단 이러한 후자의 가능성은 배제하고, 여기에서는 이 상품을 중국의 제도적·정책적 배려가 더 큰 상품으로 판단해 논의하기로 한다.

마지막으로 식 (1)에서는 한국과 일본의 대북 제재와 관련된 더미변수 (dummy variable)를 삽입한다. 한국과 일본은 본격적인 대북 제재조치를 실시할 당시까지 각자 북한의 매우 중요한 무역 상대방이었으며, 이에 따라 이들의 제재로 북·중무역이 직간접적인 영향을 받지 않을 수 없었다고 보기 때문이다. 실제로 한국의 5·24 조치 이후 북한의 대한국 수출상품 중 섬유류 같은 위탁 가공 상품 등 일부가 중국으로 그 수출선이 전환되었다는 인식이 존재하는 것이 현실이다. 이들 제재 더미는 바로 이러한 북·중무역의 주변 환경 변화를 포착하기 위한 것이다. 이를 위해 식 (1)에 두 가지의 더미를 삽입하는데, 하나는 제재 시기와 관련된 더미변수이며, 다른 하나는 해당 상품이 북한의 대한국 또는 대일본 교역상품이었는지를 나타내는 더미변수다.

전자가 이들 대북 제재조치에 따른 전반적인 북·중무역의 변화를 감안하는 것이라면, 후자는 해당 상품이 과연 제재 전후 북·중무역으로 대체 또는 전환되었는지를 알아보기 위한 변수다.

한편, 이러한 방법과 데이터를 토대로 식 (1)을 세 가지 모형으로 추정한다. 우선 관련 데이터를 패널화하지 않고, 이를 통상적인 최소자승법(Ordinary Least Square: OLS)을 이용해 추정한다. 다음으로는 이를 패널화해 랜덤효과모형과 고정효과모형으로 추정하는 것이다. 물론 이들 추정 결과의 해석은 앞서 언급한 것처럼 고정효과모형을 중심으로 진행하고, 여기에 랜덤효과모형 및 OLS 결과를 서로 비교하는 방식으로 진행한다.

4. 분석결과와 해석

〈표 6-1〉과 〈표 6-2〉는 이러한 추정 결과를 제시한 것이다. 이에 따르면 1998~2012년 북·중무역 규모는 일반적으로 생각하는 경제적 변수로 매우 잘 설명된다. 우선 북한의 대중국 수출을 살펴보자.

고정효과모형에 의한 패널 분석 결과에 따르면, 북한의 대중국 수출금액은 북한의 공급 및 중국의 수요 측 요인에 의해 통계적으로 유의미한 정(+)의 영향을 받은 것으로 나타난다. 다시 말해 북한의 공급과 중국의 수요의 곱이 1% 증가하는 경우 북한의 대중국 수출금액은 약 0.2% 증가하는 것이다. 또한 이러한 수출금액은 수출가격에 의해서도 통계적으로 유의미한 정(+)의 영향을 받는 것으로 나타난다. 한편, 주목해야 할 사실은 북한의 수출상품 가운데 동북3성과의 거래 비중이 높은 상품일수록 수출금액 역시 증가하는 경향이 있다는 점이다. 이는 앞서 지적한 것처럼 동북3성을 북·중무역에서 중국이 일종의 제도적·정책적 혜택을 표현하는 변수로 보는 경우 그 혜

〈표 6-1〉 북한의 대중국 수출 결정요인에 대한 회귀분석 결과

〈A〉 거래금액

		Y: 거래금액		
		OLS	R.E	F.E
상수항		1.196(0.685)*	-6.727(0.468)***	-5.606(0.470)***
북·중 수요·공급		0.190(0.014)***	0.330(0.010)***	0.342(0.010)***
가격		3.903(0.562)***	1.889(0.542)***	1.102(0.580)*
제도적 우호성	동북3성과의 거래 비중	0.003(0.001)**	0.003(0.001)***	0.003(0.001)***
대일 무역 변화	일본제재 시기 더미	-0.676(0.059)***	-0.034(0.048)	0.060(0.050)
	대일본 수출 상품 여부 더미	1.067(0.049)***	0.016(0.050)	0(0.053)**
대남 교역 변화	한국 제재 시기 더미	-0.329(0.080)***	-0.048(0.062)	0(0.064)
	대한국 수출상품 여부 더미	0.755(0.078)***	0.479(0.063)***	0.412(0.066)***
R^2		0.057	0.118	0.664
샘플 수		25,312		
하우스만 테스트 Chi-Sq.		155.685***		

주: *은 90%, **은 95% ***은 99% 신뢰 수준을 각각 의미한다.

〈B〉 거래량

		Y1: 거래량		
		OLS	R.E	F.E
상수항		10.728(0.925)***	-4.290(0.460)***	-2.086(0.456)***
북·중 수요·공급		-0.025(0.019)	0.251(0.009)***	0.256(0.009)***
가격		-8.833(0.757)***	-0.871(0.544)	-0.265(0.561)
제도적 우호성	동북3성과의 거래 비중	0(0.002)	0.002(0.001)***	0.002(0.001)***
대일 무역 변화	일본제재 시기 더미	-0.636(0.080)***	-0.177(0.048)***	-0.104(0.048)**
	대일본 수출 상품 여부 더미	-0.287(0.108)***	-0.387(0.061)***	-0.332(0.062)***
대남 교역 변화	한국 제재 시기 더미	0.697(0.066)***	0(0.050)	-0.093(0.051)*
	대한국 수출상품 여부 더미	0.348(0.106)***	0.584(0.063)***	0.526(0.064)***
R^2		0.014	0.050	0.818
샘플 수		25,165		
하우스만 테스트 Chi-Sq.		148.661***		

주: *은 90%, **은 95% ***은 99% 신뢰 수준을 각각 의미한다.

〈표 6-2〉 북한의 대중국 수입 결정요인에 대한 회귀분석 결과

〈A〉 거래금액

		Y: 거래금액		
		OLS	R.E	F.E
상수항		10.671(0.327)***	-1.251(0.242)***	-1.02(0.242)***
북·중 수요·공급		-0.056(0.007)***	0.192(0.005)***	0.200(0.005)***
가격		0.113(0.002)***	0.086(0.002)***	0.083(0.002)***
제도적 우호성	동북3성과의 거래 비중	0.008(0.000)***	0.008(0.000)***	0.008(0.000)***
대일 무역 변화	일본 제재 시기 더미	0.225(0.024)***	-0.112(0.021)***	-0.125(0.021)***
	대일본 수출 상품 여부 더미	-0.102(0.020)***	0.179(0.015)***	0.191(0.016)***
대남 교역 변화	한국 제재 시기 더미	0.054(0.017)***	0.385(0.019)***	0.397(0.020)***
	대한국 수출상품 여부 더미	0.974(0.021)***	0.438(0.018)***	0.414(0.018)***
R²		0.034	0.095	0.525
샘플 수		185,143		
하우스만 테스트 Chi-Sq.		616.001***		

주: *은 90%, **은 95% ***은 99% 신뢰 수준을 각각 의미한다.

〈B〉 거래량

		Y1: 거래량		
		OLS	R.E	F.E
상수항		17.637(0.506)***	-1.916(0.255)***	-1.366(0.252)***
북·중 수요·공급		-0.237(0.010)***	0.175(0.005)***	0.180(0.005)***
가격		-0.239(0.003)***	-0.021(0.002)***	-0.016(0.002)***
제도적 우호성	동북3성과의 거래 비중	0.007(0.001)***	0.006(0.000)***	0.006(0.000)***
대일 무역 변화	일본 제재 시기 더미	0.748(0.037)***	-0.312(0.022)***	-0.327(0.022)***
	대일본 수출 상품 여부 더미	-0.210(0.031)***	-0.041(0.016)**	-0.034(0.016)**
대남 교역 변화	한국 제재 시기 더미	-0.785(0.027)***	0.406(0.021)***	0.422(0.021)***
	대한국 수출상품 여부 더미	0.432(0.033)***	0.456(0.019)***	0.448(0.019)***
R²		0.030	0.040	0.784
샘플 수		184,863		
하우스만 테스트 Chi-Sq.		929.375***		

주: *은 90%, **은 95% ***은 99% 신뢰 수준을 각각 의미한다.

택이 실제로 북·중무역에서 경험적으로 관찰된다는 것을 의미한다.

그런데 흥미롭게도 북한의 대중국 수출금액은 일본의 대북 제재 및 한국의 5·24 조치와 통계적으로 유의미한 연관이 크지 않은 것으로 나타난다. 실제로 일본의 대북 제재 관련 더미들의 계수값은 모두 통계적으로 유의미하지 않은 것으로 나타났다. 또한 한국의 5·24 조치와 관련된 제재 시기 더미변수의 계수값 역시 통계적으로 유의미하지 않은 것으로 나타났다. 물론 5·24 조치 이전 북한이 한국으로 수출한 상품의 경우 이 조치를 계기로 대중국 수출금액이 통계적으로 유의미하게 증가한 것으로 나타났다. 이는 앞서 지적한 것처럼 섬유류를 비롯한 일부 위탁 가공 교역 상품의 대한국 수출이 거의 대부분 중국으로 전환 수출되었다는 인식과 궤를 같이하는 것이다. 이러한 현실에도 한국 및 일본의 대북 제재를 기점으로 북한의 대중국 수출이 통계적으로 유의미한 증가를 보이지 않는 것은 일반적인 예상과 달리 북한의 대중국 수출이 종래 북한의 대한국 및 대일본 수출을 완전히 흡수하지 못했다는 사실을 시사한다. 이상의 결과는 추정방법을 랜덤효과모형이나 최소자승법으로 변화시켜도 크게 달라지지 않는다. 이러한 의미에서 이들 결과가 상대적으로 강고한 모습을 보인다고 해도 크게 문제되지는 않을 것이다.

한편, 종속변수를 북한의 대중국 수출량으로 변화시키는 경우에도 이러한 결과가 근본적으로 크게 뒤바뀌지는 않는 것으로 나타난다. 그러나 다음과 같은 몇 가지 분명한 차이점도 존재한다. 무엇보다 북한의 대중국 수출량은 수출가격에 의해 부(−)의 영향을 받는 것으로 나타난다. 이는 북한의 수출가격이 상승할수록 이에 대한 중국의 수요가 감소함으로써 수출물량이 줄어든다는 의미다. 물론 이러한 결과가 통계적으로 유의미한 것은 아니다. 앞에서 지적한 것처럼 수출금액은 수출가격에 의해 정(+)의 영향을 받는 것으로 나타난다. 이러한 사실은 가격의 상승에 따른 수요의 후퇴 및 이에 따른 거래물량의 감소라는 직관과 매우 잘 어울린다.

또한 수출물량 측면에서는 일본의 대북 제재가 통계적으로 유의미한 부(−)의 영향을 미쳤던 것으로 나타난다. 실제로 일본의 대북 제재와 관련된 시기의 더미변수 및 교역상품 여부 더미변수에 대한 계수 추정값은 모두 통계적으로 유의미한 음(−)의 부호를 보인다. 이는 일본의 대북 제재와 관련해 북한의 대중국 관련 상품의 수출물량이 오히려 줄어들었다는 사실을 의미한다. 아마도 이는 그간 북한이 일본에 주로 수출하던 상품이 송이버섯과 같은 농산물처럼 중국에 우회 수출하기는 힘든 품목이라는 사실과 밀접한 연관이 있을 것이다. 일본의 대북 제재 이후 이러한 상품의 수출지가 주로 한국으로 집중됨으로써 그나마 중국으로 일부 수출되던 기존의 물량이 오히려 줄어드는 계기로 작용했을 것이라는 뜻이다.

그런데 정작 흥미로운 것은 한국의 5·24 조치와 관련된 추정 결과다. 〈표 6-1〉에 따르면 5·24 조치 이후 북한의 대중국 수출물량은 시기별로 오히려 줄어드는 경향이 있다. 이는 통계적으로 유의미하지만 동시에 5·24 조치 이전 북한이 한국에 수출하던 수출 품목의 경우 대중국 수출이 통계적으로 유의미할 만큼 증대하는 경향이 있는 것으로 나타난다. 북한의 대중국 수출물량과 관련해 왜 이러한 현상이 나타나는지에 대해서는 좀 더 면밀한 추후 검토가 필요하다. 그런데도 이러한 결과는 기존의 5·24 조치와 관련된 데이터 분석 결과와 그 궤를 같이한다는 점에서 주목할 만하다. 다시 말해 5·24 조치로 북한이 종래에 한국에 수출하던 섬유류 같은 위탁 가공물품과 일부 수산물은 그 수출지가 중국으로 변경되어 전환 수출되었지만, 여타의 대한국 수출 품목은 수출지가 중국으로 전환되지 못하거나 오히려 중국에 대한 수출 역시 줄어드는 경향이 있다는 것이다. 이렇게 보면 한국의 5·24 조치가 북·중무역에 끼친 영향 역시 향후 좀 더 입체적으로 재조명될 필요가 있다.

한편, 북한의 대중국 수입 역시 앞에서 언급한 수출에서의 결과와 대동소이한 것으로 나타난다. 무엇보다 북한의 대중국 수입금액은 북한의 수요요인 및 중국의 공급요인에 의해 통계적으로 유의미한 정(+)의 영향을 받는 것으로 나타나며, 가격 변화에 의해서도 동일하게 통계적으로 유의미한 정(+)의 영향을 받는 것으로 판명되었다. 또한 수입금액에서 동북3성이 차지하는 비중이 높은 품목일수록 수입금액이 더욱 증대하는 경향이 있었고, 이러한 경향 또한 통계적으로 유의미했다. 그런데 북한의 수입의 경우 한국 및 일본의 대북 제재 영향력이 수출의 경우와는 조금 다르게 나타난다는 점에서 흥미롭다. 우선 일본의 제재는 그 방향성을 일의적으로 판단하기에는 결과가 조금 애매하다. 제재 시기 더미변수와 관련된 계수 추정값은 통계적으로 유의미한 음(−)의 부호를 갖는 반면, 북한의 대일본 수출상품인지 유무와 관련된 더미변수의 계수 추정값은 이와는 정반대로 정(+)의 부호를 보이기 때문이다. 반면, 한국의 5·24 조치가 미친 영향력의 방향성은 매우 분명하게 나타난다. 이 경우 제재 시기 더미변수는 물론 북한의 대한국 수출상품인지 유무와 관련된 더미변수의 계수 추정값 역시 모두 통계적으로 유의미한 정(+)의 부호를 나타낸다. 이는 한국의 5·24 조치를 계기로 그간 북한이 한국에서 수입하던 물품은 거의 대부분 수입지가 중국으로 이전되었고, 이로 인해 대중국 관련 수입이 증대하는 경향이 있음을 의미한다.

이러한 결과는 북한의 대중국 수입 물량을 종속변수로 하는 패널 회귀 분석에서도 거의 동일하게 나타난다. 다만, 수입금액과의 차이점으로는 크게 두 가지를 주목할 필요가 있다. 첫째, 수출의 경우와 마찬가지로 수입에서도 수입가격의 변화는 수입금액에는 정(+)의 영향을 미치지만 수입 물량에 대해서는 통계적으로 유의미한 부(−)의 영향을 미치는 것으로 나타난다는 점이다. 둘째, 수입 물량의 경우 일본의 대북 제재가 대중국 수입 물량에 확실한 부(−)의 효과를 미친다는 점이다. 즉, 일본의 대북 제재와 관련된 모든 더미변수의 계수 추정값이 통계적으로 유의미한 음(−)의 부호를 보이는 것이다. 이렇게 보면 향후 일본의 대북 제재 효과에 대해서도 좀 더 입체적인 토론이 필요할지 모른다.

　이상의 결과를 종합하면 1998~2012년 북·중무역 규모는 크게 네 가지의 변수로 결정된 것으로 판단된다. 첫째, 북한과 중국의 공급 및 수요 요인은 북한의 대중국 수출입 모두에 통계적으로 유의미한 정(+)의 영향을 미친다. 둘째, 수출가격은 북한의 대중국 수출입 금액을 증대시키는 요인이기는 하지만, 동시에 수출입 물량을 감소시키는 요인으로 작용한다. 셋째, 북·중무역에서 동북3성의 비중이 미치는 영향에서 볼 수 있듯이 중국의 북·중무역에 대한 제도적·정책적 배려는 북·중무역 규모를 증대시키는 요인으로 작용한다. 넷째, 한국 및 일본의 대북 제재와 같은 외부환경 변화가 미치는 영향력은 상대적으로 불확실하다. 다만, 북한의 대중국 수출입 모두에서 일본의 제재보다는 한국의 5·24 조치가 북·중무역 규모를 증대시키는 방향으로 작용했을 가능성이 더욱 높다.

5. 맺음말

　머리말에서 밝혔듯이 본래 이 글의 목적은 1990년대 후반~현재까지의 북·중무역과 관련해 크게 다섯 가지의 작업을 수행하는 것이지만 지면의 제약으로 이 다섯 가지 작업결과를 모두 소개할 수는 없었다. 따라서 마지막으로 글을 끝맺음하는 단계에서 간략하게나마 이들 작업 결과 가운데 통계 데이터 재구성 작업 외의 나머지 네 가지 작업 결과를 한꺼번에 제시함으로써 앞에서 제시한 북·중무역의 결정요인 분석 작업을 어떤 맥락에서 이해할 수 있는지 알아보는 것이 더욱 적절할 것이다. 실제로 만일 1990년대 후반 이후 현재까지의 북·중무역 통계를 좀 더 합리적인 방식으로 재구성해 분석할 경우 이제까지의 북·중무역은 주로 다음과 같은 방식으로 이해할 수 있다.

첫째, 1998~2012년 북·중무역은 금액 면에서는 북한의 대중국 수입 위주로 발전했다. 실제로 이 기간 중 북한의 대중국 수입은 언제나 대중국 수출을 능가해 북한은 항상적인 무역적자에 직면했다. 이러한 북·중무역은 증가율 측면에서 살펴보면 주로 북한의 대중국 수출이 주도한 것으로 나타난다. 이 기간 중 북한의 대중국 수출 증가율은 연평균 47.96%에 달해, 연평균 19.20%에 그친 수입 증가율을 크게 능가한 것으로 나타난다. 더욱이 이러한 수출 증가율은 수입 증가율과 달리 시기에 따라 그 변화의 진폭이 매우 크게 나타난다는 특징이 있다. 이러한 현상은 북한의 대중국 수출과 수입의 고유한 패턴 차이로부터 발생하는 것이다. 북한의 대중국 수입은 북한 경제를 유지하는 데 필요한 제반물자 획득을 위해 진행된 것인 반면, 북한의 대중국 수출은 이러한 수입 수요를 충족시키기 위한 경화 획득을 목표로 진행된 것이다. 문제는 북한의 경우 대중국 수출기반이 매우 취약할 수밖에 없다는 점이었다. 따라서 북한의 대중국 수입은 북한 경제의 회복과 발전 과정에서 자연스럽고도 경제적인 동기를 가지고 안정적으로 증대된 반면, 수출은 이처럼 늘어나는 수입 수요에 대응하기 위해 정책적이고도 인위적인 개입을 통해 확대될 수밖에 없었다. 바로 이러한 요인 때문에 북한의 수출 증가율은 수입 증가율에 비해 절대적인 수준에서는 더욱 높았으나 그 진폭 역시 더욱 커서 상대적으로 불안정한 형태를 취했다.

둘째, 북·중무역을 상품별로 분해해보면 그 거래내역은 수출과 수입에서 상당한 차이를 보인다. 북한의 대중국 수입의 경우 북한 경제의 유지를 위한 에너지(석유)와 식량, 공업제품이 주류를 이루는 반면, 수출은 무연탄과 철광석 같은 공산물과 수산물 등 자연 채취물, 그리고 섬유류와 같은 일부 위탁가공 생산품 위주다. 한편, 이러한 거래내역의 가장 중요한 특징은 매해 북한의 거래상품 변동이 극심했고, 이러한 현상이 특히 수출에서 두드러지게 나타났다는 점이다. 실제로 1998~2012년 북한의 대중국 총수출상품 수는

1,596개였던 반면, 연평균 수출상품 수는 404개에 불과한 것으로 나타난다. 이러한 사실을 감안해 이 기간 북한의 수출입을 90%까지 설명할 수 있는 핵심 상품집합을 구성하는 경우 HS 6단위 기준으로 북한의 수출 품목 수는 66개, 수입품목 수는 639개로 밝혀졌다. 이는 북·중무역의 상품별 구조가 특히 수출에서 소수의 한정된 품목에만 집중되어 있는 매우 취약한 상태임을 반증하는 것이다.

셋째, 1998~2012년 북·중무역의 변화는 이 기간 각 거래상품의 평균거래가격을 이용해 가격효과와 물량효과로 분해해볼 수 있다. 그 결과 이 기간 중 북한의 수출은 연평균 47.96% 증가했는데, 이 중 물량의 증대로 인한 부분이 39.82%, 가격 변화로 인한 부분이 8.14%로 나타났다. 이는 북한의 대중국 수출의 경우 전체 변화율의 약 5/6가 물량의 변화로 초래된 것이며, 이 중 가격의 변화로 인한 부분은 1/6에 불과했다는 뜻이다. 반면, 수입의 경우 이 기간 중 연평균 19.20%의 증가율을 보였는데, 이 중 물량으로 인한 부분이 13.20%, 가격으로 인한 부분이 6.00%인 것으로 나타났다. 이렇게 보면 북한의 수출에서는 대부분의 변화가 물량에 의한 것인 반면, 수입의 경우 가격으로 인한 부분이 전체 변화의 약 1/3을 차지할 정도로 컸음을 알 수 있다. 북·중무역에서의 가격효과와 물량효과가 수출과 수입에서 서로 다르게 나타났다는 의미다.

넷째, 앞에서 소개했지만 1990년대 후반 이후 북·중무역의 결정요인은 크게 네 가지로 집약해볼 수 있다. ① 북한과 중국의 수요·공급 요인은 북한의 대중국 수출입 모두에 통계적으로 유의미한 정(+)의 영향을 미치는 것으로 나타난다. ② 수출입 가격은 북한의 대중국 수출입 금액을 증대시키는 요인이기는 하지만, 동시에 수출입 물량을 감소시키는 요인으로도 작용한다. ③ 북·중무역에서의 동북3성이 차지하는 비중으로 측정한 중국의 제도적·정책적 배려는 북·중무역 규모를 증대시키는 요인으로 작용한다. ④ 한국 및 일본의 대북 제재와 같은 외부환경 변화가 미치는 영향력은 상대적으로 불확실하다. 다만, 북한의 대중국 수출입 모두에서 일본의 제재보다는 한국의 5·24 조치가 북·중무역 규모를 증대시키는 방향으로 작용했을 가능성이 더욱 높다.

참고문헌

1. 국내 문헌

이석·이재호·김석진·최수영. 2010. 『1990~2000년 북한 무역 통계의 분석과 재구성』. 연구보고서 2010-07. 한국개발연구원.

김석진. 2010. 「통계 재구성의 시사점 분석 2: 북한 대외무역의 구조와 특징」. 이석· 이재호·김석진·최수영 지음. 『1990~2008년 북한 무역 통계의 분석과 재구성』. 한국개발연구원.

통계청. 2012. 『북한의 주요 통계지표』.

통일부. 2008. 『남북협력기금 백서』.

_____. 2009. 「국감 수감자료」.

_____. 『월간 남북교류협력동향』, 1988~2013(각 연 월호).

대한무역투자진흥공사(KOTRA). 각 연도. 『북한의 대외무역동향』.

제7장

2000년대 북한의 산업 및 기업 실태*

이석기 | 산업연구원 선임연구위원

1. 머리말

북한 경제는 극심한 식량난과 전력난, 그리고 국영기업의 가동 중단 등으로 1990년대 들어 심각한 위기에 봉착했다. 북한 경제의 이러한 추락은 국영기업으로 구성된 북한의 각 산업에도 당연히 치명적인 타격을 입혔으며, 제조업을 비롯한 북한의 산업은 그 이전과는 비교할 수 없는 상황이 되었다.

그런데 2000년대의 북한 경제는 추락하기만 하던 1990년대와는 다소 다른 모습을 보인다. 여전히 식량 사정은 어렵지만 대규모 아사자는 발생하지

---

* 이 글은 이석기 외, 『2000년대 북한의 산업과 기업: 회복 실태와 작동 방식』(산업연구원, 2010) 및 이석기 외, 『2000년대 북한 기업 현황: 북한 공식매체 분석을 중심으로』(산업연구원, 2014)를 요약, 업데이트한 것이다.

않았으며, 전력 사정 역시 다소 개선되었다. 2000년대 북한 경제는 여전히 위기 상황이지만 최소한 더 이상 나빠지지는 않았으며, 부분적인 회복과 정체상태에 있다고 볼 수 있다. 북한 경제의 부분적인 회복은 계획화체계의 약화 및 시장화의 진전과 같이 진행된다. 이러한 북한 경제의 말단을 이루는 것이 북한의 국영기업이며, 북한의 각 산업은 이러한 국영기업으로 구성되었다. 따라서 2000년대 북한의 산업은 추락하기만 하던 1990년대와는 다소 다른 양상을 보이고, 국영기업의 작동 방식 역시 이전과는 사뭇 다르다.

이 글은 2000년대 북한 산업의 부분적 회복 실태와 국영기업의 현황 및 작동방식을 파악함으로써 1990년대와는 다른 2000년대의 북한 경제에 대한 이해를 심화시키는 것을 목적으로 한다.

2. 2000년대 북한 산업: 부분적 회복과 그 한계[1]

1) 북한 산업의 형성과 붕괴

북한은 내부적으로 조달 가능한 몇 가지 생산요소, 즉 상대적으로 풍부한 노동력, 에너지자원으로서의 수력, 연료 및 원료자원으로서의 석탄, 철광석을 중심으로 한 지하자원, 농수산자원 등에 기초해 전력 등 에너지, 금속, 화학제품, 기계 등 자본재와 중간재를 생산하고, 이렇게 내부에서 공급된 에너지, 자본재 및 중간재를 사용해 군수품과 소비재를 생산함으로써 군사 부문과 정부 부문, 주민에게 공급하는 극단적인 내부지향형 공업화 전략을 추구

---

1) 이 부분은 이석기 외, 『2000년대 북한의 산업과 기업: 회복 실태와 작동 방식』, 제3장의 내용을 정리하고, 업데이트한 것이다.

했다. 아울러 내부적으로 공급되는 자원을 기반으로 하는 기술체계, 즉 석탄을 기본 원료로 하는 석탄화학이나 공업화 초기에는 상대적으로 풍부한 전력을 기반으로 철도 수송체계 등을 발달시켰다.

이러한 공업화 전략의 결과 원유 등 일부 원자재의 수입이 산업 순환에서 불가결한 요소가 되기는 하였지만, 1980년대 말 기준 북한은 자체적으로 완결된 산업구조를 구축했다.

내부적으로 조달되는 자원에 크게 의존하는 산업구조의 특성상 확대 재생산을 위해서는 기본적으로 석탄과 철광석 등 기초 원자재의 공급이 지속적으로 증가해야 한다. 특히 석탄은 에너지자원인 동시에 화학공업의 주된 원료로 전체 산업의 생산 증가를 위해 지속적으로 공급을 늘려야 하는 생산요소였다. 문제는 석탄 생산 증가를 위해서는 내부에서 생산되는 에너지 및 탄광용 설비 및 자재의 공급이 증가해야 하는데, 이를 위해서는 다시 에너지자원인 석탄 공급의 증가가 필요하다는 것이었다. 더구나 북한 경제는 모든 생산 부문이 에너지 다소비형으로 구축되어 있어 확대 재생산을 위해서는 점점 더 많은 에너지자원의 공급, 즉 석탄의 공급이 필요했으며, 이 과정이 단절되면 연쇄적인 반응이 나타날 수밖에 없는 구조였다.

1990년대 북한 산업의 붕괴는 1980년대까지 유지되던 이러한 산업 연관구조가 급작스럽게 파괴되면서 초래되었다. 즉, '석탄, 철광석을 포함한 원자재의 공급 증가 → 에너지 및 공업용 원료 공급 증가 → 공업 부문의 생산 및 투자 증가 → 원자재 생산 증가'라는 기본적인 확대 재생산 메커니즘에 심각한 장애가 발생했으며, 이것이 북한 산업의 붕괴를 촉발했다고 볼 수 있다.

1990년대 초부터 시작된 핵심 산업 부문의 생산 감소가 누적된 결과 1990년대 중반 들어 자체적으로 조달 가능한 생산요소를 핵심 투입재로 하는 기존의 산업 연관구조는 더 이상 작동이 불가능해졌다. 가장 직접적인 원인 중 하나는 석탄 공급량의 급격한 감소였다. 1985년 3,750만 톤에 달하던 북한의 석탄 생산량은 1980년대 후반 정체기에 들어섰으며, 1990년대에는 급속도로 감소했다. 그 결과 1998년 북한의 석탄 생산량은 1985년의 약 45% 수준인 1,860만 톤에 불과했다. 석탄 공급량이 급감함에 따라 화력발전소의 발전량이 크게 줄었을 뿐 아니라 석탄을 1차 에너지원으로 하는 산업설비의 에너지 공급량 역시 크게 줄었다. 사회주의경제권의 붕괴에 따라 우호가격으로 도입하던 원유 공급량이 크게 줄어든 것도 에너지 사정을 더욱 악화시켰다.

석탄과 함께 철광석 등 기초 원자재의 공급도 크게 감소했으며, 식량 사정 악화에 따라 실질적으로 산업현장에 공급되는 노동력 역시 크게 감소했다. 이러한 주요 생산요소 공급의 감소는 금속, 기계, 화학 등 자본재 부분 가동률의 급속한 저하를 초래했으며, 이는 이들 산업으로부터 공급되는 기계·설비와 중간재를 사용하는 경공업과 농업, 채취공업의 생산활동을 위축시켰다. 여기에 사회주의경제권의 붕괴에 따른 원유 등 주요 자원의 수입 감소는 수송 부문을 비롯한 제반 산업의 추락을 가속화시켰다. 채취공업 및 중화학공업의 붕괴는 중앙집중적 물자 공급체계를 그 기반으로 하는 계획경제 시스템의 작동 불능을 초래했고, 이는 재생산구조의 혼란을 더욱 가중시켰다. 김일성의 사망은 그렇지 않아도 불안정한 경제 통제체제를 일순간 마비시킴으로써 북한 산업의 붕괴를 심화시켰다.[2]

1990년대 산업 생산 감소의 원인으로 추가적으로 고려해야 할 점은 군수 부문과 여타 부문 간 불균등한 생산 감소 가능성이다. 즉, 에너지와 금속 소재, 기계 등 핵심 원자재의 공급 감소에 직면한 북한은 최종 소비 부문인 군수 부문에 일차적으로 이들 핵심 원자재와 자본재를 공급했을 가능성이 크며, 이는 전체 산업 생산의 위축을 더욱 심화시켰을 것으로 보인다.

---

[2] 1990년대 북한 산업 붕괴에 대한 추가적인 논의는 이석기 외, 『2000년대 북한의 산업과 기업: 회복 실태와 작동 방식』, 73~76쪽 참조.

2) 2000년대 북한 산업의 부분적 회복 실태

북한 경제는 1990~1998년에 9년 연속 마이너스 성장(한국은행 추계 기준)을 기록하며 극도로 악화되었다. 대규모의 아사자가 발생했으며, 에너지 및 중간재 공급의 증가로 국영기업의 가동률은 20~30% 수준으로 하락했다. 그러나 1998년 바닥을 친 북한 경제는 2000년대 들어 추락을 멈추고 제한적이긴 하지만 회복 추세를 보였다. 북한 경제의 이러한 회복은 주요 산업의 생산 추이를 통해서도 확인된다. 즉, 1990년대 북한 산업의 몰락을 주도했던 발전과 석탄 부문의 생산량이 1980년대의 피크 수준에는 여전히 크게 미치지 못하지만 경제상황이 최악이던 1998년에 비해 크게 회복되었으며, 경제위기가 시작된 1990년대 초 수준에 근접했음을 확인할 수 있다. 이들 두 부문에는 미치지 못하지만 철광석 생산량과 강철 생산량도 다소 회복되었다(〈표 7-1〉 참조).

2000년대 북한 산업의 회복은 상당히 불균등하게 이루어졌다. 2000년대 초부터 집중적인 투자가 이루어진 전력과 석탄 등 에너지 부문이 가장 우선적으로 회복되었으며, 발전소와 대규모 물길 공사, 주택 건설 등 건설 수요에 부응하기 위해 상대적으로 투자가 많이 이루어진 시멘트를 중심으로 한 건재 산업도 빠르게 회복되었다. 금속 부문의 생산도 어느 정도 회복되었지만 그 속도는 에너지 부문에 비해 훨씬 느렸다. 이는 코크스(cokes) 탄 수입 여력의 제약이나 김책제철련합기업소 등 대규모 제철소의 개건·현대화를 위한 투자 자금 부족 및 기술적 문제 등에 기인한다. 기계 부문의 경우 발전소 건설을 위한 중전기 부문은 꾸준한 생산활동을 해왔으며, 2000년대 후반에는 새로운 대규모 설비투자와 관련해 대형 설비 제작 분야의 생산활동이 다소 활발해졌다. 화학공업은 석탄 및 에너지 부족, 막대한 자금 소요 등의 문제 때문에 2000년대 중반까지 사실상 방치되었다가, 2000년대 후반부터 대

<표 7-1> 주요 산업 생산실적 추이 비교

단위: 억kWh, 만 톤

	발전량	석탄 생산량	철광석 생산량	곡물 생산량	시멘트 생산량	강철 생산량
1988	279	4,070	1,030	521	978	504
1990	277	3,315	843	402	613	336
1998	170	1,860	289	389	315	95
2002	190	2,190	408	413	532	104
2007	237	2,410	513	400	612	123
2008	255	2,506	532	431	642	128
2009	235	2,550	496	411	613	126
2010	230	2,500	509	-	628	128
2011	209	2,550	523	-	645	123
2012	215	2,580	519	-	645	122
2013	221	2,660	548	-	660	121

자료: 한국은행 경제통계시스템.

규모 투자를 재개한 것으로 보인다. 이는 농업 및 경공업 부문에 대한 원자재 공급을 늘리기 위한 것으로 보이는데, 성과를 거둘 수 있을지는 아직 미지수다. 민수용(民需用) 자동차와 조선 공업은 사실상 포기한 것으로 보인다. 수요가 절실하지 않을 뿐 아니라 현재 북한의 산업 역량상 자동차와 선박을 제조하는 데 필요한 수많은 부품의 공급은 불가능하기 때문이다. 경공업 부문에서는 식품 가공 부문에 대한 관심과 투자가 가장 눈에 띤다. 더구나 2009년에는 일용식품공업성이 설립되고 종합식품공장을 신설하는 등 식품 가공 부문을 우선적으로 재건하겠다는 정책 의지가 나타났다. 여타 경공업 부문은 원자재 공급의 제약에서 벗어나지 못했다. 다만 시장 수요를 위한 생산이 지속적으로 늘어나는 것으로 보인다.[3]

2000년대 북한 산업은 1990년대의 총체적인 붕괴 상황에서 부분적으로 회복했다고는 하지만, 1980년대와 같은 완결된 산업 연관구조로 돌아가지는

---

3) 이석기 외, 『2000년대 북한의 산업과 기업: 회복 실태와 작동 방식』, 76~124쪽 참조.

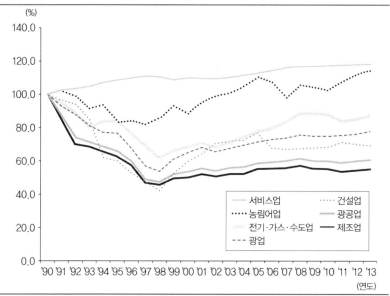

〈그림 7-1〉 북한 경제의 산업별 생산 동향(1990~2013)

주: 1990년=100을 기준으로 한다.
자료: 한국은행 경제통계시스템.

못했다. 석탄과 수력을 이용한 에너지 생산 → 에너지와 철광석 등을 이용한 금속 생산 → 기계 부문과 일부 건설자재 부문 → 군수 부문으로 이어지는 연관구조의 경우 규모가 축소된 채로 우선 복구되었다. 현재 이 구조의 규모를 제약하는 부문은 회복이 가장 느린 금속 부문인 것으로 추정된다. 반면, 석탄 및 전력 → 석탄화학 → 경공업 및 농업으로 이어지는 생산 연쇄는 석탄화학 부문이 회복되지 못해 아직 복구되지 못했다.

자본재 부문으로부터의 원자재 공급 회복이 지체되면서 소비재 부문의 수입 원자재에 대한 의존도는 높아졌다. 또한 이들 부문의 생산 및 판매 과정에서 비공식 경제에 대한 의존도 역시 높아졌다. 그 결과 부분적으로 복구된 자본재 부문과 소비재 부문 간 연계는 여전히 단절되거나 매우 약화된 상태에 머물러 있다.

한편, 북한은 2000년대 후반 화학공업을 중심으로 대규모 투자를 재개했는데, 이는 석탄화학 → 경공업 및 농업으로 이어지는 산업 순환의 복구 시도라고 볼 수 있으며, 그 성과는 아직 제한적이다.[4]

3. 기업 관련 기사를 통해 본 2000년대 북한의 산업[5]

2000년대 북한 주요 산업의 동향은 ≪로동신문≫ 등 북한 공식매체의 기업 관련 기사를 통해서도 간접적으로 확인할 수 있다. 북한의 기업 관련 보도를 ① 기업 신설, ② 투자 동향, ③ 생산 실적 동향, ④ 기타 정치 기사 등으로 분류, 분석해 산업별·시기별 기업 활동내역을 확인해보았다. 이를 통해 2000년대 북한 산업의 동향을 다음과 같이 추정할 수 있다.

첫째, 2000년대 북한 광업 및 제조업의 부분적 회복은 신규 기업의 설립보다는 기존 기업을 통해 이루어졌을 것으로 추정된다. 이는 2000년 이후 신규 설립 관련 동향이 보도된 제조업 및 광업 분야 기업이 100여 개에 불과하다는 사실로부터 추론할 수 있다. 제조업 내부 신규 기업의 설립은 주로 경공업 분야에서 이루어졌으며, 특히 식품 가공업에 집중된 것으로 보인다. 이는 상대적으로 투자 규모가 작고, 내부에서 원부자재를 공급할 수 있는 식품 가공 부문에 대한 집중 투자가 이루어졌을 가능성을 시사한다. 중화학 공업에

---

4) 남흥청년화학련합기업소의 석탄가스화 공정에 의한 비료생산, 2·8비날론련합기업소의 화학원자재 생산 등 일부 성과가 있긴 하지만, 경공업 원부자재의 공급능력이 의미 있는 수준으로 개선되었다고 보기는 힘들다.

5) 이 부분은 이석기 외, 『2000년대 북한 기업 현황: 북한 공식매체 분석을 중심으로』의 제4장 「기업 기사를 통해 본 2000년대 북한 산업 동향」을 요약한 것이다.

<표 7-2> 업종별 투자활동 보도 기업 현황

대분류	중분류	기업소 수(개)	투자활동 보도 기업 비중(%)*
경공업	음식료품 및 담배	254(508)	50.0
	섬유·의복	102(383)	26.6
	신발·가방	29(40)	72.5
	가구·목재 및 종이	79(167)	47.3
	기타	30(134)	22.4
	소계	494(1,232)	40.1
중화학공업	화학	149(362)	41.2
	건재	84(207)	40.6
	1차 금속제조업	37(47)	78.7
	기계	113(269)	42.0
	수송기계	17(53)	32.1
	전기·전자	36(88)	40.9
	소계	436(1,026)	42.5
합계		930(2,258)	41.2

* 존재가 확인된 기업 중 투자활동이 보도된 기업 비중.
주: ( ) 안은 2000~2013 ≪로동신문≫ 및 ≪민주조선≫ 기사를 통해 존재가 확인된 기업.
자료: 이석기 외, 『2000년대 북한 기업 현황: 북한 공식매체 분석을 중심으로』, 78쪽에서 재인용.

서는 신규 기업이 거의 설립되지 않았는데, 이는 특정 산업 부문에 문제가 생기면 그 부문에 대규모 설비를 신설하던 1980년대 이전과는 확연히 다른 모습이다. 석탄과 철광석의 생산 증가는 신규 광산 개발보다는 기존 광산의 복구와 확충, 전력, 설비, 자재 및 노동력 공급 증가를 통한 것임을 시사한다.

둘째, 투자 측면에서 보면 전체 제조업 기업의 약 40%만 투자 관련 동향이 보도된 가운데 경공업과 중화학 공업에서 거의 유사한 수준의 기업 투자 동향이 보도되었다. 경공업 내부에서는 설립과 마찬가지로 식품 가공 부문에서 집중적으로 투자활동이 이루어진 것으로 추정된다. 한편 광업 부문에서는 탄광과 철광산 투자활동이 집중적으로 이루어졌다.

셋째, 실제 건설된 것으로 추정되는 중소형 발전소 93개가 확인되었는데,

<그림 7-2> 제조업의 연도별 투자 관련 기사 수 및 비중

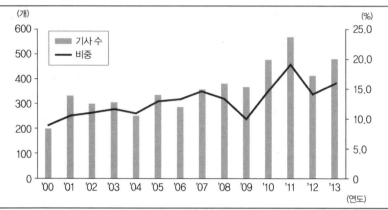

주: 기사 수는 투자 관련 기사가 보도된 횟수이며, 비중은 전체 기업 관련 기사 중 투자 관련 기사의 비중.
자료: 이석기 외, 『2000년대 북한 기업 현황: 북한 공식매체 분석을 중심으로』, 282쪽에서 재인용.

이는 북한 매체가 선전한 규모에 훨씬 못 미치는 규모다. 그렇지만 일부 중소형 발전소는 건설된 이후 투자 및 생산활동이 이루어진 것으로 보아 중소형 발전소 건설이 전혀 성과가 없지는 않은 것으로 보인다. 투자활동이 보도된 중소형 발전소는 전체의 16.5%이며, 생산활동이 보도된 중소형 발전소는 42%였다.

넷째, 제조업 기업에 관한 보도 내용을 분석해보면 대략 2005년을 기점으로 투자 관련 기사의 비중이 높아졌다. 이 결과는 2000년대 중반 이후 정부 주도의 투자가 증가했을 가능성을 시사한다.[6]

----

6) 이 점은 2000년대 북한 산업의 제한적 회복 원인의 하나를 정부 투자, 특히 2000년대 중반 이후의 투자 증가로 본 이석기, 『2000년대 북한의 산업과 기업: 회복 실태와 작동 방식』의 추정과도 부합하는 결과다.

4. 2000년대 북한 기업: 현황과 작동방식

1) 북한 기업 현황[7]

북한은 1980년대까지 자본재 부문은 중앙의 대규모 기업이 담당하고, 최종 소비재 부문은 중소 규모의 지방 산업공장이 담당하는 생산체계를 구축했다. 이 과정에서 중소 규모의 지방산업공장 수천 개가 건설되었다.

1990년대 경제위기 시 북한 산업구조의 붕괴는 말단에서 이를 지탱하던 국영기업에도 지대한 영향을 미쳤을 것으로 추정된다. 그 결과 지방산업공장을 중심으로 많은 기업이 공식적·비공식적으로 폐쇄되거나 구조조정되었다. 북한 기업의 구조조정은 연합 기업소 등 대규모 기업을 포함해 1990년대 말~2000년도 초 광범위하게 진행된 것으로 추정된다. 2000년 들어 부분적인 경제 회복과 함께 소수지만 새로운 기업이 설립되기도 하고, 기존 기업에 대한 투자로 가동률도 증가한 것으로 추정된다. 그러나 북한 경제의 여타 부문과 마찬가지로 북한 기업의 폐쇄 혹은 청산, 구조조정, 신설 및 투자에 대한 구체적인 내용은 확인할 수 없다.

이에 따라 북한 경제를 이해하기 위한 가장 기초적인 정보인 어떤 업종에 어떤 기업이 얼마나 존재하는지도 잘 알지 못하는 상황이다. 따라서 북한의 경제, 좀 더 구체적으로는 북한의 산업을 이해하기 위해서는 북한 기업의 현황을 파악하는 것이 우선이다. 이를 위해 필자는 2000~2013년 ≪로동신문≫ 및 ≪민주조선≫의 기사를 분석해 2013년 말 기준 북한에 존재하는 것으로 확인되는 기업을 도출했으며, 그 결과는 ⟨표 7-3⟩과 같다.

---

7) 이 부분은 이석기 외, 『2000년대 북한 기업 현황: 북한 공식매체 분석을 중심으로』의 제 3장 「2000년대 북한 기업 현황」을 참조한 것이다.

〈표 7-3〉 북한의 산업별 기업 수(2013년 말)

단위: 개

분류	기업 수
에너지	261
광업	360
제조업	2,258
미상	12
합계(미상 추가 합계)	2,891

자료: ≪로동신문≫, ≪민주조선≫의 기업 관련 기사 분석을 통해 필자 작성. 이석기 외, 『2000년대 북한 기업 현황: 북한 공식매체 분석을 중심으로』, 38쪽에서 재인용.

우선 2013년 말 기준 북한에서 확인된 제조업, 광업 및 에너지 부문의 기업은 2,891개다.[8] 이 중 제조업 기업은 2,258개이며, 발전소 및 에너지 기업은 261개,[9] 광산은 360개다.

2000년대 북한의 공식매체를 통해 존재가 확인된 제조업체 2,258개 중 중화학 공업에서는 전체 제조업체 기업의 45.4%인 1,026개가 확인되었으며, 경공업에서는 전체의 54.6%인 1,232개 업체가 확인되었다(〈표 7-4〉 참조).[10]

제조업체 2,258개의 지역별 분포는 〈표 7-5〉와 같다. 평양에 가장 많은 공장·기업소가 입지해 있는데, 평양에는 전체 제조업체의 17.4%인 392개가 위치해 있다. 이어 평안남도와 평안북도에 각각 330개와 248개가 위치해 있다.

---

8) 여기에는 협동농장이나 임업, 수산업 부문의 사업체, 제2경제위원회 소속 공장이나 기업소는 포함되지 않았다.

9) 발전소가 261개나 식별된 것은 2000년대 초반 북한이 대대적으로 추진한 중소형 발전소 건설에 따른 것이다.

10) 중화학공업에서는 화학공업과 기계공업의 비중이 상대적으로 커서 각각 362개와 269개의 기업이 확인되었으며, 경공업에서는 식품 가공업(음식료품 및 담배)과 섬유·의류업의 비중이 커서 각각 508개와 383개의 기업이 확인되었다. 이어서 가구·목재·종이업종에서 많은 기업이 확인되었다.

<표 7-4> 북한의 업종별 기업 수

단위: 개

대분류	중분류	기업 수
경공업	음식료품 및 담배	508
	섬유·의복	383
	신발·가방	40
	가구·목재 및 종이	167
	기타	134
	소계	1,232
중화학공업	화학	363
	건재	207
	1차 금속제조업	47
	기계	269
	수송기계	53
	전기·전자	88
	소계	1,026
합계		2,258

주: 업종 분류는 한국표준산업분류(KSIC)를 기본으로 기업체 수 등을 고려해 필자가 부분적으로
　수정했다.
자료: ≪로동신문≫, ≪민주조선≫의 기업 관련 기사 분석을 통해 필자 작성. 이석기 외, 『2000년대
　북한 기업 현황: 북한 공식매체 분석을 중심으로』, 40쪽에서 재인용.

이 밖에 대표적인 공업도시의 하나인 함흥시가 위치해 있는 함경남도와 함
경북도에 많은 공장·기업소가 입지해 있다.

2000년 이후 존재가 확인된 광산은 총 360개이며, 이 중 탄광이 전체의
51.9%인 187개로 가장 많았으며, 이어 비금속 광물광산 98개, 비철 금속광
산 58개, 상대적으로 규모가 큰 철광산의 경우 17개가 확인되었다.

2000년 이후 존재가 확인된 발전소는 총 258개다. 이 중 화력발전소는 총
9개가 확인되었으며,11) 수력발전소의 경우 2,487개가 확인되었다. 중대형

---

11) 기업 발전소인 봉화화학공장발전소를 제외할 경우 8개의 화력발전소가 확인된다.

〈표 7-5〉 제조업체의 지역별 분포

지역 분류	기업 수(개)	지역 비중(%)
강원도	122	5.4
량강도	59	2.6
자강도	172	7.6
평안남도	330(남포시 101개 포함)	14.6
평안북도	248	11.0
함경남도	263	11.6
함경북도	207(라선시 31개 포함)	9.2
황해남도	166	7.4
황해북도	249	11.0
평양직할시	392	17.4
미상	50	2.2
합계	2,258	100.0

자료: ≪로동신문≫, ≪민주조선≫의 기업 관련 기사 분석을 통해 필자 작성. 이석기 외, 『2000년대 북한 기업 현황: 북한 공식매체 분석을 중심으로』, 42쪽에서 재인용.

발전소는 35개이며, 중소형 수력발전소는 총 212개인 것으로 확인되었다.

　1990년대 경제위기 이후 북한 국영기업의 상당수는 사실상 기업 활동을 중단한 것으로 추정된다. 따라서 존재가 확인된 기업 중 실제로 기업 활동을 하고 있는 기업과 명목상으로만 존재하는 기업을 구분할 필요가 있다. 이를 위해 북한 매체의 기업 관련 보도를 ① 기업 신설, ② 투자 동향, ③ 생산 실적 동향, ④ 기타 정치 기사 등으로 분류하고, 이 중 기업 신설, 투자 및 생산 실적에 대한 동향 보도가 있는 기업을 별도로 분류해보았다. 이렇게 분류할 경우 2013년 말 기준 존재가 확인된 제조업 기업 2,258개 중 2000년 이후 설립 동향이 보도된 기업은 100개에 불과하며, 투자 동향이 보도된 기업은 전체의 41.2%인 930개다. 생산 관련 동향이 보도된 기업은 전체 기업의 60%인 2,891개였다. 즉, 전체 제조업 기업의 약 60%의 경우 2000년 이후 단 한 번도 투자 관련 동향이 보도되지 않았으며, 약 40%는 생산 관련 동향조차 보도되지 않았다. 2000년 이후 단 1회라도 투자나 생산 관련 동향이 보도된 기업은 전체의 약 74%인 1,660개인데, 이 수치는 현재 확인된 제조업 기업 중 실제 기업 활동을 하는 기업의 상한선이라고 볼 수 있다.

2) 2000년대 북한 기업 작동방식[12]

(1) 1990년대 북한 기업 관리체계 및 작동방식의 변화

'계획의 일원화·세부화'로 표현되는 북한의 계획화 시스템은 사전적인 계획에 의한 국영 공업 부문 간 자본재 및 중간재의 수급체계인 중앙집중적 물자 공급체계를 기반으로 작동한다. 그런데 이 중앙집중적 물자 공급체계가 1990년대 초중반 산업 연관구조의 급작스러운 붕괴와 그에 따른 중화학 공업 부문의 가동률 저하로 제 기능을 하지 못함에 따라 계획화 시스템은 빠르게 해체되어갔다.

제도의 변화는 이러한 경제 현실의 변화를 반영하지 못했으며,[13] 계획의 작성과 수행이 기업의 핵심적인 역할이었고, 계획의 달성 정도는 기업 종사자들에게 중요한 의미를 가졌다. 반면, '계획의 수행 과정', 즉 생산을 위해 자재를 조달하고, 이를 바탕으로 생산을 하며, 생산된 제품을 실현하는 과정은 공식적인 제도로부터 이탈하기 시작했다.

---

12) 이석기 외, 『2000년대 북한의 산업과 기업: 회복 실태와 작동 방식』, 제4장 1~2절의 내용을 정리한 것이다.

13) 북한은 1980년대에는 연합 기업소의 도입 등 나름의 분권화를 통해 중앙집중적 계획 경제의 문제점을 완화하려고 노력했지만, 1990년대에는 이렇다 할 제도적 변화를 시도하지 않았다. 이보다는 계획 규율의 강화를 통해 공식적인 제도의 퇴화를 저지하면서, 동시에 생존을 위해 기업을 비롯한 경제주체의 새로운 행위를 묵인 혹은 소극적으로 장려하는 이중적인 태도를 보였다.

이러한 이탈 과정의 개념은 '자발적인 시장화'로 정의할 수 있다. 즉, 공식적인 제도가 완강한 상황에서 공식적인 관계만으로는 불가능한 계획을 수행하기 위해 기업을 비롯한 경제주체는 상호 간 자발적인 거래관계를 형성하기 시작했으며, 이러한 자발적인 거래관계는 시장과 유사한 관계로 발전한 것이다.[14]

이러한 계획화체계의 약화와 자발적 시장화는 기업과 계획화기구나 감독기구 등 국가기구와의 관계, 국가·기업·노동자 간 관계, 기업 내부자 간 관계의 변화를 초래했다. 기업에 대한 법적 소유구조에는 큰 변화가 없고 국가의 기업에 대한 통제력은 약화되는 상황에서 기업 내부자의 실질적인 권한이 강화되는 현상, 즉 내부자 통제 경향이 북한에서도 부분적으로 발생하기 시작했다.[15]

이때 간과해서는 안 될 점은 계획화체계는 여전히 기업 활동이나 기업 간 관계를 규정하는 핵심적인 요소로 작용한다는 것이다. 계획화체계는 약화되었지만 물적 생산의 지속이 여전히 기업의 가장 중요한 목표였으며, 기업은 이러한 물적 생산의 지속을 위해 기업 간 생산재 시장이나 소비재 시장을 활용했다. 1990년대까지만 해도 시장은 사실상 작동하기 어려운 계획화체계가 부분적으로라도 작동할 수 있도록 하는 보조적인 역할을 담당했다고 할 수 있으며, 기업이 이러한 관계를 주도적으로 형성했다고 봐야 할 것이다.

---

14) 북한의 자발적인 시장화에 대해서는 이석기, 「북한의 1990년대 경제위기와 기업 행태 변화」, 서울대학교 박사학위 논문, 145~149쪽 참조.
15) 북한의 내부자 통제 경제에 대해서는 같은 글, 169~171쪽 참조.

(2) 2000년대 북한 기업의 행동양식 변화

1990년대에 발생하기 시작한 기업 경영환경의 변화는 2000년 이후, 특히 2002년 '7·1경제 관리개선조치(7·1조치)' 이후 더욱 가속화되었다. 계획화 과정에 대한 기업의 자율성이 강화되었으며, 기업 간 거래가 부분적으로 허용되고,[16] 시장거래가 공식적으로 승인되었다. 또한 기업에서 현금 거래가 현실화되기 시작했다.

이러한 기업 관리체계의 변화와 함께 '7·1조치'가 가져온 중요한 변화는 시장이 사회적으로 승인되었으며, 자력갱생이 북한 사회의 새로운 이념으로 자리 잡게 되었다는 사실이다.

그 결과 시장관계는 더욱 확산되었다. 기업을 비롯한 북한의 경제주체들은 '7·1조치'가 부여한 새로운 공간을 빠르게 활용했으며, 그에 따라 당국의 의도와는 달리 공식적인 제도의 규정력이 더욱 약화되었다. 이런 점에서 '7·1조치'는 이 조치를 도입한 당국의 의도와는 무관하게 1990년대 기업이 촉발한 새로운 관계를 더욱 확산시키는 계기로 작용했다고 할 수 있다.

2000년대 북한 기업의 작동 방식은 기본적으로 1990년대와 맥락을 같이한다. 다만, 기업 행동방식의 변화를 초래했던 환경 변화가 심화됨에 따라 1990년대에 나타났던 양태가 심화되어 나타날 뿐이다. 또한 기업 경영 환경의 변화가 심화되면서, 1990년대에는 뚜렷하지 않았던 새로운 경향도 나타났다.

첫째, 공식 부문의 유지를 위한 중요성, 특권 부문과의 관계, 시장상황 등에 의해서 기업의 범주[17]가 분화되고 있으며, 각 범주의 기업에 서로 상이한

---

16) 이른바 '사회주의 물자교류 시장'이 공식적으로 허용되었으며, 이 조치로 합법화되지 않은 기업 간 거래를 사실상 허용하게 되었다.

17) 기업의 범주를 구분해보면 ① 내각이 관장하는 공식 부문의 유지를 위해 필요한 기업

관리체계가 작동한다. 공식 부문의 유지를 위해 일정 수준의 가동과 생산능력 확충이 필요한 기업, 즉 화력 및 수력 발전소, 제철 및 제강소, 여타 금속 부문, 탄광 및 광산, 건설자재 부문 등 핵심 기업에 대해서 국가는 생산, 투자 등에 대한 핵심적인 결정을 주도하며 생산물의 대부분을 관장한다. 즉, 이들 핵심 기업에 대해 국가는 '소유주' 권리를 행사함과 동시에 부분적으로 의무도 수행한다. 반면 국가는 내각경제 소속 기업 중 핵심 산업 분야의 대기업 외의 기업에 대해서는 '선물' 생산 등의 특별한 경우를 제외하고 생산에 필요한 원부자재를 공급하지 못하면서도 계획을 하달하고, 이를 달성할 것을 요구한다. 즉, '소유주'로서의 일방적인 권리만 행사한다.

둘째, 기업 경영의 화폐화가 광범위하게 진행되고 있다. 현물지표와 액상계획이 여전히 공존하지만 핵심 부문의 대규모 기업을 제외하고는 액상계획의 달성만으로도 계획을 수행한 것으로 평가받는 데 큰 문제가 없게 되었다.[18] 기업 경영의 평가가 화폐로 표현되는 실적을 통해 이루어질 뿐 아니라

(㉠ 발전소, 제철소, 탄광 등 소위 선행 부문의 핵심 기업과 이들의 유지를 위해 필요한 기업, ㉡ 여타 중화학공업 부문), ② 체제 유지를 위해 최소한의 생산 및 공급이 필요한 분야의 기업(㉠ 선물용 물품을 생산하는 경공업 기업과 이들에 원부자재를 공급하는 일부 기업, ㉡ 식품 가공공장, 방직공장 등 일부 경공업공장), ③ 제2경제 소속 기업 및 내각 소속 기업 내부의 군수 일용품 생산 공정, ④ 특권 부문이 장악한 대외무역과 관련된 기업(㉠ 무역회사, ㉡ 특권 부문의 외화 원천인 탄광, 광산, ㉢ 수출기업이나 중국, 한국 등과 임가공을 통해 원부자재를 조달할 수 있는 기업), ⑤ 시장에서 수요가 있는 물품을 생산할 수 있는 설비를 갖춘 기업, ⑥ 이 범주에 속하지 못하는 대부분의 공장, 기업이다.

18) "여전히 계란 몇 개를 생산하라는 계획이 내려온다. 자재가 없어 생산계획은 달성하지 못한다. 그러나 생산된 계란을 시장에 팔고 이를 국정가격으로 바꾸어 생산량을 계산하면 계획을 달성할 수 있다. 시장에 팔든 국영상점에 시장가격으로 공급하든 액상계획을 달성하기만 하면 된다"[2010년 종금장(種禽場) 지배인 출신 탈북자 면접]. 이석기 외, 『2000년대 북한의 산업과 기업: 회복 실태와 작동 방식』, 177쪽.

기업 간 거래도 현금으로 이루어지면서 기업의 생존에 현금 확보가 필수적인 것이 되었다.[19] 결국, 화폐가 기업 경영의 모든 측면을 평가하는 척도가 되었다고 할 수 있다.

셋째, 공식 부문과 비공식 경제 사이에 비공식 경제가 주도하는 관계가 출현하고 있다. 오랜 기간 침체로 국영기업의 생산력과 경영능력이 크게 저하된 상황에서 시장을 통해 화폐 자본을 축적한 민간 부문이 주도하는 관계, 예를 들어 돈주에 의한 임가공 같은 관계가 확산되고 있다.[20]

넷째, 시장에서의 경쟁상황이 국영기업이라는 공식 부문과 비공식 부문의 관계를 규정하는 영역이 확대되고 있다. 많은 경우 공식 부문과 비공식 부문의 관계는 소비재 시장을 대상으로 이루어진다. 따라서 시장이 매개가 되는 공식 부문과 비공식 부문의 관계는 중국산 제품과의 경쟁이 없거나, 혹은 중국산 제품에 대하여 제품 경쟁력이나 가격 경쟁력이 있는 부문을 중심으로 이루어진다. 중국산 제품과 경쟁할 수 없는 부문에서는 직접적으로 시장과의 연계를 형성하기 어렵다. 이러한 제품의 경우 시장에서 판매되기보다는 공장에 원자재를 공급하거나, 혹은 여러 가지 형태로 관계를 맺는 공장이나 기업에 해당 제품을 공급하는 방식으로 제품의 상당 부문이 처분된다.

다섯째, 노동시장에서의 변화도 심화되고 있다. 당 조직의 노동력에 대한 통제권은 공식적으로는 변화가 거의 없어 기업이 공식적으로 노동자를 해고하거나 고용하는 것은 여전히 불가능하지만, 이 부문에서도 상당한 변화가 발생하고 있다. 첫째, 노동력의 사용에서 기업, 좀 더 정확하게는 지배인의

---

19) "자재는 현금을 주고 사온다. 이전에는 행표(行票)만으로 거래하게 했는데 이제는 아무렇게나 필요하면 가능하게 되었다"(2007년 승리자동차 출신 탈북자 면접). 이석기 외, 『2000년대 북한의 산업과 기업: 회복 실태와 작동 방식』, 177쪽.

20) 비공식 부문이 주도하는 관계에 대한 추가적인 논의는 이석기 외, 『2000년대 북한의 산업과 기업: 회복 실태와 작동 방식』, 178~182쪽 참조.

자율성이 상당히 증가했다. 생산 라인에 대한 노동력 투입을 조절하고, 원하지 않는 신규 노동력에 대한 거부 권한을 확보한 것으로 보인다. 나아가 기업은 비공식적으로 노동력 규모를 조절하고, 이 과정에서 초보적인 노동시장이 형성되고 있다. 기업과 노동자 간 일종의 계약관계인 8·3 노동자[21]가 더욱 확산되고 있으며, 일시적으로 노동력 부족이 발생하는 기업에서는 임시 노동자를 고용하는 경우도 발생한다.[22]

5. 맺음말

이상에서 북한 주요 산업의 부분적인 회복 실태 및 그 한계, 그리고 기업 행동양식의 변화를 통해 2000년대 북한경제를 살펴보았다. 2000년대의 북한 경제는 1990년대의 연장선상에 있지만 추락하기만 하던 1990년대와 달리 제한적이긴 하지만 회복되고 있다. 이러한 제한적인 회복에는 국제사회의 지원 등 외부요인뿐 아니라 투자 확대 등 내부적인 요인도 작용하고 있을 것으로 보인다. 또한 북한 경제의 말단을 구성하는 국영기업의 행동 양식 역시 1990년대와는 상당히 다른 모습을 보이고 있다.

다만, 한국은행의 북한경제 추정치나 ≪로동신문≫ 등의 북한 공식매체, 탈북자 면접 등 활용 가능한 자료의 제약 등으로 이 글에서는 잠정적이고 가

---

21) 일정한 금액을 기업에 납부하면서 출근하지 않고 장사 등을 하는 노동자를 의미한다. 8·3노동자라는 명칭이 붙은 것은 이들로부터 거두어들인 돈이 주로 액상 계획인 8·3 계획을 달성하는 데 사용되기 때문이다.

22) 예를 들어 대강맥주공장 같이 생산이 잘되는 공장에서는 생산품의 상하차 등 단순 작업에서 일시적으로 노동력이 부족한데, 기업에서는 정규 노동자를 추가로 배치받기보다는 해당 작업만 하는 한시적 노동자를 고용한다.

설적인 분석결과만 제시할 수밖에 없다. 따라서 이 글에서 제시하는 몇 가지 잠정적인 결론은 추가적인 연구를 통해 확인할 필요가 있다. 첫째, 산업별 동향과 회복의 원천, 그리고 그 지속가능성에 대한 추가적인 연구를 통해 북한 산업의 회복 실태를 정확하게 파악하고, 지속적인 회복이나 성장의 가능성을 검토할 필요가 있다. 둘째, 2000년대 중반 이후, 특히 김정은 집권 이후의 북한 산업정책의 변화 여부를 면밀하게 관찰할 필요가 있다. 2000년대의 부분적인 산업 회복에 산업정책도 일정한 영향을 미쳤으며, 중화학 공업 중심의 내부지향형 공업화 전략이 사실상 폐기된 상황에서 김정은 정권의 산업정책의 방향은 북한 경제에 더욱 큰 영향을 미칠 것이기 때문이다. 셋째, 북한 공식경제의 근간을 이루는 대규모 국영기업의 운영 메커니즘에 대한 좀 더 구체적이고 심도 깊은 연구가 필요하다. 북한의 시장화에 대한 이해의 폭이 넓어지는 것과 달리 북한 국영기업의 계획화체계가 어떻게 그리고 어느 수준에서 유지되고 작동되는가 하는 점에 대한 분석은 크게 진전되지 못하고 있기 때문이다.

참고문헌

1. 국내 문헌

이석기. 2003. 「1990년대 북한의 경제위기와 기업 행태의 변화」. 서울대학교 경제학
        박사학위 논문.
이석기 외. 2014. 『2000년대 북한 기업 현황: 북한 공식매체 분석을 중심으로』. 산업
    연구원.
이석기·김석진·김계환·양문수. 2010. 『2000년대 북한의 산업과 기업: 회복 실태와 작
    동 방식』. 산업연구원.
통일부. ≪월간 북한동향≫.
한국은행 경제통계시스템.

2. 북한 문헌

≪로동신문≫, 2010~2013년.
≪민주조선≫. 2010~2013년.

제8장

북한의 시장가격 및 인플레이션 관련 주요 쟁점

이영훈 ㅣ SK경영경제연구소 수석연구원

1. 머리말

북한은 2009년 화폐개혁 이후 물가가 급등해 계층·지역 간 소득 격차가 심화되고, 외화 사용이 급증했다. 물론 북한의 이러한 인플레이션 현상은 최근의 문제가 아니다. 2002년 '7·1경제 관리개선조치(7·1조치)' 이후에도 고율의 인플레이션이 발생했다. 그러나 이 시기의 인플레이션은 화폐개혁 이후만큼 심각하지는 않았다.

이 글은 북한의 가격과 인플레이션 관련 쟁점을 정리하고, 이를 토대로 기존의 논의들을 확대·발전시켜 보고자 한다. 여기서 쟁점은 논쟁에서 제기된 것이라기보다 여타 주제의 논문에서 언급된 가격과 인플레이션에 대한 견해를 대비하거나 또는 향후 제기될 수 있는 문제 정도로 이해할 수 있다. 아직까지 이들에 대한 연구가 논쟁으로 발전할 만큼 축적되지 않았기 때문이다.

북한 인플레이션이 본격적으로 이슈가 되기 시작한 것은 2009년 화폐개혁 이후이며, 이 문제를 주제로 한 연구는 윤철기,[1] 이영훈[2]의 논문 정도밖에 없다.

제2절에서는 북한 인플레이션 현황을 쌀값과 대미 달러 시장환율을 중심으로 살펴본다. 특히 2002년 '7·1조치' 및 2009년 화폐개혁을 전후로 각 기간별 쌀값과 환율 변동의 특징을 정리한다.

제3절에서는 북한 시장 쌀값과 대미 달러 시장환율 변동과 관련된 쟁점을 검토·평가한다. 쌀값과 대미 달러 시장환율이 각각 소비재 시장물가와 북한 원화가치를 대표하는지, 이들은 어떻게 결정되는지, 그리고 국정가격과 시장가격의 기능 및 영향력은 어떻게 변했는지 등을 검토 대상으로 한다.

제4절에서는 북한 인플레이션 원인에 대한 쟁점을 검토·평가한다. 나아가 인플레이션의 주된 원인과 부차적 원인을 구분하고, 이어 기간별로 세부적인 원인을 통화 공급 및 실물의 수급, 기대심리 등의 측면에서 분석한다.

제5절에서는 북한 인플레이션에 따른 부작용과 북한 정부의 대응방안을 전망하고, 끝으로 이 글의 한계를 지적하고자 한다.

---

1) 윤철기, 「북한체제에서 인플레이션 관리의 정치: 2009년 11월 화폐개혁을 중심으로」, ≪현대북한연구≫, 14권 2호(2011).
2) 이영훈, 「북한의 하이퍼인플레이션과 개혁개방 전망」, ≪북한연구학회보≫, 제16권 제2호(2012).

2. 시장가격 및 환율의 변동 현황

1) '7·1조치'~화폐개혁

북한 정부는 2002년 '7·1조치'를 통해 소비재 및 서비스의 국정가격은 평균 25배, 임금은 평균 18배(월 2,000원 수준) 인상했다. 7·1조치 직후 시장 쌀값은 1kg당 45원, 대미 달러 시장환율은 1달러당 150원 내외 수준이었으나,[3] 이후 가파르게 상승하면서 2009년 9월 각각 1kg당 2,400원, 1달러당 3,800원으로 상승했다. 7·1조치 이후 2009년 화폐개혁 직전까지 근 7년 동안 쌀값과 대미 달러 시장환율이 각각 53배, 25배 상승한 셈이다.

〈그림 8-1〉 북한의 분기별 대미 달러 시장환율과 쌀값 변동(2003. 3.~2009. 12.)

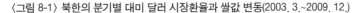

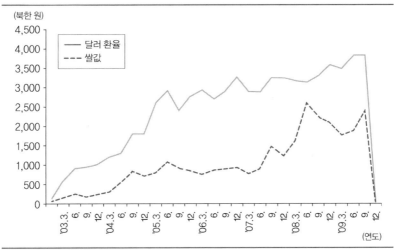

주: 달러 환율은 1달러당 북한 원, 쌀값은 1kg당 북한 원 기준이다.
자료: 좋은벗들, 데일리NK, 기타 탈북자 증언 등의 자료를 토대로 필자 작성; 〈표 8-4〉 참조.

---

3) 당시 시장 쌀값과 대미 달러 시장환율 관련 정보가 없어 국정가격과 같은 수준으로 평가했다. 이는 당시 국정가격이 시장가격을 반영해 책정되었음을 고려한 것이다.

〈그림 8-1〉과 같이 7·1조치부터 화폐개혁까지의 가격 변동은 크게 세 시기로 구분해볼 수 있다. 첫째, 2002년 7·1조치~2005년 상반기 쌀값과 대미 달러 시장환율은 동시에 급상승했다. 둘째, 2005년 하반기~2007년 상반기에 쌀값과 대미 달러 시장환율은 안정세를 보였다. 셋째, 2007년 하반기~2009년 화폐개혁 시기에 대미 달러 시장환율은 상대적으로 안정적이었던 반면 쌀값은 크게 상승했다가 하락했다(자세한 내용은 〈표 8-4〉 참조).

2) 화폐개혁 이후

북한은 2009년 신구 화폐를 1:100 비율로 교환하는 화폐개혁을 실시함으로써 시장가격을 인위적으로 1/100로 인하했다. 이로 인해 화폐개혁 직후인 2009년 12월 일시적으로 쌀값은 1kg당 23원, 대미 달러 시장환율은 1달러당 38원으로 조정되었다. 그러나 이후 쌀값과 대미 달러 시장환율은 급등해 2013월 9월 말 각각 1kg당 5,000원, 1달러당 8,000원을 기록했다. 근 3년 동안 쌀값과 대미 달러 시장환율이 각각 약 217배, 211배 상승한 셈이다.

이 기간 물가 변동의 특징을 살펴보면 다음과 같다. 첫째, 화폐개혁 이후 물가 상승률은 7·1조치 이후에 비해 훨씬 높게 나타났다. 특히 화폐개혁 후 몇 달 동안 하이퍼인플레이션(hyper inflation)[4] 양상을 보였다. 또한 화폐개혁 후 2년 만(2011년 12월)에 쌀값과 대미 달러 시장환율은 1kg당 4,400원, 1달러당 5,000원으로 100배 이상 상승하면서 화폐개혁 직전의 물가 수준을 능가했다. 둘째, 연도별로 보면 쌀값과 대미 달러 시장환율은 화폐개혁 직후 2010년까지 급등했으나 2011년 이후 점차 상승세가 둔화된 것으로 나타난다. 셋째, 분기별로 보면 하반기에 상승하고 상반기에 하향 안정화되었다.

---

4) 엄격하게는 월 50% 이상 물가가 상승하는 인플레이션을 지칭한다.

<그림 8-2> 북한의 대미 달러 시장환율과 쌀값 변동(2009. 8.~2013. 6.)

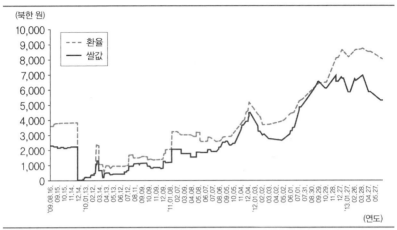

주: 달러 환율은 1달러당 북한 원, 쌀값은 1kg당 북한 원 기준이다.
자료: 〈표 8-4〉; 데일리NK 자료를 토대로 필자 작성.

<표 8-1> 북한의 대미 달러 시장환율과 쌀값 상승률(2003~2012)

단위: 북한 원

	'03	'04	'05	'06	'07	'08	'09	'10	'11	'12
환율	576.7*	77.3	53.5	18.0	-0.6	10.3	-98.9	5226.3**	147.0	62.6
쌀값	451.1*	192.3	17.2	9.4	31.3	70.2	-98.9	6591.3**	188.6	51.2

* 2002년 12월 시장가격은 7·1조치 직후의 시장가격을 적용해 계산.
** 2009년 12월의 시장가격은 2009년 9월 시장가격의 1/100(쌀값 23원/kg, 38원/달러)로 가정해
　물가 상승률을 계산.
주 1: 연말 기준.
주 2: 환율은 1달러당 북한 원, 쌀값은 1kg당 북한 원이다.

즉, 쌀값은 계절적 요인과 무관하게 춘궁기에 하락하고 수확기에 급등했다.

　2000년대 북한 인플레이션의 특징은 첫째, 공통적으로 7·1조치와 화폐개
혁을 계기로 물가가 급등했다가 완화되는 경향을 보인다. 둘째, 그러나 화폐
개혁 이후의 물가 상승률은 7·1조치 이후에 비해 훨씬 높게 나타났다. 셋째,
화폐개혁 이후 1년 중 분기별로는 상반기에 완화되었다가 하반기에 급등하
는 특징을 보였다.

3. 시장가격과 환율의 결정 및 영향력

1) 쌀값과 대미 달러 시장환율 결정에서 정부 개입 여부

북한의 시장 쌀값과 대미 달러 시장환율은 무엇으로 결정되는가?[5] 상식적일 수도 있는 이 문제가 제기되는 이유는 북한 경제가 전일적인 시장경제가 아니기 때문이다. 이는 북한 시장가격 및 시장거래에 대한 정부의 개입 정도를 평가할 수 있는 하나의 요인이 된다.

이와 관련해 많은 전문가는 북한의 시장 쌀값과 환율은 시장의 수요와 공급으로 결정된다고 본다.[6] 반면, 이정철,[7] 김일한[8] 등은 북한의 시장가격이 일정 수준 당국의 통제와 조절을 받는다고 본다. 즉, 북한 당국은 원가, 시장

---

5) 쌀을 대표 소비재로 꼽은 것은 북한의 엥겔지수가 70~80%로 매우 높고, 북한 정부가 7·1조치 당시 향후 소비재의 가격을 쌀값 기준으로 상대가격을 조정하는 방식으로 결정할 것이라고 밝혔기 때문이다. 그러나 쌀값은 배급정책이나 계절 요인의 영향을 받는다는 측면에서 대표재로서 한계가 있다. 북한에서 대부분의 제품 가격은 북한 원화와 함께 외화로도 표기되어 거래된다. 이런 점에서 달러나 위안화 환율 변동은 북한 원화가치 변동을 반영한다고 볼 수 있다. 북한 엥겔지수에 관해서는 이영훈, 「탈북자를 통한 북한 경제 변화상황 조사」(한국은행, 2007) 참조.

6) 양문수, 「북한에서의 시장의 형성과 발전: 생산물시장을 중심으로」, ≪비교경제연구≫, 12권 2호(2005). 이영훈은 7·1조치의 가격제도 개선으로 가격은 시장의 수요 공급으로 결정되고, 분권화의 진전과 시장경쟁의 강화로 경제주체들이 시장가격에 민감하게 반응하게 되었다는 점을 강조한다. 이영훈, 「북한 경제정책의 변화와 향후전망」, ≪금융경제연구≫, 200호(2005b).

7) 이정철, 「북한 가격정책 변화 내용 분석: 변화를 읽는 틀과 방향」(통일부 프로젝트, 2007), 30쪽; 이정철, 「북한의 화폐개혁: 반시장주의라는 오해와 쌀값 현실화라는 진실」, ≪코리아연구원 현안진단≫, 제153호(2009), 6쪽.

8) 김일한, 「북한의 시장가격 결정요인 분석」, ≪북한연구학회보≫, 15권 2호(2011), 75~76쪽.

의 수요와 공급, 국제시장가격 및 환율 시세 등을 반영해 대표적 소비재인 시장 쌀값(한도가격)을 결정하며, 이 쌀값을 근거로 대미 달러 시장환율을 결정한다는 것이다. 나아가 시장가격은 이렇게 결정된 대미 달러 시장환율의 영향을 받는다고 주장한다. 즉, 정부가 시장 쌀값(한도가격)과 이를 근거로 대미 달러 시장환율을 결정하고, 이들이 여타 시장가격에 영향을 미친다는 것이다.

그렇다면 문제는 한도가격이 시장가격을 통제하는가, 나아가 환율 결정에 영향을 미치는가이다. 그러나 쌀의 한도가격은 시장가격과 대미 달러 시장환율을 통제하지 못한다. 한도가격은 장기간 고정되어 있으나, 시장 쌀값과 대미 달러 시장환율은 수시로 변동하면서 상승하는 현상이 이를 입증한다.

한편, 이정철,[9] 김일한[10] 등은 정부 개입을 주장하는 근거로 국제 쌀값과 국내 시장 쌀값, 시장 쌀값과 대미 달러 시장환율 간 비슷한 추이를 제시한다. 그러나 국제 쌀값과 국내 쌀값 간 유사한 추이는 정부 개입보다는 북한이 폐쇄경제가 아님을 반영하는 것으로 해석된다. 또한 시장 쌀값과 대미 달러 시장환율 간 유사 추세는 양자 간 상관관계가 높음을 의미하는 것이지 인과관계(쌀값이 환율 결정)가 있음을 뜻하는 것은 아니다.

2) 국제가격이 북한 시장가격에 미치는 영향

북한의 시장가격은 국제 시장가격의 영향을 받는가? 이는 북한 시장, 나아가 북한 경제의 개방성과 관련해 중요한 의미를 갖는다. 최근까지도 북한 경

---

9) 이정철, 「북한 가격정책 변화 내용 분석: 변화를 읽는 틀과 방향」; 이정철, 「북한의 화폐개혁: 반시장주의라는 오해와 쌀값 현실화라는 진실」.
10) 김일한, 「북한의 시장가격 결정요인 분석」, 75~76쪽.

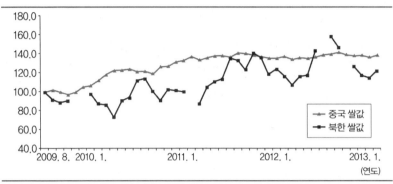

〈그림 8-3〉 북한의 시장 쌀값과 중국 쌀값의 변동

주: 가격지수는 2009년 8월=100을 기준으로 한다.
자료: 김영훈, 「북한의 식량사정 및 농업 동향」, ≪KDI 북한경제리뷰≫, 1월호(2013).

제를 폐쇄경제로 단정하는 사례가 적지 않았다. 그러나 이러한 견해는 대외 의존도 등 여러 가지 측면에서 재검토되어야 한다. 적어도 시장 거래, 특히 중국과의 거래 측면에서 북한은 개방되어 있다고 할 수 있다. 2011년 북한의 대외 의존도[11]가 50% 정도에 달하며,[12] 북한의 무역 중 중국과의 무역 비중이 90%에 달하기 때문이다.

북한 시장에서 거래되는 식량과 기타 소비재 중 수입 식량의 비중은 기타 수입 소비재에 비해 현저히 낮다. 따라서 곡물은 상대적으로 중국 곡물가격의 영향을 덜 받는다(〈그림 8-3〉 참조). 북한 쌀값은 중국 쌀값과 추세적으로는 비슷하나 기복이 매우 심하다. 이는 북한의 식량 사정이 악화되어 춘궁기와 수확기의 계절적 요인이 크게 작용하기 때문이다.

---

11) 무역/국민소득. 국민소득은 UN 통계 기준이다.
12) 2011년 UN 추정 북한 국민소득(130억 달러)으로 대외 의존도를 계산하면 북한의 대외 의존도는 48.6%에 달해 폐쇄경제라 단정하기 어렵다.

반면 기타 소비재는 중국 물가의 영향을 직접적으로 받는다. 우선, 밀가루, 콩기름, 공산품 등 기타 대부분의 소비재는 중국에서 거의 100% 수입하기 때문에 중국 물가의 영향을 직접적으로 받는다. 북한에서 이들 소비재의 시장가격은 중국의 수출단가에 유통마진을 부가해 결정된다. 유통마진은 품목마다 다른데, 남한 방송 청취가 가능한 라디오 등 불법 거래 품목일수록 높은 편이다.

한편, 곡물의 경우 중국 가격이 북한 시장 쌀값에 끼치는 영향이 크다는 주장과 함께 태국 가격의 영향이 크다는 주장도 있다. 문성민,[13] 김영훈[14]은 중국 시장가격의 영향이 크다고 보는 반면, 김일한[15]은 태국 쌀값의 영향이 크다고 본다.

이러한 견해 차이는 주로 분석 대상 시기의 차이에 기인하는 것으로 보인다. 즉, 국제 곡물가격이 폭등했던 시기(2007년 하반기~2009년)에는 북한의 쌀값이 태국 쌀값과 비슷하게 변동하지만, 나머지 시기에는 태국 쌀값보다 중국 쌀값에 더 가깝게 변동한 것으로 나타났다.[16]

이처럼 2007년 하반기~2009년의 북한 쌀값이 태국 쌀값 변동과 동조현상을 보인 이유는 ① 2007년 8월 수해에 따른 곡물 생산 감소, ② 국제 곡물가격 상승, ③ 이에 따른 중국 정부의 곡물 수출 제한조치, ④ 2008년 이후 한국의 대북지원 중단 등에 기인한 것으로 보인다. 특히 중국 쌀값의 영향이 감소한 데는 중국 정부의 수출 제한조치에 따른 바가 크다. 중국 정부는 국

---

13) 문성민, 「구매력평가이론에 근거한 북한가격 및 환율분석」, 《통일정책연구》, 17권 2호(2006).
14) 김영훈, 「북한의 식량사정 및 농업 동향」.
15) 김일한, 「북한의 시장가격 결정요인 분석」.
16) 김일한의 주장은 국제 곡물가격이 폭등하기 시작한 2007년 전후 기간의 태국 쌀값과 북한 쌀값 변동 추이의 동조 현상을 지나치게 강조한 것으로 보인다.

제 곡물가격 상승에 따른 물가 상승을 억제하기 위해 2008년 1~12월 중 곡물수출의 수출환급세(13%) 폐지와 수출관세(5~25%) 부과 등을 통해 곡물 수출을 제한했다. 그 결과 북한의 대중국 쌀 수입과 밀가루 수입은 전년 대비 각각 73.9%, 92.7% 감소했다. 이를 통해 곡물가격은 중국 곡물시장가격보다 태국의 곡물시장가격의 영향을 크게 받은 것으로 판단된다.

3) 시장가격과 국정가격의 영향력

최근 탈북한 사람들은 국정가격을 모른다고 한다. 실제 북한 내에서는 시장경제가 확대되면서 '국정가격'이 사라졌으며, 최근에는 소비재뿐 아니라 생산재도 시장가격으로 거래된다고 한다.

그렇다면 국정가격은 폐지된 것인가? 이는 북한 계획체제의 변화 정도와 관련해 중요한 의미를 갖는다. 국정가격과 시장가격은 각각 계획경제와 시장경제의 자원 배분 수단이므로 이들의 기능과 영향력 정도가 체제 변화 정도를 가늠하는 기본적인 척도가 되기 때문이다.

국정가격은 정부가 결정하며, 정부의 계획 수립과 회계, 물자 공급과 배급 수단으로 이용된다. 따라서 국정가격이 사라진다는 것은 사실상 정부의 계획, 물자 공급 및 배급 기능이 사라졌음을, 즉 계획경제가 폐지되었음을 의미한다.

그러나 북한에서 국정가격이 사라진 것은 아니다. 시장경제 확대로 국정가격 기능이 약화되었을 뿐이다. 과거 생산재 거래는 국정가격 기준의 무현금 거래가 원칙이었으나, 물물교환이 이를 대체하더니 최근에는 대부분 시장가격으로 거래된다. 하지만 여전히 국정가격과 국정환율이 유지되고 있다. 국정가격은 화폐개혁 후에도 7·1조치 당시 발표된 수준을 대부분 유지했으나[17] 공표되지 않아 사라졌다는 인상을 주는 것이다.[18]

<표 8-2> 시장환율과 국정환율 추이

단위: 북한 원/달러

연도	2003	2004	2005	2006	2007	2008	2009	2010	2011	2012
시장환율	1,015	1,800	2,763	3,259	3,241	3,576	38	2,024	5,000	8,129
국정환율	138.5	134.3	143.1	139.2	129.6	134.6	132.2	101.1	101.1	100.2

주 1: 각 연도 12월 기준.
주 2: 1달러당 북한 원 기준.
자료: 시장환율은 좋은벗들, 데일리NK, 기타 탈북자들의 증언 등의 자료를 토대로 필자 작성. 국
　　정환율은 www.BundesBank.de/Navigation/EN/Statistics/statistics 각 월 자료 참조.

　탈북자들은 대부분 시장경제에 의존해 살았기 때문에 국정가격을 모르는
것이다. 그들은 단지 국경일에만 배급을 받았을 정도이니 국정가격을 인식
하지 못하는 것이다. 하지만 정부에서 물자를 공급받는 일부 기업이나 식량
과 생필품을 배급받는 특권층은 여전히 국정가격의 영향력하에 살고 있다.
　일례로 기업은 자금을 확보하기 위해 정부로부터 공급받은 원자재나 정부
에 납부해야 하는 생산물을 시장에 판매하기도 한다. 국정가격과 시장가격
의 차는 많게는 100배 정도이기 때문에, 기업의 시장 판매는 자금 부족 문제
를 해결하는 주요 수단이 된다.[19] 이러한 문제로 인해 대부분의 공장·기업
소에는 '검열장부'와 '실장부'라는 이중장부가 있다. 전자는 검열을 대비해 국
정가격 기준으로, 후자는 실제 거래한 가격 기준으로 회계 처리한 장부다.
기업뿐 아니라 은행도 국정 이자율과 시장 이자율 차를 활용해 자체 운영 자
금을 확보한다. 기업에 대한 은행의 대부 이자율은 공식적으로 2~3%지만,

17) 2011년 탈북한 청진 기업 지배인 C와의 면접.
18) 국정환율은 독일 분데스 방크(Bundes Bank)를 통해 매달 발표된다.
19) 양강도 혜산군 지방 가구공장에서 일했던 탈북자 M씨는 "우리 공장에서는 자금이 필
　　요하면 옷장과 학생용 책걸상을 시장가격으로 개인에게 팔았다. 당시 옷장 국정가격
　　은 300원이었는데 암시장가격으로 판매하면 3만 원이었다. 때로는 무역을 통해 수입
　　해온 식량을 팔아서 현금으로 쓰기도 했다"라고 증언했다.

실제로는 시장금리(민간인 간 대부 금리)보다 다소 낮은 10% 수준에서 결정된 다고 한다.[20]

4. 인플레이션의 원인

1) 인플레이션 원인에 대한 다양한 견해

북한에서 발생한 인플레이션 원인을 규명하는 것은 인플레이션 영향을 이 해하고 적절한 처방을 제시할 수 있다는 점에서 중요하다. 기존 연구에서 언 급된 북한 인플레이션의 주된 원인에 대한 견해를 대비해보면 대체로 공급 부족설, 환율 상승설, 통화 공급 확대설 등으로 나눌 수 있다.

첫째, 공급 부족설을 주장하는 견해는 다음과 같다. ① "현존 사회주의에 서 인플레이션 발생의 핵심적 원인은 '공급 부족'이다"라는 야노스 코르나이 (Janos Kornai)의 주장에 근거한 평가[21]가 있고, ② 화폐개혁, 시장철폐 또는 투기세력의 '사재기' 및 '투기' 현상의 만연 → 공급 부족 → 물가 상승[22]으로 설명하는 한편, ③ 공급 부족 → 통화 공급 확대 → 물가 상승으로 설명하기 도 한다.[23]

---

20) C의 증언에 따르면 민간인 간 대부 이자는 대체로 10~15%라고 한다.

21) János Kornai, *The Socialist System: The Political Economy of Communism*(1992), p. 253; 윤철기, 「북한체제에서 인플레이션 관리의 정치: 2009년 11월 화폐개혁을 중심 으로」, ≪현대북한연구≫, 14권 2호(2011), 40쪽.

22) 권영경, 「북한의 개혁개방 추진 실태: 현황과 쟁점」, 김정은체제의 개혁·개방 가능성: 평가와 전망(2012 북한 개혁·개방 국제공동학술회의, 2012), 23쪽.

23) 양문수, 「북한의 화폐개혁: 실태와 평가」, ≪통일문제연구≫, 통권 제53호(2010), 62 쪽; 양문수, 「북한의 시장 동향과 평가」, ≪KDI 북한경제리뷰≫, 7월호(2012c), 133쪽.

둘째, 환율 상승설은 ① 북한 원화가치에 대한 불신 또는 다양한 정치적 요인에 따른 외화 수요 급증 → 환율 상승 → 물가 상승[24]으로 설명하는 의견, 그 외에 ③ 쌀값 상승 → 환율 상승 → 물가 상승[25] 등으로 설명하는 의견이 있다.

셋째, 통화 공급 확대설에 대한 견해는 ① 국영상점 기능이 마비된 상황에서 7·1조치 이후 인플레이션이 가격 현실화에 따른 화폐 공급 확대를 야기했고,[26] ② 1995년경 재정지원을 은행 대출로 전환하고, 2002년 7·1조치로 기업 생산재의 현금 거래를 인정했으며,[27] ③ 화폐개혁 이후 정부의 재정 지출 수요가 증대[인플레이션 조세(inflation tax)]한 결과[28]라는 것이다.

---

24) 양문수, 「2011년 북한 경제 평가 및 2012년 전망: 시장동향 및 평가」, ≪KDI 북한 경제 리뷰≫, 12월호(한국개발연구원, 2011), 53~54쪽; 이석, 「2012년 북한 경제를 보는 하나의 시각」, ≪KDI 북한경제리뷰≫, 7월호(2012), 18~19쪽.

25) 이 경우 시장 수급이 환율을 결정하는 것이 아니라 정부가 중국의 도매시장 및 국내 쌀값을 비교해 결정한다고 본다. 이정철, 「북한 가격정책 변화 내용 분석: 변화를 읽는 틀과 방향」, 30쪽; 이정철, 「북한의 화폐개혁: 반시장주의라는 오해와 쌀값 현실화라는 진실」, 6쪽.

26) 이영훈, 「북한 경제정책의 변화와 향후전망」, 30~31쪽.

27) 문성민, 「북한 금융의 최근 변화와 개혁과제」, ≪금융경제연구≫, 236호(2005), 44쪽.

28) Young Hoon Lee, "Evaluation of North Korean Economy in the Kim Jong Il Era and Prospect of Reform and Opening in the Kim Jong Un Era", *Journal of Peace and Unification, Ewha Institute of Unification Studies*, Vol. 2, No.1(2012), 62쪽; 권영경, 「북한의 개혁개방 추진 실태: 현황과 쟁점」도 7·1조치 이후 상실된 국가의 통화 발권 능력을 화폐개혁을 통해 회복하고 주조 차익을 활용해 통화를 과잉 발행했을 것으로 추측한다.

2) 기존 견해의 문제점 재정리

(1) 장기적 물가 상승 원인

북한의 지속적인 인플레이션 원인에 대해서는 실물의 관점, 즉 재화의 수요공급 문제로 해석하는 경향이 강하다.[29] 이러한 경향은 아마도 북한 경제가 부족경제(shortage economy)라는 이미지와 공급 부족에 기인한 수요 견인 인플레이션(demand pull-inflation) 이론이 결합하면서 나타난 것으로 보인다.

그러나 공급 부족설은 최근의 지속적인 고율 물가 상승을 설명하기에는 한계가 크다. 북한은 장기간 공급 부족 상황에 처해 있고, 수요 또한 그에 적응해왔다. 따라서 물가가 계속 상승하려면 공급이 기존 수요에 비해 감소해야 한다. 이런 관점에서 보면 공급 부족설은 자체 생산 및 수입 확대로 공급량이 증가해온 2000년대 이후에는 설득력을 갖기 어렵다. 더욱이 공급 부족설로는 화폐개혁 이후 쌀값이 공급이 부족해지는 춘궁기에 하락하고 공급이 확대되는 수확기에 급등하는 이상 현상을 설명할 수 없다.

한편, 외화 부족에 따른 외화 수요 증가가 환율 상승을, 이어 환율 상승은 물가 상승을 유발한다는 주장도 제기되어왔다. 여기에는 물자 부족처럼 북한의 심각한 외화 부족(shortage) 이미지가 크게 작용한 것으로 보인다. 그러나 북한에서 외화 부족은 물자 부족처럼 장기간 지속되어왔고, 수요도 이에 적응해왔다. 따라서 5·24조치에 따른 외화 부족처럼 기존의 수급 균형을 깨는 부족현상이 근거가 될 수 있지만, 이를 장기간 물가 상승의 원인으로 보기는 어렵다.

---

29) János Kornai, *The Socialist System: The Political Economy of Communism*; 윤철기, 「북한체제에서 인플레이션 관리의 정치: 2009년 11월 화폐개혁을 중심으로」 또는 상당수의 보고서에 등장하는 식량 사정(생산 또는 유통의 문제) 등을 근거로 한 평가다.

5·24조치 이후의 환율 상승은 5·24조치의 영향보다 화폐개혁 이후 과도한 통화 증발에 따른 북한 원화가치 하락의 영향을 훨씬 크게 받았다. 화폐개혁 이후 과도한 통화 증발이 있었고, 북한의 원화가치는 폭락했다. 이로 인해 북한 주민 사이에 외화 선호 현상이 급격히 확대되면서 환율 상승을 유발했고, 이는 심각한 경제사회문제로 부각되기도 했다. 또한 5·24조치에 따른 외화 부족은 대중국 수출 확대로 해소되어 그 영향은 장기간 지속되지 않았다.

참고로 북한 물가 상승의 주원인으로 통화 공급 증대의 영향을 여타 요인과 정량적으로 비교해보자. 이를 위해 북한 원화 기준의 쌀값 변동과 달러가격 기준의 쌀값 변동을 비교해보기로 한다. 7·1조치 이후 화폐개혁 직전까지 쌀값은 북한 원화 기준으로 53배 상승했으나, 달러 기준으로는 1kg당 0.3달러에서 큰 변동이 없었다. 이러한 대비는 화폐개혁 이후에도 비슷하다. 이처럼 북한의 장기적인 물가 상승은 거의 전적으로 통화 공급 증대에 따른 화폐적 현상임을 입증한다.

북한처럼 지속적으로 물가가 상승하는 현상은 통화 공급 확대가 뒷받침되지 않고는 불가능하다. 더욱이 화폐개혁 이후 2년 사이에 100배 이상 상승한 현상은 통화 공급 증대 말고는 설명하기 어렵다. 화폐수량설($P = \dot{M} + \dot{V} - \dot{T}$)이 시사하듯이 장기적으로는 화폐 유통속도나 공급량(거래량)이 크게 변하지 않았다면 인플레이션율은 통화량 증가율과 비슷할 것으로 판단된다.

한편 자료를 통해서도 이 시기 통화 공급 증대를 부분적으로 입증할 수 있다. 7·1조치 직후의 고액권 발행과, 2009년 11월 화폐개혁 직후의 대규모 통화 발행 보도 등이 그것이다. 즉, 2002년 7·1조치 이후 국정가격 및 임금 인상과 함께 고액권인 1,000원권과 5,000원권이 발행되었다. 그 이전 시기에 주로 유통된 고액권은 100원권이었으며 최고 고액권은 1998년 발행된 500원권이었다. 또한 2009년 화폐개혁 직후 한 달 동안 교환 통화량 외에 '김정은 배려금' 분배, 과거 수준의 임금 및 현금 분배 등으로 대규모 통화가 발행된

바 있다.

(2) 일시적 물가 상승 원인

공급 부족이나 외화 부족은 일시적인 인플레이션 원인으로 작용해왔다. 자연재해, 대북지원 감소, 정치적 변동 등에 따른 공급 부족은 인플레이션 기대 심리로 인플레이션을 유발한다. 한편 5·24조치 등에 따른 외화 부족은 환율 상승을 야기함으로써 수입 물가를 상승시켜 물가 상승에 영향을 끼친다. 통화 공급 확대를 제외한 여타 요인의 영향을 검토하기 위해 달러가격 기준 쌀값 변동을 살펴보기로 하자.

첫째, 달러가격 기준 쌀값은 지속적인 상승세를 보이는 것이 아니라 2008년 전후 계단식으로 상승한 것으로 나타난다. 즉, 2002년 7월~2007년에는 평균 1kg당 0.33달러를, 2008~2013년 6월에는 평균 1kg당 0.71달러를 유지했다. 이처럼 2008년 이후 곡물가격의 계단식 상승 현상은 국제 곡물가격의 변동과도 크게 다르지 않다.[30]

둘째, 계절적 요인이 크게 나타난다. 공급이 확대되는 12~3월에 하락하고, 6~9월 추수 직전까지는 상승하는 경향이 나타난다. 물론 자체 생산으로 수요를 충당하는 소비재, 예를 들어 달걀의 경우 계절적 요인의 영향을 거의

30)   쌀의 국제가격 변동   옥수수의 국제가격 변동

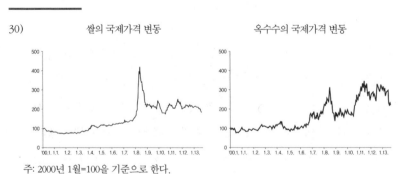

주: 2000년 1월=100을 기준으로 한다.
자료: International Grains Council.

〈그림 8-4〉 분기별 쌀값 추이

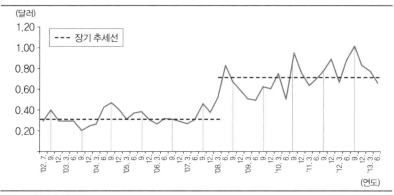

주: 1kg당 달러 기준.
자료: International Grains Council.

〈그림 8-5〉 주요 소비재의 달러가격 추이

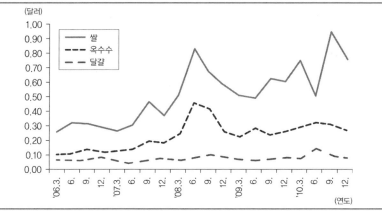

주: 쌀은 1kg당 달러가격, 옥수수는 1kg당 달러가격, 달걀은 1개당 달러가격이다.
자료: 좋은벗들, 데일리NK, 기타 탈북자들의 증언 등의 자료를 토대로 필자 작성.

받지 않을뿐더러 장기간 1개당 0.08달러 내외 수준을 유지해온 것으로 나타

난다(〈그림 8-5〉 참조).

　셋째, 이러한 계절적 요인에 따른 변동을 제외하면 2003년 9월의 쌀값 하

락과, 2008년 6월, 2010년 3월, 2011년 12월의 쌀값 급등이 특이 현상으로 나타난다. 2003년 9월 쌀값 하락은 2002년부터 본격화된 한국의 대북지원의 영향이 큰 것으로 보인다. 2008년 6월의 쌀값 급등은 대북지원 중단 및 중국으로부터의 수입이 감소한 상황에서 국제 곡물가격 상승이 큰 영향을 미친 것으로 판단된다. 2010년 3월의 쌀값 급등은 2009년 11월 화폐개혁과 2010년 초 '제2의 화폐개혁' 소문이 돌면서 시장 공급이 줄고 인플레이션 기대심리에 따른 사재기가 성행하면서 나타난 결과로 보인다. 2011년 12월의 쌀값 급등은 김정일 국방위원장의 사망에 따른 불안이 인플레이션 기대심리를 자극했고, 한편으로는 2012년 강성대국 진입 선포를 앞두고 배급량 확보를 위한 북한 당국의 곡물 수요가 증가한 데 따른 것으로 보인다.[31]

(3) 기간별 물가 상승 원인

장기적·일시적 물가 상승 원인을 토대로 기간별로 물가 상승 원인을 검토해보기로 한다.

① 2002년 7·1조치~2005년 상반기

〈그림 8-6〉을 보면 이 기간 쌀값과 대미 달러 시장환율은 동시에 급격히 상승했음을 알 수 있다. 쌀값은 24배(45원 → 1,080원/kg), 대미 달러 시장환율은 19.4배(150원 → 2,910원/달러) 상승했다. 한편 북한 원화의 영향을 배제하고 쌀의 달러가격 동향을 보면 큰 변화가 없음을 알 수 있다(0.30달러/kg → 0.37달러/kg).

이 기간에 7·1조치를 계기로 통화 공급이 급증하기 시작했는데, 이는 가

---

31) 당시 쌀 수확 시기를 전후로 수확판정단과 낟알타격대의 활동이 강화되어 쌀의 시장 유입이 억제되었다고 알려진다.

〈그림 8-6〉 7·1조치~2005년 상반기 쌀값 및 환율 추이

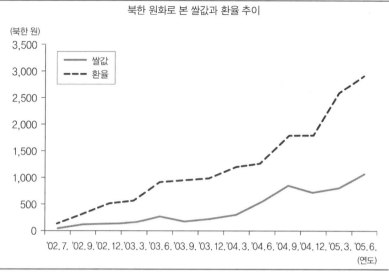

북한 원화로 본 쌀값과 환율 추이

주: 쌀값은 1kg당 북한 원 기준, 환율은 1달러당 북한 원 기준.
자료: 좋은벗들, 데일리NK, 기타 탈북자 증언을 토대로 필자 작성.

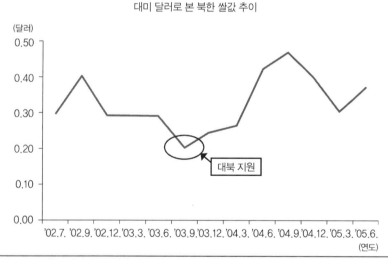

대미 달러로 본 북한 쌀값 추이

자료: 좋은벗들, 데일리NK, 기타 탈북자 증언을 토대로 필자 작성.

격조정(국정가격을 시장가격 수준으로 현실화)과 관련해 발생한 것으로 보인다.

첫째, 북한은 체제 전환 과정에서 자금 공급 방식을 '재정 계획화체계'에서 '신용 계획화체계'로 변경한 것으로 알려져 있다. 북한은 1995년 유동자금 공급제도 폐지 및 2002년 재정제도 개선조치 등을 통해 독립채산제 기업소의 경우 거의 모든 자금을 자체 자금이나 은행대부를 통해 충당하도록 했다.[32]

둘째, 7·1조치의 경우 정부는 임금과 소비재 및 쌀의 국정가격을 시장가격에 맞춰 각각 평균 18배, 25배, 50배(수매가 80전/kg → 40원/kg) 인상했다. 기업은 인상된 근로자 임금과 생산재 확보를 위한 현금 수요를 충족시키기 위해 은행의 대출 규모를 확대한 것으로 보인다.

셋째, 북한의 경우 계획경제와 시장경제로 이원화되어 있고, 금융기관이 제 기능을 하지 못한다. 따라서 북한 정부가 국정가격을 인상하면서 적정 규모의 통화를 발행했지만($P \uparrow \approx M \uparrow$), 발행된 통화가 계획경제 영역인 국영상점을 거쳐 금융기관으로 환수되지 않고, 시장 경제 영역에 적체되면서 인플레이션이 유발되었을 가능성이 크다. 사실 북한 정부는 7·1조치 직후 가격 인상과 함께 시장거래를 억압하고 국영상점 복원을 시도했지만, 기대와 달리 국영상점이 회복되지 않았다. 만약 북한 정부의 조치가 성공해 통화 발행과 환수 시스템이 정상적으로 가동되었다면 이처럼 심각한 인플레이션은 발생하지 않았을 것이다.[33]

한편, 7·1조치 직후의 급격한 인플레이션은 일반 이론에 따라 비용 상승 인플레이션으로 해석할 수도 있다.[34] 즉, 임금, 국정가격 인상이 비용 상승

---

32) 문성민, 「북한 재정제도의 현황과 변화추이」, ≪금융경제연구≫, 206호(2004), 26~43쪽.

33) 북한의 통화 공급 이론에 따르면 인플레이션은 유통화폐량이 필요화폐량보다 많은 경우 발생한다. 따라서 7·1조치 이후 급격한 인플레이션이 나타난 것은 필요화폐량보다 유통화폐량이 많아졌기 때문이라 할 수 있다.

34) 이러한 비용 상승 인플레이션은 체제 전환국의 가격자유화 과정에서 나타난다. 이에

을 초래함으로써 인플레이션을 야기했다는 것이다. 하지만 이러한 해석은 북한 정부가 가격 인상과 통화 공급 확대를 동시에 추진했고, 국영상점 및 금융기관 기능의 약화로 통화가 환수되지 않는 현상을 충분히 설명하지는 못한다.

통화 공급 외의 요인을 살펴보기 위해 쌀의 달러가격을 살펴보면 앞에서 언급한 것처럼 공급의 계절적 변동이 나타난다. 즉, 추수 후인 12~3월에 하락하고 추수 전인 6~9월까지는 상승하는 경향이 있다. 그러나 2003년 9월에는 쌀값이 하락하는 특이현상이 나타났는데, 이는 2002년부터 본격화된 한국의 대북지원 영향이 큰 것으로 판단된다. 또한 2004년 9월 쌀값 상승이 다소 높게 나타나는데, 이는 대북지원 감소가 영향을 미친 것으로 보인다.[35]

② 2005년 하반기~2007년 상반기

〈그림 8-7〉을 보면 이 기간 쌀값과 대미 달러 시장환율이 안정세를 보였음을 알 수 있다. 달러기준 쌀값은 다소 하향 안정세를 나타내기까지 했다. 따라서 이 기간에는 2002년 7·1조치에 따른 통화 공급 확대의 영향도 거의 사라졌고, 통화 증발도 없었던 것으로 판단된다. 다만 2005년 7월의 미사일 실험 발사와 11월 핵실험에 따른 대북지원 감소가 환율과 쌀값에 영향을 미쳤을 것이다. 그런데도 쌀값이 안정적이었던 것은 곡물 생산 증대 및 중국, 태국 등으로부터의 수입 확대가 대북지원 감소의 영향을 완화했던 데 따른 것으로 보인다.

대해서는 Kim, Byung-Yeon, "The Income, Savings, and Monetary Overhang of Soviet Households", *Journal of Comparative Economics*, 27(1999) 참조.

35) 이정철, 「북한 가격정책 변화 내용 분석: 변화를 읽는 틀과 방향」, 77쪽.

<그림 8-7> 2005년 하반기~2007년 상반기 쌀값 및 환율 추이

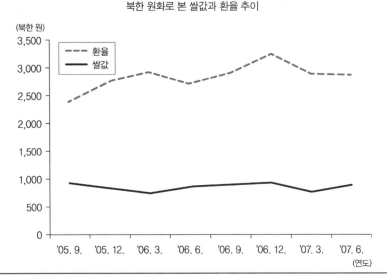

북한 원화로 본 쌀값과 환율 추이

주: 쌀값은 1kg당 북한 원 기준, 환율은 1달러당 북한 원 기준.
자료: 좋은벗들, 데일리NK, 기타 탈북자 증언을 토대로 필자 작성.

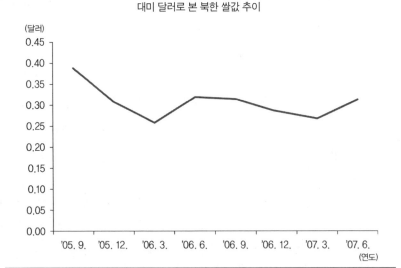

대미 달러로 본 북한 쌀값 추이

자료: 좋은벗들, 데일리NK, 기타 탈북자 증언을 토대로 필자 작성.

③ 2007년 하반기~2009년 화폐개혁

〈그림 8-8〉에서 볼 수 있듯이 이 기간 대미 달러 시장환율은 상대적으로 안정적이었던 반면, 쌀값은 2008년 크게 상승했다가 하락했다. 이러한 쌀값 상승은 통화 공급 증대에 따른 것이 아니라, 앞에서 언급했던 것처럼 수해와 중국 정부의 곡물 수출 제한에 따른 공급 부족과 국제 곡물가격 상승 등에 기인한 것이다.

한편 옥수수가격도 2008년 이후 2배 정도 상승했다. 따라서 이 시기 국제 곡물가격의 상승은 이들 수입품을 원료로 하는 식용유 등의 식용품 가격을 상승시키는 비용 상승 인플레이션(cost push inflation)을 유발했을 것으로 보인다. 반면 자체 생산으로 수요를 충당하는 달걀 등의 식료품과 곡물을 주원료로 사용하지 않는 기타 소비재는 동 기간 상대적으로 큰 변화를 보이지 않았다.

④ 2009년 화폐개혁~2013년 상반기

화폐개혁 직후 인플레이션이 극심해졌으나 점차 완화되는 경향을 보였다. 화폐개혁 후 3개월 동안 환율은 30배, 쌀값은 36배 폭등했다. 이후 1년 동안 환율은 약 80배, 쌀값은 61배 올랐고, 2년 동안 환율과 쌀값은 모두 100배 이상 상승했다(〈그림 8-9〉 참조).

이 기간 인플레이션의 주된 원인은 화폐개혁 이후의 과도한 통화 증발에 있었다. 그 외 요인은 2010년 3월과 2011년 12월의 쌀값 급등이다.[36] 2010년 3월 쌀값 급등은 2009년 11월 화폐개혁과 2010년 초 '제2의 화폐개혁' 소문이 돌면서 시장 공급이 줄고 인플레이션 기대심리에 따른 사재기가 성행

---

36) 이는 공급이 확대되는 12~3월에 하락하고 6~9월 추수 직전까지는 상승하는 경향에서 벗어난 사례이기도 하다.

〈그림 8-8〉 2007년 하반기~2009년 화폐개혁 시기 쌀값 및 환율 추이

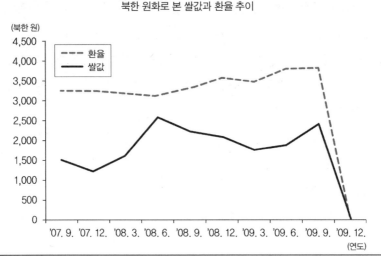

북한 원화로 본 쌀값과 환율 추이

주: 쌀값은 1kg당 북한 원 기준, 환율은 1달러당 북한 원 기준.
자료: 좋은벗들, 데일리NK, 기타 탈북자 증언을 토대로 필자 작성.

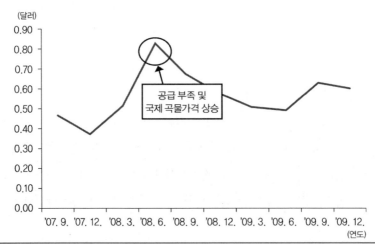

대미 달러로 본 북한 쌀값 추이

자료: 좋은벗들, 데일리NK, 기타 탈북자 증언을 토대로 필자 작성.

<그림 8-9> 2009년 화폐개혁~2013년 상반기 쌀값 및 환율 추이

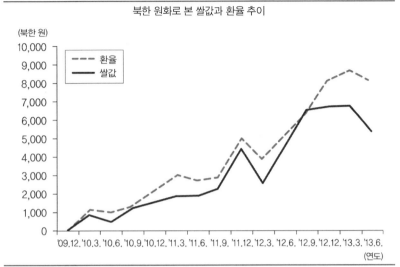

북한 원화로 본 쌀값과 환율 추이

주: 쌀값은 1kg당 북한 원 기준, 환율은 1달러당 북한 원 기준.
자료: 좋은벗들, 데일리NK, 기타 탈북자 증언을 토대로 필자 작성.

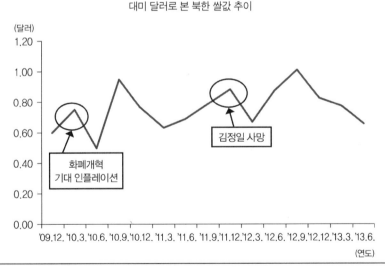

대미 달러로 본 북한 쌀값 추이

자료: 좋은벗들, 데일리NK, 기타 탈북자 증언을 토대로 필자 작성.

하면서 나타난 결과로 보인다. 2011년 12월 쌀값 급등은 김정일 국방위원장의 사망에 따른 불안이 인플레이션 기대심리를 자극했고, 2012년 강성대국 진입 선포를 앞두고 배급량 확보를 위한 북한 당국의 곡물 수요가 증가한 데 따른 것으로 보인다.

그렇다면 화폐개혁 이후의 과도한 통화 증발은 어디에서 기인하는가? 이는 ① 정치논리 우선의 화폐개혁, ② 2012년 강성대국 건설을 위한 재정 수요 증대, ③ 5·24조치에 따른 외화 수요 증대 등에 기인한다.

첫째, 북한의 발표[37]에 근거해 해석해보면 화폐개혁은 사회주의경제 강화와 김정은 권력 승계를 지원하기 위한 조치였던 것으로 해석된다. 북한 당국은 화폐개혁을 통해 시장거래를 중단하고 국영상점을 회복함으로써 사회주의경제를 강화 ─ 시장세력(상인) 축출 및 사회주의 세력(노동자와 농민) 강화 ─ 하고자 했다. 이를 위해 교환 한도를 설정하고 시장거래를 중단함으로써 상인층을 몰락시키고 시장물가를 1/100로 인하했지만, 노동자 농민의 보수는 그대로 유지함으로써 김정은에 대한 충성심을 확보하려 했다.

이러한 북한 당국의 의도와 달리 법적·물리적 강제로도 시장거래를 중단하고 국영상점을 회복할 수 없었다. 만약 북한 당국의 의도가 성공했다면 발행된 통화가 조기에 환수됨으로써 하이퍼인플레이션을 초래하지 않았을지도 모른다. 그러나 주민에게 제공된 통화(임금, 현금 분배, 배려금 등)는 거의

---

37) 2009년 11월 화폐개혁 직후 조선중앙은행의 책임부원 조성현과 북한 사회과학원 경제연구소 김철준 소장이 당국의 의도를 밝혔다. 조성현은 화폐 교환조치의 목적은 화폐제도를 강화하고 화폐 유통을 공고히 하는 동시에 유통화폐량을 줄여 화폐가치를 높이는 데 있다고 설명했다. 구체적으로는 ① 원활한 화폐 유통을 통한 인플레이션 억제, ② 국가 공급망 강화를 통한 계획질서 강화, ③ 구매력 증대, ④ 공식 부문 근로자의 우대, ⑤ 외화 사용 억제 등으로 설명했다. ≪조선신보≫, 2009년 12월 4일 자. 또한 김철준은 사회주의경제 관리 원칙의 구현과 인민생활 향상을 위한 재정적 토대 확립이 이번 조치의 목적이라고 밝혔다.

〈표 8-3〉 화폐 교환 직후 통화량(2010)

	사안별 통화 공급량(원)	기준(1,000가구/1,000명)	통화 공급량(100만 원)
화폐 교환액(가구당)	1,000	5,887 (가구)	5,887(A)
노동자 평균 임금(1인당)	3,000	7,798 (노동자 수)	23,394
협동농장 현금 분배(1인당)	10,000~15,000	4,387 (농민 수)	43,870~65,805
김정은의 배려금(1인당)	500	23,298 (인구)	11,649
합계			84,800~106,735(B)
B/A			14~18(배)

주: 사안별 통화 공급량은 좋은벗들, 데일리NK 및 기타 언론 보도를, 2010년 북한의 인구, 가구 수 등은 통계청 자료를 이용해 추산.

대부분 시장에서 유통될 뿐 다시 국영상점을 거쳐 금융기관으로 환수되지 않아 지속적인 인플레이션 압력을 유발했다.

이를 구체적으로 살펴보기로 하자. 북한 정부는 화폐개혁으로 시장물가를 1/100로 인하하고, 그에 맞게 통화량도 1/100(화폐 교환 1:100)로 축소했다.[38] 그러나 추후 무상배려금, 과거 수준의 임금 및 현금 분배 등에 따른 통화 공급은 화폐개혁 당시의 통화량을 크게 상회했다.

시장물가를 1/100로 인하하고, 그에 맞게 통화량도 1/100로 축소한 점을 고려하면, 화폐개혁 당시 통화 발행량은 인플레이션을 유발하지 않을 만한 적정 수준이었을 것이다. 그러나 정치적 고려에 따른 무상배려금과 과거 수준의 현금 분배 및 임금 지불 등으로 2010년 1월 유통화폐량은 화폐개혁 시

---

38) 현금은 신·구화폐를 1:100, 저축은 10:1로 교환하고, 시장가격을 국정가격보다 낮은 1/100로 인하했다. 한편 화폐 교환에 1가구당 10만 원(구권 기준, 신권 기준으로는 1,000원)의 교환 한도를 두고, 그 이상의 화폐는 1,000:1의 비율로 무제한 교환해줘 예금하게 했다.

발행된 통화량의 14~18배 정도였던 것으로 추정된다. 이처럼 적정 통화량을 초과하는 통화 공급 확대가 초기 하이퍼인플레이션의 압력으로 작용했던 것이다. 화폐개혁 직후인 2009년 12월 9일 시장 한도가격은 쌀 1kg당 23원이었으나 2월 4일에는 1kg당 240원으로 10배 가까이 상승했다.[39]

이처럼 화폐개혁이 하이퍼인플레이션을 초래한 것은 정치논리가 경제논리보다 우선했기 때문인 것으로 보인다.[40] 화폐개혁 직전의 대미 달러 시장환율과 쌀값 안정세를 고려하면 인플레이션 억제를 위해 화폐개혁을 단행한 것은 아니라고 판단된다. 그동안 수차례의 시장거래 중단 조치가 실패했음에도 북한 당국이 또다시 이를 시도한 이유는 시장경제를 과소평가한 측면도 있지만 정치적 압력이 매우 컸기 때문이라고 판단된다. 주민의 환심을 얻기 위해 발행한 통화는 하이퍼인플레이션이란 부담으로 되돌아왔다.

둘째, 화폐개혁 이후 인플레이션이 완화되기는 했지만 여전히 2011년 대미 달러 시장환율과 쌀값은 전년 대비 2.5~3배, 2012년에는 1.5배 정도 상승했다. 이러한 현상은 '2012년 강성대국 건설'을 위한 재정 지출 수요 증대에 기인한 것으로 보인다. 후진국은 조세 수입이나 국공채 발행을 통해 자금을 조달하는 데 한계가 있을 경우 돈을 새로 찍어내는 방법(inflation tax)을 취한다.

그렇다면 2010년 이후 재정 지출 수요가 과거에 비해 크게 증대된 요인은

---

39) 양문수, 「북한의 화폐개혁: 실태와 평가」, 80쪽.

40) 화폐개혁의 배경에 대해 임강택은 경제적 요인을 중시했고[임강택, 「경제적 관점에서 본 북한의 화폐개혁」(통일연구원 Online Series, 2009a)], 양문수는 경제적 배경에 더해 정치적 배경을 추가한다(양문수, 「북한의 화폐개혁: 실태와 평가」). 한편 화폐개혁이 시장 탄압인가 아니면 제한적 개혁인가라는 논쟁에서, 김병연은 2009년 화폐개혁의 주된 목적이 시장 탄압에 있다고 본 반면, 이정철은 화폐개혁을 쌀값 인상에 비례해 기타 생필품가격과 생활비(임금)를 재조정하기 위한 조치의 일환이라는 주장을 제기했다. 김병연, 「북한 화폐개혁의 경제학적 평가」(한반도평화연구원, 2010); 이정철, 「북한의 화폐개혁: 반시장주의라는 오해와 쌀값 현실화라는 진실」.

무엇인가? 이는 '2012년 강성대국 건설'과 관련된 대규모 건설 및 공장가동 프로젝트와 관련이 있다. 2009년 이후 본격화된 김정은의 안정적 권력 승계를 위해서는 "2012년까지 강성대국 대문을 연다"라는 목표를 달성해야 했다.

북한에서 '강성대국 건설론'은 1998년 김정일체제가 공식 출범하면서 제기되었고, 2007년 11월 30일 전국지식인대회에서 최초로 2012년을 달성의 해로 명시했다. 이후 경제강국 건설을 위한 5개년계획(2008~2012)을 수립 추진하는 등 경제강국 건설을 위한 사업이 본격화되었다. 이를 위해 2009년에는 노동력 동원을 주 내용으로 하는 '150일 전투'와 '100일 전투'를 추진했으나 이렇다 할 성과를 거두지 못했다. 이로 인해 2010년 이후에는 자금을 집중 투자해야 하는 대규모 사업을 추진했다. 2010년에는 '련합기업소' 건설, 간석지 공사 등을 추진했고,[41] 2011년에는 희천발전소, 백두선군 청년발전소 등 대형 발전소 건설을 적극 추진했다.[42] 2012년에는 강성대국 원년 선포와 관련된 대규모 행사, 김일성 100회 생일, 광명성 3-1호, 3-2호 발사 등이 추진되었다. 따라서 2010~2012년 강성대국 건설과 김정은 권력 승계를 위한 자금 수요가 증가했다고 할 수 있다.

한편 대형 프로젝트 추진에 따른 노동력 및 내부자원 동원 외에 원자재 수입 확대로 외화 수요가 크게 증가한 것으로 보인다. 이를 충당하기 위해 수출 확대 노력과 함께 민간이 보유한 외화를 흡수하기 위한 자금 수요도 커졌

---

41) ① 2·8비날론련합기업소(주체섬유) 건설, ② 김책제철련합기업소(주체철) 건설, ③ 남흥청년화학련합기업소(주체비료) 건설, ④ 대계도 간석지 공사, ⑤ 대동강과수 종합농장 건설·3월5일 청년광산 현대화, ⑥ 평양시 주택 10만 호 건설, ⑦ 핵융합 성공, ⑧ 축포 국산화 등이 추진되었다. ≪로동신문≫, 2010년 12월 20일 자.

42) 과거 중앙계획경제의 붕괴로 지방 자체적으로 중소형 발전소 건설을 독려해왔으나 효율성의 문제로 중소형발전소 건설 정책을 포기하고, 대규모 수력발전소 건설 위주로 전력정책을 전환했다.

〈그림 8-10〉 2012년 강성대국 건설을 위한 대규모 건설 프로젝트 추진 현황

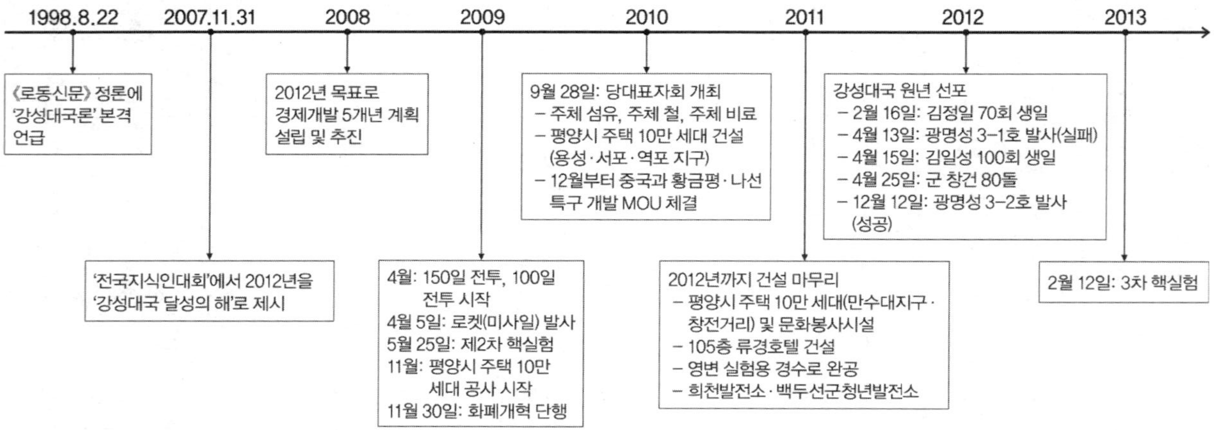

1998.8.22
《로동신문》 정론에 강성대국론 본격 언급

2007.11.31
2012년 목표로 경제개발 5개년 계획 설립 및 추진

'전국지식인대회'에서 2012년을 '강성대국 달성의 해'로 제시

2009
4월: 150일 전투, 100일 전투 시작
4월 5일: 로켓(미사일) 발사
5월 25일: 제2차 핵실험
11월: 평양시 주택 10만 세대 공사 시작
11월 30일: 화폐개혁 단행

2010
9월 28일: 당대표자회 개최
- 주체 석유, 주체 철, 주체 비료
- 평양시 주택 10만 세대 건설 (은성·서포·역포 지구)
- 12월부터 중국과 황금평·나선 특구 개발 MOU 체결

2011
2012년까지 건설 마무리
- 평양시 주택 10만 세대(만수대지구·청천거리) 및 문화봉사시설
- 105층 류경호텔 건설
- 영변 실험용 경수로 완공
- 희천발전소·백두선군청년발전소

2012
강성대국 원년 선포
- 2월 16일: 김정일 70회 생일
- 4월 13일: 광명성 3-1호 발사(실패)
- 4월 15일: 김일성 100회 생일
- 4월 25일: 군 창건 80돌
- 12월 12일: 광명성 3-2호 발사 (성공)

2013
2월 12일: 3차 핵실험

자료: 《로동신문》 기사를 종합해서 필자 작성.

다(〈그림 8-10〉 참조).

이러한 추론에 따르면 경제강국 건설 목표 시점인 2012년이 지나면 재정
수요 감소에 따른 통화 공급 축소로 인플레이션이 크게 완화되어야 한다.

셋째, 2010년 5·24조치에 따른 외화 부족은 환율 상승에 영향을 미치고,
이는 다시 통화 공급 증대를 유발했을 것으로 보인다.[43] 또한 5·24조치는 수
입 물가를 상승시켜 수입을 원활하게 하기 위한 통화 공급 증대를 유발한다.
특히 2012년 강성대국 건설 프로젝트를 수행하려면 수입이 정상적으로 이루
어져야 하기 때문이다.

그러나 5·24조치에 따른 외화 부족의 영향이 통화 공급 증대에 결정적인
영향을 미쳤다[44]고 보기는 어렵다. 외화 부족 문제는 대중국 수출을 통해 조
기에 해소되었기 때문이다. 5·24조치로 북한이 입은 손실은 2009년 말 기준
현금 2억 6,000만 달러(교역 수입), 현물 3,600만 달러(인도적 지원) 등 약 3억
달러 정도인 것으로 나타난다. 그러나 북한의 대중국 수출은 2010년 전년 대
비 46.9% 증가(7.9억 달러→11.9억 달러)함으로써 5·24조치로 인한 외화 손
실 규모를 초과한다. 더욱이 2011년 대중국 수출은 전년 대비 107.4% 증가
(11.9억 달러→24.6억 달러)함으로써 5·24조치에 따른 외화 부족을 완전히 해
소한 것으로 보인다.

한편, 만약 5·24조치가 이 시기 물가 상승에 주된 영향을 미쳤다면 환율
상승이 쌀값 상승에 영향을 미치는 것으로 나타나야 한다. 그러나 인과관계
분석결과에 따르면 이 기간 환율 상승과 쌀값 상승 간 인과관계는 나타나지
않는다.[45] 이는 오히려 제3의 요인(통화량 증대)이 쌀값과 대미 달러 시장환

---

43) 이석, 「2012년 북한 경제를 보는 하나의 시각」.

44) 같은 글.

45) 분기별 자료로는 인과관계를 분석하는 데 한계가 있어 입수 가능한 국가기관의 월별

율 상승에 동시에 영향을 미쳤음을 시사한다.[46]

5. 맺음말

북한의 인플레이션이 최근과 같은 추세를 유지한다면 소득 양극화나 통화 주권 상실, 임금·물가 상승 악순환 등의 거시경제 불안 가능성을 배제할 수 없다. 이는 주민들의 집단 저항, 정부의 경제 통제능력 상실 등을 야기하면서 체제를 위협할 수 있다. 북한 정부가 합리적이라면 인플레이션 원인에 따른 적절한 처방을 취할 것이라 본다.

인플레이션의 주된 원인이 통화 공급 증대에 기인하기 때문에 긴축통화정책에 중점을 둘 것이다. 긴축통화정책이 성공하려면 재정개혁, 기업개혁, 금융개혁, 대외개방 확대 등이 수반되어야 한다.

정부 차원에서는 불요불급한 공사, 행사 등을 크게 축소함으로써 재정 지출을 줄여야 한다. 기업 차원에서는 경영체제를 연성예산제약(soft budget constraint)에서 경성예산제약(hard budget constraint)으로 전환해야 한다. 즉, 경제 단위에 대한 정부의 재정지원은 중단하는 대신 경영자율권을 대폭 부여하는 엄격한 독립채산제를 추진함으로써 통화 공급을 억제하는 것이다.

쌀값과 대미 달러 시장환율 통계를 이용했다. 대미 달러 시장환율과 쌀값의 관계를 분석해보면 상관계수는 0.953으로 양자 간 상관관계가 매우 높게 나타난 반면, 양자 간 인과관계는 통계적으로 유의미하지 않은 것으로 나타났다.

46) 환율 상승이 쌀과 옥수수의 시장가격 변동과 유사하다는 점 때문에 마치 환율 상승이 d 이러한 시장가격 상승의 주된 원인인 것으로 착각하게 된다. 일례로 북한 관련 저널 ≪림진강≫은 '북한의 초인플레이션이 위안화환율 상승에 기인'하는 것으로 분석했다. ≪림진강≫, 제5호(2011).

한편 이러한 개혁 조치는 생산 효율성을 높여 공급을 확대함으로써 인플레이션을 완화하는 데 기여할 것이다.

경제 재건과 개혁을 위해서는 막대한 투자재원이 요구된다. 이를 위해서는 국내에서 주민의 자금을 직접 동원 또는 저축을 통해 조달하거나 특구 건설 등을 통해 외자를 유치해야 한다. 우선, 주택건설 또는 광산개발 등 일부 소규모 투자에는 돈주의 자금을 동원할 수 있다. 그러나 대규모 자금 동원은 금융 개혁이 수반되어야 할 것이다. 금융개혁은 긴축통화정책과 함께 이자율 현실화, 중앙은행과 상업은행의 이원화 등의 개혁을 포함한다. 이자율을 인플레이션율과 연동해 인상함으로써 저축을 유도하고, 중앙은행을 제외한 무역은행, 당·군 산하 금융기관을 정리해 중앙은행과 상업은행으로 이원화함으로써 금융기능을 강화해야 할 것이다. 금융기관 이원화는 오랜 시간이 소요될 수 있지만, 이자율 현실화는 긴축통화정책이 수반된다면 조기에 추진될 수도 있다. 특히 북한과 비슷한 경험을 한 베트남의 경우 이자율 현실화 정책이 인플레이션 억제에 가장 효과적이었음을 참고할 필요가 있다.

한편, 북한은 북핵 문제로 대외관계가 악화되어 외자를 조달하기도 쉽지 않다. 따라서 북핵 문제 해결에 나서는 한편, 제도 및 기구 정비 등 투자환경을 적극 개선함으로써 외자 유치의 실현 가능성을 높일 것으로 보인다. 최근 대규모 행사의 축소, 자율성 확대를 중심으로 하는 경제개혁 추진, 중앙 및 지방 단위의 특구/개발구 건설을 통한 외자 유치 노력 등은 이러한 노력의 일환으로 해석될 수 있다. 그러나 북한이 경제-핵무력 건설 병진노선을 고수해 부분 개혁에 그치거나 대외관계를 개선하지 못한다면 이러한 개혁·개방 조치는 기대만큼의 성과를 거두기 어려울 것이다. 그로 인해 경제 재건과 개혁에 필요한 자금 수요가 커지면서 또다시 통화 공급 증대라는 유혹에 노출될 수도 있다.

끝으로 이 글의 한계를 제시하고자 한다. 북한의 시장가격에 대한 자료는 구하기 매우 어렵고 제한적이다. 북한의 가격 정보 수집은 위험을 감수해야 하는 데다 정보 제공자는 물가 자료 수집에 대한 교육을 받은 사람도 아니다. 따라서 같은 시기, 같은 지역에서 수집해온 신발, TV 등 소비재의 가격 자료도 정보 제공자에 따라 크게 차이가 나기도 한다. 그나마 환율과 쌀값 자료는 상대적으로 신뢰할 만하다. 쌀값과 환율 관련 자료는 상대적으로 많고, 쌀은 다른 제품에 비해 제품의 동질성(북한산과 수입산으로 구분되는 정도)이 커서, 극단치(out lier)가 드물게 나타나고 분산도 가장 적다. 그렇다 하더라도 자료 수집 과정의 한계를 고려할 때 이를 엄격한 의미의 통계자료라 하기에는 미흡한 점이 많다.

이러한 북한 가격 자료의 제약 때문에 이 글은 구체성이 부족하고 때로는 직접적 증거보다 정황 증거에 의존하는 한계를 안고 있다. 예를 들어 기간별 인플레이션 원인 분석의 경우 충분한 증거를 제시할 수 없기 때문에 세부적 변동에 대한 구체적인 설명을 제공하기 어렵다. 단지 수집된 가격 자료, 탈북자 증언과 정황 증거를 종합한 추론을 제시할 따름이다. 또한 일부 인과관계를 분석했으나 자료의 부족과 신뢰도 제약으로 분석의 신뢰도를 완전히 담보하지 못한다. 따라서 이 글에서 제기되는 주장은 추론의 수준을 넘지 못하며 앞으로 많은 수정 보완을 거쳐야 할 것이라는 점을 밝혀둔다.

앞으로 북한 인플레이션 연구는 이런 문제점을 극복할 수 있는 방안을 마련하는 동시에 더욱 심도 있는 분석을 병행해야 한다. 한편 소득 격차 심화, 외화 사용 확대 등 인플레이션 영향을 구체적으로 입증할 수 있는 정량 분석도 본격화되어야 한다. 또한 인플레이션 대책도 최근 북한의 개혁·개방과 다른 사회주의국가의 사례를 연계해 연구되어야 할 것이다.

〈표 8-4〉 북한의 분기별 쌀값 및 환율 추이

구분	환율(%)	쌀값(북한 원)
'03. 3.	585	171
'03. 6.	908	265
'03. 9.	950	193
'03. 12.	1015	248
'04. 3.	1,200	318
'04. 6.	1,300	555
'04. 9.	1,800	850
'04. 12.	1,800	725
'05. 3.	2,600	800
'05. 6.	2,910	1080
'05. 9.	2,400	925
'05. 12.	2,763	850
'06. 3.	2,919	760
'06. 6.	2,709	860
'06. 9.	2,908	913
'06. 12.	3,259	930
'07. 3.	2,895	774
'07. 6.	2,873	890
'07. 9.	3,251	1,493
'07. 12.	3,241	1,221
'08. 3.	3,159	1,623
'08. 6.	3,119	2,597
'08. 9.	3,313	2,231
'08. 12.	3,576	2,078
'09. 3.	3,473	1,762
'09. 6.	3,815	1,874
'09. 9.	3,825	2,399
'09. 12.	38	23
'10. 3.	1,107	837
'10. 6.	994	505
'10. 9.	1,302	1,236
'10. 12.	2,024	1,539
'11. 3.	2,940	1,867
'11. 6.	2,742	1,917
'11. 9.	2,880	2,267
'11. 12.	5,000	4,442
'12. 3.	3,826	2,562
'12. 6.	5,058	4,448
'12. 9.	6,440	6,533

참고문헌

1. 국내 문헌

권영경. 2010. 「'2012년 체제' 구축전략과 북한 경제의 변화」. ≪KDI 북한경제리뷰≫, 2010년 3월호.

_____. 2012. 8. 「북한의 개혁개방 추진 실태: 현황과 쟁점」. 김정은체제의 개혁·개방 가능성: 평가와 전망. 2012 북한 개혁·개방 국제공동학술회의.

김병로. 2012. 「북한의 분절된 시장화와 정치사회적 함의」. 북한연구학회 2012 정기 춘계학술회의 발표집.

김병연. 2010. 2. 「북한 화폐개혁의 경제학적 평가」. 한반도평화연구원

김병연·양문수. 2012. 『북한 경제에서의 시장과 정부』. 서울대학교출판문화원.

김석진. 2012. 「국제비교를 통해 본 북한의 화폐개혁」. 산업연구원 편저. 『산업경제 분석』, 2012년 2월호.

김영훈. 2013. 「북한의 식량사정 및 농업 동향」. ≪KDI 북한경제리뷰≫, 2013년 1월호.

김일한. 2011. 「북한의 시장가격 결정요인 분석」. ≪북한연구학회보≫, 15권 2호.

_____. 2012. 「북한의 경제개혁 논쟁: 가치법칙의 재해석」. ≪통일정책연구≫, 12권 12호.

문성민. 2004. 「북한 재정제도의 현황과 변화추이」. ≪금융경제연구≫, 206호.

_____. 2005. 「북한 금융의 최근 변화와 개혁과제」. ≪금융경제연구≫, 236호.

_____. 2006. 「구매력평가이론에 근거한 북한가격 및 환율분석」. ≪통일정책연구≫, 17권 2호.

양문수. 2005. 「북한에서의 시장의 형성과 발전: 생산물시장을 중심으로」. ≪비교경 제연구≫, 12권 2호.

_____. 2010. 「북한의 화폐개혁: 실태와 평가」. ≪통일문제연구≫, 제22권 제1호(통

권 제53호).

_____. 2011. 「2011년 북한 경제 평가 및 2012년 전망: 시장동향 및 평가」. ≪KDI 북한 경제 리뷰≫, 12월호. 한국개발연구원.

_____. 2012a. 「2000년대 북한의 반시장화 정책: 실태와 평가」. ≪현대북한연구≫, 15권 1호.

_____. 2012b. 「북한의 대외채무 문제: 추세와 특징」. ≪KDI 북한경제리뷰≫, 2012년 3월호.

_____. 2012c. 「북한의 시장 동향과 평가」. ≪KDI 북한경제리뷰≫, 2012년 7월호.

윤철기. 2011. 「북한체제에서 인플레이션 관리의 정치: 2009년 11월 화폐개혁을 중심으로」. ≪현대북한연구≫, 14권 2호.

윤홍석. 2012. 「화폐개혁 이후 북한 주민의 인식 변화와 체제 변화 전망」. 북한연구학회 2012 정기 추계학술회의 발표집.

이석. 2012. 「2012년 북한 경제를 보는 하나의 시각」. ≪KDI 북한경제리뷰≫, 2012년 7월호.

이석·김창욱·양문수·이석기·김은영. 2009. 『북한 계획경제의 변화와 시장화』. 통일연구원.

_____. 2012. 『북한 외화통용 실태 분석』. 산업연구원.

이영훈. 2005a. 「북한의 '자생적 시장화'와 경제개혁의 전개」. ≪통일문제연구≫, 통권44호.

_____. 2005b. 「북한 경제정책의 변화와 향후전망」. ≪금융경제연구≫, 200호.

_____. 2006. 2. 「북·중무역 현황과 북한 경제에 미치는 영향」. ≪금융경제연구≫, 246호.

_____. 2007. 「탈북자를 통한 북한 경제 변화상황 조사」. 한국은행.

_____. 2012. 12. 「북한의 하이퍼인플레이션과 개혁개방 전망」. ≪북한연구학회보≫, 제16권 제2호(2012년 겨울).

이용화·홍순직. 2013. 「북한 2009년 화폐개혁 3년 평가」. ≪통일경제≫, 통권 제105호(2013년 봄).

이정철. 2007. 12. 「북한 가격정책 변화 내용 분석: 변화를 읽는 틀과 방향」. 통일부 프로젝트.

_____. 2009. 12. 「북한의 화폐개혁: 반시장주의라는 오해와 쌀값 현실화라는 진실」. ≪현안진단≫, 제153호. 코리아연구원.

_____. 2010. 「북한의 의사 시장기제와 생존전략 연구: 이중경제(Dual Economy)와 버츄얼경제(Virtual Economy) 전략을 중심으로」. ≪한국과 국제정치≫, 통권 61호.

_____. 2012. 「대북 제재와 북한의 개혁 퇴행, 인과관계의 검증: 시장 위축 vs. 시장 통제」. ≪북한연구학회보≫, 제16권 제1호.

임강택. 2009a. 「경제적 관점에서 본 북한의 화폐개혁, 배급 효과」. 통일연구원 Online Series.

_____. 2009b. 『북한 경제의 시장화 실태에 관한 연구』. 통일연구원.

_____. 2011. 「북한 화폐개혁 1년 완전 실패 단정 어려워」. ≪통일한국≫, 2011년 1월호(통권 제325호).

조동호. 2002. 7. 「계획경제시스템의 정상화: 최근 북한 경제조치의 분석 및 평가」. ≪KDI 정책 포럼≫, 제160호.

2. 북한 문헌

≪로동신문≫. 2010년 12월 20일 자.
≪림진강≫. 2011년 제5호.

3. 외국 문헌

≪조선신보≫. 2009년 12월 4일 자.

Kim, Byung-Yeon. 1999. "The Income, Savings, and Monetary Overhang of Soviet Households". *Journal of Comparative Economics*, Vol. 27.

János Kornai. 1992. *The Socialist System: The Political Economy of Communism*. Princeton: Princeton University Press.

Young Hoon Lee. 2012. "Evaluation of North Korean Economy in the Kim Jong Il Era and Prospect of Reform and Opening in the Kim Jong Un Era". *Journal of Peace and Unification*. Ewha Institute of Unification Studies, Vol. 2, No.1.

International Grains Council.

제3부

북한의 경제위기 이후
사회 변화

제9장

김정은시대 북한 사회의 과제와 변화 전망

이우영 ㅣ 북한대학원대학교 교수

1. 머리말

　김정일의 사망과 김정은의 집권 이후 북한에 대한 관심이 다시 높아지고 있다. 일차적으로 권력구조의 안정성에 관심이 집중되고 있지만, 김일성 사망 때와 달리 경제·사회적인 차원의 변화 여부에 대한 관심도 적지 않다고 할 수 있다. 북한에 대한 관심이 다층화된 것은 기본적으로 그동안 북한에 대한 인식 자체가 발전했고, 현재 북한에서 경제·사회적 차원의 변화가 이루어지고 있기 때문이다.[1] 그러나 다른 한편으로 '3대 세습'이 이루어진 북한

---

[1] 1990년대 이후 경제, 사회문화 등 다양한 분야와 관점에서 북한을 바라보기 시작했고, 최근 시장화의 진전과 외부문화의 유입 확대 등이 심화되고 있다. 최근 북한의 사회문화 변화에 대해서는 김병로, 「북한의 시장화와 계층구조의 변화」, ≪현대북한연구≫,

에도 중동 같은 '혁명적 변화'가 일어나지 않을까 하는 '기대'에서 비롯된 경향도 없지 않아 보인다. 이러한 차원에서 김정일 사후 북한 사회체제의 변화 여부에 대한 관심은 '북한은 변화했는가'라는 기존의 질문과 같은 맥락에 있다.

사실 인류가 사회생활을 시작한 이래 어떤 사회체제도 변하지 않은 경우는 없었다. 북한의 경우도 예외는 아니다. 그런데도 남한에서는 북한의 변화 여부에만 관심을 가졌다. 이것은 북한체제는 '공산독재체제'이며, 따라서 붕괴할 수밖에 없으리라는 선입견이 작용했기 때문이라고 할 수 있다. 다시 말해 '북한은 변화했는가'라는 질문은 곧 '북한의 공산독재체제는 망하기 시작했는가'의 다른 표현이었다고 볼 수 있다. 마찬가지로 '김정일 사후 북한 사회는 어떻게 될 것인가'라는 질문은 '실제로 북한에서 민중봉기가 일어날 것인가'라는 질문과 같은 경우가 대부분이다.

(좁은 의미에서) 북한체제의 붕괴 여부도 중요한 학문적 관심사가 될 수 있고, 사회주의체제의 전환도 논의 대상이 될 수 있다. 그러나 그 바탕에는 북한체제에 대한 객관적 분석과 올바른 이해가 있어야 한다. 이를 위해서는 이념적 당위론이나 목적론적인 접근을 배제해야 하는 동시에 정치체제를 곧 북한의 모든 것으로 보는 태도도 극복해야 한다. 이 말은 북한의 사회체제는 유일지배체제라는 정치체제와 무관하지 않지만, 지도자의 교체로 사회체제가 갑자기 변하지는 않는다는 것을 의미한다.[2] 따라서 북한 사회가 변화해

16권 1호(2013); 전미영, 「북한의 외래문화 수용 실태와 문화전략: 북한 텔레비전 방송 분석을 중심으로」, ≪통일정책연구≫, 23권 1호(2014); 오창은, 「김정일 사후 북한소설에 나타난 '통치와 안전'의 작동: 인민의 자기통치를 위한 기억과 재현의 정치」, ≪통일인문학논총≫, 57집(2014); 조정아 외, 『새로운 세대의 탄생: 북한 청소년의 세대경험과 특성』(통일연구원, 2013) 참조.

2) 예를 들어 사회체제에서 중요한 몫을 차지하는 주민의식과 같은 경우 역사적 사건의 영향을 적지 않게 받지만, 실제로는 장기간에 걸친 사회구조적 변화와 맞물려 변화가 진행된다고 할 수 있다.

온 과정을 이해하고, 이를 토대로 절대 권력자의 교체가 어떤 영향을 미치는 지를 살펴보는 것이 올바른 접근 방식이라고 할 수 있다. 따라서 이 글에서 는 '고난의 행군' 시기 이후 북한 사회체제 변화의 특징과 원인을 검토하고, 이를 토대로 김정은체제 북한 사회의 변혁 가능성을 전망하고자 한다.

2. '고난의 행군' 이후 북한 사회 변화의 특성과 원인

1) 새로운 문화의 유입과 사회계층의 재구조화

최근의 북한 사회 변화의 가장 큰 특징은 이념 중심적 사고의 쇠퇴와 집단 주의적 가치의 약화다. 주체사상을 지배이념으로 삼고 '사회정치적 생명'을 강조하는 데서도 알 수 있듯이 북한은 사회 통합을 위해 이념과 문화를 대단 히 중요시해왔다. 이러한 경향은 1980년대 후반 다른 사회주의국가의 체제 전환을 목격하면서 더욱 두드러졌다고 할 수 있다. 그러나 극심한 식량난으 로 대표되는 1990년대 후반 '고난의 행군' 시기를 지나면서 생활고에 시달린 주민들은 이념보다는 물질을, 집단보다는 개인을 중시하는 성향을 띠게 되 었다.[3] 탈이념화 경향도 새로운 사회문화적 특성 가운데 하나라고 할 수 있

---

3) "처녀를 위해서라도 대형차를 지나치게 아끼지 말구 부쩍 채라구. 웬간한건 덮어두구 …… 생활이란 참빗처럼 깐깐하게 훑어선 한걸음도 전진하지 못해. 어쩌면 웅뎅이건 돌 이건 모래건 덤불이건 가리지 않고 마구 밀어가는 물의 흐름과 같은거야". 라희남, 「세 월이 지난뒤」, ≪조선문학≫, 2006년 제12호(평양: 문학예술종합출판사, 2006). "기업 관리, 그것은 곧 원가이며 리윤이였다. 국가에 리익을 주게 될 것인가 손해를 끼치게 될 것인가, 공장, 기업소 일군들은 무슨 일을 하나 해도 언제나 이것부터 생각해야 했다 …… 외화를 벌어야합니다. 외화만 가지면 전국을 비롯하여 생산을 정상화하는데 필요 한 소소한 물자들을 사올 수 있습니다". 김문창, 『열망』(평양: 문학예술종합출판사,

다. 교사 출신 북한이탈주민의 증언에 따르면 북한 학생들은 주체사상을 포함한 이념 관련 교육에는 그다지 큰 관심이 없다고 한다.[4] 이러한 성향은 심지어 젊은 세대의 교사들도 마찬가지라고 한다. 그들은 전통적 이념에 대한 무관심과 실용주의를 중시하는 현상 때문에 장년층 이상의 기성세대 교사들과 갈등을 빚는다고 말한다.

의식 변화와 관련해 주목할 것은 외부문화의 유입이라고 할 수 있다. 특히 최근 남한 대중문화의 북한 유입이 활발하게 이루어지고 있는데, 최근 북한이탈주민을 대상으로 한 남한 드라마 시청 현황 조사 결과 85%(89명)가 북한 거주 시 남한 드라마 시청 경험이 있다고 대답했다.[5] 높은 시청률은 북한 이탈주민이라는 표본의 특성에 기인한다고 볼 수 있기 때문에 이것을 북한 주민 전체로 일반화할 수는 없지만, 전반적인 북한 주민의 남한 문화 유통 상황이나 실태를 이해하는 데 전제로 작용할 수 있다.

남한 드라마의 확산은 주민들의 인식 변화에 영향을 미친다고 할 수 있다.

1999).

4) 2010년 8월 18일 탈북자 ㄱ씨 면접.

5) 2011년도에 북한이탈주민 105명을 대상으로 한 조사 결과다. 최현옥, 「북한 주민의 남한 드라마 시청에 관한 연구: 1990년대 말 이후를 중심으로」, 22쪽. 남한 문화의 유통 경로에 대해서는 강동완·박정란, 「북한사회에서 남한 영상매체의 유통 경로와 주민 의식 변화」, 현대북한연구회 엮음, 『기로에 선 북한, 김정일의 선택』(한울, 2011) 참조. 북한에 유통되는 남한 대중문화의 종류도 다양해져서 북한 주민은 가요와 드라마뿐 아니라 예능 프로까지 접하고 있다고 한다. 남한 문화의 전달 속도도 점차 빨라지고 있다. 최근 드라마에서 현빈이 입었던 트레이닝복이 평양에서 인기를 끌고 있을 정도라는 증언도 있는데, 이 수준이면 거의 실시간으로 문화 전파가 이루어진다고 해도 과언이 아니다. 통계청, 『북한의 주요 통계지표(2010)』(2010), 139~140쪽. 대중문화뿐 아니라 생활용품에서도 남한 생산품이 인기가 많다는 북한이탈주민의 증언도 많다. 이에 대해서는 "북한 강타한 한류열풍", http://blog.chosun.com/blog.log.view.screen?logId=5713247&userId=sh006(검색일: 2012년 4월 15일) 참조.

〈표 9-1〉 북한 주민의 남한 드라마 시청률과 시청자 수

구분	시청률(%)	시청자 수(명)
시청 한 적이 있다	85.0	89
시청한 적이 전혀 없다	15.0	16
전체	100.0	105

자료: 최현옥, 「북한 주민의 남한 드라마 시청에 관한 연구: 1990년대 말 이후를 중심으로」(북한대학원대학교 석사학위논문, 2011), 23쪽.

남한의 발전된 모습을 보면서 남한이 잘산다는 것을 알게 되는 것이 중요하다. 그동안 북한에서 남한체제 비난을 위해 방영한 기록영화에서 남한은 노숙자가 판을 치고 실업자, 자살, 사기, 매음 등이 늘어나 살 수 없는 사회로 그려졌지만, 남한 드라마에 나오는 남한 주민의 평온한 삶을 보면서 남한 사회의 풍요를 깨달을 수 있다.[6] 남한 드라마 시청을 통한 의식 변화가 곧 행동으로 옮겨지는 것은 아니다. 하지만 일상에서의 소소한 거부나 나아가 탈북이라는 체제 저항적인 행위로 이어질 수도 있다는 점을 염두에 둘 필요가 있다. 현 단계에서 두드러지지는 않았지만 장기적인 차원에서 남한 문화를 포함한 외부문화의 유입과 유포는 사상의 이완과 일탈로 이어지고, 결과적으로 정권과 체제에 대한 불만을 증가시켜 체제 변화를 요구하는 단계로 발전하는 단초가 될 수도 있다.[7]

또한 사회문화적 상황 변화와 더불어 북한 사회 내부의 계층구조 변화에 주목할 필요가 있다. 이것은 앞으로 나타날 사회 변화의 성격과 변화의 주체를 전망할 수 있는 기초가 되기 때문이다. 1960년대 이후 북한은 유일지배체

---

6) 최현옥, 「북한 주민의 남한 드라마 시청에 관한 연구: 1990년대 말 이후를 중심으로」, 56~57쪽.
7) 강동완·박정란, 「북한사회에서 남한 영상매체의 유통 경로와 주민 의식 변화」, 172~173쪽.

제가 지속되는 가운데 항일유격대 출신 중심으로 지배집단을 구축했다. 따라서 지배층의 폐쇄성이 구조화되어 사회 이동은 어려워졌고, 결과적으로 안정적인 사회계층을 유지할 수 있었다.

그러나 경제난 이후 개인별 소득 격차가 크게 벌어지면서 과거 정치적 기준에 의해 구분되던 계층구조가 실질적으로 경제적 기준에 의한 계층구조로 바뀌고 있다. 북한 주민의 일상생활 변화 양상을 살펴보면 시장 활동 여부와 장마당 물자 유통에 대한 접근 정도, 활용 가능한 사회적 관계망의 보유 여부, 초기 자본 등에 따라 개별 가구의 소득 격차가 발생하고, 이에 따라 개인의 경제적 능력을 기준으로 하는 계층의 재편이 이루어지고 있다.[8]

새로운 계층화 현상을 대변하는 것이 시장 활성화 과정에서 등장한 '돈주' 등 신흥자본가 집단이다.[9] 이와 더불어 시장의 발달은 계층의 분화를 초래하는데, 상업 자본가, 산업 자본가 등의 자본가 집단의 분화, 임노동자의 출현, 시장 관리층 등이 형성되고 있다. 또한 제한적 배급체계가 작동되어 기존의 집단별 차이가 확대되고 있다. 안전원, 보위부원 등 전통적인 권력집단은 시장에서 성장한 신흥 집단과 결탁함으로써 그 위상이 하락하고 지배집단으로서의 영향력이 축소되고 있다. 이와 같이 일부 사회계층 간 결합이 일어나고 있지만 시장에 적응하지 못한 집단의 사회적 배제 또한 심화되어 양극화 현상도 나타난다.[10]

북한 계층 변화 양상의 특성을 정리하면 다음과 같다. 첫째, 계층위계가 변하고 있다. 중간 지배집단의 위상이 하락하고, 신분적 위계구조의 하위 집

---

8) 조정아 외, 『북한 주민의 일상생활』(통일연구원, 2008), 266쪽; 최봉대, 「1990년대 말 이후 북한 도시 사적 부분의 시장화와 경제적 계층 분화」, ≪현대북한연구≫, 11권 2호(2008), 11쪽; 김병로, 「북한의 시장화와 계층구조의 변화」, 192~195쪽.

9) 양문수, 『북한 경제의 시장화』(한울, 2010), 258~259쪽.

10) 김수암 외, 『북한 주민의 삶의 질: 실태와 인식』(통일연구원, 2011), 211~227쪽 참조.

〈그림 9-1〉 북한 계층의 변화 요인

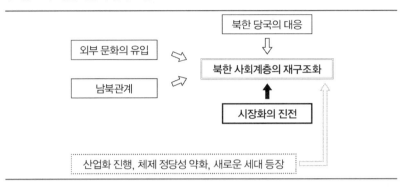

단의 위상도 변하고 있다. 둘째, 계층화의 기준이 변하고 있다. 귀속적 지위의 중요도는 하락(성분 등)하는 반면, 성취적 지위의 중요성이 확대되고 있다. 주택 등 자산의 중요성이 확대되는 경향도 나타났다. 셋째, 새로운 계층이 등장하고 있다. 사회주의에서 존재할 수 없었던 상인계층과 자본가, 프티부르주아(petit-bourgeois), 임노동자 등의 계급이 형성되고 있다고 할 수 있다. 넷째, 경제적 층화와 더불어 생활환경, 문화 등 라이프스타일의 분화도 진행되고 있다. 다섯째, 수직적 계층 분화와 더불어 지역 등의 수평적 계층 분화도 진행되고 있다고 할 수 있다. 북한 사회계층의 재구조화에 영향을 미치는 요인을 〈그림 9-1〉과 같이 정리할 수 있다.

2) '새 세대'의 등장

사회적 차원에서는 '새 세대'의 등장이 중요하다. 새 세대는 식량난을 경험하면서 당의 공식적인 교양 내용과는 다른 의식구조를 갖게 된다. 실리를 중요시하는 것이 대표적인 경향이며, 개인 부업을 중시하고 수입이 좋은 직장을 선호하는 것이 이러한 변화를 잘 드러내준다.[11] 새 세대는 기존 세대와

의식 차이를 보이면서 공식문화와 유리되는 경향을 보이고, 남한 문화의 수용에도 적극적이다.[12]

북한에서 새 세대는 산업화 이후 세대로 식민지, 전쟁 등을 경험하지 않고, 사회주의체제가 완성된 이후 성장한 집단을 말한다. 이들은 북한이 경제·사회적으로 비교적 안정되었던 시기에 유소년 시절을 보내고, 극심한 경제난 시기에 청장년 시기를 보냈다. 또한 이들은 북한의 혁명 1세대 또는 전쟁체험 2세대의 자녀로 전쟁을 경험하지 않았고, 사회주의제도가 완성된 환경에서 태어나 북한식 사회주의제도와 교육으로 성장한 세대이면서도 청소년·청년기에 사회주의권의 붕괴 및 개혁·개방정책의 실시, 극심한 경제난 등 사회 변화의 크고 작은 동인을 겪은 세대다. 북한의 새 세대는 다음의 몇 가지 차원에서 이전의 세대와 다른 특성을 갖는다.[13]

첫째, 실리적인 경제관을 지니고 있다. 1990년대를 지나면서 '새 세대'에게 남은 강렬한 경험 가운데 하나는 빈곤으로 인한 병과 죽음의 기억이다. 따라서 이들에게는 명분보다는 살아남기 위한 실리가 더 중요해졌다. 기존의 사상교양에서 중요했던 덕목을 지키기보다는 자신의 생존과 생활에 실익을 가져다주는 금전이나 실제적 효과를 선호하기 시작한 것이다. 이것은 시장에서의 이윤 창출 과정과 직결된다. 단지 물건을 배급받아 생활하는 것이 아니라 자신이 갖고 있는 물건으로 장사를 하거나 이윤을 남겨 생활을 영위해야 하는 등 전혀 다른 삶의 방식이 요구되면서, 생활을 위해 '사용'하는 재

---

11) 임순희, 『북한 새세대의 가치관 변화와 전망』(통일연구원, 2006); 조정아 외, 『새로운 세대의 탄생: 북한 청소년의 세대경험과 특성』 참조.

12) 윤선희, 「북한 청소년의 한류 읽기: 미디어 수용에 나타난 문화 정체성과 사회 변화」, ≪한국언론학보≫, 55권 1호(2011) 참조.

13) 이우영, 「외부문화의 유입·새세대 등장과 사회문화적 전환」, 박재규 편, 『새로운 북한읽기를 위하여』(법문사, 2007), 366~368쪽.

화가 아닌 이익을 창출하는 '교환가치'로서 재화의 중요성을 생각하기 시작했다.[14]

둘째, 개인주의의 확대라고 할 수 있다. '고난의 행군' 시기를 거치면서 새 세대에게 요구된 가장 큰 변화는 스스로 움직이지 않으면 살 수 없게 되었다는 것이다. 이와 같은 상황에서 특징적으로 나타나는 것은 집단주의 의식의 약화다. 국가에 대한 믿음을 가지고 전후 복구와 사회 건설 같은 국가적 대사업을 위해 전 인민이 희생하는 것을 당연시했던 기존 세대와는 매우 다른 양상을 보이는 것이다. 비슷한 위기 상황인데도 지금의 '새 세대'는 최소한의 생존이 보장되지 않으므로 옆 사람이 죽어 나가도 나의 생존을 챙길 수밖에 없는 현실에 처해 있으며, 그 상황에서 국가에 대한 믿음은 약화되어갔다.

셋째, '통일의식의 변화'다. 통일은 북한 지도부가 국가 건설기부터 지금까지 일관되게 주장하는 내용으로, 북한 인민에게는 매우 당연하면서도 시급한 절대명제다. 그런데 '통일'을 해야 하는 이유와 그 내용에서 생각의 변화가 발견된다. 이전에 인민은 통일의 목적을 북한 지도부가 내세운 대로 '남조선 해방을 위해서'라고 생각했으나, 현재는 경제난을 타개하기 위한 하나의 방책으로 생각하는 경향도 나타났다.[15]

넷째, 실용주의적 직업관의 대두다. 북한은 사회주의적 개조가 완성된 이후 모든 종류의 직업이 평등하고 그 중요도도 모두 같다고 역설했으나 실제 현실은 그렇지 않다. 특히 북한 사회에서 가장 인기 있는 직업인 '당 간부'나 '경제관료', '사법일꾼' 등은 정치적 지위와 사회적 위신이 높다. 이러한 직업

---

14) 이인정, 『북한 '새세대'의 가치지향의 변화』(한국학술정보, 2007)의 4장 「제2경제의 확산과 새세대의 사회경제적 가치관 변화」 참조; 조정아 외, 『새로운 세대의 탄생: 북한 청소년의 세대경험과 특성』, 113~117쪽 참조.

15) 정은미·송영훈, 「북한 주민의 통일의식과 남한 사회의 수용성」, ≪통일문제연구≫, 24권 1호(2012) 참조.

은 지위 자체가 자원이 되어 부와 직결되기 때문이다. 그런데 최근에는 정치적 위신은 높지 않지만 경제 거래 관련 직종의 선호도가 높아져 '외화벌이 지도원', '무역일꾼', '통역원' 등의 인기가 올라간 것으로 나타난다.[16]

반면 사회주의의 근간이라고 할 수 있는 노동자·농민은 기피하는 직종이 되었다. 사회주의국가에서 가장 존중받는 계급이어야 할 노동자·농민계급이 실제로 '새 세대'들에게는 오히려 홀대받고 있는 것이다. 또한 힘든 일은 피하려다보니 자연히 '새 세대'의 군대 기피 현상은 높아지고 있다. 2003년부터 법적으로 전군 군사 의무복무제가 실시되었다는 사실은 군대 기피 현상이 만연하다는 것을 시사한다고 볼 수 있다.[17]

3) 북한 사회 변화에 대한 당국의 대응

북한 당국은 체제 위기에도 영향을 미칠 수 있는 북한 사회를 재정비하고, 새로운 통합정책을 시행하고 있다. 고난의 행군 이래 국가능력이 현저하게 떨어지면서 통제기제도 약화된 반면, 북한이탈주민 증가, 경제적 불법행위, 외부문화 유입 등 관리해야 할 사회적 일탈행위가 더욱 확산되었다. 또한 시장이 점차 확대되고 시장 세력과 결탁하는 지방의 통제기구 관계자도 늘어나면서 과거와 같은 수준의 통제체제를 유지하기 어려워졌다고 볼 수 있다.[18] 이러한 상황에서 북한 당국은 통제기제의 효율성을 강화하기 위해 중앙의 개입 강화와 선택과 집중이라는 전략을 취한다.

---

16) 조정아 외, 『새로운 세대의 탄생: 북한 청소년의 세대경험과 특성』, 117~121쪽.
17) 이인정, 『북한 '새세대'의 가치지향의 변화』의 5장 「세대교체와 새세대의 규범적 약화 및 일탈의 증가」 참조.
18) "순천시멘트공장, 배급 없어도 살만한 이유?", ≪오늘의 북한≫, 412호(좋은 벗들, 2011. 7. 20.).

중앙의 개입 강화는 '그루빠(그룹)'의 적극적인 활용이다. 중앙이 지역의 통제체제를 관할하는 그루빠는 비정기적이라는 특징이 있지만, 일탈행위에 직간접적으로 연관된 일선 공조직의 문제를 일정 부분 극복하는 데 도움이 된다. 또한 그루빠 활동 자체는 선전의 역할을 수행해 다른 지역이나 단위에 일종의 경고를 줄 수 있다. 이러한 이유에서 최근 북한은 '비사회주의 그루빠'를 국경지역 등지에 파견해 사회 통제에 적극적으로 활용한다.19) 선택과 집중은 제한된 통제능력을 중요한 부분에 집중하는 것을 의미하는데, 드라마나 영화 등의 남한 대중문화 유입에 대해서는 상대적으로 관대한 반면, 뉴스 등 정치적 부분에 대해서는 엄격하게 처리하는 것이 하나의 예다.20)

통제기제의 변화를 추진하면서 다른 한편으로는 형법체계를 새로운 범죄유형 등에 맞춰 재편하고 있는데, 『법투쟁부문 일군들을 위한 참고서』의 발간이 대표적인 사례라고 할 수 있다. 2009년 인민보안성출판사에서 발간한 이 참고서는 "인민보안기관의 법투쟁부문 일군들의 법지식을 높이는데 도움을 주기 위하여" 제작되었다고 한다.21) 언급되는 내용을 보면 한류의 유포나 시장경제 등과 관련된 새로운 범죄를 상세하게 소개한다.

사회 통제체제의 재정비와 더불어 북한은 사회 통합정책을 부분적으로 수정하고 있다. 그동안 북한은 이념과 문화, 사회조직을 통해 사회 통합을 유

---

19) "국경연선지역, 중앙당 검열 그루빠 파견해 손전화기 회수", ≪오늘의 북한≫, 339호 (좋은 벗들, 2010. 4. 6.).

20) 과거에는 외부문화 유입 시 비디오테이프나 'CD-R' 등을 저장매체로 활용했지만, 최근에는 메모리칩이나 외장하드 등을 이용해 단속이 더욱 어려워졌고, 실제로 단속 담당자가 외부문화를 유통하는 경우도 있다. "가정집서 은밀히 한국영화 …… 북한에도 한류 열풍", SBS, 2011. 1. 9., http://news.sbs.co.kr/section_news/news_read.jsp?news_id=N1000843999(검색일: 2012년 4월 16일).

21) "법지식 높이기 위한 풍부한 사례집", 통일뉴스, 2011. 6. 23. http:// www.tongilnews. com/news/articleView.html?idxno=95109(검색일: 2012년 4월 1일).

지해왔으며, 정치사회적 상황에 따라 탄력적으로 정책을 변화시켜왔다고 할
수 있다.22) 이러한 맥락에서 최근 사상 교양의 내용에서도 강조점이 변화하
고 있다고 할 수 있는데, 여기서 위기의식의 고취에 주목해야 한다. 북한에
서 위기를 강조하는 것은 일상적인 일이지만 항일유격대 시절의 위기와 극
복을 상징하는 '고난의 행군'을 적극적으로 활용하는 것 자체가 중요하다. 위
기상황을 인정하면서도 극복의 경험을 반복적으로 강조함으로써 사회 통합
을 유지하려는 것이다. 조직 차원의 통합정책으로는 '선군정치'가 중요하다.
'선군정치'는 정치적인 차원에서뿐 아니라 통합력이 가장 높은 집단을 앞장
서게 함으로써 사회적 이완에 대응하는 사회 통합정책이라고 할 수 있다. 기
업소나 농장과 같이 북한 주민을 묶어주는 일차적인 조직들이 제대로 기능
하지 않는 현실에서 군대를 조직 활동의 중심에 놓는 것이다. 전통적인 성분
제도를 넘어서는 '광폭정치'도 새로운 통합정책 차원으로 이해할 수 있다. 남
한 출신, 월남자가족 등 과거에는 사회적으로 배제했던 집단까지 포용함으
로써 통합력을 높이려는 시도로 이해할 수 있다.23)

그러나 이러한 사회 통합정책이나 통제체제의 정비가 과거와 같이 일방적
으로 이루어지는 것은 아니다. 예를 들어 불가피하게 유입될 수밖에 없는 외
부문화에 대한 내성을 키우기 위해서 국가가 외부문화를 선택적으로 수용하
기도 한다. 또한 〈민족과 운명〉 같은 작품 창작을 통해 주민이 자본주의 문
화를 적절하게 수용할 수 있도록 하는 일종의 문화교육을 실시한다.24) 과거

---

22) 이우영, 『전환기의 북한 사회 통제체제』(통일연구원, 1999b) 참조.

23) 1990년대 이후 북한 문화정책을 상징하는 영화인 〈민족과 운명〉의 '연작'(2014년 기준
총 63부작)에서 '로동계급' 편은 총 11부작으로 가장 중요한 주제 가운데 하나인데, '쉿
물철학'을 다루지만 핵심은 성분제에 대한 비판과 광폭정치라고 할 수 있다. 〈민족과
운명〉 '연작'에 대해서는 이명자, 『북한영화사』(커뮤니케이션북스, 2007), 164~169쪽
참조.

금지되었던 개화기 문학작품들을 문학사에 편입시키고, 일제하에 유행했던 가요들도 계몽기 노래로 부르면서 적극적으로 수용하는 노력을 하는 것도 주민들의 문화적 수용력 확대를 위한 시도라고 할 수 있다.

기성세대와 성향이 다른 새 세대에 대해서도 나름의 적극적인 노력을 수행하고 있다. 이들을 혁명의 계승자로 치켜세우면서 '사로청'을 '김일성사회주의청년동맹'으로 개편해 청년조직을 재정비하는 등 새 세대에 대한 각종 정책을 시행한다. 체제 위기가 심화되었던 1990년대 중반 이후 각종 행사가 급증한 것은 위기상황에서 북한 당국의 새 세대에 대한 관심이 높아졌다는 것이며, 그만큼 이들이 민감한 시기에 중요한 역할을 할 수 있다는 것을 의미한다고 할 수 있다. 각종 행사 및 언론매체를 통해 새 세대가 위기 극복에 핵심적인 일을 해야 한다고 부추기는 것이 동요 가능한 집단을 단속하는 조치라고 볼 수 있다.[25]

3. 김정은체제와 북한 사회

1) 김정은체제 북한 사회 분야의 과제

권력구조의 변화는 드러나지 않았지만 북한의 사회체제 변화는 상대적으로 크게 나타났다고 볼 수 있다. 사회적 불안정성을 초래하는 근본적인 문제는 장기간에 걸친 유일지배체제의 비효율성이라고 할 수 있다. 국가 건설이

---

24) 이우영, 「북한영화의 자리를 생각하며 북한영화 읽기」, 정재형, 『북한영화에 대해 알고 싶은 다섯 가지』(집문당, 2004) 참조.
25) 이우영, 「외부문화의 유입·새세대 등장과 사회문화적 전환」, 370쪽.

나 전후 복구과정에서 효과를 거두었던 사회주의 발전전략은 김일성·김정일과 항일 빨치산집단의 권력 독점하에서 그 효율성을 상실했다. 또한 1980년대 후반 사회주의국가의 몰락과 남한 및 미국과의 대결 상태 지속은 식량난으로 상징되는 경제구조의 파탄으로 귀결되었다.[26] 동구 국가 및 소련의 체제 전환과 중국의 시장화로 사회주의 국제시장이 상실된 상황에서 생존을 위한 최소한의 개방은 북한으로서는 선택의 여지가 없는 문제였지만, 이것은 외부문화 및 정보의 유입을 동반해 주민들의 의식 변화와 나아가 사회 통합의 근간을 흔드는 결과를 가져왔다. 더욱이 국가의 공급능력이 심각하게 저하되면서 사회 통합의 또 다른 축이라고 할 수 있는 배급제도가 와해되었고, 식량 획득을 위한 주민들의 사회 이동 증가는 정보의 유통을 동반했다.

사회적 불안정을 해소하기 위해서는 개혁과 개방을 통한 적극적인 체제 전환으로 경제위기를 극복하고 이를 바탕으로 국가능력을 회복하는 것이 확실한 해결방안이지만, 이는 반세기 넘게 유지해온 권력 독점을 위협할 수 있기 때문에 북한 당국으로서는 선택하기 어려운 방법이다. 이와 같은 상황에서 새로 출발한 김정은 정권은 시급하게 해결해야 할 사회적 과제로 두 가지를 인식하고 있다고 볼 수 있다.

첫째, 생활 안정을 통해 북한 주민의 '민심'을 돌리는 일이다. 2012년 4월 19일 조선중앙통신을 통해 김정은 명의로 발표된 담화 "위대한 김정일 동지를 우리 당의 영원한 총비서로 높이 모시고 주체혁명위업을 빛나게 완성해나가자"에는 다음과 같은 구절이 있다.

민심을 틀어쥐고 모든 사업을 혁명대오의 일심단결을 강화하는데 지

---

26) 조동호, 「계획경제의 몰락」, 박재규 편, 『북한의 딜레마의 미래』(법문사, 2011), 70~75쪽.

향시키고 복종시켜 진행해나가야 합니다.

민심을 떠난 일심단결이란 있을 수 없습니다. 당조직들은 군중의 목소리를 귀담아 듣고 군중 속에서 제기되는 문제들을 제때에 풀어주어야 하며 민심을 소홀히 하거나 외면하는 현상들과 강한 투쟁을 벌려야 합니다. 당조직들은 무슨 사업을 하나 조직하거나 사람들의 운명과 관련된 문제를 처리하는데서 그것이 일심단결에 도움이 되는가 되지 않는가 하는 것을 따져보고 제기되는 문제들을 일심단결을 강화하는 원칙에서 신중히 대하여야 합니다.[27]

민심의 강조는 북한이 최근 강조하는 '함남의 불길'에서도 등장하는 말로,[28] 김정은은 이와 더불어 '인민생활 향상'과 '인민생활 문제'의 해결을 강조한다. 또한 '먹는 문제,' '식량 문제,' '인민소비품 문제' 등 인민생활 문제를 구체적으로 적시했다. 이와 같은 문제를 해결하는 것이 '사회주의 부귀영화'이고 '사회주의 강성대국'이라는 것이다.[29] 이러한 담화 내용은 여전히 북한 주민의 기초 생활에 문제가 많다는 것을 반증한다고 할 수 있다.

김정은의 첫 번째 공식 문건에도 공개적으로 나와 있듯이 '먹는 문제' 해결을 중심으로 한 주민 생활수준 향상은 현재 북한 사회의 가장 핵심적인 과제

---

27) ≪로동신문≫, 2012년 4월 19일 자.
28) "함남의 불길", ≪로동신문≫, 2011년 10월 26일 자.
29) "세상에서 제일 좋은 우리 인민, 만난 시련을 이겨내며 당을 충직하게 받들어온 우리 인민이 다시는 허리띠를 조이지 않게 하며 사회주의 부귀영화를 마음껏 누리게 하자는 것이 우리 당의 확고한 결심입니다. 우리는 위대한 김정일동지께서 경제강국 건설과 인민생활 향상을 위하여 뿌려놓으신 귀중한 씨앗들을 잘 가꾸어 빛나는 현실로 꽃 피워나가야 합니다. 일심단결과 불패의 군력에 새 세기 산업혁명을 더하면 그것은 곧 사회주의강성국가입니다." 김정은, "'김일성대원수님' 탄생 100돐 경축 열병식에서 한 연설", ≪로동신문≫, 2012년 4월 16일 자.

다. 식량과 더불어 '살림집 문제, 먹는물 문제, 땔감 문제' 등이 해결되지 않을 경우 민심 이반이 오고, 결과적으로 현 체제에 위협이 되기 때문이다.[30]

둘째는 외부문화에 대한 대응이다. 북한은 '김일성 탄생 100돌'을 맞아 조선로동당 중앙위원회와 조선로동당 중앙군사위원회의 공동구호를 "제국주의의 사상문화적 침투책동을 분쇄하라!"로 제정하면서 외부문화의 유입을 경계했다.

> 제국주의자들은 통신, 소리 및 텔레비죤방송 등 반동적 어용보도계를 내세워 진보적인 나라들을 악랄하게 비방중상하는 한편 이 나라들에 자본주의의 우월성과 자유화 바람을 불어넣고 있다. 그들은 미신, 색정, 부화방탕, 인간증오사상 등의 내용들로 엮어진 신문, 도서, 잡지, 사진, 그림 영화, 음악, CD들을 반제자주적인 나라들에 대대적으로 들이밀고 있다. '협조'와 '교류'의 간판 밑에 간첩파괴암해분자들까지 침투시켜 반동적 선전물들을 분군분자들에게 전파하고 각종 류언비어를 퍼뜨리며 혼란과 분령이 일어나도록 악랄하게 책동하고 있다.[31]

동구 및 소련 사회주의의 몰락을 자본주의 '황색문화'의 탓으로 여기던 북한은 1990년대부터 사회주의의 유지를 위해서는 '부르죠아 사상문화'가 북한 사회 내로 들어오지 못하도록 '모기장'을 강력하게 칠 것을 강조해왔다. 최근에도 제국주의 사상문화 침투 분쇄를 기본 구호로 삼으면서 모기장론을 다

---

30) ≪로동신문≫도 인민생활과 관련된 업무를 강조하면서 인민에 대한 봉사를 강조하고 있다는 점에 주목할 필요가 있다. "일군들은 인민에 대한 헌신적 복무정신을 깊이 간직하자", ≪로동신문≫, 2012년 5월 12일 자 사설 참조.

31) 김종손, "제국주의의 사상문화적 침투책동을 분쇄하여야 한다", ≪로동신문≫, 2012년 1월 30일 자.

시 강조하는 경향이 나타났다.[32] 모기장에는 자본주의 황색문화를 경계한
다는 뜻도 있지만 동시에 개방을 대비한다는 의미도 있다.[33]

그러나 최근의 논의는 자본주의 황색문화와의 단절에 강조점을 두는 경향
이 있다. 특히 최근 남한 문화의 확산이 가속화되고, 외화 획득을 목적으로
해외에 파견되는 각종 노동자가 급증하면서[34] 이들이 직접 전달하는 외부문
화 및 정보의 양이 확대되어 주민의 사상적 통합에 위협이 되기 때문이다.

외부문화의 유입과 확산은 일정한 경향성을 띠지만, 세대 문제와 결합할
경우 문제가 더욱 심각해질 수 있다. 북한에서도 이에 대한 우려가 적지 않
다고 볼 수 있다.

> 부르죠아 사상문화적 침투는 특히 청년들에게 엄중한 해독적 후과를
> 미친다. 부르죠아 사상문화 생활양식에 오염되면 청년들은 정치생활, 조
> 직생활을 하기 싫어하는 극단적 자유주의자로 전락되게 된다.[35]

젊은 세대가 새로운 문화에 적극적이라는 일반적인 특성도 있지만, 북한

---

32) 최근 모기장의 언급이 빈번해지고 있다. "위대한 장군께서는 썩어 빠진 부르죠아 사
   상문화가 우리 내부에 침습하지 못하도록 모기장을 든든히 치고 우월한 우리 식 사상
   문화로 낡고 부패한 것들을 쓸어버리기 위한 공세를 힘있게 벌리도록 하셨다". 김일
   순, "사회주의 수호를 위한 길에 쌓으신 불멸의 업적", ≪로동신문≫, 2012년 3월 2일
   자; 장성오, "침략과 지배를 노린 제국주의의 사상문화적 침투책동", ≪로동신문≫,
   2011년 2월 9일 자; "우리의 사상진지를 철벽으로", ≪로동신문≫, 2011년 9월 5일 자.
33) 모기장을 친다는 것 자체가 문을 연다는 것을 전제하기 때문이다.
34) 2000년대 이후 외화 획득을 위해 중국, 러시아, 중동 등에 파견된 북한 노동자가 꾸준
   히 늘었으며, 최근 탈북의 가능성이 있음에도 그러한 인원을 늘리는 경향이 있다는
   것이다. "[강철환의 북한 왓치] 북한 벌목공 1만 명, 왜 탈출 러시 일어나나", ≪조선일
   보≫, 2010년 3월 28일 자.
35) 김종손, "제국주의의 사상문화적 침투책동을 분쇄하여야 한다".

의 새 세대는 앞선 세대와 성향이 다르다. 더욱이 현재의 북한 청소년 세대
는 고난의 행군 시기에 출생했거나 성장기를 보낸 또래로서 북한체제의 부
정적인 측면을 집중적으로 경험했던 세대다. 배고픔과 죽음이라는 고난의
행군 시기의 극단적인 기억을 상처로 갖고 있는 집단은 체제나 이념에 대한
충실도가 약할 수밖에 없다.[36) 이와 같은 조건에서 자극적이고 세련된 외부
문화는 젊은 세대의 동요를 불러일으킬 가능성이 크다고 할 수 있다.

북한 당국이 고민하는 사회체제 문제와 달리 현재의 상황에서 주목해야
할 것은 북한 사회 내부 불평등의 확산이다. 북한의 체제 위기는 다른 식으
로 표현하면 북한의 국가능력 저하라고 할 수 있다. 기본적인 의식주 생활부
터 교육과 취업에 이르기까지 사회구성원의 삶을 포괄적으로 보호해왔던 사
회주의국가의 능력 저하는 실제로 준비되지 않고 경험조차 없는 개인을 갑
자기 내팽개친 것과 같은 결과를 야기했다고 할 수 있다. 자연재해와 실패한
농업정책, 우호적이던 사회주의국가의 몰락이라는 변수의 결함이 불러온 결
과가 고난의 행군이었지만, 수많은 사람이 굶어 죽을 정도의 사회적 피해가
발생한 것은 국가의 지지를 받으면서 살아왔던 북한 주민의 그동안의 생활
양식과 무관하지 않다.

고난의 행군 시기를 거치면서 북한 주민은 시장을 중심으로 국가 부분의
사회적 지지 없이 생존하는 일종의 '자생력'을 획득했다고 할 수 있는데, 문
제는 이 과정에서 시장이라는 새로운 조건에 적응하는 집단과 그렇지 못한
집단이 동시에 발생했다는 점이다. 이 가운데 경쟁에서 탈락한 집단은 사회
적 보호장치가 부족하거나 제대로 작동되지 않는 현실에서 도태되는 경향이
나타났다.[37) 계층의 재편을 넘어서는 일종의 계급 양극화 경향이 나타났다

---

 36) 김종욱, 「북한 관료의 일상생활세계」, ≪현대북한연구≫, 11권 3호(2008), 88~90쪽.
37) 가족마저 해체된 꽃제비 등이 대표적인 경우다. 조정아 외, 『북한 주민의 일상생활』

고도 할 수 있는데, 계급의 분열이 전제된 자본주의의 경우 최소한의 보호기제가 존재하지만 사회주의 북한에서는 이러한 지원체제 자체가 없기 때문에 탈락자의 고통은 더욱 극심하다.

불평등 현상은 계급적인 차원에서뿐 아니라 지역 단위에서도 일어난다. 그동안 평양은 특별한 지역으로 국가 단위의 지원을 받았고 평양 시민도 그러한 대우를 받아왔지만, 경제위기를 거치면서 평양에만 배급하고 지방에는 자력갱생을 요구함으로써 그 격차가 더욱 확대되었다.[38] 평양과 다른 지역 간 차이는 과거에도 존재했다고 하더라도, 시장화의 진전 혹은 남북관계의 변화에 따라 새로운 지역 간 격차가 생겨나고 있다. 과거에도 상대적으로 풍요로웠던 신의주를 포함해 회령이나 혜산 등은 중국과의 변경무역이 활성화되면서 생활이 윤택해졌다. 또한 '수남시장'이 있는 함흥 등은 유통의 중심지로, 개성공단의 배후인 개성시는 공단 노동자의 임금을 바탕으로 경제적인 풍요를 누리는 지역이라 할 수 있지만, 상대적으로 내륙 오지 등은 풍요로운 지역과 인접했더라도 기초 생활조차 어려운 지경이다.[39]

불평등 현상은 경제적인 수준에만 국한되지 않는다. 외부 정보의 유입 및 유통에서도 차이를 보이는데, 예를 들어 중국과의 거래가 활발한 회령 지역이나 중국의 도문을 마주 보고 있는 함경북도 남양 주민은 남한 드라마 등 외부문화를 접한 경험이 많았지만, 인근 온성 주민은 남한 문화 접촉 경험이

의 4장 「일상생활을 통해 본 북한 사회의 변화」 참조. 변화하는 북한 계층구조와 사회갈등 가능성에 대해서는 김병로, 「북한의 시장화와 계층구조의 변화」, 206~207쪽 참조.

38) "'평양공화국' vs '지방공화국' …… 北도 양극화", 연합뉴스, 2012. 2. 9.

39) 혜산에서 평생 살았던 북한이탈주민 ㅈ씨는 딸이 남한으로 온 것이 알려져 갑산으로 추방되었다고 한다. 갑산과 혜산은 반나절 정도의 거리지만, 그는 갑산에서는 도저히 살 수 없어서 70살이 넘은 나이에도 탈북을 결심했다고 말했다(2011년 6월 25일 탈북자 ㅈ씨 면접).

별로 없었다. 이것은 북한에서 소득 격차와 더불어 정보 격차, 그리고 이를 토대로 한 의식 격차가 발생할 토대가 마련되고 있음을 의미하는 것이라고 할 수 있다.

지역 단위든 계급적 차원이든 불평등이 확대되는 것은 북한 사회에 직접적인 위협이 될 수 있다. 어떤 사회나 불평등은 사회적 불안의 핵심 요인이지만 사회주의를 지향하고 명목적이긴 하지만 평등을 핵심가치로 하는 북한에서는 더욱 심각한 문제가 될 수 있다. 더욱이 권력 세습과 일부 집단의 특권화가 진전되는 경우 정치적 불만과 사회경제적 불만이 결합될 여지는 더 크다.

2) 김정은체제 북한 사회 변화의 전망

북한 사회의 변화가 복합적인 요인의 영향을 받아 진행되어왔듯이 최고지도자의 교체가 곧바로 사회체제의 변화를 유인하기는 쉽지 않다. 그런데도 권력이 과도하게 집중되어왔던 북한체제에서 김정일의 사망과 김정은의 등장이 사회 변화에 미치는 영향력은 상대적으로 크다고 할 수 있다. 다만 사회 변화의 성격이 복합적이라는 점에서 북한 사회체제의 안정성을 지탱해주는 요인과 이를 위협하는 요인을 포괄적으로 검토할 필요가 있다.

북한 사회체제의 안정과 통합을 유지하는 데 기여하는 요인과 저해하는 요인이 동시에 존재하지만, 현 단계에서는 북한 사회체제의 유지에 기여하는 요인의 힘이 더 강하다고 할 수 있다. 아울러 체제의 불안정을 초래할 수 있는 요인이 사회적 변화로 바로 이어지는 것은 아니라는 점에도 주목할 필요가 있다. 예를 들어 외부문화의 유입이 활성화되면서 이념·사상적 통일성이 균열되고 있다고는 하지만 그것이 바로 체제 변혁의 방향으로 향하는 것은 아닐 수 있다는 것이다. 다시 말해 과거와 달리 외부세계에 대한 정보를

〈표 9-2〉 체제 유지의 추동 요인과 불안 유인 요인

체제 유지를 추동하는 요인	체제 불안을 유인하는 요인
반세기 동안 유지되어온 강력한 유일지배체제와 기득권 세력의 존재	시장화의 진전과 배급체제의 붕괴로 사회적 통제 능력 저하
당적 지배를 통한 물리적 통제기구의 작동	외부문화의 유입으로 이념·사상적 통일성의 균열
남한을 비롯한 주변 국가들의 북한 현 체제 유지 희망	시장화 및 외부문화 유입으로 사회계층의 재구조화 진행
변혁을 추동할 시민사회의 미성숙	국가능력의 전반적 하락으로 물리적 통제기구의 능력 저하
사회적 변화 양상에 나름 대응하는 북한 당국의 정책 변화 능력: 선군정치와 관련 군부집단에 대한 위계를 높이고 '광폭정치'를 강조하면서 과거 비판의 대상이었거나 사회적 하위층으로 인식되었던 집단도 포용하려는 노력 및 외부문화 유입에 대한 문화적 대응 능력	탈이념적인 새 세대의 성장

많이 접하고, 심지어 남한 사회가 잘산다는 것을 안다고 해서 현 체제를 부정하고나 변혁하고자 하는 지향성을 갖게 되지는 않는다는 것이다. 많은 북한 주민이 김일성이나 김정일시대만큼 체제에 헌신하거나 동의하지 않는다고 하더라도 이들에게 중요한 것은 매일의 생계이며, 드라마에서 보는 남한의 현실을 동경한다고 해서 체제 전복을 기도하지는 않는다고 볼 수 있다.

또한 사회체제의 불안을 초래할 수 있는 요인에는 양면적인 성격이 있다는 점을 유의해야 한다. 이를테면 시장화의 진전이라는 환경 변화는 기존의 배급체제 유지에는 부정적일 수 있지만, 현실에서는 군부나 권력기관에 소속된 기득권층이 시장화를 통해 새로운 이득을 창출하면서 기존 체제를 강화하는 결과를 가져올 수 있다. 시장에서 새롭게 등장하는 사회주의 자본가나 '돈주'도 체제 변혁을 추구하기보다는 기존 지배집단과 결탁하거나 지배집단에 편입되면서 사회체제의 안정성을 높일 수 있다.

마찬가지로 새로운 지도자의 등장은 북한 주민들에게 불안감이나 부정적

인 의식을 주는 것이 아니라 심리적 안정감을 가져다줄 수도 있다. 김정일의 사망은 분명히 일반 주민들에게 상실감을 불러일으키고 위기감을 고취시키는 면이 있으나 동시에 불확실성의 제거라는 의미도 있다. 이에 더해 병약한 지도자가 아니라 젊고 의욕적인 지도자 자체의 장점도 있다. 김정일 사후 북한이 김정은에 대한 선전사업에서 스킨십과 활달함을 강조하는 것도 이러한 맥락으로 볼 수 있다. 북한이 나름 장점을 갖고 있는 선전선동 사업이 효과적이고 집중적으로 추진된다면 일반 주민은 김정일 리더십을 어느 정도 인정할 가능성이 크다.[40] 더욱이 최고지도자의 사망을 위기의식을 고취시키는 방향으로 적절하게 활용한다면 선전선동의 효과는 배가될 수 있다.

그러나 체제 안정과 사회 통합에 관련된 요인에는 가변적인 성격이 있다는 사실이 무엇보다 중요하다. 예를 들어 시장체제에 익숙한 주민에게 적절한 배급이 이루어지지 않는 가운데 시장을 억압하는 조치가 지속적으로 이루어진다면 체제에 대한 불만이 확산될 수 있다. 시장세력과 기득권세력의 결탁은 단기적인 이해를 기반으로 하기 때문에 상황에 따라 두 집단 간 이해상충의 여지가 많다.[41] 또한 지배세력이 새 세대를 적절하게 포섭하지 못하

---

40) 영결식에서 선전선동을 담당하는 김기남이 핵심적 위치를 차지했다는 점에 주목할 필요가 있다. 이와 더불어 최근 ≪로동신문≫ 등에서 김정은의 동정을 다루는 방법 등이 과거와 달라졌다는 점도 중요하다. 예를 들어 현지 지도 사진을 보더라도 김정일과 달리 김정은은 현지 주민들 혹은 군인들과 자연스럽게 섞여 있는 구도가 많다. 또한 공개된 육성 연설이 거의 없는 김정일과 달리 김정은은 4·15 기념 열병식에서도 20분 넘게 직접 연설했다. 이러한 변화는 김정은이라는 개인이 갖고 있는 상대적 강점을 충분히 고려하고, 주민의 취향도 고려한 선전선동 정책의 결과라고 할 수 있다.
41) 집단의 기반에 근본적으로 차이가 있다는 점을 고려해야 한다. 기득권 세력은 사회주의체제, 특히 유일지배체제에서 비롯되었다면 시장세력은 반사회주의적인 시장화에서 성장했다. 시장세력이 성장하는 과정에서 기득권층의 비호가 필요하고 기득권층은 시장세력으로부터 일정한 대가를 받으면서 이익을 공유하지만 장기적으로는 시장세력이 성장하고 정치적으로 조직화되어 기득권세력을 위협할 수 있다는 것이다.

면 이들은 점차 조직화되면서 변혁적인 사회집단으로 전환될 수 있다.[42]

문제는 북한 지배층이 변화하는 환경과 조건에 적절하게 대응할 수 있는지 여부다. 북한 당국은 젊고 새로운 지도자로 김정은의 리더십을 정립하고 정치적으로 김정은을 지원할 수 있는 새로운 집단을 구축하려고 노력하면서[43] 통제체제와 통합기제의 정비에 노력할 것이다. 하지만 장기적인 관점에서 본다면 생활 조건의 개선과 같은 물적 토대의 구축이 앞으로의 북한체제 안정성의 핵심이 될 수 있다. 이러한 노력이 실패한다면 사회적 불안정성은 심화될 수 있다. 다만 사회적 불안정이 현재의 체제를 위협할 수준에 이르기까지는 필요한 변수가 많고, 이러한 변수들이 갖춰지기까지는 적지 않은 시간이 필요하다고 볼 수 있다.[44]

사회적인 차원의 변화 가능성은 다른 말로 표현하면 북한의 일반 주민들로부터 체제 변혁이 시작될 수 있는가 여부라고 할 수 있다. 이러한 차원에서 변혁 운동의 출발인 집합행동 분석에 활용되는 닐 스멜서(N. J. Smelser)의 가치부가접근(value-added-approach) 방법을 적용하는 것이 의미가 있다.[45] 스멜서는 철광석이 채광, 제련, 주물, 페인트 칠 등의 단계를 거치는 동안 가

---

42) 한국 사회에서 이른바 486세대가 정치적으로 중요한 역할을 하는 사회집단이 된 과정을 참고할 수 있다.

43) 김정일의 '3대혁명 소조'와 같은 조직을 의미한다.

44) 민중 혹은 시민이 주도하는 체제 변혁에는 적지 않은 시간이 필요하다. 한국 사회의 경우에도 대규모의 집합행동이었던 4·19혁명에서 본격적인 시민사회의 민주화 투쟁이 시작되었다면, 이른바 '87년체제'라는 제도적 민주화가 달성되기까지 27년이 걸렸다는 점을 유의해야 한다.

45) 스멜서의 이론을 적용하는 것은 집합행동의 다양한 이론 가운데 스멜서의 가치부가적 접근법이 사회운동 발생 시 변수 간 결합 문제에 주목한다는 점에서 사회 변화의 조건과 단계를 동시에 설명할 수 있기 때문이다. 논란의 대상이 되는 북한의 아래로부터의 변혁 가능성을 보기 위해서는 북한 주민이 사회운동으로 나아가는 과정과 조건을 검토해야 한다.

치가 부가되어 자동차가 완성되는 것처럼 사회운동이 이루어지기 위해서는 각 단계가 다음 단계의 적절하고 효과적인 가치를 더해감으로써 궁극적으로 집합행동이 출현할 수 있다고 말한다.[46] 구체적으로 스멜서는 구조적 유인성(structural conduciveness), 구조적 긴장(structural strain), 일반화된 신념의 확산(growth & spread of a generalized belief), 유발요인(precipitating factors), 동원체제의 작동(mobilization of participants for action), 사회적 통제 작용(the operation of social control) 등 결정 변수 여섯 개를 상정한다. 이 가운데 구조적 유인성에서 동원체제 작동의 다섯 개 변수는 변수인 동시에 단계가 된다. 다시 말해 구조적 유인성에 구조적 긴장이 더해지고 다시 여기에 일반화된 신념의 확산이 더해지고 행동을 유발하는 요인이 생기고 참여자를 동원할 수 있는 기제가 있다면 집단행동으로 발현된다는 것이다. 반면 마지막 변수인 통제기제의 작동은 각 변수가 결합하는 단계에 개입하는 것으로 집합행동을 저해할 수 있다.[47]

스멜서의 가치부가접근법을 북한 사회에 대입해보면 유일지배체제의 구조적 모순이 심화되는 첫 번째 단계 혹은 변수가 구체화되었고, 지역적 혹은 계급적 불평등으로 구조적 긴장이 고조되는 단계라고 할 수 있다. 외부문화 및 정보의 유입이 활성화되었다고 할 수 있지만 이것이 변혁을 지향하거나 기존 체제를 부정하는 수준에는 미치지 못한다는 점에서 변혁으로 나아갈

---

46) N. J. Smelser, *Theory of Collective Behavior*(N.Y.: Free Press, 1953), pp. 13~14.

47) 최근 관심을 모은 이집트 혁명의 경우 장기간에 걸친 권력 독점과 경제적 피폐화(구조적 유인성), 호스니 무바라크(Hosni Mubarak) 대통령의 영구집권 추구(구조적 긴장), 소셜네트워크서비스(SNS) 등의 영향으로 민주주의의 지향성 강화(일반화된 신념의 확산), 인접한 튀니지의 혁명 소식 전달(행동 유발요인), 무슬림 형제단(동원 기제)의 존재와 무력화된 경찰 및 변혁에 동조한 군부(사회 통제기제) 등의 변수가 결합해 집합행동이 시작되어 사회변혁운동으로 발전했다고 볼 수 있다.

수 있는 신념의 일반화에는 아직 다가서지 못했다고 볼 수 있다. 시장을 둘러싼 당국과 주민 간 갈등, 그리고 정부나 당 관료들의 부패 문제 혹은 단속 등으로 집단행동을 촉발할 유발요인이 생겨날 가능성은 배제할 수 없으나 동원을 담당할 사회조직이나 네트워크는 아직 부재하다고 보는 것이 옳다. 반면 사회 통제체제는 과거에 비해 상대적으로 약화되었지만 여전히 작동하고 있고, 각 단계마다 개입할 여지가 많다. 예를 들어 북한 당국이 반체제적인 의식의 확산 단계를 차단할 수 있고, 동원체제 작동을 위한 네트워크의 구축에 개입할 수 있는 역량을 갖고 있다는 것이다. 이러한 맥락에서 보더라도 북한 사회체제에서 변혁운동이 단기간에 비롯될 가능성은 크지 않다고 볼 수 있다.

4. 맺음말

북한이 사회적 차원에서 변화가 두드러진 것은 분명하지만, 문제는 이것이 어떻게 파생되었고 어떤 결과를 초래할 것인가 하는 점이다. 북한 사회변화의 근본적인 원인은 북한체제의 구조적 모순이라고 할 수 있다. 유일지배체제라는 체제의 경직성과 사회주의 계획경제의 한계가 문제의 본질이며, 이를 극복하기 위해 불가피하게 선택한 부분적 개방이 변화를 촉진했다고 볼 수 있다. 또한 배급제의 붕괴로 강요된 시장이 변화의 핵심이라고 할 수 있다. 그렇지만 시장에서 남한 문물이 넘쳐나는 것은 그동안의 남북 화해협력의 소산이기도 하다는 점도 고려할 필요가 있다. 북한은 10년 전만 하더라도 남한에서 지원한 물건의 상표를 다 지웠다. 인도적 지원 사업의 일환으로 북한에 보낸 자동차에서도 마크를 떼야 했고, 남한 대중문화를 접하는 행위는 중죄에 해당했다. 그러나 남북 간 신뢰가 쌓이고 남한의 문물이 북한으로 들어가는 경로가 다양해지면서 분위기가 바뀌었다고 볼 수 있다.

　북한 사회와 주민의 변화 원인을 꼼꼼히 따져보는 것도 중요하지만, 현재의 변화에 어떠한 의미가 있고, 앞으로 어떻게 변할 것인가를 살펴보는 것도 중요하다. 북한에서는 여전히 강력한 정치적 리더십이 유지되고, 물리적 국가기구(군대나 경찰 등)가 기존의 지배구조를 지지하는 한 정치체제의 급변은 기대하기 어렵다. 하지만 시장화의 확산과 국가 부분의 약화라는 체제 전환은 북한에서도 점차 진전되고 있으며, 이러한 변화는 다시 예전으로 돌리기 어렵다는 특성이 있다. 일상생활이나 일상문화, 주민들의 의식 변화가 바로 체제 전환으로 이어지지는 않는다고 하더라도 체제 전환을 요구하는 구조적 압력의 정도를 조금씩 높이는 결과는 가져올 수 있다. 압력이 높아지면 체제 전환을 요구하는 구조적 요인은 단순히 변화의 조건에 머무르는 것이 아니라 사회집단과 결부되어 구체적인 사회갈등으로 이어질 수 있다. 사회갈등을 북한 당국이 적절히 처리할 수 있다면 점진적인 변화로 귀결될 수 있지만, 그렇지 못할 경우 정치적 갈등으로 확대되어 급격한 체제 전환으로 연결될 수 있다.

　현재까지 북한 사회체제의 변화 과정에 영향을 미친 요인이 다양했던 것처럼 앞으로의 북한 사회체제 변화의 성격을 규정할 수 있는 요인도 대단히 많을 것이다. 중요한 것은 사회체제는 항상 변한다는 것이고, 북한도 예외일 수 없다는 점이다. 하지만 반세기 동안 현재 북한 사회주의체제가 구축된 것처럼 체제 전환에도 적지 않은 시간이 소요될 가능성이 크다. 체제 전환은 단순히 정치제도의 변화, 경제제도의 변화만을 의미하는 것이 아니기 때문이다. 아울러 사회구성원의 의식과 문화까지 포함하는 체제 전환을 생각한다면 여전히 북한이 가야 할 길은 멀다고 할 수 있다.

참고문헌

1. 국내 문헌

강동완. 2011. 「북한에 확산되는 한류(韓流)」. ≪북한≫, 2011년 5월호(통권 473호).

강동완·박정란. 2010. 「남한 영상매체의 북한 유통경로와 영향: 지역 간·대인 간 연결 구조 분석을 중심으로」. ≪통일정책연구≫, 제19권 2호.

_____. 2011. 「북한사회에서 남한 영상매체의 유통 경로와 주민 의식 변화」. 현대북한연구회 엮음. 『기로에 선 북한, 김정일의 선택』. 한울.

곽승지. 2011. 「사회: 북한의 움직임」. ≪북한≫, 제477호(2011년 9월호).

김강녕. 2011. 「북한 정치체제의 특성과 딜레마」. ≪통일전략≫, 제11권 2호.

김명세. 2001. 「변동의 관점에서 본 1990년대 북한 주민의식 연구」. 연세대학교 대학원 석사학위논문.

김병로. 2011. 「북한 주민의 의식변화와 남북관계: 토론」. 『북한 주민의 통일의식』. 서울대학교 통일평화연구원.

_____. 2013. 「북한의 시장화와 계층구조의 변화」. ≪현대북한연구≫, 제16권 제1호.

김수암 외. 2011. 『북한 주민의 삶의 질: 실태와 인식』. 통일연구원.

김정호. 2005. 「7·1경제조치와 북한사회의 변화」. 서강대학교 대학원 석사학위논문.

김종욱. 2008. 「북한 관료의 일상생활세계」. ≪현대북한연구≫, 11권 3호.

김창희. 2009. 「북한 사회의 시장화와 주민의 가치관 변화」. ≪한국동북아논총≫, 제52집.

디이터 젱아스(Dieter Senghaas). 1990. 『유럽의 교훈과 제3세계』. 한상진·유팔무 옮김. 나남.

박종철 외. 2011. 「국내요인, 남북한 상대적 역량 요인, 북한 요인, 국제 요인의 종합평가」. 『통일환경평가』. 늘품플러스.

배영애. 2010. 「1990년대 북한의 경제난 이후 여성의 역할과 의식 변화」. ≪통일전략≫, 제10권 2호.

서재진. 2002. 「북한 사회주의의 오늘과 내일」. ≪비교사회≫, 제4호.

안드레이란코프 외. 2011. 「자신의 힘을 의지하기 시작하는 북한 농민들: 북·중국경 지역의 개인 경작지 증가현상 분석」. ≪비교한국학≫, 제19권 2호.

양문수. 2010. 『북한 경제의 시장화』. 한울.

오양열. 2006. 「북한의 한류 현상과 향후 전망」. 서울행정학회 학술대회 발표논문집.

오창은. 2014. 「김정일 사후 북한소설에 나타난 '통치와 안전'의 작동: 인민의 자기통 치를 위한 기억과 재현의 정치」. ≪통일인문학논총≫, 57집.

유재웅. 2007. 「한국드라마 시청이 한국에 대한 이미지에 미치는 영향 : 중국과 본 시 청자를 대상으로」. 한양대학교 대학원 박사학위논문.

윤선희. 2011. 「북한 청소년의 한류 읽기: 미디어 수용에 나타난 문화 정체성과 사회 변화」. ≪한국언론학보≫, 55권 1호.

이강수. 1994. 「수용자 연구」. 『언론과 수용자』. 한국언론연구원.

이교덕·임순희·조정아·이기동·이영훈. 2007. 『새터민의 증언으로 본 북한의 변화』. 통일연구원.

이명자. 2007. 『북한영화사』. 커뮤니케이션북스.

이무철. 2011. 「사회주의체제 전환과 북한의 발전전략」. ≪한국정치외교사논총≫, 제 33권 1호.

이우영. 1993. 「북한영화의 특성과 사회 통합」. 아주대학교 사회과학연구소 통일문제 세미나 발표자료.

_____. 1994. 『남북한 문화정책비교연구』. 민족통일연구원.

_____. 1999a. 「북한의 남한 문화 인식」. 숙명여자대학교 통일문제연구소 통일문제 학술세미나 발표자료.

_____. 1999b. 『전환기의 북한 사회 통제체제』. 통일연구원.

_____. 2004. 「북한영화의 자리를 생각하며 북한영화 읽기」. 정재형 외 지음. 『북한 영화에 대해 알고 싶은 다섯 가지』. 집문당.

_____. 2007. 「외부문화의 유입·새세대 등장과 사회문화적 전환」. 박재규 편. 『새로운 북한읽기를 위하여』. 법문사.

_____. 2011. 「대항문화의 형성 전망」. 박재규 편. 『북한의 딜레마와 미래』. 파주: 법문사.

이인정. 2007. 『북한 '새세대'의 가치지향의 변화』. 한국학술정보.

이주철. 2003. 「북한 주민의 남한 방송 수용 실태와 의식 변화」. ≪통일문제연구≫, 제15권 2호.

_____. 2008. 「북한 주민의 외부정보 수용 태도 변화」. ≪한국동북아논총≫, 제13권 1호.

_____. 2011. 「조선중앙TV 연구: 2000년대 프로그램을 중심으로」. 경남대학교 북한대학원 박사학위논문.

이준희. 2011. 「냉전·탈냉전 시대의 북한의 대 남한 인식과 남북 관계 상관성 분석」. ≪인문사회과학연구≫, 제32집. 호남대학교 인문사회과학연구소.

임순희. 2006. 『북한 새세대의 가치관 변화와 전망』. 통일연구원.

임순희 외. 2011. 『최근 북한 주민의 의식 변화와 북한체제의 불안정성: 화폐개혁이후를 중심으로』. 통일연구원.

전미영. 2011. 「북한의 사회문화적 환경 변화와 사상교양정책」. ≪북한학보≫, 제36권 1호.

_____. 2014. 「북한의 외래문화 수용 실태와 문화전략: 북한 텔레비전 방송 분석을 중심으로」. ≪통일정책연구≫, 23권 1호.

정은미·송영훈. 2012. 「북한 주민의 통일의식과 남한 사회의 수용성」. ≪통일문제연구≫, 24권 1호.

조동호. 2011. 「계획경제의 몰락」. 박재규 편. 『북한의 딜레마의 미래』. 법문사.

조정아·서재진·임순희·김보근·박영자. 2008. 『북한 주민의 일상생활』. 통일연구원.

조정아·조영주·조은희·최은영·홍민. 2013. 『새로운 세대의 탄생: 북한 청소년의 세대경험과 특성』. 통일연구원.

좋은 벗들. 2010. 4. 6. "국경연선지역, 중앙당 검열그루빠 파견해 손전화기 회수". ≪오늘의 북한≫, 339호.

_____. 2011. 7. 20. "순천시멘트공장, 배급 없어도 살만한 이유?". ≪오늘의 북한≫, 412호.

최경희. 2011. 「발표3. 북한사회의 변화와 북한 주민의 대남인식」(1부 2008~2011 새 터민의식 조사 결과발표). 『북한 주민의 통일의식』. 서울대학교 통일평화연구원.

최봉대. 2008. 「1990년대 말 이후 북한 도시 사적 부분의 시장화와 경제적 계층 분화」. ≪현대북한연구≫, 11권 2호.

최완규 외. 2003. 『북한연구방법론』. 경남대학교 북한대학원 편. 한울.

최현옥. 2011. 「북한 주민의 남한 드라마 시청에 관한 연구: 1990년대 말 이후를 중심 으로」. 북한대학원대학교 석사학위논문.

통계청. 2010. 『북한의 주요 통계지표 2010』.

통일부. 2010. 『북한 내 '비사회주의적 요소'의 확산 실태 및 주민의식 변화』. 통일부.

한승호. 2011. 「북한 지배계급의 헤게모니 유지 전략」. ≪북한학보≫, 제36권 1호.

" '평양공화국' vs '지방공화국' …… 北道 양극화". 2012. 2. 9. 연합뉴스.

"법지식 높이기 위한 풍부한 사례집". 2011. 6. 23. 통일뉴스. http://www.tongilnews .com/news/articleView.html?idxno=95109(검색일: 2012년 4월 1일).

"가정집서 은밀히 한국영화 …… 북한에도 한류 열풍". 2011. 1. 9. SBS. http://news.s bs.co.kr/section_news/n ews_read.jsp?news_id=N1000843999(검색일: 2012년 4월 16일).

≪조선일보≫. "[강철환의 북한 왓치] 북한 벌목공 1만 명, 왜 탈출 러시 일어나나". 2010년 3월 28일 자.

2. 북한 문헌

김문창. 1999. 『열망』. 평양: 문학예술종합출판사.

김일순. 2012. "사회주의 수호를 위한 길에 쌓으신 불멸의 업적". ≪로동신문≫, 2012 년 3월 2일 자.

김정은. 2012. "'김일성대원수님' 탄생 100돐 경축 열병식에서 한 연설". ≪로동신문≫,
2012월 4월 16일 자.

김종손. 2012. "제국주의의 사상문화적 침투책동을 분쇄하여야 한다". ≪로동신문≫,
2012년 1월 30일 자.

라희남. 2006. 「세월이 지난뒤」. ≪조선문학≫, 제12호. 평양: 문학예술종합출판사.

장선홍. 2006. 「그들의 행복」. ≪조선문학≫, 제7호. 평양: 문학예술종합출판사.

장성오. 2011. "침략과 지배를 노린 제국주의의 사상문화적 침투책동". ≪로동신문≫,
2011년 2월 9일 자.

최영학. 2005. 『우리의 집』. 평양: 문학예술출판사.

≪로동신문≫. 2011. 10. 26. "함남의 불길".

_____. 2011. 9. 5. "우리의 사상진지를 철벽으로".

_____. 2012년 4월 16일 자; 2012년 4월 19일 자; 2012년 5월 12일 자.

3. 외국 문헌

Byoung-Lo Kim. 1992. *Two Korea in Development*. New Brunswick: Transaction
Pub.

Smelser, N. J. 1953. *Theory of Collective Behavior*. N.Y.: Free Press.

제10장

북한의 시장화와 젠더*

조영주 ㅣ 동국대학교 분단/탈분단연구센터 연구교수

1. 머리말

1990년대 중반 이후 출현한 북한의 시장은 시장의 성격, 시장과 계획경제의 관계, 시장으로 인한 북한체제의 변화 가능성이라는 북한의 체제와 구조의 문제에서부터 주민 일상과 의식 변화 수준에 이르기까지 다양한 측면에서 분석되고 논의되어왔다. 이러한 북한 시장에 대한 관심은 북한체제의 변화 가능성을 전제한다. 시장이 체제의 유지와 지속에 기여하는지, 변화의 시작인지 등 시장을 통한 북한체제의 변화 여부 또는 정도를 예측하고자 하는 것이다. 시장을 통한 구조와 체제 차원의 변화에 대한 입장은 각이한 반면,

---

* 이 글은 조영주, 「북한의 시장화와 젠더정치」, ≪북한연구학회보≫, 제18권 제2호(2014)를 수정·보완한 것이다.

상대적으로 주민의 일상 및 의식의 변화와 관련해서는 유사성을 띤다. 시장을 통해 주민들의 심성이나 생활양식, 의식이 변화했고, 그것이 어느 정도 북한의 사회 및 체제에 영향을 준다는 것이다. 그리고 시장이 주민들의 생존을 유지시켜줄 뿐 아니라 소득의 창출 등과 같은 새로운 기회를 제공하는 측면도 있다고 본다. 이러한 시장에 대한 관심은 북한 여성의 삶의 방식과 행위 변화에 대한 부분에서도 마찬가지다. 식량난 시기 장사를 시작하고 적극적으로 가정 경제를 운영하기 위해 활동했던 주체가 여성이었던 만큼 시장을 중심으로 한 여성의 경제활동과 그에 따른 의식 변화가 기존의 성별관계 또는 북한 가부장적 질서에 미치는 영향, 식량난과 경제활동으로 파생되는 여성 인권 침해 문제 등이 주요 관심의 대상이었다. 이러한 논의는 여성이 시장을 통해 체득한 삶의 전략과 심성, 의식의 변화 등이 기존의 가부장적 질서에 대한 도전이라고 보며, 북한 사회 변화의 단초가 될 수 있다고 본다. 북한체제의 특성 때문에 여성의 의식 변화가 갖는 한계도 지적되지만 시장의 변화 가능성을 부정하지는 않는다. 시장을 여성의 삶과 의식 변화가 시작되는 곳이자, 여성의 변화를 통해 활성화되고 체제와 사회질서에 영향을 미치는 곳으로 여기는 것이다.

그러나 시장이 갖는 변화의 가능성을 단순히 시장이라는 공간에서 이루어지는 활동과 그에 따른 의식의 변화에서만 찾기에는 한계가 있다. 이미 북한 여성의 변화가 갖는 한계를 체제의 특성에서 찾은 바와 같이, 시장이라는 공간 자체가 갖는 특성에 대한 분석이 구체화될 때 시장의 가능성과 한계를 발견해낼 수 있다. 특히 여성의 변화와 관련해 시장과 기존 젠더 질서의 관계를 구체화시킬 때 여성 변화의 의미를 밝혀낼 수 있는 것이다. 북한 시장의 특성은 일반적으로 체제와 구조 차원에서 접근되었는데, 이러한 접근에서 젠더는 무관한 것으로 여겨졌다. 그러나 권력은 역할을 규정하는 효율적 수단인 젠더를 사회적 질서를 조직하는 데 활용해왔다. 이처럼 국가 권력의 중요한 작동원리로 젠더가 기능해왔기 때문에 사회적 공간으로서 시장이자 국가 권력이 개입되는 공간으로서의 시장에 대한 분석에서 젠더를 간과할 수 없다.[1] 시장이 작동하는 원리와 시장의 구조가 젠더와 맺는 관계를 규명할 때 시장이라는 공간이 여성에게 의미하는 바를 밝힐 수 있다. 그리고 사회적 질서와 구성원의 의식 및 삶의 양식 변화는 국가 권력이 기존의 권력을 유지, 재생산하기 위해 사회 질서에 대한 재편을 시도하게 한다. 이와 관련하여 북한의 시장화에 따른 주민의 의식과 생활양식의 변화, 그에 따른 사회 질서의 변화에 대한 국가 권력의 대응 방식에서 나타나는 젠더정치를 살펴볼 필요가 있다. 변화에 대한 대응 기제로서 젠더를 동원하기도 하고, 대응의 효과로 기존의 젠더질서와 규범이 변형될 수도 있기 때문이다. 마지막으로 이러한 시장의 특성과 국가 권력의 대응에 따른 여성의 행위 역시 주목해야 할 부분이다. 여성의 실천이 국가 기획에 조응하기도 하고 갈등하기도 하면서 젠더 질서의 재생산에 영향을 미치기 때문이다. 이러한 점에서 이 글은 북한 시장의 젠더화된 특성과 시장화에 대한 국가의 대응이 젠더를 동원하는 방식을 밝히고, 시장화 과정에서 발견되는 여성의 실천에 주목한다.

---

1) W. J. Scott, *Gender and the Politics of History*(New York: Colombia University Press, 1999), p. 14.

2. 시장의 출현, 젠더화된 시장

1) 성별화된 시장구조

1980년대 중후반부터 북한 여성은 가족의 생계를 책임지기 위해 다양한 부업을 했고, 식량난 시기에 장사는 주요 생계벌이 수단이 되었다. 시장이 공식화되기 전까지 장사는 주민들의 생계를 유지하는 주요 수단이었는데도 불법으로 간주되었고 공식적인 경제활동으로 인정받지 못했다. 1998년 시장의 공설시장화와 2003년 종합시장제 실시로 시장은 합법화·공식화되었다. 그리고 시장에 대한 국가의 적극적인 개입이 이루어지면서 시장은 국가의 관리와 통제하에 놓이게 되었다.

이러한 시장의 공식화는 안정적인 공간과 합법적 범위 안에서 장사를 할 수 있도록 했다는 점에서 주민 생활에 기여한 바 있으나 이로 인해 새로운 위계가 창출되기 시작했다. 이러한 시장의 합법화와 제도화로 인한 위계화는 시장과 시장의 위계, 시장 내의 위계라는 측면에서 살펴볼 수 있다.

우선 '시장'이라는 공간은 장사가 공식적으로 허용된 곳이기도 하지만 상행위가 이루어지는 모든 공간, 시장 활동을 포함하는 모든 공간이기도 하다. 그렇다고 할 때 시장과 시장 간 위계는 상행위가 허용된 공간과 그렇지 않은 공간 사이에서 발생한다. 시장의 공식화는 국가가 인정하는 시장 안에서의 매대 장사를 허용하는 것을 의미한다. 그로 인해 인정하는 시장과 인정받지 못하는 시장행위의 구분이 명확해지고 시장 사이의 위계가 발생한다. 그런데 장사를 통해 생계를 유지했던 사람 모두가 공식적인 시장에서 장사를 할 수 있는 것은 아니었다. 시장에서 매대를 얻기 위해서는 자본과 권력이 필요했다. 수입을 많이 올릴 수 있는 좋은 자리를 얻기 위해서는 더욱 그러했다.

북한에서 자본은 균등하게 배분되지 않았고, 자본의 형성과 배분은 성별적이었다. 북한에서 자본은 당성과 혁명성을 기준으로 배분되었는데, 당성과 혁명성은 가족의 정치적 배경을 근간에 두었으며, 당성과 혁명성을 인정받는 과정에서 성별에 따른 차이가 있었다. 당성과 혁명성의 근간이 되는 혁명 전통의 역사는 남성의 역사였기에 이를 기초로 만들어진 정치적 위계질서는 남성 중심의 가계를 통해 세습되었고, 남성중심적 위계구조가 유지되었다.[2] 이러한 정치적 자본에 근거한 자본의 분배는 시장 활동에도 영향을 끼쳤다. 예전부터 남편을 비롯한 가족, 자신의 정치경제적 지위를 활용해 어느 정도의 자본을 획득했던 여성들은 시장에서 합법적인 장사 공간을 확보할 수 있었던 반면, 자원이 부재했던 여성들은 여전히 합법화된 시장 공간에 머무를 수밖에 없었다. 여전히 먹을 것을 구하고 장사를 하기 위해 떠나야 했고, 시장 주변에서 감시와 통제를 받으며 불법적인 장사를 할 수밖에 없었던 것이다. 비합법적인 장사를 하더라도 이를 보장해줄 수 있는 정치경제적 권력을 확보할 수 있어야 했다는 점에서 기존 권력구조에 의존할 수밖에 없었다. 이처럼 시장과 시장 사이의 위계는 기존의 자본 창출구조와 밀접한 관계를 맺는데, 시장 사이의 위계는 기존 남성 중심적 위계구조의 결과이면서도 기존의 위계질서를 강화함으로써 결국 북한 사회의 젠더 위계를 재현하는 것이다.

시장 공간에서 발생하는 젠더 위계는 시장 내에서도 발견된다. 시장에 대한 국가적 개입은 시장에 대한 관리체계를 구축하는 것으로 이어졌다. 국가는 시장관리소를 통해 주민들의 시장행위를 직접적으로 관리하기 시작했고, 그 과정에서 관리의 주체와 대상이라는 위계가 발생했다.[3] 시장을 직접적으

---

2) 박순성 외, 『탈북여성의 탈북 및 정착과정에서의 인권침해 실태조사』(국가인권위원회, 2009), 53쪽.

3) 시장관리소의 구조와 운영 방식을 북한이탈주민의 면접 내용을 재구성해 살펴보면 다

로 관리하는 시장관리소는 시장 안에서 절대적 권력을 갖고, 시장관리소장은 실질적인 권력을 행사하는 존재다. 시장관리소장은 시장의 총책임자로 시장 내 상인들의 이해관계와 밀접한 관계를 맺고, 시장에 대한 단속과 관리를 책임지기 때문에 매대 상인들에게 직접적인 권력을 행사할 수 있다. 그런데 시장에서 장사를 하는 사람은 주로 여성이고, 관리자의 위치에는 주로 남성이 포진해 있다. 기존의 남성권력이 시장에서도 주요한 권력의 행위자로 존재하는 것이다. 시장관리소에서 관리원의 역할은 여성이 하기도 하지만, 관리원의 지위는 남편이나 부모의 정치적 권력을 통해 획득하는 경향이 많다. 주로 군과 시의 주요 간부들의 부인이나 친인척, 한국전쟁 전사자의 자녀, 영예군인의 부인 등이 이 일을 한다고 한다. 이러한 차원에서 관리자로서 남성과 관리 대상자로서 여성이라는 젠더 위계가 시장 공간에서 발현되고, 관리구조 자체도 기존의 남성중심적 지배질서에 의존한다고 볼 수 있다.

음과 같다. 시장관리소는 시장관리소장, 시장장, 관리원, 부기원, 경비원, 매대 책임자 등으로 구성되며, 매대에서 장사를 하는 매대원들에 대한 직접적인 관리와 함께 군과 시의 당과도 밀접한 관계를 맺는다. 시장관리소장은 지역의 인민위원회 상업과 소속으로, 이들의 관리와 감독을 받는 유급 직책이다. 이들은 장세를 징수하고 시장의 규율 등을 관리하면서 시장 전반의 관리와 책임을 맡는다. 그리고 인민위원회로부터의 지시를 매대 상인들에게 전달하는 역할을 한다. 시장장은 주로 단속 업무, 시장 안 질서 잡기 등의 실무를 담당하고, 관리원은 매대 상인들에게 장세를 징수한다. 경비원은 시장이 파한 후 야간 경비 업무와 시장 개시 전 청소와 문단속을 하며, 부기원은 시장표를 발급하는 업무와 장세에 대한 회계 업무를 담당한다. 매대 책임자는 각 품목 매대에 한 사람이 지정되는 방식으로, 시장관리소장의 지침을 직접 시장 상인에게 전달하는 역할을 한다. 시장관리소장과 매대 책임자를 제외한, 시장장, 관리원, 경비원, 부기원은 시장에서 나오는 수입을 통해 임금을 받는다. 시장 안에서 실질적 권한을 부여받는 관리소장과 시장장은 주로 남성이다. 관리원은 주로 여성인데, 장세를 징수하는 역할을 하기 때문에 주로 출신 성분이나 집안 배경이 좋다. 관리원의 업무는 시장표를 끊어주고 장세를 징수하는 것으로, 시장 내에서도 판매나 다른 일보다 수월한 일을 하면서 임금을 받고, 임금 외의 개인적인 이익을 챙길 수도 있다.

더욱이 시장관리소장은 군과 시 차원의 정치권력과 관계를 맺으며 자신의 위치와 이익을 보장받을 뿐 아니라 공식적인 경제 영역과 정치권력의 이익 창출에 기여한다. 결국 시장의 제도화는 시장이 국가 영역에 포섭되는 것을 의미하고, 국가에 의한 시장 내 권력구조의 형성은 시장 활동을 하는 여성에게 직접적인 영향을 미친다. 남성에 의한 여성 통제구조가 시장에서 가시적·제도적으로 나타나며 젠더 위계를 강화하는 결과를 보이는 것이다.

2) 자본과 젠더 위계

1990년대 중반 시장 활동이 주로 생존을 목적으로 이루어졌다면, 점차 시장이 확대되어가면서 장사는 자연스러운 생계유지 활동이자 부의 창출을 이룰 수 있는 수단이 되었다. 부의 창출 정도는 개인의 능력 여하에 달려 있기도 하지만 기본적으로 자본 보유 유무, 보유 자본의 규모나 형태의 영향을 더 크게 받는다. 북한 시장의 경우도 마찬가지다. 북한의 시장에서 동원되는 자본은 단지 경제적 자본에 국한되지 않는다. 특권적 지위로서 정치자본의 영향력이 강력하게 작동하는 북한체제에서 시장을 통한 경제자본의 획득은 결코 정치자본과 분리되어 이루어지기 힘든 측면이 있다.[4] 정치자본이 시장에 동원되며, 정치자본에 의해 경제 자본이 결정될 뿐 아니라 경제적 이익을 창출하는 주요 기제가 되는 것이다. 단적으로 최봉대의 시장화에 따른 경제적 계층 분화 연구에 따르면, 정치적 신분체계가 최하층인 경우 경제적으로 하층에 위치하고, 개인의 능력과 노력으로 중상층의 계층에 진입하더라도

---

4) 홍민, 「북한 경제연구의 지형과 새로운 모색: 국가와 시장 및 정치와 경제의 관계를 중심으로」, 2013 북한연구학회 동계학술회의 '북한 사회의 새로운 흐름과 한반도 '신뢰'의 정치' 자료집(2013), 199쪽.

한계가 있다.[5]

앞서 밝힌 바와 같이 북한에서 정치자본은 강력한 성분 분류체계, 수령에 의한 권력 분배 등으로 형성·유지되고, 자본의 분배 역시 남성을 중심으로 이루어진다. 이러한 남성중심적 자원의 생성과 분배구조하에서 여성이 시장 활동에 자원을 동원하는 방식은 두 가지 형태로 나타나는데, 즉 남성의 자본을 활용하거나 자신의 섹슈얼리티를 자본화하는 것이다.

여성이 활용하고 전유하는 남성의 자본은 주로 아버지 또는 남편의 것으로, 이들의 자본을 활용하는 경우가 많다. 남편의 정치적·사회적 지위가 여성의 시장 활동과 이를 통한 이익 창출에 결정적인 변수로 작용하는 것이다.[6] 우선 장사 물품을 선택하는 데서부터 남성 자본이 동원되는데, 남성이 다니는 직장에서 유출한 물품이나 남편의 지위를 이용해 얻는 물품으로 여성이 장사를 하는 경우가 있다. 자본이 없는 여성은 자신이 직접 만들거나 지방을 돌아다니며 작게 장사를 하는 것에 비해, 남편의 지위를 이용해 장사를 하는 여성은 좀 더 안전하게 장사를 하고 이윤이 더 많이 남는 물품을 취급할 가능성이 높다. 또한 남편을 비롯한 남성 가족 구성원뿐 아니라 기존의 남성 권력 역시 중요한 자본으로 동원된다. 시장을 통해 부를 창출하는 과정은 불법과 비합법의 경계를 끊임없이 오가는 과정이다. 따라서 장사를 위한 통행이나 매대 확보, 불법적인 행위에 대한 묵인 등을 위해 기존 권력을 동원해야 했다. 여성은 시장관리세력이나 사회질서 통제 집단에게 뇌물을 바쳐 자신의 시장 활동을 보장받지만, 이는 결국 기존의 남성 권력을 강화하는

---

5) 최봉대, 「1990년대 말 이후 북한 도시 사적 부문의 시장화와 도시가구의 경제적 계층 분화」, ≪현대북한연구≫, 11권 2호(2008).

6) 이미경, 「경제난 이후 북한여성의 삶과 의식 변화의 한계」, 북한연구학회 편, 『북한의 여성과 가족』(경인문화사, 2006), 384쪽.

결과를 낳는다.

한편, 자본이 부재한 여성이 자본을 동원하는 또 다른 방식은 자신의 섹슈얼리티를 자본화하는 것이다. 남성 자본에 의존할 수밖에 없는 위계화된 권력과 자원의 분배구조하에서 자본을 획득할 수 있는 수단이 없는 여성은 결국 자신의 섹슈얼리티를 자본화할 수밖에 없다.[7] 여성이 자신의 섹슈얼리티를 자본화하는 것은 식량난과 시장화가 있기 전부터 있었던 일이다. 당원이 되거나 경제적인 문제 혹은 생활 문제를 해결하기 위해 섹슈얼리티를 자본화해왔다. 이러한 섹슈얼리티의 자본화는 1990년대 중반 이후 두드러지기 시작했다. 직접 성을 매매하기도 하고, 장사를 위해 자신의 몸을 수단화하는 경우가 생겨난 것이다. 장삿길에서 차를 얻어 타거나 길을 통과하기 위해, 안정적인 장사를 위해 뇌물을 제공할 때 그 수단이 여성의 몸이 된다. 여성의 장사를 통제하는 남성은 여성에게 담배나 돈, 술과 같은 물질적인 뇌물을 요구하기도 하지만 성적인 관계를 요구하기도 했고, 여성은 장사를 위해 이를 받아들일 수밖에 없었던 것이다. 직접적으로 성적인 관계를 거래하는 경우도 있다. 시장이 확대됨에 따라 직업적인 성매매도 나타나기 시작했다. 돈 있는 장사꾼이나 장사를 하러 온 상인들을 대상으로 역전 대기 숙박소 등의 시설을 이용해 성적인 거래가 이루어졌다. 예전에는 권력을 이용하거나 권력을 얻기 위해 성적인 거래가 이루어졌다면 최근에는 생계유지 등과 같은

---

7) 트리스탄 브릿지(Tristan Bridge)는 남성이 자신의 몸을 어떻게 관리하고 만들어 자본화하는지를 '젠더자본(gender capital)'으로 개념화했다. 젠더자본은 피에르 부르디외(Pierre Bourdieu)의 문화자본과 헤게모니적 남성성을 결합한 개념이다. 즉, 그 사회가 인정하거나 이상화하는 남성성이 문화자본과 결합하는 방식과 내용을 의미한다. 여기서는 브릿지의 개념을 차용해 섹슈얼리티의 자본화라는 개념을 사회가 인정하거나 통용하는 여성성과 정치자본, 문화자본, 경제자본 등의 사회적 자본이 결합하는 방식으로 정의하고자 한다. Tristan Bridge, "Gender Capital and Male Bodybuilders", *Gender & Society*, Vol. 15. No. 1(London: Sage, 2009), pp. 87~94.

경제적 이유 때문에 이루어지는 측면이 있다. 이러한 성적 거래 과정에 '포주'와 같은 남성이 등장하면서 성매매는 더욱 체계화되어 가고 있다.

이와 같이 남성 권력이나 남성의 물적 자원을 획득하고 동원하기 위해 여성은 자신의 섹슈얼리티를 자본으로 활용하고 거래한다. 그러나 이때의 거래는 성별 위계적인 관계에서 이루어진다는 점에서 동등하지 않다. 여성이 섹슈얼리티를 자본화하는 것은 자신의 몸을 동원해 원하는 것을 얻는다는 점에서 마치 스스로 선택한 것처럼 보이기도 하지만, 이러한 선택은 불평등한 자원의 분배구조에 따른 결과일 뿐이다.[8] 애초에 자원으로부터 배제된 여성이 활용할 수 있는 유일한 자원은 자신의 몸이었고, 이것이 절대 빈곤의 상황에서 더욱 강화된 것이다.

지금까지 살펴본 바와 같이 애초에 자원에 대한 접근도가 성별에 따라 달랐기 때문에 시장 활동에 동원되는 자본의 형태가 다르고, 창출되는 이익도 다르다. 또한 남성중심적 구조와 자본의 형성 방식이 시장에 투영되어 나타난다는 점에서, 시장을 통해 창출되는 자본은 성별적이며 기존의 젠더 위계를 강화하는 경향을 보인다. 물론 장사를 통해 경제적 부를 축적하는 여성이 등장하면서 당성과 출신 성분으로 형성된 위계구조를 극복하는 경우도 있다. 또한 경제 행위와 부의 창출 방식에 따라 자본이 있는 남성과 여성, 자본이 없는 남성과 여성 사이에 새로운 방식의 위계가 생기고, 경제적 부의 정도에 따라 기존 젠더 관계가 변화할 수 있는 가능성도 있다. 그러나 부를 축적하는 방식이 젠더관계의 영향을 받으면서 동시에 영향을 미치기 때문에 경제적 수준만으로 젠더 관계를 규정하거나 젠더 관계의 역전이나 변화를 설명하기는 어렵다.

---

8) 캐슬린 배리(Kathleen Barry), 『섹슈얼리티의 매춘화』, 정금나·김은정 옮김(삼인, 2002), 54~55쪽.

3. 시장화와 국가의 대응: 통제의 강화와 젠더의 재구성

1) 통제의 강화와 여성성의 재구성

시장의 확산에 따른 주민들의 의식과 생활양식의 변화는 기존 사회주의 질서와 규범의 균열을 야기했다. 공식 경제 영역에서 이탈, 가정에서 이탈, 기존 젠더 규범의 탈피 등과 같은 여성의 의식과 생활양식이 확산되었다. 그로 인해 국가는 기존 질서를 유지하고 변화에 대응하기 위해 원래의 기획을 강화하기도 하고 변화시키기도 한다. 이러한 기획의 수정은 1990년대 중반 이후 두드러지게 나타나고 현재까지 진행되고 있다. 변화에 대한 대응의 일차적인 방식은 통제다.

여성의 시장 활동 증가에 따라 시장과 시장 활동을 하는 여성에 대한 통제가 이루어졌다. 시장 출입연령을 49세 이상으로 제한하고, 조선민주여성동맹(여맹)이나 가내작업반을 통해 여성을 공식 경제 부문으로 포섭하려 했다. 또한 시장은 자본주의적 요소가 확산될 수 있는 공간이고, 기존의 사회주의 질서를 무너뜨릴 수도 있는 공간이기 때문에 시장을 통해 확산되는 자본주의적 의식과 문화는 국가가 통제해야 할 대상이었다. 시장이라는 공간 자체에 대한 통제와 공간을 출입하는 사람들에 대한 통제가 이루어짐에 따라 시장에 출입하는 여성이 규제의 대상이 된 것이다. 이러한 통제는 시장 출입연령을 제한하고, 기존 질서로 재편입하는 등의 조치와 함께 여성의 몸을 통제하고 이를 뒷받침하는 담론을 생산하는 방식으로 이루어졌다. 여성의 옷차림과 외모에 대한 통제와 담론의 구성이 단적인 예다.

일부 청년들은 머리를 더부룩하게 하고 다니는 것을 멋으로 여기고 있으며 녀성들 속에서는 머리를 길게 길러 뒤잔등에까지 드리우고 화장도

괴상망측하게 하며 외국식으로 입술과 속눈섭을 입묵하는 것이 하나의
류행거리로 되어 가고 있다.9)

북한 당국은 시장을 통해 변화하는 여성의 생활양식에 대한 우려를 공식
적으로 표명하고, 여성의 옷차림이나 외모를 비사회주의적인 것으로 간주하
며 통제의 필요성을 제기했다. 그리고 "민족옷, 조선옷차림에도 조선사람의
고결함이 있고 민족의 우수성을 지키고 빛내여갈 의지가 깃들어" 있으며,
"우리 녀성들은 아름답고 고상한 미를 돋구어주는 조선옷차림을 생활화"해
야 한다며, 여성들에게 '조선옷' 착용을 강조하기도 했다.10) 특히 조선옷에
대한 강조에는 여성을 민족을 상징하는 재현자에 위치시키고 전통적 여성성
을 복원하고자 하는 의도가 내포되어 있다. 이러한 여성에 대한 통제는 여성
이 시장이라는 공간을 통해 겪는 경험과 의식의 변화로 기존의 젠더질서가
혼란스러워지는 것에 대한 우려와 불안을 반영한 것이라 할 수 있다.

또한 식량 위기를 겪으면서 북한 여성은 결혼과 출산을 기피하는 모습을
보이기도 했다. 이미 식량 위기로 인구 손실이 있었던 상황에서 여성의 출산
기피는 여러 사회적 문제를 야기하기에, 북한 당국은 적극적으로 출산 장려
정책을 펼치기 시작했다. 구체적으로 '참된 모성애'와 그렇지 못한 모성애를
구분해 여성의 자녀 양육에 대한 태도와 내용을 국가적 차원에서 규정하고

---

9) 조선로동당출판사, 「자본주의사상문화적 침투를 짓부시기 위한 투쟁을 강도높이 벌릴
   데 대하여」(2002), 7쪽.

10) "조선옷차림을 생활화하자", ≪조선녀성≫, 2000년 2호(평양: 근로단체출판사, 2000),
    38쪽; "민족옷과 옷차림례절", ≪조선녀성≫, 2004년 8호(평양: 근로단체출판사,
    2004), 35쪽; "몸단장과 옷차림을 우리식으로", ≪조선녀성≫, 2005년 2호(평양: 근로
    단체출판사, 2005), 47쪽 등을 참조. 북한의 '조선옷' 개념에서 나타나는 성별 차이는
    김석향, 「북한의 조선옷·민족옷 개념에 나타나는 여성 편중 및 남성 부재 현상」, ≪북
    한연구학회보≫, 제11권 2호(2007) 참조.

의미화했다.[11] 북한이 담론화하는 '참된 모성애'는 자녀들을 공산주의자, 혁명가인 '충성둥, 효자둥'으로 키우는 것을 의미한다.[12] 특히, 자녀를 '군인'으로 키울 것을 강조했는데, 선군정치하에서 자녀 양육의 목표를 군인을 만들어내는 것으로 규정한 것이다. 이러한 출산과 양육의 여성 책임을 강조하는 모성 담론은 '모성 영웅'을 통해 제도화되었는데, 모성 영웅은 출산을 많이 한 여성에게 부여되는 칭호로 자녀 양육에서 여러 가지 혜택을 받는다. 출산율을 높이기 위한 출산 장려 정책의 일환으로 실시된 이러한 조치와 담론은 전통적인 여성성을 재강화하는 것이라 할 수 있다.

2) 섹슈얼리티에 대한 제도화된 관리와 통제

북한은 사회적 질서에서 이탈하는 여성을 통제하고, 주민의 생활 변화를 통제하기 위해 법과 제도를 정비했다. 대표적으로 형법의 개정이 있다. 법은 제도를 구성하는 질서를 명시화해 제도를 확립하고, 법의 강제적 성격을 바탕으로 제도적 질서를 구체적인 인간행위의 규범으로 만들어낸다.[13] 그중에서도 형법은 무엇이 범죄이고 어떻게 처벌할 것인가를 규정하는 것으로, 행위의 정상성과 비정상성을 구분함으로써 한 사회의 사회적 관계와 사회구조를 드러낸다.

북한은 2004년 기존 형법을 수정·보충했는데, 수정·보충된 형법은 총 9장으로 구성되었고, 그중 '사회주의문화를 침해한 범죄'(6장), '사회주의공동생

---

11) "자랑스러운 조선녀성들의 모성애", ≪조선녀성≫, 1호(1999).

12) "제2차 전국어머니대회에서 한 토론들", ≪로동신문≫, 1998년 9월 30일 자.

13) 양현아, 「한국가족법에서 어머니는 어디에 있(었)나」, 심영희·정진성·윤정로 공편, 『모성의 담론과 현실: 어머니의 성·삶·정체성』(나남, 1999), 117쪽.

활질서를 침해한 범죄'(8장), '공민의 생명재산을 침해한 범죄'(9장)는 젠더를 규정하고 규율화하는 것과 관련된 범죄를 다룬다. 이 세 장에서는 '퇴폐문화를 반입하고 유포하는 행위', '퇴폐적인 행위', '매음죄', '음탕한 행위', '비법혼인', '강간', '복종계에 있는 여성을 강요해 성교한 행위', '미성인 성교행위' 등을 범죄화했는데, 2000년대 들어 새로 추가된 조항은 퇴폐문화와 행위에 관련된 것, 매음죄, 비법혼인 등이다. 또한 북한은 2010년 「조선민주주의인민공화국 녀성권리보장법」을 제정·발표했는데, 여성의 인신과 재산 권리를 보장하고자 했고(제5장 36조), 비법적으로 여성의 자유를 구속하는 행위와 여성의 신체에 피해를 가하거나 여성의 몸을 수색하는 행위를 금지하고(제5장 37조), 유괴 및 매매, 강간, 윤간, 매음을 금지했다(제5장 39조, 40조).

이러한 법과 제도의 정비는 섹슈얼리티에 대한 직접적인 통제를 시도하는 것으로 담론보다 통제력과 현실 규정력이 있기 때문에 직접적으로 기존의 젠더질서에 영향을 미친다. 관련법을 통해 규정된 범죄의 개념과 유형은 섹슈얼리티의 정상성과 비정상성을 구분한다. 개정된 형법에서 범죄로 규정하는 성매매와 강간, 외부문화의 유입, 비합법적인 관계, 강간 등의 조항은 주민, 특히 여성의 섹슈얼리티에 대한 국가의 직접적인 통제를 의미한다. 그동안 실재하지만 인정하지 않았던 성매매와 강간을 문제화한 것은 그동안 간과되었던 개인과 여성의 권리와 폭력의 문제를 제기했다는 점에서 의미를 갖는다. 그러나 '퇴폐적', '음탕한'이라는 수사는 주민의 성적 욕망과 행위를 규제하고, 이를 비정상적인 것으로 규정한다는 점에서 규율적이다. 또한 사실혼 관계를 범죄화하는 것도 법적 결혼 관계 외의 관계를 비정상적인 관계로 규정하는 것이다. 이는 새로운 젠더관계의 발현 가능성을 차단하고 통제하는 것이며, 국가의 사회 통제력을 갖기 위해 기존의 젠더질서를 유지·강화하고자 하는 시도라 할 수 있다.

3) 새로운 남성성의 구성

1990년대 이전 수령의 지배권력이 미시화·상징화되었던 가정이라는 공간은 식량난과 함께 와해되기 시작했다. 식량난 이전의 가정은 국가와 사회를 하나의 대가정이라고 수사화할 만큼 중요한 공간으로 간주되었다. 사회주의 대가정이라는 수사하에 여성에 대한 지배와 통제가 수령-여성이라는 직접적인 관계하에서 이루어졌다. 가정에서 남성과 자녀를 통제하는 역할을 여성에게 부여함으로써 가족 구성원에 대한 국가의 지배를 여성이 대리하게 한 측면도 있다. 그러면서도 가정 안의 개별 남성은 아버지 수령으로 상징화되는 수령의 상징권력을 통해 가장으로서의 권위를 유지했다. 또한 주택의 배정과 임금, 배급이라는 장치 등을 통해 가장인 남성의 권위가 유지될 수 있었다.

그러나 식량 위기는 기존의 남성 가장, 어버이 수령의 권위를 뒷받침할 수 있는 물적 토대를 와해시켰고, 가장인 남성과 어버이 수령의 상징 권력을 약화시켰다. 더욱이 여성이 결혼을 기피하고 사회적으로 이혼을 하는 부부가 늘어남에 따라 변화하는 현실에 대한 대응이 필요해졌다. 그에 따라 북한 당국은 새롭게 부성 담론을 구성하기 시작했다. 예전 북한에서 부성 담론은 모성 담론이 강화되어온 것에 비해 미약한 편이었다. 북한의 『조선말대사전』 2권에서 '어머니'는 "자기를 낳은 여자인 웃어른, 직계혈족"인 반면, '아버지'는 "자기를 낳은 어머니의 남편 또는 가정적으로 그러한 위치에 있는 사람"으로 규정된다.[14] 이러한 정의는 자녀에 대한 책임이 일차적으로 여성에게 있다고 명시하는 것이면서, 북한의 남성은 가정이 아닌 생산현장에서 정체화된다는 점을 시사한다. [15] 모범적이고 영웅화된 노동자의 모습이 북한 사

---

14) 사회과학출판사, 『조선말대사전』, 제2권(1992), 1333쪽, 1427쪽.

회가 지향하는 남성의 모습이기 때문에 가정에서 남성의 모습은 의미화되지 않았다. 특히, 아버지의 역할이나 정체성과 관련된 담론은 거의 나타나지 않는다. '어버이'16)로 상징되는 '수령'의 존재도 '어머니', 또는 어머니와 아버지를 모두 일컫는 '어버이'로 재현될 뿐이다. 이처럼 '아버지'와 관련한 담론이 부재하는 것과 마찬가지로 부부관계에서 남성의 역할에 대한 담론도 거의 없었다. 그런데 식량난을 거치면서 가정에서의 남성의 역할과 부부관계에서의 남성의 태도에 대한 담론이 나타나기 시작했다.

"남편이 안해를 례절있게" 대하고, "반말을 하거나 거칠게 대하는 것은 …… 문명화되지 못한 행동"이라고 하면서 부부 사이의 예절과 남성의 태도를 담론화했다.17) 그리고 가사노동을 분담하는 남성의 모습과 부부의 모습을 "원앙새 부부"라고 칭하면서 남성의 가사노동을 권장하는 모습을 보이기 시작했다.18) 결혼 기피와 가정 해체라는 현실에서 북한이 가정에 대한 통제

---

15) 강윤희는 러시아에서 젠더가 구성되는 방식을 분석했는데, 볼셰비키 정권의 젠더 질서에서 남성성은 가정 안이 아니라 소련 국가 안에서 구현되도록 만들어졌다고 했다. 김태연은 러시아의 젠더 질서가 남성의 가부장적 특권을 제거했고, 가정에서의 역할이나 부성은 강조되지 않았다고 본다. 이러한 러시아의 사회주의국가 특성이 북한에서도 나타났는데, 이는 남성의 역할과 지위가 공적인 영역에서 강조되고 중요한 것으로 여겨졌기 때문이다. 강윤희, 「소비에트와 포스트소비에트 러시아의 젠더 재구성: 여성성과 남성성의 변모를 중심으로」, ≪슬라브학보≫, 제21권 4호(한국슬라브학회, 2006); 김태연, 「소비에트 러시아에서의 젠더 질서와 헤게모니적 남성성」, ≪슬라브학보≫, 제24권 3호(한국슬라브학회, 2009).

16) 『조선말대사전』에 따르면 "아버지와 어머니를 아울러 이르는 말"이면서 "인민대중에게 가장 고귀한 정치적생명을 안겨주시고 친부모도 미치지 못할 뜨거운 사랑과 두터운 배려를 베풀어주시는 분을 끝없이 흠모하는 마음으로 친근하게 높이여 이르는 말"이다. 사회과학출판사, 『조선말대사전』(1992), 1429쪽.

17) "부부사이의 례절을 바로 지키자", ≪조선녀성≫, 2004년 9호(평양: 근로단체출판사, 2004b).

18) "다정한 부부", ≪조선녀성≫, 2005년 2호(평양: 근로단체출판사, 2005a).

력을 다시 확보하기 위해 남성의 변화를 촉구하는 담론을 형성하기 시작한
것이다. 리설주가 공식 석상에 등장하고 김정은과 동반하는 모습이 빈번하
게 등장하는 것 역시 새로운 남성성, 새로운 부부관계에 대한 상징으로 재현
된다.

남성성의 강조, 새로운 부부관계의 설정은 법적인 부분에서도 제도화된
측면이 있다. 2010년 「조선민주주의인민공화국 녀성권리보장법」 제5장 제
42조는 가정에서 여성의 재산권을 보장하며, "수입에 관계없이 남편과 평등
하게 가정 재산을 점유, 이용, 처분할 수" 있고, "자기의 개별 재산권을 주장
할 수 있다"라고 밝혔다. 제43조의 경우 평등한 재산상속권을 제기했고, 제6
장 제48조는 이혼 시 재산 분할에 대한 규정을 제시했다. 이처럼 변화한 현
실에서 북한 당국은 기존 모성 담론을 강화하는 한편, 새로운 남성성을 규정
하고 평등한 부부관계의 설정과 제도화를 시도함으로써 변화에 대응하고,
일정 정도의 변화를 허용한다.

4. 시장화와 새로운 여성 주체의 등장

1) 새로운 어머니노릇의 구성

식량난으로 출산을 기피하는 현상이 생겨나는 한편, 자녀를 먹이고 입히
고 교육하는 방식에서도 여성의 변화가 나타나기 시작했다. 1990년대 중반
까지만 해도 여성에게 중요했던 어머니노릇은 자녀를 먹이고 입히는 것이었
고, 국가적 모성 담론에 따라 자녀를 혁명가로 양육하는 것을 중요한 가치로
여겼다. 그런데 식량난 시기를 거치면서 이러한 어머니노릇에 대한 변화가
생겨나기 시작했다.

자녀를 먹이고 입히는 것, 교육하는 것은 여전히 중요하지만, 교육의 내용에서 변화가 나타났다. 혁명가로 자녀를 키우려고 하기보다 '능력' 있는 사람으로 자녀를 키우려는 노력이 발견되었다. 1990년대 전에도 출신 성분과 교육 기회의 제약으로 출세를 하기 힘든 조건에 있었던 여성은 자녀가 경제적으로라도 어렵지 않게 살게 하려고 기술을 배우게 하거나 직접적인 생계활동에 도움이 되는 방향으로 진로를 결정하게 했다. 이러한 능력을 중심으로 한 진로 탐색은 식량위기를 거치면서 더욱 강화되었다. 먹고사는 문제가 중요하고 경제적인 능력으로 문제를 해결할 수 있다는 인식이 확산되면서 경제적인 능력이 강조된 것이다.

　개인의 '능력'이 중요하다는 인식은 자녀를 남들보다 더 능력 있게 키우려는 직접적인 행위로 나타났다. 실리적인 교육에 대한 관심이 증대하고, 그러한 실리적인 교육을 받을 수 있는 학교로의 진학에 관심이 높아졌다. 국가적으로도 정치사상교육을 강조하면서 최근에는 기초교육과 외국어교육, 과학기술교육의 중요성도 강조하기 시작했다. 이러한 사회적 분위기와 의식의 변화는 직접적으로 자녀를 교육하는 데 영향을 미치는데, 단적인 예가 사교육의 증대다. 1990년대 중반 이후 학교교육이 제대로 이루어지지 않기도 했지만, 남들보다 능력을 키우기 위해 여성은 자녀에게 사교육을 시키기 시작했다. 사교육은 자녀의 학업능력에 영향을 미치면서 동시에 여성의 어머니 노릇의 변화를 야기하기도 했다.

　사교육은 개인적인 정보력과 경제력이 보장될 때 가능하다. 그러다 보니 자녀에 대한 사교육을 위한 여성 간 정보 교환이 중요해졌다. 잘 가르치는 선생님을 알아보고, 과외비에 대한 정보를 취득, 비교하는 것은 여성이다. 예전에는 교육을 학교에 전적으로 맡기고 자녀가 학교를 다닐 수 있도록 경제적 지원을 하는 정도가 자녀 교육과 관련된 주요 어머니노릇이었다. 그런데 사교육은 자녀 교육을 여성이 직접 관리하는 것으로, 자녀 교육에 대한 적극적인 개입은 여성의 어머니로서의 역할이 강화된 모습을 보인다. 결국 능력이 강조되는 사회적 변화는 기존 어머니노릇에 자녀 교육의 관리자 역할을 추가하는 결과를 낳았다. 현재의 사회 현실을 인지하고, 자녀의 진로를 고민하고 결정해 필요한 교육을 실시하고, 이를 위해 다양한 정보를 얻고 이를 실행에 옮기면서 자녀 진로에 대한 관리자 역할을 수행해야 하는 것이다. 이처럼 시장화와 그로 인한 인식 변화는 여성으로 하여금 북한 사회에서 살아남는 것, 자녀의 미래에 대한 인식과 구상을 구체화하면서 새로운 어머니노릇을 수행하게 하고, 자녀의 미래에 대한 적극적인 기획자가가 되게 한다.

그러나 변화한 어머니노릇을 모든 북한 여성이 수행한다고 보기는 어렵다. 능력 있는 자녀로 키울 수 있는 경제적 자원이 뒷받침되어야 하기 때문이다. 전적으로 교육에 대한 책임을 학교와 국가가 지던 예전과 달리 학교를 다니고 더 나은 삶을 모색하기 위한 개인의 경제적 부담은 늘어났다. 그로인해 공식적인 수입 증대뿐 아니라 비공식적인 수입의 증대를 위한 활동이 요구되었다. 또한 여전히 정치적 자본이 중요한 북한 사회에서 경제적인 것만으로 자녀의 능력을 향상시키는 데 한계가 있기 때문이다.

2) 소비와 문화 주체로서의 여성

시장은 거래를 통해 이익을 창출하는 공간이면서 소비가 이루어지는 공간이고, 다양한 외부문화를 접할 수 있는 공간이기도 하다. 여성은 시장 활동을 통해 소득을 창출하는 생산자이기도 하면서, 소비의 공간이자 문화가 유입·유통되는 공간인 시장에서 소비와 문화의 주체가 되기도 한다.

일상적인 가정 경제를 운영하면서 여성은 소비자의 역할을 수행해왔다. 주로 주·부식 구매 및 의복과 생필품 구매를 중심으로 한 소비생활이었다. 이러한 소비생활은 주로 가사노동과 밀접하게 가정생활을 유지하는 수준에서 이루어졌다. 그러나 시장이 확대됨에 따라 여성의 소비활동은 단지 가정 생활을 유지하는 데 그치지 않았다.

시장의 확대는 소비 방식과 내용을 변화시켰다. 시장을 통해 '머리가 트였 다'라는 것은 정보에 대한 수집과 획득, 삶을 꾸려나가는 전략의 획득과 실천 등을 의미하고, 이때 수집된 정보와 실천의 양식에는 '유행'이 포함되어 있 다. 최근 북한 젊은이들의 유행의 원형은 남한과 자본주의다. 따라서 이러한 문화를 접할 수 있는 시장은 북한 사회에서 물질생활을 유지하는 데 없어서 는 안 되는 일상적인 공간이 되었고, 예전과는 다른 문화를 생성해내는 공간 이 되었다. 시장에서는 남한의 드라마 및 영화 DVD와 이를 볼 수 있는 전자 제품이 유통되고, 드라마나 영화를 통해 접한 남한의 화장과 패션 등이 유행 의 흐름이 된다. 이러한 방식의 새로운 문화 유입과 유통은 그것을 실천하고 자 하는 사람들에 의해 소비된다. 직접적인 소비는 아니더라도 일상적으로 시장에 가서 진열된 물건을 보며 새로운 사물에 대한 호기심과 소비 욕구를 키우는데, 이러한 행위는 시장을 경제활동 공간 이상의 소비와 문화 공간으 로 인식하고 있음을 시사한다.[19]

특히 여성이 새로운 문화를 전유하고 소비하는 행위를 적극적으로 행하는 경향을 보이는데, 단적으로 여성의 외모 가꾸기와 집 가꾸기가 그러한 예다. 2000년대 이후부터 본격화된 외모 가꾸기 유행은 처음에는 '박쥐옷'과 '티셔 츠·쫑대바지·사슴슈즈'를 따라 하느라 중국에서 들어온 옷감으로 비슷한 의 상을 만들어 입고 신발도 찾아 신는 수준에서 시작했으나,[20] 적극적으로 화

---

19) 조정아 외, 『새로운 세대의 탄생: 북한 청소년의 세대경험과 특성』(통일연구원, 2013), 160쪽.

20) 김석향, 「1990년 이후 북한 주민의 소비생활에 나타나는 추세 현상 연구」, ≪북한연 구학회보≫, 제16권 제1호(2012), 202쪽.

장과 성형수술 등을 통해 외모를 가꾸고 주택을 개조하는 등 유행을 따라갈 뿐 아니라 유행을 선도하는 역할을 하기도 했다. CD나 DVD, TV를 통해 접하는 외부인의 외형과 생활양식을 자신의 수준에서 모방, 전유하며 특정 시기의 유행을 만들어나가는 것이다.[21]

새로운 문화의 모방과 창출은 외형적이고 물질적인 것뿐 아니라 이성관계에서도 재현된다. 남녀의 연애가 자연스러운 현상으로 인식되기 시작했고, 연애 방식에서 이성 간 선물을 교환하거나 다정한 말투와 태도로 상대를 대하는 등 기존의 연애문화와는 다른 양상을 띠기 시작했다. 외부문화에서 재현되는 여성다움과 남성다움을 모방하고 수행함으로써 새로운 방식의 이성관계를 만들어내는 것이다.

이처럼 여성은 시장 물품에 대한 소비와 더불어 외부 문물을 통해 전해지는 문화를 접하고 이를 전유하면서 소비와 문화의 주체가 되고 있다. 여성이 시장 활동의 주체이면서 소비의 주체로 재구성되는 것이다. 그리고 소비주체와 유행의 선도자가 되기 위해 시장을 적극 활용하면서 시장화의 확산에 기여하기도 한다.

그러나 이러한 주체가 갖는 현재적 한계도 있다. 유입되고 전유되는 문화가 자본주의 문화의 불평등한 젠더관계를 내재한다는 점 때문이다. 새로운 문화를 적극적으로 창출하지만 그 문화가 내재하는 불평등함, 왜곡된 주체의 모습도 함께 실천되는 것이다. 그로 인해 북한의 기존 젠더질서와 위계에는 도전이 되지만, 또 다른 방식의 젠더 위계가 유입, 유통되고 수행되면서 가부장적 젠더관계가 강화된다. 또한 소비와 문화의 전유가 계층적 수준의 영향을 받기 때문에 경제적 위계가 문화적 위계로 이어진다는 점에서 한계가 있다.

---

21) 조정아 외, 『새로운 세대의 탄생: 북한 청소년의 세대경험과 특성』, 216쪽.

3) 능력과 권리에 대한 인식 변화

생존을 위해 시작한 시장 활동은 그 자체로 기존 규범에 대한 도전이었다. 시장 활동을 위해 노동을 중심으로 규율화되었던 일상과 노동 규범으로부터 이탈했고, 가정과 거주지를 떠나 새로운 공간으로 이동하는 일이 빈번해졌다. 또한 공식적인 영역에서 헌신적으로 노동하는 것이 도덕적이고 장사는 부끄러운 일이라고 여겼던 규범과 도덕이 퇴색하기 시작했다.

예전에는 '부끄러운 일'로 여기던 장사가 이제는 당연한 것일 뿐 아니라 장사를 하지 않는 사람을 '답답하게' 여기는 상황이 되었다. 국가가 인정하는 일만을 노동으로 수용하고, 이를 실천함으로써 존재 가치를 확인하고 사회적 인정을 받으려 했던 이전과 달리, 시장을 통해 자신과 가족의 생계를 유지하고 부를 축적하는 것이 오히려 당당한 일이며 사회적으로 인정받는 일이 되었다. 빈 배낭을 들고 오면 '부끄러움'을 느끼고, 최대한 배낭을 무겁게 지니고 다니는 것을 '능력'으로 여기게 되었다. 시장 활동을 통해 기존에 사회적으로 인정되던 '능력'의 내용이 변한 것이다. 이러한 능력을 갖추기 위해 북한 여성은 스스로 정보를 접할 수 있는 기회를 만들어내고 인적·물적 네트워크를 구축하기 시작했다. 흔히 '물정'이라고 말하는 가격의 동향과 물품의 거래 내용이나 방식에 대한 정보와 더불어 세상사에 대한 소식, 소비와 관련된 동향과 유행을 적극적으로 파악하려고 노력했다. 이러한 시장 활동의 과정은 경제적 심성과 생활양식 등의 변화를 야기했고, 사회적 가치와 규범에 영향을 미쳤다.

또한 여성의 시장 활동은 가정을 중심으로 한 젠더 규범의 균열을 야기했다. 존경과 공경의 대상이었던 남성이 생계유지에 도움이 되지 않자 남성의 무능력을 비판했고, 가정 내 남성의 권위를 무시했다. 남편의 무능력에 대한 비판과 권위의 무시는 가족 부양과 가사 분담을 둘러싼 부부의 역할과 권력

관계를 재편함으로써 부부 사이의 갈등과 긴장을 유발했고, 결국 남편을 떠나는 여성도 나타났다. 남성에 대한 무시와 비판은 단지 가정에 국한되지 않고, 국가와 지도자에 대한 비판으로 이어지기도 했다. 가장으로서 남성의 권위를 유지하게 하는 물적 토대였던 임금과 배급, 주택 배정 등이 유명무실화되면서 가부장 남성, 가부장 국가, 수령은 더 이상 예전의 존재가 아니었다. 이 때문에 여성은 국가가 제기하는 의무와 동원의 책임을 회피하고, 자신의 경제활동에 집중하는 경향을 보였다.

또한 여성은 그동안 당연한 의무라 여겼던 결혼 유지와 자녀 출산 및 양육의 의무, 부모 공경의 의무를 거부하기 시작했다. 이혼 여성이 증가하고 법적으로 이혼하지 않더라도 남편과의 결혼생활을 중단하는 현상도 나타났다.[22] 1990년대 중반을 지나며 북한에 새롭게 등장한 현상 중 하나가 '8·3부부'다. 이는 장사를 하러 다니는 과정에서 법적인 남편 외의 다른 남성과 동행하고 생활하는 남녀 커플을 의미한다. 8·3부부는 여성의 물질적 자본과 남성의 힘, 남편이 있는 여성이라는 상징성이 결합해 장사를 함으로써 안전을 보장받고, 경제적 이익을 창출하려는 여성의 전략의 일환으로 생겨났다. 이러한 8·3부부의 등장은 여성에게 무능력한 법적 남편보다 경제적 능력이 있거나 이를 지원해줄 수 있는 남성이 중요해졌다는 것을 보여준다. 이러한 여성 행위의 변화는 예전과 달리 '발전'으로 의미화된다. 예전에는 여성 스스로 출산 중단을 생계의 어려움으로 인한 어쩔 수 없는 선택이었다고 해석했는데, 최근에는 "머리가 깨고 발전된 사고를 하기 때문에" 출산을 포기한다고 했고, 결혼도 선택적인 것이라고 의미화하는 것이다.

---

22) 좋은벗들, "이혼하면 탄광 또는 광산 농장 보내", ≪오늘의 북한소식≫, 제105호 (2008b), 7~8쪽; 좋은벗들, "특수한 사정 아니면 이혼접수 받지 마라", ≪오늘의 북한소식≫, 제132호(2008a), 5~6쪽.

가정을 중심으로 한 젠더 규범, 노동과 능력에 대한 인식 변화와 여성의 실천은 기존 규범과 질서로부터의 이탈이며 도전이었다. 이러한 여성의 이탈은 단지 국가 테두리 안에 국한된 것은 아니다. 여성은 북한 내부의 지역 경계를 넘는 것뿐 아니라 아예 국가 경계를 벗어남으로써 자신의 미래를 기획하는 주체로 등장했다. 물론 국가 경계 넘기의 과정이 폭력적이기도 하고 절대적 빈곤으로 인한 어쩔 수 없는 탈출이었다는 점에서 여성을 적극적인 행위자로 호명하기에는 다소 위험한 지점이 있다. 하지만 주어진 현실에 안주하지 않고 자신의 삶을 개척하고자 했고, 이를 실천하면서 새로운 기회를 스스로 창출하려 했다는 점에서 적극적 행위자라 할 수 있다.

5. 맺음말

북한의 시장은 생계를 유지하기 위한 공간이면서 다양한 변화를 추동하는 공간이기도 하다. 북한 여성에게도 시장은 여러 측면에서 의식과 생활양식의 변화, 규범에 대한 도전을 가능하게 한 공간이었다. 그러나 남성중심적 질서가 구축되어 있는 시장, 남성 권력을 대표하는 국가와 이를 대리하는 관리자 남성이 지배하는 시장은 기존의 젠더 위계를 그대로 투영한다는 점에서 여성에게 우호적이지만은 않은 공간이다. 성별화된 자본의 생산과 전유 구조 때문에 시장은 여전히 여성에게 제한적인 기회만을 제공한다. 국가 역시 여성에 대한 통제담론을 강화하고 법과 제도를 정비하면서 기존의 젠더 질서와 규범을 유지하려 한다는 점에서 시장으로 인한 변화가 여성에게 긍정적인 영향만을 미친다고 보기 어렵다.

시장 자체가 갖는 구조적 제약과 국가적 통제하에서도 제한적이나마 여성은 스스로 시장을 자신의 주체적 공간으로 만들어나간다. 그 과정에서 행해지는 여성의 다양한 실천은 국가 기획에 영향을 미치고, 시장 외 공간에서 자신의 새로운 활동 영역과 공간 가치를 만들어나간다. 변화한 현실에 맞는 '능력'의 재구성, 적극적인 소비와 문화 향유, 규범에 대한 도전과 미래에 대한 기획 과정에서 여성은 '개인'을 자각하고, 자신의 선택과 행위에 새로운 의미를 부여한다. 이러한 여성의 실천은 여성을 자신의 삶과 가족의 기획자이자 규범에 도전하는 주체로 재구성한다. 여성은 변화한 의식에 따라 기존의 젠더 규범과 질서를 이탈하기도 하고, 여성의 변화를 통제하려는 국가적 기획을 우회하고 전유하면서 자신의 목적과 이해를 달성하기도 한다. 그로 인해 기존의 젠더 질서는 예전의 질서 그대로 유지된다기보다 변형되기도 한다. 이처럼 새롭게 등장한 여성 주체는 기존의 젠더질서를 변화시킬 수 있는 잠재력을 담지하고 있다. 따라서 여성 주체의 경험과 실천 속에서 북한 사회의 변화 가능성을 찾을 수 있다.

참고문헌

1. 국내 문헌

강윤희. 2006. 「소비에트와 포스트소비에트 러시아의 젠더 재구성: 여성성과 남성성의 변모를 중심으로」. ≪슬라브학보≫, 제21권 4호.

김석향. 2007. 「북한의 조선옷·민족옷 개념에 나타나는 여성 편중 및 남성 부재 현상」. ≪북한연구학회보≫, 제11권 2호.

_____. 2012. 「1990년 이후 북한 주민의 소비생활에 나타나는 추세 현상 연구」. ≪북한연구학회보≫, 제16권 제1호.

김태연. 2009. 「소비에트 러시아에서의 젠더 질서와 헤게모니적 남성성」. ≪슬라브학보≫, 제24권 3호.

박순성 외. 2009. 『탈북여성의 탈북 및 정착과정에서의 인권침해 실태조사』. 국가인권위원회.

양현아. 1999. 「한국가족법에서 어머니는 어디에 있(었)나」. 심영희·정진성·윤정로 공편. 『모성의 담론과 현실: 어머니의 성·삶·정체성』. 나남.

이미경. 2006. 「경제난 이후 북한여성의 삶과 의식 변화의 한계」. 북한연구학회 편, 『북한의 여성과 가족』. 경인문화사.

조정아·조영주·조은희·최은영·홍민. 2013. 『새로운 세대의 탄생: 북한 청소년의 세대 경험과 특성』. 통일연구원.

좋은벗들. 2008a. "특수한 사정 아니면 이혼접수 받지 마라". ≪오늘의 북한소식≫, 제132호.

_____. 2008b. "이혼하면 탄광 또는 광산 농장 보내". ≪오늘의 북한소식≫, 제105호.

최봉대. 2008. 「1990년대 말 이후 북한 도시 사적 부문의 시장화와 도시가구의 경제적 계층 분화」. ≪현대북한연구≫, 11권 2호.

캐슬린 배리(Kathleen Barry). 2002. 『섹슈얼리티의 매춘화』. 정금나·김은정 옮김. 삼인.

홍민. 2013. 「북한 경제연구의 지형과 새로운 모색: 국가와 시장 및 정치와 경제의 관계를 중심으로」. 2013 북한연구학회 동계학술회의 '북한 사회의 새로운 흐름과 한반도 '신뢰'의 정치' 자료집.

2. 북한 문헌

"다정한 부부". 2005a. ≪조선녀성≫, 2005년 2호. 평양: 근로단체출판사.

"몸단장과 옷차림을 우리식으로". 2005b. ≪조선녀성≫, 2005년 2호. 평양: 근로단체출판사.

"민족옷과 옷차림례절". 2004a. ≪조선녀성≫, 2004년 8호. 평양: 근로단체출판사.

"부부사이의 례절을 바로 지키자". 2004b. ≪조선녀성≫, 2004년 9호. 평양: 근로단체출판사.

사회과학출판사. 1992. 『조선말대사전』, 2권. 평양.

"어머니의 행복". 2005c. ≪조선녀성≫, 2005년 3호. 평양: 근로단체출판사.

"자랑스러운 조선녀성들의 모성애". 1999. ≪조선녀성≫, 1999년 1호. 평양: 근로단체출판사.

조선로동당출판사. 2002. 「(당에 한함) 간부학습제강: 자본주의사상문화적 침투를 짓부시기 위한 투쟁을 강도높이 벌릴데 대하여」. 평양.

"조선옷차림을 생활화하자". 2000. ≪조선녀성≫, 2000년 2호. 평양: 근로단체출판사.

"제2차 전국어머니대회에서 한 토론들". 1998. 9. 30. ≪로동신문≫.

3. 외국 문헌

Bridge, T. 2009. "Gender Capital and Male Bodybuilders". *Gender & Society*, Vol. 15. No. 1, London: Sage.

Scott, W. J. 1999. *Gender and the Politics of History*. New York: Colombia University Press.

제11장

북한의 시장화와 계층구조의 변화

김병로 | 서울대학교 통일평화연구원 교수

1. 머리말

　사회주의체제를 지탱하는 핵심가치와 질서는 계층구조에 잘 나타나 있다. 자본주의체제가 자유와 경쟁의 이념적 토대 위에 형성되었다면, 사회주의체제는 평등과 계획이라는 핵심가치를 기반으로 구축되었다. 북한도 다른 사회주의체제와 마찬가지로 자본주의를 '빈익빈 부익부'의 불평등체제로 규정하고 평등의 가치를 핵심으로 내세운다. 그 핵심 기저에는 착취계급을 청산하고 반동세력을 진압한 가운데 모든 집단의 계급적 차이를 없애고 평등사회를 건설한다는 이데올로기가 강하게 자리 잡고 있다. 이런 점에서 사회주의는 평등을 핵심가치로 하는 계급정책을 통해 정당성을 부여받는다. 물론 이러한 평등의 가치에 대한 강조는 상대적이며 사회주의 사회에서도 불평등은 존재한다. 즉, 사회주의 사회에서도 혁명 이전의 출신 성분과 계급에 따른 다양한 차별이 자행됨은 물론, 간부와 인민 사이에 신분적·기능적 차별이 발생하며 권력과 부, 위신 등 정치·경제·사회적 자원이 평등하게 분배되지 않는다.

그런데 사회주의가 지향하는 평등의 가치는 대개 개혁·개방과 시장체제로의 전환을 시도하면서 근본적으로 훼손되기 시작한다. 사회주의체제는 경제의 비효율성이 커지고 성장의 한계에 부딪히면 정권과 체제 유지를 위한 방책으로 시장체제를 도입한다. 시장의 도입은 평등을 핵심 가치로 하던 사회주의체제의 계급구조를 근본적으로 변화시킨다. 국유나 협동 소유 형태이던 집단적 소유방식을 새로운 사적 소유구조로 전환해야 하며, 이 과정에서 새로운 기업가 집단이 형성되는 것은 필수불가결한 현상이다.[1] 이 새로운 집단의 형성은 필연적으로 기득권층과의 이해관계 충돌이라는 사회적 갈등을 유발한다.

사회주의체제 전환이나 체제개혁 과정에서 발생하는 계층구조의 변화에 관한 경험적 연구는 많지 않으며, 아직 일반화할 수 있는 상황도 아니다. 그러나 대체로 점진적 변화를 추구하는 사회주의국가에서는 구체제의 기득권층이 신흥 부유층 및 기업가 형성에서 친화력을 갖는 한편, 지속적인 영향력을 행사하는 것으로 나타난다. 즉, 사회주의 개혁·개방 과정에서 공산당 기득권층이 개혁·개방의 제도적 기제를 적극 이용해 경제적 이익을 독점함으로써 기존의 계층구조는 크게 바뀌지 않고 지속된다.[2] 그렇다면 북한에서는 시장화로 인해 계층구조가 어떻게 달라지고 있는가? 이 글은 먼저 북한의 계층 구성의 기본 구조를 재검토한 후, 시장제도의 도입으로 어떤 변화가 진행되고 있는지를 차례로 살펴본다.

---

1) 조한범, 『러시아 탈사회주의체제 전환과 사회갈등』(통일연구원, 2005), 58~66쪽.
2) 같은 책, 59쪽.

2. 북한 사회계층에 대한 논의의 재검토

1) 기존의 연구경향

계층이란 일반적으로 사회 구성원이 행사하는 권리나 기회, 그리고 그들이 향유하는 보상이나 특권에서 나타나는 차등화의 구조화된 유형이라고 할 수 있다. 간단히 말해 서로 다른 집단 사이에 구조화된 불평등이라 할 수 있다. 계급(class)이 공통된 경제적 자원을 가진 사람들의 큰 집단으로 일반적으로 사회경제적 지위(socioeconomic status)와 유사한 의미로 정의되는 데 비해, 계층(strata)은 경제적 자원뿐 아니라 권력이나 명예 같은 불평등 자원을 담아내는 포괄적 개념으로 사용된다.[3] 따라서 사회계층은 정치적·경제적·사회적 자원을 가진 실체적 집단으로서의 계급을 포함하는 포괄적·추상적 범주를 지칭한다. 상층, 중간층, 하층의 세 범주로 구분하는 계층 안에는 자본가, 사무원, 노동자, 관료, 상인 등의 여러 계급이 포함된다.

북한의 계층구조에 대한 분석은 매우 중요하지만 아직까지는 제대로 연구되지 않았다. 북한의 계층구조를 파악하기 위해 가장 빈번하게 거론되는 개념은 아마도 '성분'일 것이다. 북한에서는 사회주의 계급에 기초해 계층이 구분되는 것이 아니라 성분에 기초해 사회적 진출과 정치활동을 하며 복지혜택이 차등화되는 것이 사실이다. 북한은 성분을 "사회계급적 관계에 의하여 규정되는 사람들의 사회적 구분, 곧 사람들의 사상상 구성성분으로서 어떤 계급의 사상상 영향을 많이 받았고 어떤 계급의 사상이 그의 머리속을 지배하고 있는가 하는 것을 알기 위하여 출신과 직업, 사회생활의 경위에 의하여

---

3) L. Duberman, *Social Inequality: Class and Caste in America*(New York: J.B. Lippincott Company, 1976), p. 56.

사회성원을 사회적 부류로 나눈 것"[4]이라고 정의한다. 북한은 주민의 정치적 성향을 분석하기 위해 주민 성분을 크게 출신 성분과 사회 성분으로 나누어 평가한다.[5]

통일교육원에서 매년 발간하는 『북한이해』는 북한이 1958년 12월 이후 몇 차례의 성분 조사를 실시했고, 1967년 4월부터 1970년 6월까지 주민재등록사업을 실시해 출신 성분에 따라 3계층 51개 부류로 세분화했다고 밝혔다.[6] 이때 분류한 것으로 간주되는 핵심계층, 동요계층, 적대계층이 북한 계층 연구의 기본 개념으로 사용된다. 정부 출연 연구소인 통일연구원은 북한이 1990년대 중반 이후 경제난 때문에 성분 분류작업을 다시 실시해 3계층 45개 부류로 재분류했다고 분석한다.[7] 주민의 상당수가 불법 월경, 행방불명, 방랑, 도주 등 각종 범죄전력을 갖게 되면서 이를 고려한 성분 분류를 다시 했다는 것이다. 그 결과 핵심계층, 기본계층, 복잡계층으로 재분류되고, 핵심계층에는 혁명가가족, 영예군인, 접견자, 영웅·공로자, 제대군인 등이 포함된 것으로 분석되었다.

사회주의의 계층구조를 분석한 게르하르트 렌스키(Gerhard Lenski), 밀로반 질라스(Milovan Djilas) 등의 여러 학자는 공산당을 중심으로 한 정치권력이 신계급(New Class)으로 등장해 불평등구조를 심화시킨다고 주장한다.[8]

---

4) 사회과학출판사, 『조선말대사전』, 제1권(1992), 1762쪽.

5) 현성일, 「북한 인사제도 연구」(미발표 논문), 6쪽; 사회과학출판사, 『조선말대사전』, 제2권(1992), 597쪽; 사회과학출판사, 『조선말대사전』, 제1권, 1646쪽.

6) 통일교육원, 『북한이해 2011』(2011), 245쪽.

7) 통일연구원, 『2009 북한개요』(2009), 330~331쪽.

8) 사회주의 사회의 불평등의 원인과 양상에 대한 논의는 김병로·김성철, 『북한사회의 불평등 구조와 정치사회적 함의』(민족통일연구원, 1998), 6~20쪽 참조. 특히 질라스는 공산당 관료 중심의 '신계급'은 "그들의 행정적 독점 때문에 특권과 경제적 우위"를 지니는 특권계급으로 자리 잡았다고 주장한다. M. Djilas, *The New Class*(New York:

이러한 이론에 근거해 서재진은 사회주의 사회에서 일반적으로 나타나는 불평등 현상을 북한에 적용, 분석했다.9) 그는 북한에서도 새로운 지배계급인 조선로동당을 중심으로 한 정치권력 집단이 지배계급을 형성한다고 주장한다. 장용석은 신지배집단으로 부상한 북한의 국가계급이 시장기제를 활용해 이익을 추구하는 지배 연합을 형성하는 과정에서 당·정·군 상층엘리트 및 사회구조에 갈등과 균열을 만들어내는 역동적 측면을 분석했다.10) 전현준·안인해·이우영, 이교덕·임순희·조정아·송정호 등의 권력엘리트 연구는 최고 권력자들의 학연과 지연, 혈연을 중심으로 형성된 특권계층의 성격을 잘 드러낸다.11) 그러나 시장 경제활동이 북한 사회를 지배하는 사회주의 이념과 혁명성의 구조를 어떻게 부식시키는지를 보여주는 데는 다소 미흡했다.

이영훈, 이석, 임강택, 김병연·양문수 등의 경제학자들은 2002년 '7·1경제관리개선조치(7·1조치)' 이후 진행된 북한의 시장화 실태를 본격적으로 조사했다.12) 이 연구들에 따르면 북한의 시장화는 매우 높은 수준으로 진행되고 있고, 정부가 이러한 사적 경제활동의 확산을 통제하는 데 한계가 있다. 이미 북한 주민의 80%가 시장에 의존하고 있으며, 국영기관을 대신하는 개인

Praeger Publishers, 1962), p. 39.

9) 서재진, 『또 하나의 북한사회』(나남, 1995); 서재진, 『북한사회의 계급갈등 연구』(민족통일연구원, 1996); 서재진, 「북한사회의 계급구조와 계급갈등」, 북한연구학회 편, 『북한의 사회』(경인문화사, 2006).

10) 장용석, 「북한의 국가계급 균열과 갈등구조: 1990년대 경제위기 이후 변화를 중심으로」(성균관대학교 박사학위논문, 2008).

11) 전현준·안인해·이우영, 「북한의 권력엘리트 연구」(민족통일연구원, 1992); 이교덕 외, 『새터민의 증언으로 본 북한의 변화』(통일연구원, 2007).

12) 이영훈, 『탈북자를 통한 북한 경제 변화상황 조사』(금융경제연구원, 2007); 이석 외, 『북한 계획경제의 변화와 시장화』(통일연구원, 2009); 임강택, 『북한 경제의 시장화 실태에 관한 연구』(통일연구원, 2009b); 김병연·양문수, 『북한 경제에서의 시장과 정부』(서울대학교출판문화원, 2012).

위탁경영이 서비스 분야에서는 50%를 넘어섰고, 무역회사는 40%, 제조업 분야에서는 20%를 차지할 정도다.[13] 물론 시장 활동으로부터 사적자본을 축적하는 집단과 개인이 얼마나 정치적 권력을 행사하는 데 영향을 미치는 지는 정확히 판단할 수 없다. 김병로는 시장화에 따라 새로 생겨나는 다양한 사적 경제활동이 빠르게 분화·확대되고 있으나 출신 성분으로 서열화되어 있는 북한의 계층구조를 균열시키는 정치적 영향력 형성이나 의식화는 아직 진행되지 않은 것으로 분석한다.[14]

북한에 시장제도가 들어선 이후 달라지고 있는 계급 분화와 새로운 상인 계급의 등장에 관해서는 최봉대의 연구가 있다.[15] 최봉대는 탈북자 20명과의 심층 면접을 통해 북한 도시 주민의 계층 이동을 경험적으로 분석했다. 그에 따르면 주민은 가족이나 친척의 권력을 동원해 일종의 특혜를 받아 시장에서 경제적 이익을 얻는 경우도 있고, 지연이나 학연을 이용해 뇌물을 제공하고 시장기제에 접근해 이익을 확보하는 경우도 있다. 이와 같은 혈연적 혹은 비혈연적 연결망 자원을 동원해 경제적으로 상향 이동하는 사람들이 생겨나는 것이다. 특히 혈연적 연결망 자원이 강력할수록 사적 부문의 시장 경제활동을 통해 개인 재산을 증식해 경제적 상층에 진입할 가능성이 더 높다. 나아가 시장화와 더불어 계층구조의 분화가 발생하고 있으나, 정치적 신분체계의 상층에 속하는 권력집단과의 결탁관계가 아니고서는 경제적 계층

---

13) 김병연·양문수, 『북한 경제에서의 시장과 정부』, 125쪽.

14) 김병로, 「경제조치 이후 북한의 사회적 변화」, 윤영관·양운철 지음, 『7·1경제 관리개 선조치 이후 북한 경제와 사회: 계획에서 시장으로?』(한울, 2007).

15) 최봉대, 「계층구조와 주민의식 변화」, 『1990년대 이후 북한사회 변화』(한국방송공사, 2005); 「북한 도시 사적 부문의 시장화와 도시가구의 경제적 계층 분화: 개별가구의 비 공식적인 연결망자원의 계층화 매개효과 분석을 중심으로」, 이우영 엮음, 『북한 도시 주민의 사적 영역 연구』(한울, 2008).

상승을 구가하기 어렵다는 점에서 경제적 계층 분화가 정치적 신분구조의 변화를 이끌어내기에는 한계가 있다고 본다. 이 과정에서 면밀히 살펴봐야 할 부분은 북한의 정치적 신분구조를 지탱하는 이념과 혁명성이 얼마나 유지되느냐 하는 점이다. 이를 위해서는 한국전쟁의 피해의식과 감성을 지속적으로 재생산하는 북한의 기본 계층구조를 먼저 파악하고, 그 구조가 어떻게 변화하는지를 살펴보아야 한다.

2) 계급에서 성분으로: 변형된 북한의 계층구조

북한의 초기 계급 노선은 한국전쟁을 계기로 질적인 변화를 겪으며 새로운 차원으로 발전하고 있다. 즉, 구성원을 전통적인 사회주의 계급에 따라 분류하는 것이 아니라 전쟁 피해 정도를 기준으로 하는 성분에 따라 분류한 것이다. 한국전쟁은 양적으로 방대한 전사자·피살자, 영예군인, 월남자가족 등을 양산하면서 북한의 가족구조와 사회구조에 지각변동을 초래했다. 필자는 한국전쟁 이후 북한의 계층구조가 기존의 계급 중심에서 전쟁 피해보상 중심으로 바뀌었다고 주장한다.[16] 실로 전쟁은 계급구조의 파괴를 통해 사회를 재구성하는 힘을 갖고 있다.[17] 북한의 경우에도 한국전쟁으로 120~130만 명이라는 엄청난 인명 손실을 입었으며 가족구조가 와해되었다.[18] 북한은 전쟁 이후 성분 분류를 통해 한국전쟁의 피해상황을 파악하고 전쟁 피해

---

16) 김병로·김성철, 「북한사회의 불평등 구조와 정치사회적 함의」; 김병로, 「한국전쟁의 인적 손실과 북한 계급정책의 변화」, ≪통일정책연구≫, 제9권 제1호(2000).

17) Bruce D. Porter, *War and the Rise of the State: The Military Foundations of Modern Politics*(New York: The Free Press, 1994), pp. 11~20.

18) 상세한 내용은 김병로, 「한국전쟁의 인적 손실과 북한 계급정책의 변화」, 219~242쪽 참조.

자들에게 보상해주는 '북한식 보훈정책'을 추진함으로써 사회주의체제 유지에 대한 의지와 집념을 고취시켜나가는 한편, 월남자가족에 대해서는 정치적·사회적 제제를 가해 새로운 사회질서를 구축해나갔다.

북한은 성분정책을 실시하기 위해 혁명가와 전사자·피살자 유자녀들에 대한 집중적인 교육과 사회적 혜택을 제공했다. 김일성은 혁명학원을 졸업한 유자녀들을 전문적으로 교육시키기 위한 대학교육기관 설립을 지시하는 한편, 중앙당과 지방당에 유자녀과를 신설해 이들을 직업혁명가로 양성하는 정책적 조치를 취했다.[19] 이른바 '전쟁고아'들을 위한 초등학원을 여러 곳에 설치했으며, 만경대 혁명유자녀학원, 강반석 혁명유자녀학원, 해주 혁명유자녀학원, 남포 혁명유자녀학원 등 각 도별로 혁명유자녀학원을 설립하고 이들을 사회주의제도로 흡수했다.[20] 영예군인에 대해서는 특별 교육시설과 산업체에 배치해 기본 군중의 중심세력으로 포섭했다.[21] 반면 월남자가족 수십만 명을 "조국을 위해 싸우지 않고 남조선으로 도주한 반동분자"로 규정하고, 이들에게 정치적·사회적 차별을 가했다.

이러한 정황을 고려할 때 한국전쟁을 계기로 북한에서는 심각한 규모의 결손가족이 발생했고, 북한 당국은 이러한 사회문제를 해결하기 위해 필요한 사회정책과 계급정책을 추진해야 했다. 전통적 가족관계의 해체와 결손가족의 증가는 국가의 책임 중대로 이어졌고, '전 주민의 노동자화'라는 이데올로기적 레토릭(rhetoric)에도 한국전쟁 피해 보상 차원의 실질적인 사회구조 재편이 불가피했다. 계층구조가 '계급에서 성분으로' 질적인 변화를 겪게

---

19) 과학백과사전출판사, 『조선전사』(1981), 284쪽.

20) 김일성, 「혁명가유자녀들을 직업적 혁명가로 키우자」, 『김일성저작집』, 제22권(평양: 조선로동당출판사, 1983), 393~407쪽; 404쪽.

21) 『조선전사』, 285쪽.

된 것이다. 따라서 시장화로 인해 북한의 계층구조가 변화하고 있는가, 그렇지 않은가를 판단하는 기준은 바로 한국전쟁의 피해자를 우대하는 성분 중심의 기본 질서가 시장 활동이 증가함에 따라 갈등과 균열을 일으키는지의 문제로 귀착된다.

3. 시장화의 진전과 북한 계층구조의 분화

1) 사적 경제활동의 확산

북한이 2002년 7·1조치로 시장을 제도화한 것은 그야말로 획기적인 일이었다. 농산물 위주의 기존 농민시장에다 공산품과 수입상품까지 거래를 허용하고, 암시장을 통합해 종합시장을 제도화한 것이다. 2001년 1월 중국 상하이를 방문한 김정일 위원장이 변화된 상하이의 모습을 '천지개벽'이라 표현하며, 북한도 경제발전을 위해 새로운 사고를 할 것을 주문했다. 김정일의 이러한 '신사고'에 입각해 2001년 10월 '경제 관리 개선방침'을 구체화하고 2002년 7·1조치를 단행한 후, 2003년 5월 종합시장 운영에 관한 내각 지시로 전국에 300개가량의 종합시장을 설치했다. 시장 활성화를 위해 시장가격을 자유화하고 유통 부문의 자율성을 대폭 확대했다. 소매유통기관이 합법적으로 수매 위탁기능도 수행할 수 있도록 허용했고, 개인이 생산한 물품을 위탁받아 시장가격과 유사한 가격으로 판매할 수 있게 되었다. 개인은 물론 국영기업소, 협동단체도 시장에서 상품을 구입 및 판매할 수 있도록 이용범위를 확대했고, 기관·기업소에 대한 현금 유통을 허용하는 조치를 취했다.[22] 이

---

22) 박재규, 『새로운 북한읽기를 위하여』(법문사, 2007), 459~464쪽. 운송의 경우에도 개

러한 모든 제도화 조치는 시장 운영을 극대화하기 위한 장치이며, 그 결과 경제 관리, 가격·임금·재정, 생산 부문, 유통 부문, 무역 등의 영역에서 획기적인 변화가 나타났다.[23]

이와 같은 시장화 조치로 주민들의 사적 경제활동 공간이 확장되었다. 서울대학교 통일평화연구원의 탈북자 면접 조사 결과에 따르면 장사 경험이 있는 탈북자는 지난 5년 동안 56.8%(2008년) → 66.7%(2009년) → 71.6%(2011년) → 69.2%(2012년)로 꾸준히 증가했다.[24] 탈북자의 약 70%가 장사를 해본 경험이 있다는 것이다. 북한 주민 가운데 시장이나 장마당에서 장사나 개인 사업을 하는 사람들이 얼마나 된다고 생각하는가 하는 질문에는 80%라는 응답과 90% 이상이라는 응답이 가장 많았다. 80%라는 응답은 30.7%(2008년) → 29.2%(2009년) → 21.4%(2011년) → 30.0%(2012년)으로 늘었고, 90% 이상이라는 응답은 같은 기간 27.7% → 20.3% → 32.1% → 26.2%로 변했다.

새로운 상인계급의 등장 여부를 알아보기 위해 장사를 전업으로 하는 규모가 어느 정도인지 살펴보았다. 서울대학교의 2012년 조사에 따르면 장사를 하는 사람의 경우 노동자, 농민, 사무원, 전문가, 학생, 군인 등 직업을 막론하고 대부분 부업 형태로 장사를 하고, 장사를 전업으로 하는 사람들은 전체 조사대상자 130명 중 15명으로 11.5%를 차지했다. 2011년에는 총 102명의 응답자 가운데 11명이 장사를 전업으로 했다고 응답해 10.8%를 기록했

인이 지방인민위원회와 계약을 맺어 자산의 처분권과 이익 수취권을 갖는 방법으로 운송회사를 운영했다. 이석 외,『북한 계획경제의 변화와 시장화』, 177쪽.

23) 김영윤,『북한 경제개혁의 실태와 전망에 관한 연구: 개혁의 부작용을 통해 본 북한체제 전환의 성공과제』(통일연구원, 2006), 78~115쪽.

24) 서울대학교 통일평화연구원은 2008년부터 탈북자를 대상으로 한 '북한 주민의식 조사'를 연례사업으로 추진하고 있다. '북한 주민의식 조사'에 관한 상세한 내용은 「북한 주민통일의식과 북한사회변동: 2012 북한이탈주민 조사 결과발표」, 서울대학교 통일평화연구원 학술회의 자료집(2012.8.29) 참조.

다. 조사대상 탈북자가 북한 주민의 인구사회학적 구성비를 정확히 반영하는 것은 아니지만, 탈북자 샘플을 기준으로 보면 적어도 북한 주민의 약 10%가 장사를 전업으로 하는 새로운 상인계급으로 자리 잡은 것으로 판단된다.

사적 경제활동이 정치적 신분과 관련이 있는지 알아보기 위해 장사 경험의 유무가 당원과 비당원의 변수에 따라 차이가 있는지 살펴보았다. 2012년 조사대상자 총 106명 가운데 당원이 11명, 후보 당원이 1명, 비당원이 94명이었는데, 장사 경험이 있는 사람은 당원 가운데 63.6%(7명), 비당원 가운데는 71.7%(76명)로 전체 평균과 큰 차이가 없었다. 북한에서 당원이 직접 장사에 나서기는 쉽지 않을 것으로 보였으나 당원인지 아닌지 여부와 장사 경험과는 별다른 차이가 발견되지 않았다. 그러나 장사를 전문적으로 하는 사람 중 당원은 한 명도 없었다. 2011년 장사를 전업으로 하는 11명 모두 비당원이었으며, 2012년에는 15명 모두 비당원이었다. 여기서 알 수 있는 사실은 북한의 기존 정치적 계층구조에서 기득권을 차지한 당원은 장사를 전문적으로 하는 상인계급으로 직접 진입하지는 않는다는 것이다. 그 대신 시장기제를 관리·통제하는 권력을 행사하며 상인집단을 착취하는 방식으로 사적 이익을 확보한다.

사적 경제활동을 통해 재산을 어느 정도 축적하는가? 서울대학교 2012년 조사에 따르면 국가로부터 가구 생활비를 3,000원 미만으로 받은 주민은 60.9%였는데, 이들은 필요한 생활비의 대부분을 장사와 개인 사업 등 부업(더벌이)으로 충당하는 것으로 나타났다. 장사나 부업으로 벌어들인 총수입은 1만 원 미만이 32.4%였고, 1만~10만 원이 15.2%, 10만~30만 원이 30. 5%, 30만~50만 원이 8.6%, 50만~100만 원이 8.6%, 100만 원 이상이 4.8%를 각각 차지했다. 장사나 부업에 의한 직업별 가구소득은 사무원이 가장 높았고, 그다음이 노동자, 전문가, 가정주부, 장사, 농민의 순으로 나타났다. 서울대학교가 지난 5년간 진행한 탈북자 면접 조사에서는 '고난의 행군' 시기와 비교해 2012년에 생활수준이 향상된 사람들과 더 나빠진 사람들의 비율이 각각 50.9%, 49.1%로 나타나 양극화가 심화되었음을 보여준다.[25]

2) 사유화의 확대와 상인계급의 형성

7·1조치는 북한 경제의 사유화(privatization)를 촉진시켰다. 북한은 이미 1998년 헌법 개정 시 법적으로 사유화 범위를 조정했다. 즉, 협동 소유의 범위에서 '고깃배', '부림짐승(역축)', '농기구(농기계는 협동 소유)', '건물' 등을 제외한 것이다.[26] 이러한 조치는 그동안 생산수단으로 규정했던 부림짐승과 농기구, 고깃배, 건물 등이 더 이상 생산수단으로 기능하지 못하기 때문이다. 따라서 법적으로 고깃배와 부림짐승, 농기구, 건물 등을 개인이 소유할 수 있는 제도가 마련된 것이다. 현재 개인 집의 경우 건축과 매매가 허용되지만, 공동주택이나 아파트의 경우 공식 매매가 허용되지 않는다. 그러나 주민들은 사용권을 매매하는 방식으로 거래를 하고, 앞으로는 살림집이나 아파트도 개인 소유로 전환될 가능성이 있다.[27] 1차 산업 중 어업 분야에는 개인 사업을 하는 사람이 많다. 북한과 수산업 무역을 하는 조선족 상인의 설

---

25) 김병로, 「북한 주민의 대남인식과 북한사회 변화실태」, 북한 주민통일의식과 북한사회변동: 2012 북한이탈주민 조사결과 발표(서울대학교 통일평화연구원 학술회의, 2012b), 52~54쪽.

26) 1998년 9월 5일 개정된 북한 「사회주의 헌법」 제22조. 협동 소유 대상으로 토지, 농기계, 배, 중소공장, 기업소 등을 명시했다.

27) 2007년 9월 중국 단동시에서 북한인 KD씨와의 면접. 북한 사회과학원 법률연구실 박사는 자동차도 개인이 얼마든지 소유할 수 있고, 증여할 수 있다는 견해를 피력했다. 그러나 그 자동차로 장사를 해서 남에게 손해를 끼치면 '생산수단'이 되기 때문에 이는 허용하지 않는다고 한다. 2005년 9월 21~23일 중국 심양에서 개최된 국제고려학회에서 북한 사회과학원 법률연구소 한석봉, 안천훈 박사의 해석.

명에 따르면 북한에서 어업 분야 종사자는 주로 바다에서 고기를 직접 잡아 올리는 '원천작업'을 하는 개인이라고 한다.[28] 개인이 생산장비를 보유하고 능력만 있으면 얼마든지 사업을 할 수 있다는 것이다. 이는 고깃배를 가지고 개인 사업을 하는 사람들이 생겨났다는 증거다. 물론 이러한 활동은 여전히 위험부담을 안고 있으나, 실질적으로 북한에서도 소상품 생산경제 요소가 발아하는 상황이라고 평가해볼 수 있다.[29]

사유화가 법적으로 제한되어 있는 조건에서 국가로부터 허가를 받아 확보하는 '운영권'은 실질적인 소유권 역할을 한다. 국영상점이나 국가 소유의 식당을 개인이 운영하는 경우인데, 소유는 국가에 있지만 운영은 개인이 하는 것이다. 물론 이는 임시조치라고 설명하지만, 부실한 국영상점을 무역회사에 넘겨 운영하도록 국가가 공식적으로 지시한 것이다. 2003년 5월 5일 종합시장 운영에 관한 내각 지시 문건을 보면 "무역성, 상업성, 도 인민위원회와 해당 기관들은 지금 운영을 제대로 하지 못하고 있는 국영상점들을 림시로 상품보장을 담보할 수 있는 무역회사들에 넘겨주어 운영하도록 할 것이다"[30]라고 되어 있는데, 해당 기관들은 상품을 확보할 수 있는 무역회사들을 선정해 상점을 하나씩 맡아 운영하기 위한 대책을 수립했다. 한 개의 무역회사가 단독으로 맡아 운영하기 힘든 평양 제1백화점 같은 곳은 각 층별로 여러 무역회사에 임대해 수입상품을 판매하거나 위탁 판매하도록 했다. 지방에서는 돈주들이 '국영상점'을 임대해 상품을 판매하는 경우가 흔하다.[31] 국

---

28) 2007년 9월 조선족 사업가 K씨 면접.

29) 서재진, 「7·1조치 이후 북한의 체제변화」, 『또 하나의 북한사회』(나남, 1995), 68~73쪽.

30) 박재규 편, 『새로운 북한읽기를 위하여』, 463쪽.

31) 2007년 9월 1일 탈북자 KR씨 면접. 국영상점은 1개 동마다 있거나 2~3개 동에 1개씩 있는데, 식료품, 공업품, 농산물, 물고기 상점 등 4개의 상점이 기본으로 구성되어 있다. 장사하는 사람들은 국영상점에 들어와 있는 조금 찌그러진 중고제품들을 사다 고

영상업망을 이용하는 것 외에 회사나 공장의 마당에 들여놓고 파는 경우도 있다. 물론 이 거대한 외화벌이를 주관하는 사람은 당이나 군대, 단체의 외화벌이 기관의 명의를 빌려서 하지만, 실제로는 개인이 장사를 하는 것이다. 이러한 사영화는 사유화의 한 형태로 볼 수 있다.[32]

개인 사업가들은 국가와 긴밀한 관계를 맺고 있다. 당과 국가보위부 등 국가 권력기관은 물론 무역성, 상업성, 체육성 등 내각 산하 각 기관들은 자체 운영에 필요한 재원을 충당하기 위해 직접 생산과 유통활동에 참여한다. 산하에 무역회사를 설립해 직접 무역을 하는가 하면, 중국과의 합작 형태로 음식점과 문화산업 등에 진출해 외화를 벌어들인다. 이 과정에서 국가는 돈이 없으므로 개인이 소유한 자본을 동원해 국가를 유지하기 위한 묘책으로 시장기제를 활용한다고 볼 수 있다. 공식적으로는 개인 사업이 허용되지 않으나 단체나 기관의 명의를 빌려 개인이 회사를 운영한다.[33] 김병연·양문수의 조사에서 밝혀진 바와 같이 북한은 제조업의 20%, 무역의 40%, 서비스업의 50%를 개인 위탁경영 방식으로 운영한다.[34] 이러한 개인 위탁경영의 형태는 최근 몇 년간 큰 변화 없이 지속된 것으로 평가되는데, 개인 위탁경영 같이 기존에 형성된 사적 경제활동을 전문적으로 하는 계층이 형성된 것으로 볼 수 있다.

사적 경제활동을 하는 사람들 가운데 새로운 상인계급의 규모를 어느 정도로 추산해야 할 것인가? 서울대학교의 2011년과 2012년 탈북자 조사에 따르면 총 응답자 가운데 장사를 전업으로 하는 사람들의 비율은 각각 10.8%,

---

처서 시장에 내다 판매한다.

32) 서재진, 「7·1조치 이후 북한의 체제변화」, 73~75쪽.

33) 2007년 10월 29일 조선족 사업가 J씨 면접(중국 연길시).

34) 김병연·양문수, 『북한 경제에서의 시장과 정부』.

11.5%였다. 이를 기준으로 보면 북한 주민의 약 10%가 새로운 상인계급이라고 할 수 있다. 2007년 북한이 자체적으로 조사한 자료에서도 확인되는 것을 보면 이러한 추산이 무리는 아니다. 북한 내부 통신원이 전하는 자료에 따르면 권력자들을 포함해 시장체제를 통해 새롭게 형성된 북한 사회의 부유층은 7%로 추정된다.[35] 이러한 경험적 자료들을 통해 시장체제의 등장으로 북한에 약 10%의 새로운 상인계급이 형성되었다고 평가할 수 있다.

3) 신흥자본가의 성장

그렇다면 상인계급 가운데 신흥자본가는 어느 정도로 성장하고 있는가? 전형적인 새로운 상인계급 집단은 시장에서 정상적으로 매대를 갖고 장사를 하는 사람들이다. 종합시장에 매대를 갖고 장사를 하는 사람들은 비교적 규모가 큰 상인들이라 할 수 있다. 2007년 평안남도 순천에 있는 금산동시장에서는 보통 2,000~3,000명씩 장사를 했으며, 평성의 중화시장에서는 5,000명 정도의 주민들이 장사를 했다. 상인으로 활약하는 집단 가운데는 북한 내 6,000명 정도로 추산되는 화교가 단연 우선이다. 화교 가운데 유력한 상인이 많은 이유는 중국 출입이 비교적 자유로운 특수한 신분 때문이다.

장사를 전문적으로 하는 사람들은 주로 중간층과 하층민들이며, 기득권 상층이나 '핵심군중'에 속하는 사람들은 전문적인 장사를 직접 하지는 않는 것으로 보인다.[36] 앞서 살펴보았던 서울대학교 탈북자 면접에서 탈북자 가

---

35) 2007년 북한에서 조사한 비사회주의 현상과의 투쟁 통계에 따른 것으로, 이는 2007년 10월 시장 억제조치 이전 자료이며 아시아프레스 내부팀이 취재했다. "또 다시 내 휘두르는 전국적 시장억제", ≪림진강≫, 2호(2008. 3.), 81쪽.
36) 2007년 9월 1일 탈북자 KR씨 면접.

운데 당원으로서 장사를 전업으로 한 사람이 한 명도 없었다는 사실이 이를 확인해준다. 즉, 2011년과 2012년 장사를 전업으로 한 사람은 각각 11명과 15명이었는데, 이들은 모두 비당원이었다. 당원으로서 장사를 했다는 사람도 있긴 했지만 그 일을 전문적으로 하지는 않았다. 북한의 기존 정치적 계층구조에서 기득권을 차지하는 당원은 장사를 전문적으로 하는 상업 활동을 직접적으로 하지는 않는다는 것이다. 당 관료나 군 간부는 시장기제를 관리·통제하는 권력을 행사하며 상인계급으로부터 사적 이익을 확보한다.

상인계급 가운데 대규모의 '자본'을 소유한 사람들을 신흥자본가라고 부를 수 있다. 큰 시장이 형성된 대도시를 중심으로 이른바 '돈주'라고 불리는 신흥자본가 집단이 성장한 것이다. 과거 국가가 상품을 장악하고 통제하던 시기에는 화폐의 역할이 중요하지 않았으나 7·1조치 이후 "공짜는 없다"라는 원칙하에 화폐를 매개로 하는 교환경제가 자리를 잡았고, 화폐가 새로운 생산수단으로 등장한 것이다. 새로운 자본가 집단으로 활동하는 사람들이 누구인지에 관해 여러 증언이 나오고 있는데, 크게 두 종류로 분류된다. 즉, 장사를 전업으로 해 출세한 '장사꾼'이 있는가 하면, 국가기관의 외화벌이꾼이나 당 비자금 관리자가 유력한 돈주로 꼽힌다. 전자는 자생형 돈주로, 후자는 권력형 돈주로 분류할 수 있다.[37] 자생형 돈주는 대개 지방에서 시장을 통해 재산을 축적한 사람들이며 재산 규모가 작게는 5,000~1만 달러, 많게는 3만~5만 달러에 이른다.[38] 권력형 돈주는 해외 거주자, 해외 교포, 중앙당,

---

37) "북한의 부자들", 동국대 북한학과 북한일상생활연구센터 조사자료. http://blog.daum.net/kjw77/13755708(검색일: 2010년 8월).

38) 2007년 9월 북한 주민 KD씨 면접(중국 단동시). 2007년의 경우 일본에서 수입하는 중고 냉동기나 한국전자제품을 판매하는 5만 달러(북한 돈 1억 5,000만 원 정도) 규모의 '돈주'들도 있는데, 대개는 3만 달러(북한 돈 1억 원, 한화 3,000만 원) 정도를 갖고 장사를 한다고 한다.

외화벌이기관 간부 등 세 그룹으로 나뉘며, 북한 당·정·군 등 권력기관의 비호를 받거나 그들과 결탁관계를 유지하며 사업을 한다. 권력형 돈주는 자생형 돈주와는 달리 처음부터 군부나 당 등 권력기관의 대리인으로 활동하며 외화벌이에 직접 참여하면서 전문적으로 상업 활동을 하는 사람들이다. 신흥자본가 집단은 북한에서 직접 정치를 하는 관료는 아니지만, 권력자와의 친분관계를 유지하며 재산권을 바탕으로 제한적인 권력을 행사한다.

신흥자본가 집단이 어느 정도 규모로 성장했는가는 정확히 파악하기 어렵지만, 최근 북한의 중앙당 간부 강연회에서 문제로 지적된 것을 보면 신흥자본가의 사회적 영향력이 크다는 사실을 엿볼 수 있다. 강연회의 강사로 나선 장용순은 고난의 행군 시기를 지나오면서 생계를 이어가기 어려운 사람들이 발생하는가 하면 백만장자, 억만장자 '돈주'들이 생겨 심각한 사회문제로 대두되었다고 지적했다.[39] '고난의 행군' 이후 최근 15년 사이에 시장 활동을 통해 재산을 축적한 새로운 자본가 집단이 생겨난 것이다. 개인 위탁경영 형태의 실질적인 사유화가 진행되면서 장사로 돈을 번 신흥 부유 '자본'계급이 형성되었다. '돈주'로 지칭되는 일종의 자본가 집단이 형성되고, 이들은 상호 교류하면서 자신만의 차별화된 생활세계를 구축한다.[40] 신흥자본가 집단은 고급 가전제품에 관심을 갖고, 자녀 교육에 관한 정보도 교환하면서 서로 소통하는 사회적 네트워크를 형성한다.

---

39) 2007년 7월 장용순 중앙당강연회 녹취내용.
40) 이우영 엮음, 『북한 도시 주민의 사적 영역 연구』, 170쪽.

4. 계급갈등 양상과 구조적 변화

1) 계층질서의 위기와 화폐개혁, 그리고 성분 배려 조치

　시장화 확대 결과 북한의 기존 계층질서에 균열과 위기가 발생했다는 사실은 2009년 단행한 화폐개혁에서 엿볼 수 있다. 시장화가 진행되면서 장사로 돈을 번 상인계급이 생겨났고, 이를 바라보는 주민 사이에 박탈감과 불만이 생겨나 이 사회적 갈등 해소 차원에서 화폐개혁을 단행하지 않으면 안 되는 상황에 직면했다. 특히 사회의 기득권 상층은 상인계급의 성장에 상당한 불만을 갖고 박탈감을 느꼈던 것으로 보인다. 이러한 사실은 시장 활동이 기존의 계층질서를 심각하게 침해하고 있음을 보여준다. 한국전쟁 피해자 가족이 기득권을 차지한 계층구조에서 새로운 상인계급이 경제적 부를 축적함으로써 정당성의 위기(legitimation crisis)가 발생한 것이다. 이 때문에 화폐개혁을 통해 '부당하게' 부를 축적한 상인들의 재산을 박탈하고 이들의 사회적 지위를 약화시킴으로써 주민들과 기득권 세력을 통합해야 할 필요성이 생겨났다. 이런 점에서 2009년 11월 화폐개혁은 경제적 개혁이 아니라 새로운 세력집단으로 부상한 신흥자본가를 축출하기 위한 정치적 조치였다고 할 수 있다.[41]

　2009년의 화폐개혁으로 기존의 상인계급과 신흥자본가 집단이 어느 정도 타격을 받았는지는 정확하게 판단할 수 없지만, 장사를 전문으로 하는 상인계급과 신흥자본가 사이에 적지 않은 변동이 발생한 것으로 보인다. 소규모 상인들과 일부 돈주들이 큰 손해를 보고 하층민으로 떨어진 경우가 있는가 하면, 그와는 반대로 일정의 공산품이나 식량을 가지고 있던 사람들이 시장

---

41) 2013년 1월 16일 탈북자 LJE 면접.

에서 새로운 주도권을 쥐게 되는 현상도 생겨났다. 돈을 빌려주며 사채업으로 부를 축적하던 많은 '돈주'가 뒷전으로 밀려나고, 상품을 대량으로 소유하던 상인 가운데 신흥자본가로 부상한 사람들이 생겨난 것이다.[42] 실제로 화폐개혁 직후 공산품이나 식량을 가진 상인들은 새로 분배받은 화폐를 가지고 물건을 구입하러 온 주민들에게 물건을 팔지 않으려고 군대와 인민보안부를 동원해 물건을 지켰다고 한다.[43]

시장화로 성분 중심의 기존 계층구조가 갈등을 빚고 있다는 또 다른 증거는 북한 당국이 김정은 정권 등장 직후인 2012년 전사자·피살자 출신 성분 가족에게 외화벌이의 기회를 집중적으로 배려하라고 지시했다는 점이다.[44] 이러한 지시는 KBS의 중국 현지 조사 과정에서 밝혀진 것인데, 시장화가 진행되면서 북한 사회의 기득권을 차지하던 전사자·피살자 출신 성분 가족들이 상대적 박탈감과 불만을 가졌음을 보여준다. 김정은 정권의 성분 배려 조치는 군부 중심의 권력구조를 당 중심의 구조로 재편하는 과정에서 추진되었을 가능성이 높다. 즉, 당권을 강화하기 위해 시장화 과정에서 상대적으로 소외되었던 전사자·피살자 및 당과 국가보위부에 대한 경제적 배려를 통해 이들의 불만을 해소하려는 묘책이었던 것이다. 2006년 11월 당시 북한의 권력집단을 구성한 간부들의 출신 성분을 보면 여전히 전사자·피살자 가족이 다수를 차지한다는 점에서 성분 중심의 기존 계층구조가 양적으로 달라진

---

42) "새로운 시장 '돈주' 출현과 직장 탐색"(NK지식인연대, 2009. 12. 18.), http://cafe.daum.net/nkic/1VVj/122?docid=688462823&q=%BA%CF%C7%D1%C0%C7%20%B5%B7%C1%D6&re=1

43) 2013년 1월 16일 탈북자 LJE 면접.

44) 중국에서 북한 주민 100명을 심층 인터뷰한 KBS 공용철 피디, 「2012 북한의 정치사회 변동과 김정은체제 전망」, 북한 주민통일의식과 북한사회변동: 2012 북한이탈주민 조사결과 발표(서울대학교 통일평화연구원 학술회의, 2012. 7.), 129~130쪽.

것은 없다.[45] 그러나 전사자·피살자 출신가족에게 경제적 배려를 하라는 지시가 떨어진 것을 볼 때 북한의 기득권 상층을 공고히 형성하는 전사자·피살자 집단이 시장화의 혜택으로부터 심각하게 소외되었고, 시장화가 기존의 출신 성분으로 형성된 계층질서에 심각한 균열과 긴장을 초래했음을 엿볼 수 있다.

2) 국가 관료집단 간 갈등과 신흥자본가 집단의 부상

앞에서 언급한 바와 같이 사회주의 개혁·개방 과정에서는 공산당 기득권층이 개혁·개방의 제도적 기제를 통해 경제적 이익을 독점함으로써 대체로 기존의 계층구조가 크게 바뀌지 않는다. 북한의 시장화는 2002년 7·1조치로 종합시장이 들어서기 전부터 이미 전국적으로 시행되었으며, 1995년부터 지역별 자력갱생을 위한 분절화된 형태로 진행되었다.[46] 중앙정부가 국가 공급을 책임질 수 없었기 때문에 당과 내각, 군대의 거의 모든 기관이 기관의 자체적 운영과 구성원의 생존을 위해 생산, 유통, 무역 등 모든 부문에서 자력갱생을 위한 외화벌이 획득에 적극 나섰다. 외화벌이 사업은 당의 주요 기관과 내각의 주요 부서 및 지역단위별로 조직된 외화벌이 사업소를 통해 이루어졌다. 공식적으로 북한의 외화벌이 사업은 국가계획위원회가 큰 그림을

---

45) 2006년 11월 현재 당 간부의 출신 성분은 혁명가 1.8%, 혁명학원 10.8%, 전사자·피살자 37.7% 등으로 전쟁 피해자들이 50%가량을 차지한다. 국가보위부 간부는 혁명가 0.1%, 혁명학원 0.1%, 전사자·피살자 82.3% 등으로 성분이 구성되어 있고, 군 간부는 혁명학원 1.2%, 전사자·피살자 25.8%, 인민보안성 간부는 혁명가 및 혁명학원 0.02%, 전사자·피살자 14.5% 등으로 구성되어 있다. 조선로동당, 『조선로동당 간부 사업편람』(2006).

46) 김병로, 「북한의 분절화된 시장화와 정치사회적 함의」, ≪북한연구학회보≫, 제16권 제1호(2012a), 93~121쪽.

그리고 무역성이 총괄 지휘한다. 즉, 내각이 외화벌이의 공식 창구가 된다는 의미다. 북한은 내각의 각 성이나 위원회, 도 행정기관들이 무역회사를 두고 각 부문별, 지방별 수출입 활동을 한다. 이른바 대외무역의 분권화라는 명분으로 중앙과 지방의 국가기관이 무역을 담당한다. 내각의 각 부서는 모두 무역회사를 거느리고 있으며 이러한 무역회사가 수천 개에 달할 것으로 추정된다.[47] 국가계획위원회는 무역기관의 수입품목과 수량, 가격 등의 '와꾸(범위)'를 결정하는 권한을 갖고 있으며, 무역과 유통에 대한 통제권을 행사하며 상인계급과 결탁한다.

그러나 시장화의 이익을 독점하는 집단은 군과 당이다. 당은 산하에 직접 공장과 기업소, 사업소를 운영하면서 자체의 당경제를 운영하며, 방대한 전국적 조직망과 국제적 네트워크를 이용해 막대한 경제적 이익을 챙긴 것으로 알려져 있다. 산하에 120여 개의 무역회사를 운영하는 조선로동당 38호실과 39호실의 외화벌이 사업은 과거 김정일 위원장이 직접 결제하며, 어느 국가기관에서도 손을 대지 못하는 성역으로 간주되었다. 군부 또한 인민무력부를 필두로 각종 국책사업을 주도하고, 농장과 철도, 공장, 기업소를 내각으로부터 이전받아 직접 운영했으며, 특히 선군정치를 한 김정일 집권기간 동안 막대한 이익을 챙겼다.[48] 김정은 집권 이후 국가경제의 주도권을 내각에 일임하는 '내각책임제'를 실시하고, 통치 주체를 군 중심에서 당 중심으로 전환하는 과정에서 군부와 당료 간 이익 갈등이 심화된 것으로 보인다.

---

47) 임수호, 『계획과 시장의 공존: 북한의 경제개혁과 체제변화 전망』(삼성경제연구소, 2008), 149쪽.

48) 박형중, 「북한에서 1990년대 정권기관의 상업적 활동과 시장 확대」, ≪통일정책연구≫, 제20권 1호(2011), 224쪽. 선군정치의 최고지도기관인 국방위원회는 회사의 이사들과 같은 형태로 꾸려지며 국방위원회 위원 각자가 하나의 거대한 외화벌이 회사를 소유한 자본가라 할 수 있다. 2010년 1월 29일 탈북자 HJS, CJY 면접.

따라서 아직까지는 시장화로 인한 계급갈등이 국가 관료와 신흥자본가의 관계에서 심각하게 나타나기보다는 내각과 당, 당과 군부 등 국가기관 간에 발생하는 경우가 더 많다.

그러나 시장화가 진행되는 과정에서 신흥자본가 집단에 대한 정부의 실질적인 통제력은 점차 약화될 가능성이 있다. 국가가 소유하는 자본이 거의 없기 때문에 사적자본을 가진 개인에게 위탁하는 비중이 점점 커지고 있다. 물론 그 이권을 배분하는 권리를 국가가 장악하고, 무역이나 외화벌이 사업 및 수입된 상품 유통 과정에서도 국가의 허가가 필요하기 때문에 국가 관료는 막강한 권력을 행사한다. 또 모든 기획이 국가로부터 시작되고 관리된다는 점에서 국가는 권력을 갖고 있고, 단속과 검열 권한을 이용해 신흥자본가들에게 막강한 권력을 행사하며 이익을 챙긴다.[49] 그렇지만 국가의 자본이 절대적으로 고갈되어 있기 때문에 상당한 이권을 신흥자본가에게 주지 않을 수 없고, 신흥자본가들의 자본과 시장 활동에 상당 부분 의존하지 않을 수 없는 것이 현실이다. 중앙정부가 재정력을 가지고 적극적으로 개입한 중국과 달리 북한은 국가가 소유한 재화와 자원이 부족해 개인 무역업자와 사설 운송업체들과 결탁해 이들에게 이권을 보장해주는 방식으로 유통시장에 개입한다. 신흥자본가 집단은 국가기관 간에 발생하는 갈등의 틈을 이용해 그 사이에서 생존력을 키운다.

요컨대 아직까지 북한에서는 신흥자본가 집단이 권력을 가진 사회계급으로 등장했다고 보기 어렵다. 내각과 당, 군부의 관료집단이 무역회사나 외화벌이 사업을 직접 운영하며 자본을 축적하는 것이 지배적인 현실임은 분명하다. 2000년대 후반 반시장적 조치와 화폐개혁 등을 둘러싸고 당과 내각의

---

49) 임강택, 「사회주의국가에서의 제2경제와 계획경제(제1경제)의 관계성 연구」, ≪KDI 북한경제리뷰≫, 10월호(2009a), 12~14쪽.

갈등이 치열했던 점을 봐도 국가 관료가 유력한 이익집단임을 보여준다.[50] 또한 김정은 정권 등장 이후 군부의 권한을 약화시키고 당의 위상을 강화하는 과정에서 경제기구를 조정하는 현상만 봐도 관료집단의 영향력이 크다는 사실을 짐작할 수 있다. 이런 측면에서 국가 관료집단이 가장 규모와 파급력이 큰 시장세력임은 분명하다.[51] 그런데도 국가의 자본 부족으로 관료집단이 직접 관여하지 못하는 유통과 서비스, 무역과 제조업 등 여러 분야에서 신흥자본가의 역할이 증대하는 것 또한 현실이다. 따라서 큰 틀에서 보면 북한의 시장화는 성분 중심의 기존 계층구조를 변화시키지는 못했지만, 국가 관료 간, 그리고 국가 관료와 신흥자본가 집단 간 이익 갈등을 야기함으로써 기존 계층질서를 변화키고 있다.

3) 대외교류·개방과 계층구조의 침식

시장화로 인한 북한 계층구조의 변화는 생산수단의 사유화에서만 야기되는 것이 아니라 대외교류와 개방을 통해서도 발생한다. 사실 시장 활동에 참여해 하층민이나 '복잡군중'이 신분을 상승시킨 경우는 있으나, 그러한 계층이동은 극히 제한적이다. 일단 '복잡군중'과 하층민은 기본적으로 자본이 없기 때문에 큰 사업을 하지 못하며 소상인으로 신분 상승을 꾀하는 정도다. 정치사회적 진출이 막혀 있는 '복잡군중'에게는 그나마 시장 활동이 유일한 생존수단이기 때문에 시장에 의존하지만, 시장 활동으로 하층민이 신분상승

50) 한기범, 「북한 정책결정과정의 조직행태와 관료정치: 경제개혁 확대 및 후퇴를 중심으로(2000~2009)」(경남대학교 대학원 박사학위논문, 2009).

51) 홍민, 「북한 경제 연구에 대한 위상학적 검토: 수령경제와 시장세력을 중심으로」, ≪KDI 북한경제리뷰≫, 1월호(2012), 59쪽.

을 하기는 쉽지 않다. 반면, 대외교류와 개방이 가져오는 하층민의 신분상승 효과는 상당히 큰 것으로 보인다. 시장화와 함께 진행되는 대외교류와 개방의 확대로 미국과 일본, 중국의 친인척 방문자가 증가하고, '반동분자'로 낙인찍힌 복잡군중 가족의 신분이 상승함으로써 계층구조에 변화가 발생하고 있다.

이와 반대로 북한에서 전사자, 피살자 가족으로 분류되어 기득권을 누리던 사람 중 뒤늦게 월남자가족으로 판명될 경우 심각한 혼란이 발생할 수 있다. 실제로 이산가족 상봉 과정에서 북측 가족 중 일부는 남한에 가족이 살아 있다는 사실을 끝까지 인정하지 않은 경우가 있다. 그 배경에는 북한의 가족들이 월남한 가족들에게 일종의 배신감을 느끼기 때문이라는 보도가 나오지만, 사실은 북한의 가족들이 이 사실을 인정할 경우 그동안 전사자, 피살자 가족으로 북한에서 받았던 정치적·사회적 혜택과 기득권이 심각하게 위태로워지기 때문이라 할 수 있다. 이런 측면에서 국군 포로나 월남자가족과의 교류는 북한의 계층질서의 정체성을 근본적으로 와해시키는 일이기도 하다.

서울대학교의 조사대상 탈북자들은 남한에 가족이나 친척이 있는 비율이 59.6%로 매우 높았다. 2008년과 2009년 조사 응답자들의 약 30%와 40%가 남한에 친척이 있다고 했으며, 2011년과 2012년 조사에서는 각각 56%, 62.3%였다.[52] 탈북자 중 남한에 가족과 친척이 있는 비율이 높은 것은 기획 탈북의 한 측면이기도 하지만, 경제적으로 어려운 사람들 가운데 남한과 해외에 가족 및 친척이 있는 사람들이 많다는 의미이기도 하다. 미국과 일본, 남한에 가족·친지를 둔 북한의 월남자가족들은 해외의 가족 친지들과의 교

---

52) 송영훈·김병로·박명규, 「북한주민 통일의식조사 2008-2013: 북한이탈주민에게 묻다」 (서울대학교 통일평화연구원, 2014). 29쪽.

류를 통해 신분상승의 기회를 갖기도 한다. 실제로 미국, 일본, 중국 등 외부로부터 친인척들이 방문해 경제적 지원을 제공함으로써 북한의 가족들이 주변으로부터 부러움을 사는 분위기가 형성되어 있다. 이러한 현상은 북한의 계층구조에 심대한 변화를 야기할 가능성이 있다. 남한이나 미국, 일본에 친척을 둔 '월남자가족'들이 친척들로부터 돈을 지원받아 사회경제적 신분 상승을 이룸으로써 혁명과 전쟁의 이념에 기초한 북한의 성분 중심 계층질서를 근본적으로 흔들 수 있는 것이다. 이런 점에서 시장화와 함께 맞물려 진행되는 개방과 교류가 북한의 계층구조를 변화시키는 중요한 역할을 한다.

5. 맺음말

지난 10~15년 동안 시장화가 진행되면서 성분 중심의 북한 계층구조는 변화를 겪었다. 주민의 80%가 시장에 의존하고, 시장 활동을 통해 벌어들이는 소득 규모도 커서 시장의 경제적 효과 또한 매우 크다. 탈북자의 70%가 장사 경험이 있고 장사를 전업으로 하는 사람들은 10% 정도이며, 지속적인 성장 추세를 보이고 있는 점으로 미루어 볼 때 북한 내 신흥자본가를 포함한 상인 집단이 새로운 사회계급을 형성한 것으로 보인다. 법적으로 아직 사유화가 제한되어 있는 상황에서 상인계급은 국가기관과의 긴밀한 결탁을 통해 사용권과 운영권 등을 실질적으로 행사하며 자본을 축적한다.

새로 성장한 상인계급과 국가 관료집단 간에는 협력과 갈등이 공존하며 대체로 공생적 관계를 유지해왔으나, 최근 화폐개혁에서 드러났듯이 이들 간 긴장과 갈등은 점점 커지고 있다. 이러한 긴장과 갈등은 시장화를 둘러싼 내각과 당, 군부 등 국가 관료 간 이익 다툼으로 더욱 촉진된다. 내각과 당, 당과 군부 관료 간 이익 갈등으로 다툼이 벌어지는 동안 국가기관의 대리인 혹은 위탁경영을 담당한 상인계급은 관료들에 대한 불만을 갖는다. 그런가 하면 국가기관의 관료들은 대부분 시장화의 경제적 혜택으로부터 소외되어 상대적 박탈감을 느낀다. 김정은 정권 등장 이후 전사자·피살자 출신 성분 가족에게 외화벌이 기회를 부여하는 정책을 추진한 것도 성분 중심의 기존 계층구조가 시장화로 충격을 받았음을 보여준다.

국가 관료들은 사회주의체제의 신계급으로서 북한에서도 기득권을 형성하고, 시장화가 진행되는 과정에서 외화벌이에 직접 참여하거나 통제와 배분의 권한을 이용해 부를 축적한다. 사회주의체제 전환 과정에서 공산당 기득권 상층이 개혁·개방의 제도적 기제를 이용해 경제적 이익을 독점했듯이, 넓게 보면 북한의 기존 계층구조도 크게 바뀌지 않았다. 그러나 국가가 돈이 없고 상인과 돈주에게 의존해야 하는 현실에서 신흥자본가를 포함한 상인계급의 경제적·정치사회적 영향력은 확대되고 있다. 또한 계층구조의 변화는 복잡군중에 대한 북한의 정책 변화와 대외교류 및 개방 확대로 인해 아래로부터도 진행되고 있다. 월남자가족이 경제력을 바탕으로 사회적 신분상승을 이루는 것은 혁명과 전쟁의 이념에 기초한 북한의 성분 중심 구조를 근본적으로 흔들 수 있기 때문이다. 이러한 현상은 결국 전쟁 피해를 기준으로 서열화된 계층질서가 심각한 도전을 받고 있음을 보여준다. 아직은 북한의 성분구조를 와해시킬 만큼 심각한 상황으로 발전하지는 않은 것으로 보이나, 기존 계층구조를 허무는 균열과 파열은 이미 진행 중이다.

앞으로 북한이 본격적인 개혁·개방을 추진하면 이러한 계층구조의 균열은 가속화될 가능성이 크다. 중국에서는 개혁·개방을 시행하는 과정에서 신흥 부유층과 사업가가 생겨나고, 빈부격차가 벌어지자 이러한 불평등 현상을 정당화하는 이론적 시도로 '선부론(先富論)'을 제시했다. 북한이 아직까지 이러한 이론을 만들지 않은 것을 보면 새롭게 형성되고 있는 신흥자본가와 상인계급이 기존의 사회주의 계층질서와 신념을 무너뜨릴 만한 위협요인이

되지는 않는 것 같다. 그러나 기존 계층구조와의 마찰과 침식이 진행 중이며, 향후 침체된 경제를 활성화하기 위해 소유권 허용과 개방정책으로 나아간다면 시장화의 이익을 선점하기 위한 사회적 갈등과 계층구조의 변화는 불가피할 것이다.

참고문헌

1. 국내 문헌

공용철. 2012. 「2012 북한의 정치사회 변동과 김정은체제 전망」. 북한 주민통일의식
　　과 북한사회변동: 2012 북한이탈주민 조사결과 발표. 서울대학교 통일평화연구원
　　학술회의.

김병로. 2000. 「한국전쟁의 인적 손실과 북한 계급정책의 변화」. ≪통일정책연구≫,
　　제9권 1호, 219~242쪽.

_____. 2007. 「경제조치 이후 북한의 사회적 변화」. 윤영관·양운철 지음. 『7·1경제
　　관리개선조치 이후 북한 경제와 사회: 계획에서 시장으로?』. 한울.

_____. 2012a. 「북한의 분절화된 시장화와 정치사회적 함의」. ≪북한연구학회보≫,
　　제16권 제1호.

_____. 2012b. 「북한 주민의 대남인식과 북한사회 변화실태」. 북한 주민통일의식과
　　북한사회변동: 2012 북한이탈주민 조사결과 발표. 서울대학교 통일평화연구원 학
　　술회의(2012. 8. 29.).

김병로·김성철. 1998. 『북한사회의 불평등 구조와 정치사회적 함의』. 민족통일연구원.

김수암 외. 2011. 『북한 주민의 삶의 질: 실태와 인식』. 통일연구원.

김영윤. 2006. 『북한 경제개혁의 실태와 전망에 관한 연구: 개혁의 부작용을 통해 본
　　북한체제 전환의 성공과제』. 통일연구원.

김용기. 1987. 「계급의 불평등구조와 계급정책」. 고현욱 외 지음. 『북한사회의 구조
　　와 변화』. 경남대학교 극동문제연구소.

박승민·배진영. 2007. 7. 「북한사회안전부 주민등록사업참고서」. ≪월간조선≫, 2007
　　년 7월호.

박재규. 2007. 『새로운 북한읽기를 위하여』. 법문사.

박형중. 2011. 「북한에서 1990년대 정권기관의 상업적 활동과 시장 확대」. ≪통일정
　　책연구≫, 제20권 1호.

박형중·조한범·장용석. 2009. 『북한 '변화'의 재평가와 대북정책 방향』. 동일연구원.

서재진. 1995. 『또 하나의 북한사회』. 나남출판.

＿＿＿. 1996. 『북한사회의 계급갈등 연구』. 민족통일연구원.

＿＿＿. 2006. 「북한사회의 계급구조와 계급갈등」. 북한연구학회 편. 『북한의 사회』.
　　경인문화사.

송영훈·김병로·박명규. 2014. 「북한주민 통일의식조사 2008-2013: 북한이탈주민에게
　　묻다」. 서울대학교 통일평화연구원.

이교덕·임순희·조정아 외. 2007. 『새터민의 증언으로 본 북한의 변화』. 통일연구원.

이석·김창욱·양문수·이석기·김은영. 2009. 『북한 계획경제의 변화와 시장화』. 통일
　　연구원.

이영훈. 2007. 「탈북자를 통한 북한 경제 변화상황 조사」. 한국은행

이승훈·홍두승. 2007. 『북한의 사회경제적 변화: 비공식 부문의 대두와 계층구조 변
　　화』. 서울대학교 출판부.

이우영. 2011. 「2000년대 이후 북한사회의 변화: 특징과 전망」. ≪KDI 북한경제리뷰≫,
　　2011년 11월호, 21~34쪽.

임강택. 2009a. 「사회주의국가에서의 제2경제와 계획경제(제1경제)의 관계성 연구」.
　　≪KDI 북한경제리뷰≫, 2009년 10월호, 12~14쪽.

＿＿＿. 2009b. 『북한 경제의 시장화 실태에 관한 연구』. 통일연구원.

임수호. 2008. 『계획과 시장의 공존: 북한의 경제개혁과 체제변화 전망』. 삼성경제연
　　구소.

장용석. 2008. 「북한의 국가계급 균열과 갈등구조: 1990년대 경제위기 이후 변화를
　　중심으로」. 성균관대학교 박사학위논문.

전현준·안인해·이우영. 1992. 『북한의 권력엘리트 연구』. 민족통일연구원.

정영태 외. 2011. 『북한의 부문별 조직 실태 및 조직문화 변화 종합연구: 당·정·군 및
　　경제·사회부문 기간조직 내의 당 기관 실태를 중심으로』. 통일연구원.

정우권. 2004. 「1990년대 북한 주민 생활보장제도와 도시 계층구조 재편」. ≪현대북
　　한연구≫, 제7권 제2호.

조정아·서재진·임순희·김보근·박영자. 2008. 『북한 주민의 일상생활』. 통일연구원. 조
　　한범. 2005. 『러시아 탈사회주의체제 전환과 사회갈등』. 통일연구원.

최대석·박희진. 2011. 「비사회주의적 행위유형으로 본 북한사회 변화」. ≪통일문제
　　연구≫, 제23권 2호, 69~105쪽.

최봉대. 2005. 「계층구조와 주민의식 변화」. 『1990년대 이후 북한사회 변화』. 한국방
　　송공사.

_____. 2008. 「북한 도시 사적 부문의 시장화와 도시가구의 경제적 계층 분화: 개별가
　　구의 비공식적인 연결망자원의 계층화 매개효과 분석을 중심으로」. 이우영 엮음.
　　『북한 도시 주민의 사적 영역 연구』. 한울.

통일연구원. 2009. 『2009 북한개요』.

_____. 2011. 『북한이해 2011』.

한기범. 2009. 12. 「북한 정책결정과정의 조직행태와 관료정치: 경제개혁 확대 및 후
　　퇴를 중심으로(2000~2009)」. 경남대학교 대학원 박사학위논문.

현성일. 「북한 인사제도 연구」(미발표 논문)

홍민. 2012. 「북한 경제 연구에 대한 위상학적 검토: 수령경제와 시장세력을 중심으로」.
　　≪KDI 북한경제리뷰≫, 2012년 1월호.

「북한 주민통일의식과 북한사회변동: 2012 북한이탈주민 조사 결과발표」. 서울대학
　　교 통일평화연구원 학술회의 자료집(2012. 8. 29.).

"북한의 부자들". 동국대 북한학과 북한일상생활연구센터 조사자료. http://blog.dau
　　m.net/kjw77/13755708(검색일: 2010. 8. 20.)

NK지식인연대. 2009. 12. 18. "새로운 시장 '돈주' 출현과 직장 탐색". http://cafe.dau
　　m.net/nkic/1VVj/122?docid=688462823&q=%BA%CF%C7%D1%C0%C7%20%B5
　　%B7%C1%D6&re=1(검색일: 2010. 8. 20.)

2. 북한 문헌

과학백과사전출판사. 1981. 『조선전사』. 평양.

김일성. 1983. 「혁명가유자녀들을 직업적 혁명가로 키우자」. 『김일성저작집』, 제22
    권. 평양: 조선로동당출판사.

사회과학출판사. 1992a. 『조선말대사전』, 제1권. 평양.

_____. 1992b. 『조선말대사전』, 제2권. 평양.

조선로동당. 2006. 『조선로동당 간부사업편람』. 평양.

"또 다시 내 휘두르는 전국적 시장억제". 2008. 3. ≪림진강≫, 2호.

3. 외국 문헌

Djilas, M. 1962. *The New Class*. New York: Praeger Publishers.

Duberman, L. 1976. *Social Inequality: Class and Caste in America*. New York: J.B.
    Lippincott Company.

Porter, B. D. 1994. *War and the Rise of the State: The Military Foundations of
    Modern Politics*. New York: The Free Press.

제12장

북한 사회복지의 개입 주체 변화*

이철수 ㅣ 신한대학교대학원 사회복지학과 교수
김연정 ㅣ 가천대학교 사회복지학과 외래교수

1. 머리말

사회주의국가인 북한의 사회복지는 자본주의 국가와는 그 체계가 다르다.
사회주의의 복지는 상위구조인 정치·경제체제에 따라 재정, 관리, 전달 등의
체계를 구성하기 때문이다. 사회주의국가는 체제의 공식 이데올로기, 단일
거대정당, 경제의 중앙집권적 통제, 생산수단의 사회적 소유, 평등한 분배
등의 정치적·경제적 측면을 바탕으로 국가가 복지에 대한 전체적인 책임을
담당하는 것이 특징이다.[1] 다른 사회주의국가와 마찬가지로 북한의 사회복

---

* 이 글은 2008년 정부(교육과학기술부)의 재원으로 한국연구재단의 지원을 받아 수행된
연구다(NRF-2008-362-A00001).

1) 칼 프리드리히(Carl Joachim Friedrich)와 즈비그뉴 브레진스키(Zbigniew Kazimierz

지 역시 국가의 일차적인 복지 책임을 규범화하고,[2] 일당독재와 국유화된 중앙집중식 계획 경제를 바탕으로 복지 재정과 관리 및 전달체계가 거의 대부분 국가 예산과 국가기관 중심으로 이루어져 있다. 이에 따라 북한의 사회복지체계는 일괄적으로 국가가 복지의 공급 주체의 역할을 책임지는 형태로 구조화되었다.

이처럼 북한의 사회복지는 국가 중심으로 복지의 책임 주체와 실천의지 양면이 통합되어 있었다. 하지만 1990년대에 들어서면서 누적되었던 열악한 경제상황을 비롯해 불리한 국제관계, 북한 내부의 자연재해 등으로 식량 배급을 비롯한 국가 공급 분배체계 문제가 점차 표면화되었고, 북한의 복지체계는 원활하게 운영될 수 없었다. 2000년 이후 일부 경제 개선 조치를 통해 진행 중인 계획경제 정상화를 위한 북한의 시도는 김정은시대에도 이어졌지만, 현재까지도 북한의 경제상황은 안정적으로 회복되지 못했다.

사실 사회주의국가의 이데올로기에 따른 복지 이념 차이를 고려하지 않아도, 경제적 재원이 확충되어야 복지 운영이 원활하게 이루어질 수 있는 것은 자본주의 국가의 경우와 마찬가지다.[3] 경제상황이 여전히 회복되지 않은 상

Brzezinski)는 "사회주의국가에서 다양한 경제적 목표들은 정치적 목표에 종속되기 때문에 복지의 역할 중 일부는 국가의 체제 유지를 위한 대중 통제로 활용되었고, 체제 정당화를 위한 자선방식으로 나타난다"라고 했다. C. J. Friedrich & Z. K. Brzezinsky, *Totalitarian Dictatorship and Autocracy*(NY: Praeger, 1956), p. 244.

2) "인민의 물질적 및 문화적 복리를 끊임없이 개선하는 것"이 "당 활동의 최고 원칙"이며 당과 공화국 정부는 언제나 "인민의 생활을 높이며 그들의 행복을 도모하기 위하여 투쟁"하고 있다고 주장한다. 김일성, 「모든 것을 조국의 륭성 발전을 위하여」(1958. 6. 11.)」, 『김일성 저작집 12』(평양: 조선로동당출판사, 1981), 330쪽; 리기성, 『주체의 사회주의 정치경제학의 법칙과 범주』, 제1권(평양: 사회과학출판사, 1992), 169쪽.

3) 해럴드 윌렌스키(Harold Wilensky)는 "경제성장과 이에 따른 인구·사회구조의 변화에 의해 사회복지가 성장한다"라고 한다. Harold Wilensky, *The Welfare State and Equality: Structural and Ideological Roots of Public Expenditures*(Berkeley:University of California

황에서 기존 국가 중심 공급체계의 변동의 과정을 거치는 것이 바로 북한의 현실이다. 따라서 북한이 시행하는 경제조치에 따른 복지체계의 변동과정을 탐색하고자 한다.

이러한 배경 아래 이 글은 북한 복지체계 공급 주체의 변화를 중심으로 한다. 더 이상 국가 중심의 복지체계 운영이 어려운 북한에서 사회복지체계의 개입 수준과 범위의 변화가 나타나고 있다. 이러한 변화는 사회주의체제를 고수하는 북한에서 중요한 의미를 갖는다.

따라서 이 글의 목적은 북한 사회복지체계의 구조하에 복지 개입의 수준과 범위로 연구 대상을 나눠 북한 사회복지 주체에 따른 개입 변화에 대한 함의를 제공하는 것이다.

이 글은 북한의 사회복지가 사회주의체제 고수를 위한 정치체제, 재정적 기반 마련을 위한 경제체제 상위구조의 영향을 받는 긴밀한 관련성을 고려하면서 복지 개입, 즉 복지 제공 주체의 변화를 단서로 북한 사회복지의 변동과정을 탐색함으로써 향후 진행되어야 할 북한 사회복지의 현실적 수준 측정 연구의 이론적 기반이 될 수 있을 것이다.

2. 국가 개입의 책임 축소

2000년대에 들어서면서 북한 사회복지체계는 일련의 변화 과정을 거치고 있다. 대표적인 촉발 요인으로는 ① 2002년 7월 '7·1경제 관리개선조치(7·1 조치)', ② 2003년 9월 개성공업지구, ③ 2004년 5월 금강산관광지구, ④ 2012 년 6월 '우리식 경제 관리방법(6·28방침)', ⑤ 2014년 5월 5·30조치가 있다. 이

Press, 1975), p. 13.

러한 변화 과정에 대한 배경에는 1990년대 이후 지속되고 있는 경제난을 타개하려는 목적이 있다.[4] 사실 이는 일종의 경제조치로서 북한의 자구책이자 불가피한 선택이라고도 할 수 있다. 따라서 무엇보다도 이러한 경제조치의 궁극적인 목적과 초점은 북한 경제의 회복과 성장에 있기 때문에 상위체제인 경제체제 아래 하위체제인 사회복지체제가 영향을 받는 순환구조라 할 수 있다. 이러한 이유로 최근 북한 사회복지체계의 변화는 경제와 복지의 상관관계에서 파생된 것이다.

먼저 2002년 7월 1일 7·1조치의 시행으로 인한 복지체계의 개입 주체 변화에는 주목할 만한 점이 많다. 2001년 김정일은 '강성대국 건설의 요구에 맞게 사회주의경제 관리를 개선 강화할 데 대하여'[5]를 지시한 후 2002년 7·1조치를 발표하면서 임금 인상과 평균주의 철폐 등을 제시하고, 특히 국가사회보장 부문의 축소를 직접적으로 언급했다. 이 조치를 통해 가격 및 임금의 대대적인 인상[6] 외에도 분배의 차별성 강화 등을 제시하면서, 국가의 공식적 개

---

4) 북한은 2011년 1월 "경제개발 10개년 전략계획"을 발표하고 내각 산하 '국가경제개발 총국'을 설립한 이후 2013년 '국가경제개발위원회'로 승격해 경제개발구를 총괄하고 있다. 조선중앙통신, 2013. 10. 16.

5) 이 문건에서 이와 관련된 내용은 다음과 같다. "사회적으로 공짜가 너무 많았다. 국가 예산에서 비생산적인 지출이 생산적 지출보다 더 많았다. 그 가운데서 공짜로 나가는 몫이 무려 74%나 되었다. 주민들에 대한 식량 공급에만도 한 해 수십억 원이 넘는 돈이 국가 부담으로 지출되어 왔다. …… 국가예산에서 적자가 계속 생겨 나라의 경제가 활성화되지 못하고 사회주의제도의 우월성을 보여주는 사회적 시책들도 바로 실시할 수 없게 되었다."

6) "따라서 이번에 국가에서는 사회주의경제 관리를 개선하기 위해 전 품목의 국정가격을 종전보다 평균 25배 끌어올리기로 개정하고, 이달부터 전국적으로 새롭게 개정된 가격에 따라 전체 생산과 경영활동이 진행되도록 했다. 가격과 생활비를 전반적으로 개정한 국가적 조치를 잘 알고, 강성대국 건설을 힘 있게 앞당기자"(조선로동당 내부 문건). ≪조선신보≫, 2003년 12월 22일 자.

입 축소를 명확하게 밝혔다. 7·1조치가 일괄적인 국가책임 중심이었던 북한 복지체계의 개입 주체에 대한 전반적인 변화를 일으켰다고 할 수 있다.[7]

물론 7·1조치가 임금상승도 동반했지만 북한의 식량 배급은 과거와는 달리 공적 부조기능을 상쇄하기 시작한 것으로 판단된다. 생계유지의 전략적 차원에서 판단해보면 식량가격 상승이 임금 인상기능을 상쇄하기 때문이다. 즉, 수급자 입장에서 볼 때 – 식량뿐 아니라 – 의식주 배급제에 대한 최적의 전략이란 임금은 상승시키는 반면, 공급물품은 기존과 같은 저가정책을 유지하는 것이다.

하지만 7·1조치 직후 식량과 의류뿐 아니라 소비재 등의 공급물품의 가격이 대폭 상향 조정되었다. 이에 기존 배급제를 통한 공적 부조기능을 수행하기 부족한 것으로 판단된다. 아울러 그동안 북한이 국가 중심으로 운영한 무상 공급과 저가 공급정책을 포기한 것으로 볼 수 있다.

북한은 7·1조치를 통해 의식주 배급제뿐 아니라 국가사회보험과 국가사회보장에 대해서도 국가의 공식적 복지 개입의 범위를 축소했다. 하지만 이에 앞서 1990년대의 경제난을 겪은 북한은 2000년에 들어서면서부터 국가의 공식적 개입 부문에 대한 축소작업을 시작하였다. 2001년 12월 북한은 "현실적 조건에 맞게 사회보험제와 사회보장제, 정·휴양제, 영예군인우대제 등 사회적 시책들을 바로 실시해야 한다"라고 언급했다.[8] 이러한 맥락에서 북한 사회복지의 변화는 7·1조치 이전에 이미 예고된 것이라 할 수 있다. 이를 통해 전적으로 국가 중심으로 보장되었던 기존의 사회복지체계[9]에서 개입 주

7) 김연정·남현주, 「북한 복지체제의 성립과 변동: 복지 제공 주체의 변화를 중심으로」, ≪아시아문화연구≫, 제31집(가천대학교 아시아문화연구소, 2013), 123~124쪽.
8) ≪민주조선≫, 2001년 12월 4일 자.
9) 국가가 책임지는 사회복지제도가 이에 해당한다. 여기에는 사회부조(공공부조)의 기능을 하는 의식주 배급제(rationing system), 무상교육, 무상치료, 사회보험, 사회보훈

체의 변화가 나타나고 있음을 알 수 있다.[10)]

이러한 맥락과 동시에 간과해서 안 될 것은 7·1조치가 세부적인 경제조치로 구성되어 있지만 이를 시행하는 과정에서 북한 복지체계 개입 주체의 변화를 초래했다는 것이다. 국가사회보험제에서는 7·1조치에 따라 모든 노동자는 인상된 급여만큼 복지에 재정적으로 기여해야 하므로, 이에 따른 현금급여 역시 상승된다.

이러한 현상은 국가사회보험에 명시된 전반적인 복지 급여의 상승을 의미하지만, 이는 임금 인상에 따른 자연발생적인 현상이다. 결국 개인에 대한 임금의 차등 지급으로 복지 혜택이 차별화되면서 개입 수준의 변화가 일어나는 것은 자연스러운 현상이다.

하지만 국가사회보험에 대한 개인의 재정 부담은 과거와 같이 여전히 1%를 고수한다는 특징이 있다. 물론 그 원인은 다양하지만 임금 인상만큼 가입자의 재정 부담을 증가시켜 사회주의제도에 대한 인민적 기여를 강화하고, 북한이 과거와 같이 1%의 재정 부담을 고수함에 따라 향후 인민복지 시책에 북한식 개혁을 시도하기 위한 정치적 명분으로 삼기 위한 것일 수 있다고 판단할 수 있다.

그러나 간과해서는 안 되는 것은 결국 7·1조치로 인한 임금 인상과 동시에 상승된 식량가격의 현실화로 국가사회보험에 의한 현물급여는 노동자 본인의 능력에 따라 유·무상 혼합배급제도로 전환되었다는 것이다. 식량 지급으로 대표되는 일시적 노동능력 상실연금의 현물급여의 경우 과거에 적용되

이 자리하고 있다.

10) 예컨대 김정일은 "모든 부문, 모든 단위에서 국가사회보험제와 사회보장제를 정확히 실시하여 노동능력을 잃은 사람과 돌볼 사람이 없는 늙은이, 어린이들에게 근심 걱정 없이 생활할 수 있는 조건을 책임적으로 보장해주어야 합니다"라고 언급했다. 『김정일저작선』(경남대학교 극동문제연구소, 1991), 521쪽.

었던 노동기간에 따른 무상 공급원칙이 후퇴했다. 또한 현금 급여의 경우 차등 지급되는 각 노동자의 임금에 따라 향후 차등적인 복지 급여로 변화되고 있다. 따라서 7·1조치를 기준으로 시행된 현물급여 조건과 기존의 무상 혹은 저가의 현물급여정책은 국가책임의 복지체계에 대한 변화를 나타내는 징후였다. 이에 따라 국가사회보험에 의한 현금 급여는 임금 인상만큼 상승한 반면, 현물급여는 수급자에게 높은 부담을 준다고 할 수 있다.

이러한 복지체계의 개입 수준, 즉 주체의 변화는 사회주의체제를 고수하는 북한에서 중요한 의미를 갖는다. 국가 중심의 사회복지시스템에서 개인 또는 가족의 노동능력에 따라 복지에 대한 책임 주체가 전이되고 있기 때문이다.

다음으로 국가사회보장제의 경우 7·1조치로 6개월 이상의 장기적인 노동능력 상실자와 노령연금 가입기간을 완수하지 못한 일부 노동자에게 현물급여인 식량 공급 문제가 발생한다. 이에 7·1조치 이전이 북한 복지체계가 일부 마비된 시기였음을 상기해본다면 국가사회보장제 대상인 수급자에게 더 이상 국가책임하에 무상으로 복지를 제공할 수 없게 되었음을 의미한다.[11]

이에 장기적인 노동능력 상실자의 경우 7·1조치 이후 인상된 임금에 따라 현물급여가 과거와 같이 무상으로 공급되지 않고 유·무상 혼합체제로 전환되면서 국가 중심 개입이 축소될 수밖에 없다. 그러나 이러한 수급자의 경우 노동능력 상실의 원인이 어디에 있는지, 또한 언제 발생했는지에 따라 수급자 간 차등적인 복지 급여가 존재하리라 판단된다.

따라서 사회주의체제의 북한이 고수하던 사회복지체계의 개입 주체가 더

---

11) 이 당시 국가보장체계가 전면적으로 붕괴하면서 생계수단을 배급에 전적으로 의존하던 도시 노동자는 그 충격이 컸을 것으로 추정된다. 박경숙, 「경제위기 전후 북한 주민의 사망률 동태의 특성과 변화」, ≪한국인구학≫, 제35권 제1호(한국인구학회, 2012), 102쪽.

<표 12-1> 7·1조치로 인한 국가사회보험과 국가사회보장의 변화

구분	국가사회보험	국가사회보장
내용	· 임금 인상으로 인한 재정 기여 상승 · 차등임금에 의한 가입자의 재정 기여 차이 발생 · 수급자별 현금 급여의 차이 발생	· 현물가격의 인상 · 무상 현물급여 후퇴·포기
문제	· 일시적 노동능력 상실자에 대한 현금 급여 소급 적용 여부 · 산재노동자의 수급자격에 따른 현금 급여의 마찰 · 각종 복지 급여의 현금 급여 소급 적용 문제	· 현재 수급 중인 장기 산재노동자 현물급여 지급 여부 · 노동기간 미완수자의 노령연금 현물급여 지급 여부 · 기존의 노령자에 대한 현물급여 지급 여부 · 기존의 국가사회보장 대상자에 대한 무상 현물급여 지급 여부
전망	· 가입자별 현금 급여 차등 지급 · 무상 현물급여 후퇴 · 수급권에 대한 가입자의 부담 증가	· 현물급여 유상지급 · 사회적 누락계층 억제 기능 후퇴

자료: 이철수, 『북한사회복지의 변화와 전망: 탈사회주의의 전주곡』(아주남북한보건의료연구소, 2004), 84쪽에서 수정·보완.

이상 국가 중심으로 운영되고 있지 않음은 분명한 사실이다. 국가 중심에서 개인의 노동능력에 따라 개입 주체가 변하고 있는 점은 북한 사회복지체계의 성격 변화를 이끄는 주요한 부분이다. 참고로 7·1조치로 인한 국가사회보험과 국가사회보장의 변화 부분을 정리하면 〈표 12-1〉과 같다.

3. 지역 개입의 제도 분리

또 다른 특징적인 변화는 북한 사회복지가 일부 지역에서는 그 제도가 분리되어 적용된다는 점이다.[12] 1992년 「합영법」 제정으로 라선경제무역지대

---

12) 특정 지역에 불과하지만 남한 기업이 북한의 사회보험료 일부를 부담해 복지재정에

에서 기업의 사회보험 재정 부담을 7%로 해 다른 지역과 분리 시행하려했던 사례가 있었다. 이후 북한은 2003년 개성공업지구 노동규정에 따라 사회보험 재정 부담을 노동자 임금의 15%로 적용했다. 2004년 금강산관광지구에서도 같은 형태로 복지체계를 변형 적용했다. 비록 2002년에는 시행되지 않았지만 신의주 경제특구에서 의료보험제를 적용하려고 한 점 등을 근거로 유추해볼 때 북한의 복지체계에서 복지 개입의 주체는 비록 국가가 허가, 운영하는 외국 기업의 형태에 불과하지만 지역에 따라 분리·적용되어 변화되고 있다.

좀 더 구체적인 사례를 살펴보면 개성공단의 경우 공단 노동자가 월 임금의 15%를 사회보험료로 부담하기 때문에 북한의 사회보험료 부담은 개성공단 15%, 기타 지역 1%로 지역적·제도적으로 양분되었다. 특히 사회보험료율뿐 아니라 실제 지급받을 임금과 이에 따라 납입할 현금 수준을 중심으로 재차 살펴보면 이는 더 큰 재정 부담 차이를 발생시킬 수밖에 없다.[13]

아울러 개성공단의 경우 가입자가 부담하는 높은 재정 부담은 공단 내 각종 복지제도의 재정에 근로자가 상당 부문 기여한다는 것을 의미한다. 그리고 이는 과거 김일성이 "사회주의제도의 우월성은 국가가 노동자, 농민을 비롯한 근로인민들의 물질문화생활을 전적으로 책임지고 보장하여 준다는 데 있습니다"[14]라고 말한 것과 상반된다.

기여하는 방식은 향후 남북 통합 시 사회복지체계의 방향성 즉, 기업(시장)의 역할을 나타내는 부분이다.

13) 그러나 다른 한편으로 개성공단의 경우 남한은 자본, 북한은 노동력을 부담함에 따라 임금 지급 주체는 남한 기업이다. 또한 실제 북한은 개성공단 노동자들에게 월 50달러 이상을 지급하지 않는다. 하지만 제도적으로는 사회보험 재정 부담만을 놓고 볼 때 사회보험제도가 양분된 것은 분명한 사실이다. 참고로 사업장마다 임금을 달리 하겠지만 개성공단 근로자의 임금은 각종 수당을 포함해서 통상 월 120~130달러 수준이다.

적어도 개성공단 노동자의 경우 과거와 달리 복지재정에 대한 개인 노동자의 기여가 확고히 증가했기 때문이다. 이에 개성공단에 적용되는 북한의 사회복지체계는 국가책임에서 개인(기업)책임으로 복지 개입의 주체 변화를 주도한다. 또한 재정 부담의 차이만을 놓고 볼 때 개성공단의 복지체계는 전체 사회주의 복지체계 내 지역 개입의 제도 분리가 이루어졌음을 알 수 있게 한다. 따라서 북한 사회복지체계에서 복지 개입은 지역에 따라 그 제도가 다르게 적용되어 나타난다.

특히 개성공단에서는 과거 전적으로 국가예산하에 집행되었던 각종 사회문화시책기금도 노동자가 직접 기여하는 형태로 변화했다. 북한에서 사회문화시책금은 무상교육, 무상치료, 사회보험, 사회보장 등 국가가 책임을 지는 부분이다. 이를 노동자가 납부하고 있음을 감안해볼 때 북한 사회복지체계에서 개입 주체의 변화가 나타나고 있는 것은 분명하다. 이에 따라 개성공단 노동자들은 노동수입에서 사회보험료와 사회문화시책비를 동시에 이중으로 부담한다.

중요한 것은 이러한 원인이 어디에 있느냐 하는 것이다. 이는 첫째, 재정부담 즉, 개성공단 노동자의 임금을 남한 기업이 부담함에 따라 북한의 입장에서는 과거와 달리 재정 부담에 대한 압박이 낮다는 데 있다. 둘째, 북한 입장에서는 복지 부문의 재정을 가능한 한 많이 남한 기업에 전가하면, 재정부담 회피와 사회보험제도 개선이라는 일거양득의 효과를 얻을 수 있다는 데 있다. 셋째, 이와 동렬에서 남한 기업을 자본주의식 복지마인드로 설득, 회유하는 것이 남북 모두에 ― 특히 북한에 ― 유리하다는 것이다. 즉, 남한 기업의 경우 근로자복지에 대한 자본주의식 마인드가 일정 부문 축적되어 있어 근로자복지 프로그램에 대한 기업의 재정 부담에 거부감이 적다. 넷째, 북한

---

14) 김일성, 『김일성저작선집』, 제5권(평양: 조선로동당출판사, 1972), 25쪽.

<표 12-2> 개성공단의 사회복지제도 동향: 기존 경제특구법과 비교

법적 근거	지역	대상	주요 내용	기존 경제특구법(제도)과 비교
개성공업 지구 노동규정	개성공단	공단 노동자와 부양가족	사회보험 재정 부담 증가	· 1%기여에서 15%기여로 인상 * 기존 사회보험은 월 임금의 1% 기여
			사회문화시책금	· 국가 부담에서 노동자 부담 * 기존의 재정 부담 주체 변화
			퇴직보조금, 생활보조금	· 외국인투자기업 노동규정 17조 수정·계승 · 외국인투자기업 노동규정 28조 수정·계승 * 기존의 사회복지 급여 부재
			최저임금제 (임금 인상 보장)	· 신설 조항 * 기존의 사회복지 급여 부재
			기업 복지 프로그램 (보육과 문화후생기금)	· 외국인투자기업 노동규정 42조 수정·계승 · 외국인투자기업 노동규정 34조 수정·계승 * 기존의 재정 부담·운영 주체 변화

주 1: 고딕체로 표시한 내용은 기존의 사회복지제도와의 비교.
주 2: 금강산관광지구의 경우 개성공단과 법적내용이 거의 동일.
주 3: 2006년 기업 이윤 7% 사회보험료 납부 제외.
자료: 이철수, 「개성공업지구의 사회복지체제에 대한 연구: 기존 경제특구 복지조항과의 비교를
　　　중심으로」, ≪통일정책연구≫, 제14권 제1호(통일연구원, 2005), 224쪽.

의 입장에서 개성공단에는 남한 기업이 상주하기 때문에 기존과 같이 과도
한 국가 부담에 의한 사회주의 복지체계를 유지할 필요와 의무가 없다는 데
있다. 다섯째, 노동자의 사회보험료 부담에 대한 증액이 북한 노동자 임금을
상승시키고 이는 곧 북한의 재정 수입 상승과 직결된다는 데 있다.

또한 개성공단의 경우 현재 북한에 존재하지 않는 복지 급여와 제도를 명
문화했는데, 이는 ① 퇴직보조금, ② 생활보조금, ③ 최저임금으로 요약된
다. 따라서 최저임금액의 명시와 매년 임금상승을 법적으로 보장한 것은 한
편으로는 노동자 보호이지만, 다른 한편으로는 자본주의 시장경제체제의 요
소를 도입한 것이라 판단된다. 이러한 논증을 토대로 북한의 사회복지제도
와 관련해 최근 제도적으로 가장 확고한 자본주의 색채가 나타나는 곳은 개
성공단이라 하겠다. 이에 결국 개성공단은 지역적으로 분리 적용하는 사회
복지체계이며 복지 개입 주체의 변화를 보일 뿐 아니라 '탈사회주의화', 즉

〈표 12-3〉 지역별 제도적 특성

경제조치와 해당 지역	발동 시기 (연도)	해당 대상	대표적인 제도적 특성
7·1조치	2002	· 전 지역	· 국정가격 인상 · 임금의 대규모 인상 · 기업별 인센티브제 도입
개성공업지구	2003	· 개성공단	· 사회보험 재정 부담(기업15%) · 사회문화시책비(30% 부담) · 최저임금제 도입 · 남한의 의료(산업재해) 지원
금강산관광지구	2004	· 금강산관광지구	· 개성공업지구와 동일
우리식 경제 관리방법	2012	· 전 지역 · 공장·기업소·협동농장 · 상기 사업장 근로자	· 경영관리 권한부여 · 최초투자비 국가 부담 · 국가와 기업소가 일정비율 수익분배 · 인센티브제 도입 · 근로 동기 유발 · 사업장 수익분배에 따른 임금차등 유발
5·30조치	2014	· 전 지역 · 기관·기업소·단체·상점 · 상기 사업장 근로자	· 자율적 권한 부여 · 사업장 수익기준 임금 지급 · 인센티브제 도입 · 생활수준 향상 유도

주 1: 라선경제무역지대의 사회보험 재정 부담(합영회사 7% 종업원 1%) 제외.
주 2: 2002년 신의주경제특구 의료보험제 도입은 시행되지 않았으므로 제외.
자료: 이철수, 『긴급구호 북한의 사회복지: 풍요와 빈곤의 이중성』(한울, 2012), 52쪽에서 수정·
보완.

자본주의화를 주도한다. 참고로 개성공단의 사회복지제도 동향을 기존의 경제특구법과 비교 정리하고, 여타 최근 지역별 제도적 변화를 요약하면 각각 〈표 12-2〉, 〈표 12-3〉과 같다.

4. 공식 개입의 선언과 비공식 개입의 범위 확대

상술한 바와 같이 북한의 사회복지체계에서 개입 주체에 대한 현저한 변화가 일어나고 있는 것이 사실이다. 다시 말해 국가책임으로 사회복지의 혜택이 제공되었던 과거와는 다른 모습을 보이는 것이다. 특히 사회주의체제 유지를 위한 사회복지의 개입 주체는 더 이상 국가 중심이 될 수 없음을 명문화해 공식적으로 나타내고 있다.[15]

7·1 조치로 기존 사회복지체계의 성격이 상당 부문 변화되었다. 이는 7·1조치가 야기한 의식주 배급제와 국가사회보험, 국가사회보장의 변화를 의미한다. 좀 더 구체적으로 말하면 7·1조치를 통해 북한의 사회복지체계는 그 개입 주체가 국가 중심에서 지역의 기업, 그리고 개인과 가족으로 변화되었다는 것이다. 이러한 '탈사회주의화' 경향으로 기존의 '수령·국가책임에서 개인·가족·기업책임으로' 북한의 사회복지체계가 재편되고 있다.

또한 지역의 제도적 분리라는 한계는 있지만 개성공단과 금강산관광지구에서 복지 재정 부담에 대한 개입 주체가 기업으로 변하고 있다. 사실 1990년대부터 진행되었던 북한의 연합 기업소, 독립채산제, 지방예산제 확대 등의 경제체제 변화는 북한 사회복지체계에 영향을 줄 수밖에 없었다. 이에 북한의 복지체계 주체가 국가에서 기업으로, 중앙에서 지방으로 변하는 모습을 특구 지역 외의 북한 내에서도 확인할 수 있다. 이러한 복지 개입 주체의 변화는 북한의 복지체계가 원활히 운영되지 않은 것에 대한 국가의 책임 회피 혹은 책임 감소와 기업의 생산 확대가 결국 국가 경제에 이득이 될 것이라는 두 가지 전략에 따라 기업에 일부 자율성을 주고 후방공급체계 기능을

---

15) "인민들은 나라의 재정 부담으로 모든 생활이 보장된 과거를 이제는 먼 옛날 일로 간주하고 있다". "검증되는 개선조치의 생활력", ≪조선신보≫, 2003년 12월 22일 자.

〈표 12-4〉 사회보험료 재정 부담의 변화

· 2006년 이전: 개인 부담 사회보험료= 월 노동보수액 × 납부비율(1%)

· 2006년 이후: ① 기업 부담 사회보험료 = 해당 기업소 전체 이윤의 7%

  +

  ② 개인 부담 사회보험료 = 월 노동보수액 × 납부비율(1%)

· 2003년 개성공단 근로자: 월 임금의 15% 부담

· 2004년 금강산관광지구 근로자: 월 임금의 15% 부담

주 1: 기업 부담 사회보험료는 사업장의 이윤에 따라 차등 부담 예상.
주 2: 북한 내 외국 기업의 경우 개성공단 수준 이상 예상.
주 3: 중국 포함 북한의 해외 파견근로자의 경우 개성공단 근로자 수준 이상 부담 예상.
자료: 이철수, 『긴급구호 북한의 사회복지: 풍요와 빈곤의 이중성』, 119쪽에서 수정·보완.

확대하는 것으로 나타났다.[16]

이에 따라 북한은 독립채산제를 확대해 기업의 자율성을 부과하는 대신 2004년 3월에는 주요 기관과 기업소의 배급을 폐지했다. 2006년 이후 기업의 보험료를 7%[17]로 인상한 것은 복지재정 부담뿐 아니라 복지 개입 주체가

---

16) 김연정·남현주, 「북한 복지체제의 성립과 변동: 복지 제공 주체의 변화를 중심으로」, 《아시아문화연구》, 제31집(가천대학교 아시아문화연구소, 2013), 117~118쪽.

17) 북한의 기업 이윤 7% 사회보험료 납부는 사업장의 이윤과 해당 기업의 이윤총액에 따라 실제 납부금액이 결정된다. 그러나 이는 북한 근로자의 임금과 등치되지 않는다. 다시 말해 북한 근로자의 임금과 해당 기업의 이윤은 별개의 사안으로 봐야 타당하다. 북한은 2012년 '우리식 경제 관리방법'을 시행해 각종 임금과 수당을 상승시켰지만 근로자의 임금은 표준임금에 가까운 반면 기업 이윤은 해당기업의 수익에 의거하기 때문이다. '우리식 경제 관리방법'은 북한의 공장·기업소·협동농장에 독립적인 경영관리 권한을 부여하고, 최초 생산비(투자비)는 국가가 부담하는 반면 기업의 판매 수입은 국가와 해당 기업소가 일정 비율로 분배하는 경제 관리 개선조치로 과거 2002년 7·1조치의 연장선상에 있다. 한편, 북한은 2014년 5월 모든 기관과 기업소, 상점 등에 자율적 경영권을 부여하는 내용을 골자로 한 새로운 '경제개혁조치'를 단행한 것으로 알려졌다. 중국의 북한 소식통은 2014년 6월 26일 "북한이 5월 30일 조선로동

기업으로 확대되고 있음을 반증한다. 참고로 2006년 이후 사회보험료 재정 부담방식 변화를 요약하면 〈표 12-4〉와 같다.

이와 같이 북한은 주요 기관과 기업소 배급을 폐지했기 때문에 복지 제공 주체를 기업과 개인으로 이전해 그 책임을 이양하는 모습을 표면화했다.[18] 이에 따라 기업에 대한 자율성이 점차 강화되었고,[19] 이후 개인의 능력별 노동에 따른 차이는 더욱 증가할 수밖에 없었으며,[20] 이는 북한 사회복지체계의 개입 주체가 국가 중심에서 기업으로 전이되고 있음을 의미한다. 이러한

당 중앙당 조직부와 내각 명의로 전국 각 기관과 기업소에 새로운 경제조치를 내렸다"라고 전하며 "그동안 조선로동당과 내각 차원에서 생산(교역) 종목 등을 엄격히 통제해온 북한 전역의 기관과 기업소, 단체, 상점 등에 상당한 수준의 자율적 권한을 부여하는 획기적 조치"라고 전했다. 이 소식통은 새 경제조치의 내용과 관련해 "기업소 등이 올린 수익으로 단위 직원들의 노임(임금)을 지급하고, 경영 과정에서 종목에 구애받지 말고 광범위한 무역을 해서 공장도 살리고 노동자들의 생활수준을 올리라는 내용 등이 포함되어 있다"라고 말했다. ≪세계일보≫, 2014년 6월 27일 자. 만약 이것이 사실이고 향후 고착화된다면 표준임금에 기업의 수익 배분이 합산되어 근로자의 실질임금이 상승되고, 이 경우 앞에서 지적한 기업 이윤과 임금관계의 정의에 대한 해석은 정반대가 된다.

18) 2004년 개정한 「재정법」에서는 기업이 사용하지 않는 여유자금을 국가가 동원하지 못하도록 명문화했다. 권영경, 「북한의 경제개혁·개방 추진내용과 과제」, ≪2000년≫, 제314호(현대사회문화연구소, 2009), 10쪽.

19) 2004년 「외국인투자기업법」을 개정한 이후 2012년에 들어서면서 관련법을 수정 보충해 발표했는데, 일부 지역에 대한 지역 단위의 보장이 점차 확대하고 있는 것으로 볼 수 있다. 「외국인투자기업노동법」은 노력(인력)의 채용 및 노동계약의 체결, 노동과 휴식, 노동보호, 사회보험 및 사회보장 등 8개항 51개조로 구성되어 있다. 이와 함께 10개항 72개조로 구성된 「외국인투자기업 재정관리법」과 4개장 59개조로 이루어진 「외국인 투자기업 회계법」도 개정되었다. 조선중앙통신, 2012. 1. 30.

20) 앞에서 언급한 바와 같이 북한은 계획경제 정상화의 일환으로 2012년 '우리식 경제 관리방법'을 발표했다. '1등품을 생산한 근로자에게는 그에 응당한 보수가 필요하다'라고 밝히며 경제주체의 기술력과 능력에 따라 인센티브를 주어야 한다는 내용이 포함되어 있다. ≪로동신문≫, 2013년 7월 14일 자.

과정에서 기업의 수익은 근로자의 근로능력에 기인하고, 이것이 다시 임금에 반영됨에 따라 종국에는 개인책임의 강화로 귀결된다.

북한이 그들의 사회복지제도 중 대표적으로 선전하는 무상치료제의 상황역시 크게 다르지 않다. 북한의 무상치료제의 경우 1990년대 초반부터 내부균열이 발생했다. 이러한 균열은 부분적 마비로 시작해 경제난, 식량난, 외화난, 전력난의 내부요인과 인과관계를 형성함으로써 더욱 악화되었다. 종국에는 이러한 상황이 장기화되어 결국 전국적인 의료시스템의 붕괴로 이어졌다. 특히 1990년대 중후반 고난의 행군 시기 북한은 극소수의 지도층을 제외한 절대 다수의 북한 주민에 대한 의료보호 의무를 이행하지 못했다.[21] 좀더 정확히 표현하면 당시 북한은 의료보장을 수행할 국가의 책임능력을 상실했다.[22]

아울러 이는 북한의 식량 공급능력과 거의 비례한다. 북한은 이미 식량 자급자족능력을 상실한지 오래되었고, 이로 인해 배급 수준의 후퇴와 식량 부족분의 가계별 자가 공급구조가 상당기간 고착화되었다. 이는 곧 북한의 복지체계에서 공식 개입의 축소와 함께 비공식 개입의 범위 확대로 인한 개입주체의 변화가 발생했다는 것을 의미한다.

여기에서 중요한 것은 장기간 진행된 비공식 개입에 이렇다 할 조치를 취하지 않았다는 것이다. 다시 말해 이는 북한도 그들의 복지 현실을 인정하고

---

21) 북한의 영아 사망률은 출생 1,000명당 42명으로 남한 5.3명의 약 8배 이상이며, 모성 사망률 역시 출생 10만 명당 370명으로 남한 14명의 약 26배 이상, 또한 결핵 발생률도 인구 10만 명당 178명으로 남한의 2.5배에 이른다. WHO, "World Health Organization Report"(2007) 참조.

22) 현재 북한은 외부의 지원 없이는 의약품 부족, 병원현대화 사업 등의 보건의료체계 인프라 구축이 힘든 상태다. 김연정·이철수·이일학, 「비정부기구(NGO)를 통한 남북한 보건의료인 교류의 현황과 전망」, ≪JKMA-대한의사협회지≫, 제56권 5호(대한의사협회, 2013), 378~379쪽.

개인과 가족의 개별적 식량 구호를 용인했다는 것이다. 이와 같은 북한의 행태는 당면한 경제 현실과 뚜렷한 탈출구가 보이지 않는 대내외 환경에 기인한다.

사실 이러한 현실 상황에 처해 있지만 사회주의체제를 고수하기 위해 북한은 복지 부문 공식 개입 선언과 비공식 개입 용인이라는 두 가지 상반된 입장을 견지할 수밖에 없다. 북한은 복지재정의 부담에서 벗어나기 위해 개입 수준에서 국가의 개입 축소를 밝혔지만, "나라가 인민들의 생활을 책임적으로 돌보아준다는 정책적 립장에는 조금도 변함이 없다"[23]라고 주장하면서 국가사회보장인 식량 배급제, 교육·의료 부문의 무상 공급제는 그대로 유지한다고 선언했다. 즉, 복지 개입의 주체로서 국가의 책임을 일부 축소하는 것은 사실이지만 폐지하는 것은 아니라는 점을 분명히 해 국가책임 중심의 사회주의 사회복지체계의 구조는 유지하겠다는 의지를 보인 것이다. 이에 북한은 2006년 이후 확대되어가는 시장을 통제[24]하고 2007년에는 "선군시대의 경제 건설노선의 기조는 유지되면서도 인민생활 향상을 위한 경제 부흥책은 올해부터 본격화될 것"[25]이라고 주장하고, 계획경제 유지를 위한 계획 내에서 개선의 움직임을 추진했다. 이는 북한이 2011년 김정일 사망 이후 인민생활 강조를 부각하는 다양한 행태 중 하나로 반증된다.

이처럼 북한은 주민에 대한 국가 통제를 강화화고 지지기반을 구축하기

---

23) "경제부흥을 위한 창조와 변혁" ≪조선신보≫, 2002년 7월 26일 자.

24) 2006년부터 시작된 시장 통제와 관련된 움직임은 2006년 3월 개인 고용 금지령 발표, 2007년 8월 30세 이하 여성 장사금지령 발표, 2007년 12월 무역회사 재정리 방침, 2008년 11월에는 식량과 공산품의 시장 판매 금지 등이다. 차문석, 「북한의 7·1조치의 사회경제적 의미: 북한 경제의 동학을 중심으로」, ≪KDI 북한경제리뷰≫, 8월호 (2009), 59쪽.

25) ≪조선신보≫, 2007년 1월 12일 자.

위해 국가가 복지 제공 개입 주체의 중심이라고 선언한다. 북한은 1980년에 제정된 「인민보건법」을 보완한 「조선민주주의인민공화국 의료법」 채택을 필두로 의료 보상,[26] 교육, 주택, 노동, 사회보장, 장애인·노인·여성·아동 등 복지정책에 관련된 입법[27]을 제정했다.[28] 이와 같이 사회주의체제의 안정과 고수를 위해 사회복지체계를 유지하려는 북한의 노력은 복지에 대한 공식 개입의 제도적 선언을 통해 일부 엿볼 수 있다.

북한 복지체계에 대한 공식 개입의 선언은 법제화되었지만 북한의 외부시장 사경제활동은 합법 여부를 떠나 이미 통제할 수 없는 상황에 이르렀다. 이러한 현실을 반영해 북한은 2010년 다시 시장을 허용하고 개인 수공업, 개인 서비스업 등에서 사실상 사유화를 인정[29]하고 있다. 이에 따라 북한의 복지체계는 앞서 언급했듯이 개인의 노동능력에 따라 받는 사적 이익에 비례하여 소득보장뿐 아니라 의료보장까지 모든 형태의 복지를 보장받는 구조로

---

26) 특히 1996~1998년에 보건의료와 직간접적으로 관련이 있는 공중위생, 검역, 전염, 의약품관리, 수의방역, 식료품과 관련한 법령 10여 개가 새로 제정된 것이 사실이나 이를 실천할 수 있는 시행령이나, 시행세칙 수준의 구체적인 후속 법령이 제정 혹은 공개되지는 않았다.

27) 이 시기에 상술한 바와 같이 「교육법」(1999), 「외국인투자기업로동규정」(1999), 「장애자보호법」(2003), 「사회보장법」(2008), 「연로자보호법」(2008), 「로동정량법」(2009), 「로동보호법」(2010), 「여성권리보장법」(2010), 「아동권리보장법」(2010) 등이 입법되었다.

28) 특히 최근 사회 취약계층의 보호에 대한 입법은 북한의 경제와 사회구조의 변화에 기인한 것으로 볼 수 있다. 남성노동자 중심의 전통적인 사회구조에서 변화됨에 따라 여성, 노인, 아동 등은 이전에 비해 빈곤 등의 사회적 위험에 노출되는 경우가 많아졌기 때문이다. Bonoli. G., "New social risk and the politics of post-industrial social policies", *The Politics of Post-Industrial Welfare States: Adapting Post-war Social Policies to New Social Risks*(London: Routledge, 2006), pp. 3~26.

29) 양문수, 「2000년대 북한 경제의 구조적 변화」, ≪KDI 북한경제리뷰≫, 5월호(2007), 10쪽.

변화되고 있다. 즉, 복지에 대한 국가의 공식 개입이 제도적으로 선언되었는데도, 개인·가족의 비공식 복지 개입 범위는 확대되고 있음을 알 수 있다.[30]

한편, 북한은 2006년부터 다시 마이너스 경제가 되었고 현재까지도 경제는 회복되지 않았다.[31] 국가는 계획경제 내 공장 가동률은 여전히 낮고 절대수요에 미치지 못하는 공급 부족 상황 때문에 식량 공급을 비롯한 기초 생계조차도 원활하게 보장하지 못하고 있다. 이에 북한이 사회주의체제 유지의 기제로 복지체제를 활용하기는 사실상 어려운 상황이다.[32] 따라서 북한은 '실리추구를 통한 인민복지 증진'[33]을 목표로 국가 재원의 부족으로 인한 식량 배급제 부문을 점차적으로 축소하고, 추가 식량 구입은 개인의 지불능력에 따른다고 밝혔다.[34] 암시장에서의 거래 등 사적 경제활동을 묵인하는 실

---

30) 김일성 사후 식량 부족의 고난의 행군 시기를 거치면서도 북한 주민의 사망률이 아주 크지 않았다는 연구 결과는 북한 주민의 기초생계 보장에 대한 개입 주체가 달라졌음을 나타내는 것이다. T. Spoorenberg and D. Schwekendiek, "Demographic Changes in North Korea: 1993-2008", *Population and Development Review*, Vol. 38, no. 1 (2012), pp. 138~158.

31) 북한의 경제성장률은 2006년 -0.1%, 2007년 -1.2%, 2008년 3.1%, 2009년 -0.9%, 2010년 -0.5%, 2011년 0.8%, 2012년 1.3%, 2013년 1.1%이다. 통계청, 「북한의 주요 통계지표」, 2006~2013년 참조.

32) 김연정·남현주, 「북한 복지체제의 성립과 변동: 복지 제공 주체의 변화를 중심으로」, 125~127쪽.

33) "사회주의경제 건설에 실리를 보장한다는 것은 사회의 인적·물적 자원을 효과적으로 리용하여 나라의 부강발전과 인민들의 복리증진에 실제적인 리득을 주도록 한다는 것을 말한다". 오선희, 「실리를 나타내는 지표의 합리적 리용」, ≪경제연구≫, 제3호 (평양: 과학백과사전출판사, 2003), 27쪽.

34) "경제부흥을 위한 창조와 변혁", ≪조선신보≫, 2002년 7월 26일 자; "로동에 의한 사회주의적 분배는 현물 형태로 진행되는 것이 아니라 주로 화폐 형태로 실시된다. 따라서 사회주의적 분배를 최종적으로 실현하려면 분배받는 화폐를 필요한 생활필수품과 교환하여야 한다". 최경희, 「사회주의사회에서 상품 공급의 경제적 내용」, ≪경제연구≫,

정이 이를 뒷받침한다. 이로 인해 계획 내외의 합법적·불법적인 개인의 노동과 그 능력에 따른 임금 차이에서 발생하는 생활수준의 차이, 즉 이에 비례해서 보장되는 복지 수준의 격차가 점차 확대될 수밖에 없다.[35]

다른 한편으로 사회주의체제의 유지와 안정성 확보를 위해 핵심 계층에 대한 식량 공급 등의 보장을 국가가 우선적으로 책임지고 제공하며, 이를 통해 국가의 공식 개입의 기틀을 유지하기 위한 지속적인 노력 또한 포기하지 않는 것으로 보인다. 결국 북한의 복지체계는 일부 핵심계층에 대한 국가의 공식적 개입은 유지하지만, 국가계획 내부의 집단적 노동과 국가계획 외부의 시장경제를 통한 개인적 노동능력에 따라 복지를 제공받는 개인과 가족의 비공식적 개입이 확대되는 이중적이고 다층적인 복지체계의 형태로 변하고 있다.

지금까지의 논증을 토대로 북한 사회복지체계를 평가하면 다음과 같다. 첫째, 북한의 사회복지는 사회주의 분배체제를 김일성시대부터 고수, 국가 중심으로 보장되는 사회복지체계의 구조를 외형적으로 유지했다. 하지만 북한이 복지 수준을 높이기 위한 괄목할만한 노력을 지속적으로 보인 흔적은 나타나지 않는다. 둘째, 북한의 복지 분배구조상 국가책임의 분배와 공급은 '국가의 분배능력'에 연쇄적으로 반응한다. 그로 인해 북한의 복지는 국가능력에 예속되고, 국가능력이 복지 수준으로 치환된다. 셋째, 국가 중심의 사회복지복지체계는 김정일시대에 이르러 다소 '탈사회주의적인 요소'를 띠게 되었지만 경제조치라는 간접적인 경로를 통해 형성되었다. 이는 사회주의체제 목표인 인민복지의 공식적 포기를 선언하는 자기부정보다는 경제 개선이

제2호(평양: 과학백과사전출판사, 2003), 38쪽.

35) 김연정·남현주, 「북한 복지체제의 성립과 변동: 복지 제공 주체의 변화를 중심으로」, 124~125쪽.

라는 미명하에 자연스럽게 복지개혁을 유도하는 전략으로 구가되었다. 넷째, 김정일시대에 이러한 변화가 있었는데도 경제난 이후 와해된 북한 사회복지의 '체제'와 '현실'은 김정은시대에도 여전히 마비되어 빈곤한 상태[36]이고, 이로 인해 사실상 개인책임이 강화되었다. 다섯째, 북한 사회복지의 회복과 북한식 복지개혁은 북한의 경제성장과 인과관계 및 상관관계를 형성한다. 여섯째, 이러한 관계 때문에 남북경협과 대북 인도적 지원은 직간접적으로 북한 사회복지와 작지만 큰 연관성을 갖는다.[37]

아울러 북한 사회복지체계를 다음과 같이 전망할 수 있다. 첫째, 상술한 여섯 번째 평가를 확장할 경우 북한은 대외적으로는 (체제)개방, 대내적으로는 (경제)개혁의 성과에 따라 사회복지체제를 리-셋팅(Re-setting)하게 될 것

---

36) 2014년 북한의 식량 사정은 매우 심각한데, 2014년 6월 19일 조선중앙통신은 "2001년 이후 가장 심각한 가뭄"이라고 보도했다. 2001년 곡물 생산량은 전년 대비 15.3% 감소했다. 세계보건기구(WHO)는 1인당 하루 최소 소요량으로 2,100kcal를 제시했는데, 이는 중급 수준의 생산활동을 하기 위한 최소 필요량이다. 북한 주민의 전체 열량 필요량과 부족분을 곡물로부터 얻는다고 가정할 때, 곡물 1g당 3.44kcal를 얻을 수 있다. 이는 유엔식량농업기구(FAO)가 2013년 북한 인구 2,479만 7,000명을 추정 적용하여 산출한 것이다. 2014년 생산량이 15% 감소한다면 FAO가 제시하는 최소 소요량인 1인당 하루 1,640kcal를 기준으로 하더라도 최소 필요량 537만 톤 대비 88만 6,000톤(16.5%)이 부족할 것으로 전망됐다. FAO 기준 1인 최소 소요량은 WHO의 78% 수준으로 인간의 생명유지에 필요한 최소 열량이다. 이 열량으로는 생산활동 없이 가만히 누워 있거나 앉아 있어야 한다. 이 경우에도 100명 중 16명은 전혀 식량을 공급받지 못하게 되는 셈이다. ≪문화일보≫, 2014년 6월 27일 자.

37) 체제 전환국이라 불리는 중·동부유럽 대부분의 국가는 사회주의 시절 그들이 고수해 왔던 사회보험체계에 기반하여 사회보장제도를 재건하거나 제2차 세계대전 이전의 비스마르크식 제도로 회귀하는 방법을 선택했지만, 민간 복지요소에도 상당한 비중을 두었다. K. Hinrichs, "Merits and Problems of Social Insurance Schemes-Lesson from the German Experience", *The Korean Social Security Association Conference materials*, Vol. 2, pp. 139~154.

이고, 이는 현재도 진행 중이다. 둘째, 이러한 과정에서 개혁·개방의 성과와 결과에 비례하여 북한 주민의 계층별 복지 수준이 연동되고 있으며, 이 역시 상당 부문 고착화된 상황이다. 셋째, 북한 주민의 빈곤층, 취약계층, 요구호 계층의 구호는 지속될 것이지만 이들의 중산층으로의 편입은 요원할 것이다. 이는 북한의 개방과 개혁의 한계, 대상 계층의 한계에 기인한다. 넷째, 따라서 북한 주민의 개별 생활수준은 국가능력에 예속된 집단과 개인능력, 외부 지원에 예속된 집단으로 재편·구분될 것인데, 이 또한 상당 부문 진행되고 있다.[38] 다섯째, 이로 인해 각각의 계층이 다시 소득별로 분리되어 고소득(부유층·상류층)·중산층·저소득층(빈곤층)으로의 블록화가 더욱 토착화될 것이다. 여섯째, 결국 모든 계층에서 가계생활상의 자본주의화가 더욱 확대되어 복지의 시장화, 복지의 상품화, 복지의 개인화가 시간의 경과에 비례하여 제도화될 것이다.

5. 맺음말

지금까지 북한 사회복지체계의 복지 개입 주체를 중심으로 고찰했다. 복지 개입에서 가장 주목해야 할 점은 복지 개입 주체의 변화인데, 이는 북한의 7·1조치와 '우리식 경제 관리방법', 5·30조치, 개성공단의 출범과 더불어 국가 개입이 축소되고, 지역 개입에서 제도가 분리된 것이다. 또한 북한은 장기간의 경제난으로 국가의 복지 공급 단절을 겪으면서 개인 가족 중심의 비공식 개입 주체의 변화를 초래했다. 그러나 복지의 비공식 개입 확대를 단

---

38) 이에 대한 좀 더 자세한 실태는 통일연구원에서 2010~2014년까지 매해 발간한 『북한 인권백서』 식량권 부문 참조.

순히 부정적인 시각으로만 해석해서는 안 되는데, 북한 주민은 이를 통해 자립적 경제생활 — 절대 다수가 해당하는 것도 아니고, 빈곤에서 완전히 벗어난 것도 아니지만 — 을 경험함으로써 개별적인 가계 독립을 추구하기 때문이다. 또한 이는 결국 북한 주민이 자본주의를 스스로 경험하고 체득·훈련하는 기회가 되었기 때문에 긍정적인 부문 또한 엄연히 존재한다.

한편 이를 토대로 북한 사회복지체계 동학을 요약하면 첫째, 2000년대 이후 북한이 복지체계의 변화를 시도하고 있지만 그 전략은 '직접 경로'가 아닌 '간접 경로'를 통한 개선과 개혁을 유도하는 것이다. 즉, 새로운 복지법령 제정, 기존 국가책임의 축소를 공식적으로 명시하는 것이 아니라 복지제도와 간접적으로 관련된 '정책기제'들을 활용한다. 바로 여기에 7·1조치와 '우리식 경제 관리방법', 5·30조치를 통한 복지체계의 전반적인 개혁과 개성공단 및 금강산관광특구를 통한 지역의 부분적 개혁이 포함된다.

둘째, 북한이 이러한 복지개혁 의지를 보이는데도 북한의 사회복지 '현실'은 여전히 호전되지 않았다. 이는 결국 북한 경제성장과 인과관계를 형성하고 있는데, 2014년 현재 북한은 여전히 '먹는 문제'의 일부를 외부 지원에 의존하고, 붕괴된 사회안전망과 의료시스템은 여전히 회복될 기미가 없다.

셋째, 이러한 문제의 연장선상에서 북한의 복지체계 개입의 경우 기존과 다른 국가 개입의 축소 현상이 발생했고, 이는 개인·가족 부문의 적극 개입 현상으로 파생되었다. 따라서 복지 공급의 주체와 무게중심이 과거와 달리 국가 역할 후퇴→개인·가족 책임 강화→사경제활동 유도→가구별·세대별 복지 제공→자급자족 강화로 변화했다.

넷째, 이러한 북한 사회복지체계를 지속성과 변화의 측면에서 접근하면 김정일시대 북한 사회복지의 지속성은 김일성시대와 다른 일정한 변화와 그로 인한 차별성을 갖고 있음을 알 수 있다. 하지만 실질적 차원의 법적 부문의 변화를 달리하지는 않는다. 아울러 오늘날 김정은시대에 대해서도 빈곤

문제를 해결할 능력의 부재와 열악한 경제현실을 지적할 수 있다. 반면 전반적으로 복지 급여의 성격과 기능, 수준에서 기존과 다른 행태 변화를 보이고, 복지체계의 변화와 법적인 강화를 유도하고 있다. 무엇보다도 이러한 변화의 원인은 북한이 당면한 안팎의 열악한 상황과 이에 대한 북한의 정책적 해결책에 기인한다.

한편 이러한 추적이 있었음에도 여전히 북한 사회복지 '실태 연구'에 대한 체계적인 접근과 김정은시대의 북한 사회복지에 대한 지속적인 탐색이 필요하다는 것이 문제로 지적된다. 또한 향후 동 분야의 연구는 통일한국을 대비해 연구의 분야별 확장과 더불어 각 사회복지제도별 통합시나리오, 북한 취약계층의 긴급구호, 보건의료서비스·북한 사회안전망 구축, 사회복지서비스 제공 방안 등 통일과정에서 북한 사회복지를 안정적으로 관리할 수 있는 다양한 방안을 포함한 실증적인 방향[39]으로 전개되어야 할 필요가 있다.

---

39) 가령 좀 더 구체적인 연구방향은 ① 실현 가능하고 합리적인 남북 사회복지 통합방안 전략 도출, ② 통일에 따른 사회복지제도 부문의 국민적 불안감과 후유증 최소화 방안, ③ 제도별·단계별·대상별 통합(방식·모형): 구호-안정-이행-통합시나리오, ④ 남북 주민의 통일에 대한 심리적·경제적 기대감 충족·불안감 해소 방안, ⑤ 남북 주민의 사회안전망 확충: 북한 주민의 생활 안정과 지원, ⑥ 이를 통해 궁극적인 통일한국의 복지모형 연구·제시 등이 있다. 이철수, 「통일사회복지의 현황과 과제」, 2014 통일보건복지포럼 주제 발표문(한국보건사회연구원·한반도선진화재단, 2014), 30쪽.

참고문헌

1. 국내 문헌

강명세 외. 2011. 『북한인권지표 및 지수개발연구』. 세종연구소.

경남대학교 극동문제연구소. 1991. 『김정일저작선』.

권영경. 2009. 「북한의 경제개혁·개방 추진내용과 과제」. ≪2000년≫, 제314호. 현대
　　사회문화연구소.

김두섭 외. 2012. 『북한인구와 인구센서스』. 통계청.

김병연·양문수. 2012. 『북한 경제에서의 시장과 정부』. 서울대학교 출판문화원.

김성욱. 2009. 「북한 인민보건법에 관한 연구」. 『2009 남북법제연구보고서(Ⅰ)』. 한
　　국법제연구원.

김연정·남현주. 2013. 「북한 복지체제의 성립과 변동: 복지 제공 주체의 변화를 중심
　　으로」. ≪아시아문화연구≫, 제31집. 가천대학교 아시아문화연구소.

김연정·이철수·이일학. 2013. 「비정부기구(NGO)를 통한 남북한 보건의료인 교류의
　　현황과 전망」. ≪JKMA-대한의사협회지≫, 제56권 제5호. 대한의사협회.

김정순. 2009. 「북한의 연로자보호법에 관한 연구」. 『2009 남북법제연구보고서(Ⅱ)』.
　　한국법제연구원.

김창희. 2010. 「북한 시장화와 화폐개혁의 정치·경제적 분석」. ≪북한연구학회보≫,
　　제14권 제2호. 북한연구학회.

대북지원단체협의회 역. 2013. 『2012 북한 영양실태 조사보고서』. 북한 중앙통계국.
　　대북지원단체협의회.

박경숙. 2012. 「경제위기 전후 북한 주민의 사망률 동태의 특성과 변화」. ≪한국인구
　　학≫, 제35권 제1호. 한국인구학회.

_____. 2013. 『북한사회와 굴절된 현대: 인구·국가·주민의 삶』. 서울대학교 출판문화원.

박명규 외. 2013. 『북한사회변동 2012-2013』. 통일평화연구원.

보건복지부. 2013. 『북한보건의료백서』.

_____. 2014. 『2014년 국민기초 생활보장사업 안내』.

성채기·김진우·정상돈·탁성한·손효종. 2014. 『북한 경제규모의 대안적 추계와 불평등의 실상: 구매력 환율, GDP, 지니계수 및 식량난 수준을 중심으로』. 한국국방연구원.

송영훈·김병로·박명규. 2014. 『북한 주민 통일의식』. 서울대학교 통일평화연구원.

양문수. 2007. 「2000년대 북한 경제의 구조적 변화」. ≪KDI 북한경제리뷰≫, 2007년 5월호. 서울 한국개발연구원.

_____. 2010. 『북한 경제의 시장화: 양태·성격·메커니즘·함의』. 한울.

유성재. 2009. 「북한 사회주의노동법에 관한 연구」. 『2009 남북법제연구보고서(II)』. 한국법제연구원.

윤철기. 2011. 「북한체제에서 인플레이션 관리의 정치: 2009년 11월 화폐개혁을 중심으로」. ≪현대북한연구≫, 제14권 제2호. 북한대학원대학교.

이철수. 2004. 『북한사회복지의 변화와 전망: 탈사회주의의 전주곡』. 아주남북한보건의료연구소.

_____. 2005. 「개성공업지구의 사회복지체제에 대한 연구: 기존 경제특구 복지조항과의 비교를 중심으로」. ≪통일정책연구≫, 제14권 제1호. 통일연구원.

_____. 2012. 『긴급구호 북한의 사회복지: 풍요와 빈곤의 이중성』. 한울.

_____. 2014. 「통일사회복지의 현황과 과제」. '2014 통일보건복지포럼' 주제 발표문. 한국보건사회연구원·한반도선진화재단.

임강택. 2013. 『북한 경제의 비공식(시장)부문 실태분석: 기업 활동을 중심으로』. 통일연구원.

정형곤 외. 2012. 『북한의 시장화 현황과 경제체제의 변화 전망』. 대외경제정책연구원.

차문석. 2009. 「북한의 7·1조치의 사회경제적 의미: 북한 경제의 동학을 중심으로」. ≪KDI 북한경제리뷰≫, 2009년 8월호. 한국개발연구원.

≪문화일보≫. 2014년 6월 27일 자.

『북한의 주요 통계지표』. 2011; 2012; 2013. 통계청.

『북한인권백서』. 2008; 2009; 2010; 2011; 2012; 2013; 2014. 통일연구원.

연합뉴스. 2001. 12. 18.

2. 북한 문헌

과학백과사전종합출판사. 1990.『위대한 수령 김일성동지의 보건령도사』. 평양.

김덕윤. 1998.『재정사업경험』. 평양: 사회과학출판사.

김일성. 1972.『김일성저작선집 제5권』. 평양: 조선로동당출판사.

_____. 1981.「모든 것을 조국의 륭성 발전을 위하여(1958. 6. 11)」.『김일성저작집 제12권』. 평양: 조선로동당출판사.

리기섭. 1994.『조선민주주의인민공화국 법률제도: 로동법제도』. 평양.

리기성. 1992.『주체의 사회주의 정치경제학의 법칙과 범주』, 제1권. 평양: 사회과학 출판사.

리창근. 1989.『로동행정사업경험』. 평양: 사회과학출판사.

법률출판사. 2004.『조선민주주의인민공화국법전』. 평양.

_____. 2006a.『조선민주주의인민공화국 법규집: 외국투자부문』. 평양.

_____. 2006b.『조선민주주의인민공화국법전 증보판(대중용)』. 평양.

사회과학원 세계경제 및 남남협조연구소. 1998.『현대세계경제사전』. 평양: 사회과학 출판사.

오선희. 2003.「실리를 나타내는 지표의 합리적 리용」.≪경제연구≫, 3호(2003). 평 양: 과학백과사전출판사.

정혁남. 1989.「주민 수요에 기초한 인민소비품의 생산과 공급」.≪경제연구≫, 2호. 평양: 과학백과사전종합출판사.

최경희. 2002.「사회주의사회에서 상품 공급의 경제적 내용」.≪경제연구≫, 2호. 평 양: 과학백과사전출판사.

홍병준. 1997.「노동계획화사업을 잘하는 것은 노동행정사업을 개선하는 기본 담보」.

≪경제연구≫, 2호. 평양: 과학백과사전종합출판사.

≪로동신문≫. 2013년 7월 14일 자. 평양.

≪민주조신≫. 2001년 12월 4일 자. 평양.

조선중앙통신. 2012. 1. 30.; 2013. 10. 16. 평양.

3. 외국 문헌

≪조선신보≫. 2007년 1월 12일 자; 2002년 7월 26일 자; 2003년 12월 22일 자.

Bonoli. G. 2006. "New social risk and the politics of post-industrial social policies". *The Politics of Post-Industrial Welfare States: Adapting Post-war Social Policies to New Social Risks*. London: Routledge.

Central Bureau of Statistics of DPR Korea. 2009. *2008 Population Census National Report*. DPR Korea.

FAO·WFP. 2011. *State of Food Insecurity report*.

Financial Tracking Service. 2012. *Overview of Needs and Assistance: The Democratic People's Republic of Korea*. NY: Finance Tracking Service.

Friedrich, C. J. and Brzezinsky, Z. K. 1956. *Totalitarian Dictatorship and Autocracy*. NY: Praeger.

Hinrichs, K. 2008. "Merits and Problems of Social Insurance Schemes-Lesson from the German Experience". *The Korean Social Security Association Conference materials*, Vol. 2, pp. 139~154.

Spoorenberg, T. and Schwekendiek, D. 2012. "Demographic Changes in North Korea: 1993-2008". *Population and Development Review*, Vol. 38, no. 1, pp. 133~158.

UNICEF. 2010. *DPR Korea Multiple Indicator Cluster Survey 2009: Final Report*.

_____. 2011. *The State of The World's Children 2011*.

WFP·FAO. 2012. *FAO/WFP Crop And Food Security Assessment Mission To The*

Democracy People's Republic Of Korea.

WFP·FAO·UNICEF. 2011. *Rapid Food Security Assessment mission to the DPRK.*

WFP·UNICEF·WHO. 2013. *Democratic People's Republic of Korea Final Report of the National Nutrition Survey 2013.* CBS.

WFP·WHO·UNICEF. 2012. *Democratic People's Republic of Korea Final Report of the National Nutrition Survey 2012.* CBS.

WHO. 2007. *World Health Organization Report.* Geneva: World Health Organization.

_____. 2011. *World Health Statistics* 2011. Geneva: World Health Organization.

_____. 2012. *World Health Statistics* 2012. Geneva: World Health Organization.

_____. 2013. *World Health Statistics* 2013. Geneva: World Health Organization.

Wilensky, H. 1975. *The Welfare State and Equality: Structural and Ideological Roots of Public Expenditures.* Berkeley: University of California Press.

지은이(가나다순)

권태진

워싱턴 주립대학교(Washington State University) 농업경제학 박사

GS&J 북한·동북아연구원장

주요 저서: 『북중무역의 결정요인』(2013), 『통일한국정부론』(2012), 『지속가능한 한
반도 평화·번영과 북한개발협력』(2012) 등

주요 논문: "DPRK Agricultural Policy and the New Developments"(2014), 「북한의 농
업개발을 위한 남북한 협력 전략」(2012), 「한반도의 자원순환형 친환경농업 발
전 방향과 과제」(2008), 「북한의 농업 현황과 남북한 농업협력 방향」(2006) 등

김병로

럿거스 대학교(Rutgers University) 사회학 박사

서울대학교 통일평화연구원 교수

주요 저서: 『한반도 분단과 평화부재의 삶』(2013), 『북한 김정은 후계체제』(2011), 『노
스코리안 디아스포라』(2011), 『북한-중국 간 사회경제적 연결망의 형성과
구조』(2008) 등

주요 논문: 「한반도 통일과 평화구축의 과제」(2014), 「통일환경과 통일담론의 지형변
화」(2014), 「분단체제와 분단효과」(2013), 「북한의 분절화된 시장화와 정
치사회적 함의」(2012) 등

김석진

서울대학교 경제학 박사

통일연구원 연구위원

주요 저서: 『정치·사회·경제 분야 통일비용·편익 연구』(공저, 2013), 『북한의 산업발전 잠재력과 남북협력 과제』(공저, 2013), 『통일 이후 북한 산업개발전략 연구』(공저, 2011), 『북한개발지원을 위한 국제협력 방안』(공저, 2009), 『중국·베트남 개혁모델의 북한 적용 가능성 재검토』(2008) 등

주요 논문: "Assessing the Economic Performance of North Korea, 1954-1989: Estimates and Growth Accounting Analysis"(공저, 2007) 등

김연정

이화여자대학교 북한학 박사

가천대학교 사회복지학과 외래교수

주요 논문: 「북한 복지체제의 성립과 변동: 복지제공 주체의 변화를 중심으로」(공저, 2013), 「비정부기구(NGO)를 통한 남북한 보건의료인 교류의 현황과 전망」(공저, 2013), 「북한복지체제의 성립과 성격변화 연구」(2010) 등

배종렬

서울대학교 경영학 박사

한국수출입은행 수석연구위원 겸 (사)통일경제연구협회 사무총장

주요 논문: 「북한의 특수경제지대 추가지정과 남북경제협력」(2013), 「북한의 딜레마: 경제강국 건설과 시장경제」(2012), 「김정일시대 북한 개방법제의 특성에 관한 일고찰」(2011), 「라선특별시 지정배경과 개발과제」(2010), 「국제금융위기와 북한경제의 진로」(2009), 「김정일 체제의 개혁·개방 가능성」(2008)

양문수

도쿄대(東京大) 경제학 박사

북한대학원대학교 교수

주요 저서: 『북한경제 쟁점분석』(공저, 2013), 『한반도 통일론의 재구상』(공저, 2012), 『북한경제의 시장화: 양태, 성격, 메커니즘, 함의』(2010)

주요 논문: 「한반도 평화 회복을 위한 국가전략: 개성공단 사업을 중심으로」(2013), 「북
한의 화폐개혁: 실태와 평가」(2010), 「북한 문헌 어떻게 읽을 것인가: 경제
연구의 사례」(2009)

이석

영국 워릭 대학교(University of Warwick) 경제학 박사

한국개발연구원 연구위원 및 한국개발연구원 정책대학원 겸임교수

주요 저서: 『북중무역의 결정요인: 무역통계와 서베이 데이터의 분석』(2013), 『전략적 남
북경협과 대북정책에의 시사점』(2013), 『남북통합의 경제적 기초: 이론, 이슈,
정책』(2013), 『5·24 조치 이후 북중무역과 남북교역의 변화 분석』(2013) 등

주요 논문: 「북한의 '핵무력 경제발전 병진노선'의 음미: 정책의 구조와 성공 가능성」
(2013), 「통일 이후 경제통합과정에서의 북한자산 처리: 과제와 쟁점」(2013),
"Humanitarian Aid for the DPRK: Current Situation and Implications"
(2013) 등

이석기

서울대학교 경제학 박사

산업연구원 선임연구위원

주요 저서: 『북한의 산업발전 잠재력과 남북협력과제』(공저, 2013), 『북한 외화통용 실
태분석』(공저, 2012), 『2000년대 북한의 산업과 기업: 회복실태와 작동방식』
(공저, 2010) 등

주요 논문: 「1990년대 북한의 경제위기와 기업행태의변화: 생존추구형 내부자 통제와
퇴행적 시장화」(2003)

이영훈

고려대학교 경제학 박사

SK경영경제연구소 수석연구원

주요 저서: 『북한경제 쟁점 분석』(공저, 2013), 『2000년대 북한경제 종합 평가』(공저,
2012), 『화폐와 경제활동의 이중주』(공저, 2005) 등

주요 논문: 「통일환경 변화와 통일 방안/비용 연구의 새로운 모색」(2012), 「통일시 노

동이동 억제방안 평가 및 정책적 시사점」(2010), 「남북경협의 평가: 결정요
인과 남북한경제에 미치는 영향을 중심으로」(2008) 등

이우영

연세대학교 사회학 박사

북한대학원대학교 교수

주요 저서: *Understanding North Korea*(2014), 『한반도 통일론의 재구상』(2012), 『탈
냉전사의 인식』(2012)

주요 논문: 「영국 뉴몰든 코리아타운 내 남한이주민과 북한난민 간의 관계와 상호인식」
(2014), 「대북 인도적 지원과 남북한 마음의 통합」(2014), 「개성공단 북한 근
로자에 대한 남한 주민의 태도에 관한 연구」(2013), "North Korean Migrants:
A Human Security Perspective"(2011)

이철수

한국외국어대학교 정치학 박사

신한대학교대학원 사회복지학과 교수

주요 저서: 『통일한국의 사회보장체계 구축을 위한 기초연구』(2013), 『긴급구호, 북한
의 사회복지: 풍요와 빈곤의 이중성』(2012) 등

주요 논문: 「통일 사회복지의 현황과 과제」(2014), 「북한의 식량·보건문제에 관한 연구:
국제보고서를 중심으로」(2012), 「남북한 사회복지'체제' 비교연구: 거시-구
조적 수준을 중심으로」(2009) 등

조동호

펜실베이니아 대학교(University of Pennsylvania) 경제학 박사

이화여자대학교 북한학과 교수 겸 통일학연구원 원장

주요 저서: 『중국의 정치경제 변화에 따른 북한경제의 진로와 남북경협의 방향』(2013),
『평양이 서울에게, 서울이 평양에게』(2013), 『공진의 남북경협 전략』(2012)

주요 논문: 「개성공단의 임금수준은 적정한가?」(2013), 「경제·핵 병진노선의 의미와
김정은시대의 경제정책 전망」(2013)

조영주

이화여자대학교 북한학 박사

동국대학교 분단/탈분단연구센터 연구교수

주요 저서: 『여성(들)이 기억하는 전쟁과 분단』(공저, 2013), 『선군시대 북한 여성의 삶』(공저, 2010), 『남북관계사』(공저, 2009) 등

주요 논문: 「북한의 인민만들기와 젠더정치」(2013), 「여성구술사연구와 분과학문의 만남: 북한연구를 중심으로」(2013), 「통일담론과 여성의 실천」(2012)

한울아카데미 1752
북한연구학회 연구총서 02

김정은시대의 경제와 사회: 국가와 시장의 새로운 관계

ⓒ 북한연구학회, 2014

기획 | 북한연구학회
편저 | 양문수
펴낸이 | 김종수
펴낸곳 | 도서출판 한울
책임편집 | 이교혜
편집 | 신유미

초판 1쇄 인쇄 | 2014년 12월 4일
초판 1쇄 발행 | 2014년 12월 31일

주소 | 413-120 경기도 파주시 광인사길 153 한울시소빌딩 3층
전화 | 031-955-0655
팩스 | 031-955-0656
홈페이지 | www.hanulbooks.co.kr
등록번호 | 제406-2003-000051호

Printed in Korea.
ISBN 978-89-460-5752-4 94340(양장)
      978-89-460-4934-5 94340(반양장)
      978-89-460-4937-6(세트)

* 책값은 겉표지에 표시되어 있습니다.
* 이 책은 강의를 위한 학생용 교재를 따로 준비했습니다.
  강의 교재로 사용하실 때에는 본사로 연락해주십시오